FRANKFURTER ZEITSCHRIFT FÜR ISLAMISCH-THEOLOGISCHE STUDIEN

FRANKFURTER ZEITSCHRIFT FÜR ISLAMISCH-THEOLOGISCHE STUDIEN

FRANKFURTER ZEITSCHRIFT
FÜR ISLAMISCH-THEOLOGISCHE STUDIEN

7 | 2024

Musik im Islam

ebv BERLIN

EBVERLAG

Bibliografische Information der
Deutschen Nationalbibliothek

Die Deutsche Nationalbibliothek
verzeichnet diese Publikation in
der Deutschen Nationalbibliografie;
detaillierte bibliografische
Daten sind im Internet über
http://dnb.d-nb.de abrufbar.

Redaktionsanschrift/ Editorial Address: Institut für Studien der Kultur und Religion des Islam
Goethe-Universität Frankfurt
Rostocker Straße 2
60323 Frankfurt am Main

E-Mail: simon@em.uni-frankfurt.de

Umschlaggraphik: Ermin Omerika

Gesamtgestaltung: Rainer Kuhl

ISBN: 978-3-86893-501-1
ISSN: 2510-9995

E-Mail: post@ebverlag.de
Internet: www.ebverlag.de

Druck und Bindung: Hubert & Co., Göttingen

Printed in Germany

Inhalt / Contents

Artikel / Articles

In Übersetzung / In Translation

Debatte / Debate

Rezensionen / Book Reviews

Artikel / Articles

Musik im islamischen Recht
Auch eine unendliche Geschichte

*Serdar Kurnaz**

Abstract

Eine Frage, die zwar sehr alt ist, aber immer noch ihre Aktualität wahrt, ist die nach der Zulässigkeit, Musik zu hören und zu musizieren. Die religiöse Bewertung von Handlungen der Muslim:innen erfolgt nach den normativen Aussagen in Koran und Sunna. Der Koran schweigt zum Fragenkomplex Musik im engeren Sinn. Es gibt dagegen zahlreiche Hadithe, die bestimmte Formen der Musik verbieten, einige erlauben das Musizieren und den Musikkonsum, wiederum andere verbieten beides kategorisch. Diese Ambiguität beschäftigte muslimische Gelehrte, zumal muslimische Gläubige Musik nicht nur im Alltag hörten, sondern auch für religiöse Rituale einsetzten, wie es für den Sufismus der Fall war und ist. Der vorliegende Beitrag möchte der Frage nach der normativen Einordnung des Musizierens und des Musikkonsums nachgehen und einen Überblick über die einschlägige Literatur geben, die die abweichenden Herangehensweisen abbilden, sowie über divergierende Lehrmeinungen und die geläufigsten Argumentationsstrategien.

1. Einführung

"Von meiner Gemeinde wird es solche geben, die Unzucht [zu begehen], Seide [zu tragen], Wein [zu trinken] und Musikinstrumente [zu spielen] erlauben werden"[1]; so wird der Prophet Muhammad in einem längeren Hadith zitiert. In einem anderen Bericht heißt es, dass Abū Bakr (gest. 13/634) zu seiner Tochter ʿĀʾiša (gest. 58/678), der Ehefrau des Propheten,

* Institut für Islamische Theologie, Humboldt-Universität zu Berlin.

1 Al-Buḫārī, *Ṣaḥīḥ*, S. 1421, *Kitāb al-Ašriba, Bāb* 6, Hadith Nr. 5590.

kam und sah, dass zwei Sklavinnen in der Anwesenheit des Propheten sangen. Abū Bakr habe sich gewundert, wie es sein könne, dass an einem Festtag im Hause des Propheten die Flöte (*mizmār*) des Satans ertönen könne. Der Prophet habe ihm erwidert: "Jede Gemeinschaft hat ihre Feste, heute feiern wir!"[2] Diese beiden oft zitierten Hadithe zeigen die Spannung der Zulässigkeit des Musizierens und des Musikkonsums, den wir durch die Geschichte der islamischen Gesellschaften hinweg bis heute beobachten können. Zu musizieren, Musik zu hören, Instrumente zu bauen, zu kaufen und zu verkaufen, das Singen zu erlernen und zu lehren, zu tanzen und Tänze zu betrachten – die islamrechtlich legitime Unterhaltung von gläubigen Muslim:innen in Verbindung mit Musik war und ist immer noch Anlass kontroverser Diskussionen in muslimischen Gruppierungen. Obwohl muslimische Kulturen weltweit unterschiedliche Musiktraditionen entwickelt haben[3] – man denke nur an die zahlreichen Tonfolgen und -arten (türk. Sg. *makam*, arab. *maqām*) in der arabischen[4] und türkischen Musik[5] –, trotz zahlreicher Volkslieder und -tänze bleibt die Diskussion der islamrechtlichen/religiösen Legitimität des Musikkonsums und der -produktion ein heikles Thema.

Nicht nur auf Internetforen oder in den sozialen Medien entzünden sich von Zeit zu Zeit heftige Diskussionen um die religiöse Legitimität des Musizierens oder des Musikkonsums, sondern auch für zeitgenössische Gelehrte ist sie ein Diskussionsthema. Beispielsweise erlaubt Yūsuf al-Qaraḍāwī (gest. 2022) den Musikkonsum unter dem Vorbehalt, dass die Lieder aus theologischer Sicht unproblematisch sein sollten und nicht zu sündhaften Handeln verleiten dürfen. Dementsprechend soll auch der Ort, an dem man Musik konsumiert, beschaffen sein: fern vom Sündhaftem. Demgegenüber vertreten etwa Gelehrte, die man den Wahhabiten in Saudi-Arabien zuordnen kann, aber auch andere über diesen Kreis hinaus, dass jede bzw. die meisten Formen des Musizierens und Musikkonsums verboten seien.[6] Diese Spannungslage bewegt muslimische Gläubige dazu, Fatwas zu erbitten, um einordnen zu können, ob der Musikkonsum erlaubt sei.[7]

---

2 Al-Buḫārī, *Ṣaḥīḥ*, S. 231f., *Kitāb al-Ašriba*, *Bāb* 2, Hadith Nr. 949 und *Bāb* 3, Hadith Nr. 952.

3 Vgl. Shiloah, *Music in the World of Islam.*

4 Vgl. Liberty, *Das arabische Tonsystem im Mittelalter*; Powers, *Arabic Musical Scales.*

5 Vgl. Reinhard und Reinhard, *Musik der Türkei*; Signell, *Makam.*

6 Vgl. Al-Atawneh, "Leisure and Entertainment (*malāhī*) in Contemporary Islamic Legal Thought", S. 401–406.

7 Für zwei Fatwas des Dār al-Iftāʾ in Ägypten siehe https://www.dar-alifta.org/en/fatwa/details/4866/what-is-the-ruling-concerning-music (letzter Zugriff: 17.4.2024);

Die religiöse Legitimität der Handlungen von muslimischen Gläubigen ergibt sich in erster Linie aus der Einordnung von normativen Aussagen aus den religiösen Quellen Koran und Sunna. Wie noch zu sehen sein wird, gibt es keine klaren Aussagen im Koran, die das Musizieren oder den Musikkonsum thematisieren, geschweige denn verbieten. Es sind vornehmlich Hadithe, die den Musikkonsum direkt oder indirekt kritisieren bzw. verbieten oder so darstellen, dass er (je nach Anlass) erlaubt ist.[8] Die eingangs erwähnten zwei Hadithe stehen repräsentativ für die Meinungsunterschiede zur Zulässigkeit des Musizierens und Musikkonsums. Je nachdem, ob die Rechtsgelehrten diese Texte für wie glaubwürdig hielten und wie sie sie auslegten, haben sich kontroverse Meinungen zu diesem Themenkomplex entwickelt. Es ist diese Ambiguität, die wir in der Frage nach "der Musik" finden, die den normativen Diskurs dominiert, der sich aber nicht nur auf das islamische Recht beschränkt. Rechtsgelehrte diskutieren zwar in ihren Rechtswerken über die Zulässigkeit des Musizierens und des Musikkonsums; es gibt aber auch zahlreiche Abhandlungen, die sich nur diesem Thema widmen. Diese Abhandlungen sind nicht nur islamrechtlicher, sondern auch sufischer Art. Es ist bemerkenswert, wie stark sich die muslimischen Rechtsgelehrten mit den Formen des Musizierens innerhalb des Sufismus auseinandergesetzt haben und wie Sufis darauf antworteten. Darüber hinaus befassen sich Gelehrte mit diesem Thema in Werken zur Ethik (*aḫlāq*) und der *adab*-Literatur, wie auch in Hadithkommentaren.

Aus diesen Beobachtungen speist sich der Inhalt des vorliegenden Artikels. Unter dem nächsten Hauptabschnitt folgt ein kurzer historischer Abriss, der dazu dient, die normativen Diskurse zu bestimmen, innerhalb derer der Themenkomplex Musik verhandelt wird. Eine umfassende historische Darstellung ist nicht angestrebt. Dem folgt die Unterscheidung verschiedener Formen des Musizierens und Musikkonsums, die wir insbesondere in der Rechtsliteratur finden können, und wie sie grundsätzlich von Rechtsgelehrten bewertet werden. Im dritten Kapitel werde ich auf ausgewählte Argumente eingehen, die angeführt werden, um über die Zulässigkeit des Musizierens und des Musikkonsums zu entscheiden. Mit einer Auswertung endet der Artikel.

---

https://www.dar-alifta.org/en/fatwa/details/6870/musical-instruments-in-islam (letzter Zugriff: 17.4.2024).

8 Vgl. Shiloah, "Music and Religion in Islam", S. 144. Shiloah verweist in der ersten Fußnote seines Artikels auf seine umfassendere Arbeit zur Musik in der islamischen Tradition (erschienen in 1979 in München), aus der er schöpfe. Ich werde mich an dem genannten Artikel orientieren und möchte hier auf eine weitere Arbeit Shiloahs hinweisen: Shiloah, *The Theory of Music in Arabic Writings*.

2. Historischer Überblick: Literaturspezifische Einordnung

2.1 Musik in philosophischen Schriften

Betrachten wir die Schriften muslimischer Autoren in der Vormoderne, können wir eine Vielfalt der Beschäftigung mit dem Themenkomplex Musik erkennen. Unabhängig vom noch anzusprechenden normativen Diskurs finden wir in philosophischen Schriften einen anderen Schwerpunkt für die Betrachtung der Musik. Der Philosoph Yaʿqūb b. Isḥāq al-Kindī (gest. 252/866) betrachtet Musik der griechischen Tradition entsprechend, genauer gesagt folgt er der pythagoräischen Betrachtung. Für al-Kindī gibt es eine konkrete Verbindung zwischen dem Kosmos, der Natur, dem Menschen und der Musik bzw. den Musikinstrumenten. So etwa haben die vier Saiten der Ud (*ʿūd*) eine direkte Auswirkung auf den menschlichen Körper, wenn sie gespielt werden und repräsentieren den Kosmos. Einen ähnlichen Ansatz verfolgen die ismāʿīlitischen (siebenerschiitischen) "Lauteren Brüder" (*iḫwān aṣ-ṣafāʾ*).[9] Bleiben wir in der griechisch geprägten islamischen Philosophie, können wir den Ansätzen von al-Kindī und den Lauteren Brüdern die Herangehensweise von Abū Naṣr al-Farābī (gest. 339/950) und Abū ʿAlī b. Sīnā (gest. 428/1037) gegenüberstellen. Sie "befreien" die Musik von der pythagoräischen Deutung und Verbindung mit dem Kosmos. In Anlehnung an den Philosophen und Musiktheoretiker Aristoxenus (gest. um 300 v. Chr.) betrachten sie die Musik als ein hörbares Phänomen, sodass sie mit Rücksicht auf Prinzipien und Elemente der Musik erforscht werden müsse. Es geht also mehr um das Verhältnis von Tönen, Melodien, Rhythmen etc. zueinander. D. h. nicht, dass sie sich keine Gedanken darüber gemacht haben, welche Auswirkungen musikalische Töne auf den Menschen haben können; sie sehen aber keine Korrelation zwischen dem Kosmos und der Musik.[10] Einen Zwischenweg zwischen diesen beiden Ansätzen gehe al-Ḥasan b. ʿAlī b.Aḥmad al-Kātib (gest. 5./11. Jh.).[11] Die philosophische Beschäftigung mit der Musik lässt sich für die islamische Tradition (und so auch für die jüdische)[12] somit in drei Teile gliedern: 1) die neoplatonische und pythagoräische Betrachtungsweise, 2) die Rezeption Aristoxe-

---

9 Vgl. Shehadi, *Philosophies of Music in Medieval Islam*, S. 15–49.
10 Vgl. ibid., S. 50–80.
11 Vgl. ibid., S. 81–94.
12 Für eine umfassendere Untersuchung der Wechselbeziehung der Musikkultur zwischen Islam und Judentum, siehe Shiloah, *The Dimension of Music in Islamic and Jewish Culture*.

nians und 3) der Mittelweg zwischen diesen beiden innerhalb der peripatetischen Philosophie.[13]

2.2 Musik in rechtlich orientierten Werken

Anders als diese philosophischen Schriften zur Musik beschäftigen sich die muslimischen Rechtsgelehrten in ihren Werken zum materiellen Recht (*furūʿ al-fiqh*) mit dem Thema des Musizierens und des Musikkonsums aus einer normativen Perspektive.[14] Es gibt viele Anlässe über das Musizieren und Musikhören hinaus, um über die Zulässigkeit von Handlungen zu diskutieren, die mit dem Musizieren und dem Musikkonsum verbunden werden. Dazu gehören z. B. Fragen, ob man den Koran melodisch vortragen, Musikinstrumente bauen und verkaufen darf, ob die Zerstörung eines Musikinstruments zur Erstattung des Schadens führt und ob Sklavinnen gekauft und verkauft werden dürfen, die für den Zweck des Singens[15] ausgebildet wurden.[16] Sängersklavinnen (*qayna*, Pl. *qaynāt*, *qiyān*) waren bereits in vorislamischer Zeit bekannt[17] und wurden auch in der islamischen Tradition ausgebildet.

Neben der Besprechung des Musizierens und Musikkonsums und den damit verbundenen Rechtsfragen schrieben einige Rechtsgelehrte eigenständige Abhandlungen zu diesem Thema. Zu den frühesten Abhandlungen gehört das *Ḏamm al-malāhī* des ḥanbalitischen Hadithkompilators, Sufis und Rechtsgelehrten Abū Bakr ʿAbdallāh b. Muḥammad al-Qurašī al-Baġdādī, bekannt als Ibn Abī d-Dunyā (gest. 281/894).[18] Dieser trug Hadithe zusammen, die insbesondere das Musizieren und den Musikkonsum verbieten oder als eine schlechte Handlung beschreiben. Die Abhandlung umfasst

---

13 Vgl. Werner und Sonne, "The Position of Music in the Jewish Culture of the Middle Age", S. 262.

14 Vgl. Düzenli, "Klasik İslâm Kaynaklarında Müzik Tartışması".

15 Sowohl privat als auch am Hof; für Letzteres siehe Gökpinar, *Höfische Musikkultur im klassischen Islam*; und Gökpinar, *Der* ṭarab *der Sängersklavinnen.*

16 Für diese Frage s. z. B. Ibn Rušd [al-Ǧadd], *al-Bayān wa-t-taḥṣīl*, Bd. 18, S. 541–544.

17 Vgl. Shiloah, "Music and Religion in Islam", S. 147f.

18 Bei biographischen Angaben orientiere ich mich nach den Biographien in *Encyclopaedia of Islam* (*Second Edition*, https://referenceworks.brill.com/display/db/eieo) und *Türkiye Diyanet Vakfı İslâm Ansiklopedisi* (https://islamansiklopedisi.org.tr/). Um das Literaturverzeichnis nicht zu strapazieren und den Text nicht mit noch mehr Quellenverweisen zu überfrachten, habe ich auf die Angabe der Belegstellen verzichtet.

auch Hadithe zu weiteren Unterhaltungen (*malāhī*), wie etwa das Schachspielen oder den gleichgeschlechtlichen Verkehr.[19]

Bezeugt sind aus derselben Zeit zwei weitere Schriften von Zeitgenossen Ibn Abī d-Dunyās: Der Grammatiker al-Mufaḍḍal b. Salāma (gest. 292/905, unter dem Titel *Kitāb al-Malāhī*)[20] und der Geograph und Historiker Ibn Ḫurradāḏbih (gest. 298/911, *Kitāb al-Malāhī* [?]) schrieben Abhandlungen zum Musizieren und dessen Konsum fernab ablehnender Aussagen.[21] Al-Mufaḍḍal befasst sich explizit mit der Frage, ob es verboten ist, Musikinstrumente zu spielen, um zu zeigen, dass es keine Beschränkung (wie etwa auf Trommeln und Tamburin) gebe, wie etwa die Rechtsgelehrten es behaupten, und man alle Instrumente spielen dürfe. Neben wenigen Erklärungen technischer Begriffe listet er die bekannten Musikinstrumente in seiner Abhandlung auf.[22] Einen anderen Ansatz verfolgt Abū ʿUmar Aḥmad b. ʿAbd Rabbih (gest. 328/940). In seinem Werk *al-ʿIqd al-farīd*, in dem er sich mit Politik, Literatur, Geschichte, Ethik, Musik und Unterhaltung befasst, erwähnt er zwar Koranverse und Hadithe, die für die Zulässigkeit von Musik angeführt werden. Sein Interesse scheint aber eher darin zu liegen, die positiven Effekte der Musik aufzuarbeiten, und zwar im Stile der schöngeistigen Literatur.[23]

Spezifische Abhandlungen für und gegen Musikkonsum und Musizieren finden wir auch bei späteren Rechtsgelehrten. Blicken wir für zwei Beispiele nach Andalusien. Der vielseitige ẓāhiritische Gelehrte Abū Muḥammad ʿAlī b. Ḥazm (gest. 456/1064) widmet sich in seiner Abhandlung der Frage danach, ob die unterhaltende Musik (*al-ġināʾ al-mulhī*) erlaubt oder verboten ist. Er analysiert Hadithe, die für die Beurteilung der Zulässigkeit des Musizierens bzw. des Musikkonsums herangezogen werden. Ibn Ḥazm, der auch als genauer Hadithgelehrter bekannt ist, versucht zu zeigen, dass die Hadithe, die für ein Verbot herangezogen werden, schwach sind, einige gar erfunden. Hadithe dagegen, die auf eine Erlaubnis deuten, seien einschlägig.[24] Der andalusisch-mālikitische Rechtsgelehrte und Hadithkompilator Abū Bakr Muḥammad aṭ-Ṭurṭūšī (gest. 520/1126) geht eher den Weg von Ibn Abī d-Dunyā und versucht mittels Hadithe und Überlieferungen

---

19 Vgl. Shiloa, "Music and Religion in Islam", S. 146; al-Qurašī, *Ḏamm al-malāhī li-Ibn Abī d-Dunyā*; englische Übersetzung Robson, *Tracts on Listening to Music*, S. 19–40.

20 Vgl. Robson und Farmer, "The Kitāb al-malāhī of Abū Ṭālib Al-Mufaḍḍal ibn Salama".

21 Vgl. Shiloa, "Music and Religion in Islam", S. 146.

22 Vgl. Robson und Farmer, "The Kitāb al-malāhī of Abū Ṭālib Al-Mufaḍḍal ibn Salama".

23 Vgl. Shehadi, *Philosophies of Music in Medieval Islam*, S. 131–145.

24 Vgl. Ibn Ḥazm, "Risāla fī l-ġināʾ al-mulhī"; Akdoğan, "İbn Hazm el-Endülüsî'nin Mûsikî İle İlgili Hadislere Bakışı".

zu zeigen, dass das Musizieren und der Musikkonsum verboten ist. Hinzu kommt auch seine Kritik an der Praxis der Sufis, die für ihre Rituale Musik und Tanz einsetzen, die er als Fehlverhalten einordnet. Darüber hinaus argumentiert er, wie etwa, dass die Musik die Moral der Gläubigen und die Reinheit des Herzens verderbe sowie zum unlauteren Verhalten führe. Dabei führt er Motive wie Alkoholkonsum sowie Vergleiche zu übermäßigem Essen an, um das Musizieren und den Musikkonsum als eine schlechte Tat darzustellen.[25]

Wir können beobachten, dass die Ambiguität der Zulässigkeit des Musizierens und Musikkonsums, die durch die religiösen Texte bedingt war, zugunsten eines Verbots behoben werden sollte. Mit der Zeit wurden Überlieferungen aus der Generation der Prophetengefährten, der Nachfolgergeneration sowie Verweise auf die islamrechtlich zu verwerfende Praxis der Sufis und die negativen Effekte der Musik auf den menschlichen Körper angeführt, um dieses Ziel zu erreichen. Diese Herangehensweise behielten viele Gelehrte später bei. Neben unabhängigen Abhandlungen wurde dieses Thema auch in Werken behandelt, die wir aus heutiger Sicht als ethische Werke einordnen können. Nach dem Vorbild von aṭ-Ṭurṭūšī finden wir eine detaillierte Besprechung des Themas im Werk *al-Madḫal* des nordafrikanisch-mālikitischen Rechtsgelehrten Abū ʿAbdallāh Muḥammad al-ʿAbdarī, bekannt als Ibn al-Ḥāǧǧ (gest. 737/1336).[26] Er verfasste sein Werk, um die Faktoren, die auf die muslimische Gesellschaft degenerativ wirkten, zu analysieren, Fehlverhalten zu kritisieren und gegen Erneuerungen in der Religion (Sg. *bidʿa*) vorzugehen sowie die Gewohnheit der Menschen mit Rücksicht auf die religiösen Grundlagen zu bewerten. Wir sehen diese ablehnende Haltung nicht nur bei mālikitischen Gelehrten; gleiches gilt für ḥanbalitische Gelehrte, die bis auf wenige Ausnahmen und oft auch ausnahmslos das Musizieren und dessen Konsum verbieten. Der in Bagdad wirkende ḥanbalitische Gelehrte Abū l-Faraǧ b. al-Ǧawzī (gest. 597/1201) bewertet Musik in seinem Werk insbesondere im Zusammenhang mit Kritik an der Praxis der Sufis und weiteren religiösen Gruppierungen innerhalb des Islam und anderer Religionen negativ.[27] Die Damaszener Ḥanbaliten Taqī ad-Dīn b. Taymiyya (gest. 728/1328) in einer gesonderten Abhand-

25 Vgl. aṭ-Ṭurṭūšī, Abū Bakr Muḥammad ibn Walīd: "Taḥrīm al-ġināʾ wa-s-samāʿ".

26 Vgl. Guo, "Doctrinal Anxiety and Social Reality regarding Music and Dance in Mamluk Cairo"; al-ʿAbdarī, *al-Madḫal li-Ibn al-Ḥāǧǧ*, Bd. 3, S. 93–128.

27 Vgl. Ibn al-Ǧawzī, *Talbīs Iblīs*, S. 225–252.

lung[28] und Ibn Qayyim al-Ǧawziyya (gest. 751/1350) in seinem Werk zur Bewertung jeglichen Fehlverhaltens und Irrglaubens[29] befassen sich mit dem Themenkomplex auf dieselbe Art und Weise: Die religiösen Quellen deuten sie in der Art und Weise, sodass sie die meisten Formen des Musizierens und dessen Konsum verbieten.

Es ist zu beobachten, dass auch Gelehrte aus der šāfiʿitischen Tradition, die zugleich auch Hadithwissenschaftler sind, dieser Haltung folgen, grundsätzlich das Musizieren und dessen Konsum verbieten und nur ausnahmsweise bestimmte Formen zulassen. Dazu gehören z. B. die kairinischen Gelehrten Badr ad-Dīn b. Ǧamāʿa (gest. 733/1332), Ibn Ḥaǧar al-ʿAsqalānī (852/1449) oder Ǧalāl ad-Dīn as-Suyūṭī (gest. 911/1505).[30] Wir finden auch beim ägyptischen Rechts- und Hadithgelehrten Ibn Ḥaǧar al-Haytamī (gest. 974/1567) aus Kairo, der sich in Mekka niederließ, eine ablehnende Haltung gegenüber bestimmten Formen der Musik, insbesondere in Sufikreisen. Er verfasste ein Werk, in dem er Hadithe gegen das Musizieren zusammentrug.[31] Al-Haytamīs Absicht war es, ein anderes Werk zu wiederlegen, und zwar das gegenüber der Musik positiv gestimmte *Faraḥ al-asmāʿ bi-ruḫaṣ as-samāʿ*,[32] geschrieben von dem Sufi Abū l-Mawāhib Muḥammad b. Aḥmad at-Tūnisī, bekannt als Ibn Zuġdān (gest. 881/1476), der aus Tunesien stammte und sich in Kairo niederließ.[33] Der Herausgeber des Werks *Faraḥ al-asmāʿ* gibt an, dass Ibn Zuġdān sich vornehmlich auf das Werk *al-Imtāʿ bi-aḥkām as-samāʿ* des šāfiʿitischen Gelehrten Abū l-Faḍl Ǧaʿfar al-Udfuwī (gest. 748/1347) bezogen habe.[34] Al-Udfuwī befasste sich in diesem Werk mit dem Thema der Zulässigkeit von Musik, wobei er auch den Nutzen von Musikkonsum und von Musikinstrumenten hervorhob.[35] At-Tūnisī habe daneben auch das Werk *Kitāb as-Samāʿ* von Abū l-Faḍl Muḥammad b. Ṭāhir al-Maqdisī, bekannt auch als Ibn al-Qaysarānī

---

28 Shehadi, *Philosophies of Music in Medieval Islam*, S. 95–115. Die Abhandlung zur Musik und zum Tanz befindet sich zwar in größeren Sammlungen Ibn Taymiyyas, es sind aber auch gesonderte Publikationen vorhanden, wie z. B. Ibn Taymiyya, *Ḥukm as-samāʿ*.

29 Vgl. Ibn Qayyim al-Ǧawziyya, *Iġāṯat al-lahfān fī maṣāyid aš-šayṭān*, S. 400–473.

30 Vgl. Guo, "Doctrinal Anxiety and Social Reality regarding Music and Dance in Mamluk Cairo", S. 440.

31 Al-Atawneh, "Leisure and Entertainment (*malāhī*) in Contemporary Islamic Legal Thought", 401, Fn. 6; Morrissey, "The Status of Music in Islamic Law".

32 Vgl. al-Haytamī, *Kaff ar-raʿāʿ ʿan muḥarramāt al-lahw wa-s-samāʿ*, S. 18.

33 Ibid.; at-Tūnisī, *Faraḥ al-asmāʿ bi-ruḫaṣ as-samāʿ*, S. 27.

34 Vgl. ibid.; S. 36.

35 Vgl. al-Udfuwī, *al-Imtāʿ bi-aḥkām as-samāʿ*.

(gest. 507/1113), zu Rate gezogen.[36] Ibn al-Qaysarānī ist ein ẓāhiritischer Gelehrter, der auch als Hadithwissenschaftler bekannt war. Wie zuvor Ibn Ḥazm versucht Ibn al-Qaysarānī zu zeigen, dass die Hadithe, die Musik zu konsumieren verbieten, nicht authentisch seien, viele andere Hadithe jedoch darauf verwiesen, dass es zulässig sei, Musik zu hören, Prophetengefährten und Gelehrte aus der Nachfolgergeneration dies taten und anerkannte Gelehrte aus späteren Generationen Musik zu hören zuließen.[37] Auffällig sei, so der Herausgeber des Werks von at-Tūnisī, dass al-Haytamī seinen šāfiʿītischen Vorgänger nicht kritisiere, dafür aber at-Tūnisī und Ibn al-Qaysārānī scharf angehe, was er auf die Rechtsschulzugehörigkeit der anderen beiden zurückführt.[38] Schließlich wendet sich al-Haytamī, obschon er selbst sufisch geprägt ist, gegen das Musizieren und gegen Unterhaltung (*lahw*), wobei er sich der bekannten Argumente aus Koran, Sunna und der Autoritäten seiner eigenen Rechtsschule bedient und explizit at-Tūnīsī und die beiden Ẓāhiriten Ibn Ḥazm und Ibn al-Qaysarānī kritisiert.[39] Auch bei Ḥanafiten, die als Hadithwissenschaftler bekannt sind, wie etwa Badr ad-Dīn al-ʿAynī (gest. 855/1451), der ebenfalls in Kairo wirkte, sehen wir ähnliche Tendenzen mit mehr Bereitschaft zu erlaubten Formen des Musizierens, aber Ablehnung gegenüber der Sufipraxis.[40]

Wir finden aber auch eine gegensätzliche Haltung, die wir bereits bei Ibn Ḥazm und anderen sahen: Grundsätzlich sei Musizieren und dessen Konsum erlaubt, sofern sie nicht zu sündhaftem Verhalten führen. Erkennen können wir dies bei ḥanafitischen Gelehrten aus derselben Zeit, wie etwa in den *furūʿ al-fiqh*-Werken von Ibn al-Humām (gest. 861/1457), der zu wichtigen Autoritäten in Kairo gehörte, oder dem zentralasiatischen Ḥanafiten ʿAlāʾ ad-Dīn al-Kāsānī (gest. 587/1191),[41] der u.a. in Samarkand und Aleppo wirkte.

Es bleibt festzuhalten, dass innerhalb der islamrechtlichen Literatur mehrere Positionen vorzufinden sind. Die angeführten Hadithe befinden sich natürlich in größeren Hadithkompilationen, sodass Hadithsammlungen des Typs *Ǧāmiʿ* und *Sunan* ein entsprechend gemischtes Bild zur Musik

36 At-Tūnisī, *Faraḥ al-asmāʿ bi-ruḫaṣ as-samāʿ*, S. 36.

37 Vgl. Kandemir, "İbnü'l-Kayserânî" https://islamansiklopedisi.org.tr/ibnul-kayserani (letzter Zugriff: 18.04.2024).

38 Vgl. at-Tūnisī, *Faraḥ al-asmāʿ bi-ruḫaṣ as-samāʿ*, S. 36.

39 Vgl. Morrissey, "The Status of Music in Islamic Law".

40 Vgl. Kister "'Exert yourselves, O Banū Arfida!' Some notes on entertainment in the Islamic tradition", S. 57–62.

41 Vgl. Al-Atawneh "Leisure and Entertainment (*malāhī*) in Contemporary Islamic Legal Thought ", S. 402.

bieten, seien es z. B. die bekannten sechs (oder neun) kanonischen Werke der Sunniten oder auch deren Kommentare, wie wir es am Beispiel von Ibn Ḥaǧar al-ʿAsqalānī und Badr ad-Dīn al-ʿAynī, die das *Ṣaḥīḥ* al-Buḫārīs kommentierten, sehen konnten. Auch Werke des Typs *Muṣannaf* enthalten Informationen über die frühe Praxis der Muslim:innen und kontroverse Meinungen der Gelehrten aus der Frühzeit des Islam.[42]

Auch wenn die Hauptachse der Diskussionen um die Zulässigkeit der Musik Hadith-zentriert ist, daneben auch die Wirkung der Musik auf den Menschen und der Einsatz für Rituale diskutiert wird, werden Koranverse bemüht, um eine Meinung zu begründen bzw. eine Entscheidung zu treffen. Es lassen sich daher auch Meinungen, Hadithe und Argumente in koranexegetischen Werken finden, insbesondere in Werken, die sich auf rechtsrelevante Verse konzentrieren, sogenannte *Aḥkām al-Qurʾān*-Werke – die relevanten Koranverse werden weiter unten unter Überschrift 4 erwähnt. Für *Aḥkām al-Qurʾān*-Werke seien die beiden Schriften des irakisch-ḥanafitischen Gelehrten Abū Bakr ar-Rāzī al-Ǧaṣṣāṣ (gest. 370/981) und des andalusischen Mālikiten Abū Bakr b. al-ʿArabī (gest. 543/1148) erwähnt. Dabei scheint al-Ǧaṣṣāṣ eine eher negative Haltung einzunehmen, wohingegen Ibn al-ʿArabī diejenigen kritisiert, die Musik verbieten, obwohl sie erlaubt sei.[43]

2.3 Musik in sufisch orientierten Werken

Bisher können wir festhalten, dass sich viele islamrechtliche Texte mit den Praktiken innerhalb des Sufismus befassten. In sufisch geprägten Werken erkennen wir eher eine Haltung, die das Musizieren und den Musikkonsum bejahen. Es gibt aber auch sufisch geprägte Gelehrte, die Musik eher skeptisch betrachten, wie wir dies oben bei Ibn Abī d-Dunyā sahen. Diese Auseinandersetzung zwischen Sufis und Rechtsgelehrten hat eine lange Geschichte.[44] Die Mehrheit der Sufis und der sufisch geprägten Gelehrten befassten sich nicht nur wegen der Kritik der Rechtsgelehrten mit dem Thema des Musizierens und des Musikkonsums, sondern auch aus dem Umstand, dass das Musizieren und der Musikkonsum für die verschiedenen Rituale innerhalb der zahlreichen Strömungen des Sufismus eine wichtige Rolle spiel-

42 Vgl. Kister, "'Exert yourselves, O Banū Arfida!' Some notes on entertainment in the Islamic tradition", S. 53.

43 Vgl. Al-Atawneh "Leisure and Entertainment (*malāhī*) in Contemporary Islamic Legal Thought", S. 401f.

44 Vgl. Gribetz, "The Samāʿ Controversy. Sufi vs. Legalist".

ten.[45] Die Mehrheit der Sufis führen Hadithe an wie etwa den eingangs zitierten Hadith über ʿĀʾiša und ihrem Vater Abū Bakr, die belegen sollen, dass das Musizieren und der Musikkonsum erlaubt sind. Die Haltung unter den Sufis ist nicht einheitlich: Obwohl die Mehrheit darin eine Möglichkeit sieht, sich Gott zu nähern und religiöse Emotionen zugänglicher zu machen und sie zu kommunizieren, warnen viele vor der exzessiven Nutzung der Musik bis hin zu illegitimen Praktiken oder verbieten sie komplett.[46] Prominente Beispiele sind Abū Ḥāmid al-Ġazālī (gest. 505/1111), der in seinem Werk *Iḥyāʾ* das Musizieren thematisiert und feststellt, dass die religiösen Quellen kein klares Verbot formulieren, sodass man von der Zulässigkeit der Musik ausgehen müsse. Auch bezieht er sich auf frühere Sufi-Autoritäten, die das Musizieren und den Musikkonsum erlauben. Nach al-Ġazālī ist die Intention des Musizierens und dessen Konsums entscheidend für die Zulässigkeit: Bezwecke man Verbotenes zu tun oder zu ermöglichen, sei die hierzu begleitende Musik genauso verboten, eine Formel, die für jede Handlung gelte.[47] Auch sein Bruder Maǧd ad-Dīn Aḥmad al-Ġazālī (gest. 520/1126) befasste sich mit der Zulässigkeit der Musik in seinem *Bawāriq al-ilmāʿ*, ihren Nutzen für das Gottesgedenken und der spirituellen Übung. Obschon er das Werk seines Bruders sehr gut kannte und zusammenfasste (*Lubāb al-Iḥyāʾ*), zeigt ein Vergleich mit dem *Iḥyāʿ*, dass Maǧd ad-Dīn eine eigene Argumentationslinie hat und originell argumentiert.[48] Die Liste derjenigen, die sich mit diesem Themenkomplex befassten, ist lang; es seien an dieser Stelle nur einige weitere Beispiele genannt, die in der Sekundärliteratur angeführt werden, so etwa Abū ʿAbd ar-Raḥmān as-Sulamī (gest. 412/1201),[49] Muḥyī ad-Dīn b. ʿArabī (gest. 638/1240)[50] in *Futūḥāt al-makkiyya* und *Kitāb at-Tadbīrāt al-ilāhiyya*, Šihāb ad-Dīn as-Suhrawardī (gest. 632/1234) in *ʿAwārif al-maʿārif* und Ismāʿīl b. Muḥammad al-Mawlawī

45 Vgl. Lewisohn, “The sacred music of Islam. *Samāʿ* in the Persian Sufi tradition”; Honerkamp, “Abû ʿAbd al-Rahmân al-Sulamî (d.412/1201) on *samâʿ*, ecstasy and dance”; Aquil, “Music and Related Practices in Chishti Sufism. Celebrations and Contestations”; Boivin, “Music and Remembrance as Meditation. Samāʿ in the Indus Valley”; Hammarlund et al, *Sufism, Music and Society in Turkey and the Middle East*; Küçükhüseyin, “Hören und Tanzen. Das *samāʿ* als spirituelles Mittel und gesellschaftliches Kommunikationsmedium”; Rašić, “Music of the Spheres in Akbarian Sufism”.

46 Vgl. Gribetz, “The Samāʿ Controversy. Sufi vs. Legalist”, S. 43f.

47 Vgl. al-Ġazālī, *Iḥyāʾ*, Bd. 4, S. 409–533; Shehadi, *Philosophies of Music in Medieval Islam*, S. 115–131.

48 Vgl. Robson, *Tracts on Listening to Music*, 63–118; Shehadi, *Philosophies of Music in Medieval Islam*, S. 153–159.

49 Vgl. Honerkamp “Abû ʿAbd al-Rahmân al-Sulamî (d.412/1201) on *samâʿ*, ecstasy and dance”.

50 Shehadi, *Philosophies of Music*, S. 159–162.

al-Anqarawī (gest. 1042/1636) in *Muḫtaṣar Risālāt aṭ-Ṭūsī fī s-samāʿ* und *ar-Risāla at-tanzīhiyya fī šaʾn al-mawlawiyya.*[51]

Dieser kurze Abriss der literaturspezifischen Einordnung des Themenkomplexes zeigt, welche unterschiedlichen Perspektiven wirksam dafür sind, eine normative Bewertung zu finden.[52] Unter der nächsten Überschrift wird die normative Einordnung des Musizierens und des Musikkonsums innerhalb der muslimischen Gelehrsamkeit dargestellt.

3. Formen des Musizierens/Musikkonsums und allgemeine islamrechtliche Einordnung

Betrachten wir die Gesamtheit der oben beschriebenen Literatur, finden wir verschiedene Begriffe, die das Musizieren und den Musikkonsum wiedergeben. Dazu gehören *ġināʾ (al-mulhī), hazaǧ, laḥn* bzw. *alḥān, lahw, maʿāzif, malāhī, našīd* bzw. *inšād, tilāwa, samāʿ, ṣawt, šiʿr, taġannī, taġrīd* und *ṭarab, wird* und *adwār*. Ein oft angeführter Begriff ist daneben *qayna*, was für Sängersklavinnen steht.[53] Die häufig anzutreffenden Begriffe sind *ġināʾ* und *samāʿ*, letztere insbesondere in Verbindung mit *wird* im sufischen rituellen Kontext des Gottesgedenken (*ḏikr*). Es ist kaum möglich, ungeachtet der Unterscheidung der verschiedenen Formen des Musizierens und des Musikkonsums die Mehrheitsmeinung der Gelehrten darzustellen. Üblich ist es, zwischen religiösen und nichtreligiösen Formen der Musik zu unterscheiden. In vielen Rechtswerken wird jedoch angegeben, dass bekannte Gelehrte der Meinung waren, dass Musizieren und Musik zu konsumieren eine Sünde, verpönt bzw. verboten seien. Daneben wird oft erwähnt, dass viele Ḥanafiten, Ḥanbaliten und Šāfiʿīten Musik zu konsumieren und zu musizieren als erlaubt, gar empfohlen einordnen und medinensische Gelehrte eine eher tolerante Haltung hätten. Die Haltung der Gelehrten gegenüber dem Spielen von Musikinstrumenten, bis auf einige wenige Ausnahmen wie die Trommel, scheint eher negativ zu sein. Es wird somit oft zwischen Instrumental- und Vokalmusik unterschieden. Von vielen Gelehr-

51 Vgl. Gribetz, "The Samāʿ Controversy. Sufi vs. Legalist", S. 46f., 51.

52 Für einen weiteren, abweichenden Ansatz von Ibn Ḫaldūn (gest. 808/1406) über Musik zu reflektieren, siehe Shehadi, *Philosophies of Music in Medieval Islam*, S. 146–153.

53 Vgl. Apaydın, "Mûsiki", https://islamansiklopedisi.org.tr/musiki#2-fikih (letzter Zugriff: 19.4.2024).

ten wird berichtet, dass sie, sofern das Musizieren und der Musikkonsum zu keiner schlechten, sündhaften Handlung führen, zulässig seien.[54]

Neben dieser kategorischen Einordnung der Zulässigkeit der Musik hat Pehlül Düzenli in einem Artikel die Meinung der vormodernen sunnitischen Rechtsschulen in Bezug auf die verschiedenen Formen des Musizierens und Musikkonsums zusammengetragen. Folgen wir Düzenli, so kann man feststellen, dass die Rechtsgelehrten eher dazu neigen, Musik zuzulassen, wenn sie die Gläubigen in guten oder alltäglichen Taten begleitet, wie etwa bei schwerer Arbeit; gleiches gelte für Schlaflieder, Reiselieder, Lieder, um der Einsamkeit entgegenzuwirken, Lieder auf der Pilgerfahrt oder Lieder, die die Soldaten im Krieg motivieren sollen. Voraussetzung ist, dass die Liedtexte theologisch unproblematisch sein sollten. Ähnliches gilt für festliche Anlässe wie die religiösen Festtage, Hochzeitsfeiern, Feiern für die Abreise und Ankunft von Reisenden und Pilgernden. Musikalische Performanzen für den Gebetsruf oder die Koranrezitation werden mehrheitlich für zulässig, von einigen grundsätzlich für unzulässig erklärt. Umstritten sind, wie wir sahen, Rituale des Gottesgedenkens unter den Sufis, die sangen, Instrumente wie die Schilfrohrflöte oder Saiteninstrumente spielten und ritualisierte Tänze (Sg. *raqṣ*) vollzogen. Die Rechtsgelehrten wenden sich meist gegen diese Art des Musizierens und Musikkonsums.[55]

Kontrovers diskutiert wird die Musikperformanz für Unterhaltungszwecke (*lahw*, oft mit Verweis auf Koran 31:6; auch wiedergegeben mit *luʿb* und *ṭarab*). Unter *lahw* werden Formen des Musizierens verstanden, die außerhalb der oben beschriebenen zulässigen Arten der Musik bleiben. Die Rechtsgelehrten verbinden mit dem ambigen Begriff *lahw* sinnlosen Zeitvertreib, unlauteres Verhalten, Erhöhung der sexuellen Begierde, unmoralisches Benehmen und Ablenkung von (religiösen) Pflichten. In diesem Rahmen wird auch die Nutzung von Musikinstrumenten, bis auf die in Hadithen erwähnte Trommel und weitere wenige Ausnahmen, für verboten oder verpönt erklärt. Es gibt auch Stimmen, die wieder auf den Verwendungszweck abzielen: Werden Musikinstrumente für sündhafte und schlechte Handlungen genutzt, ist ihr diesbezüglicher Gebrauch verboten. Man könnte sich das wie folgt vorstellen: Nutze ich ein Messer, um Brot zu schneiden oder zu belegen, ist die Nutzung des Messers nicht verboten. Man kann sich vorstellen, wie das Urteil lauten würde, wenn man beabsich-

54 Vgl. Düzenli, "Klasik İslâm Kaynaklarında Müzik Tartışması"; Apaydın, "Mûsiki", https://islamansiklopedisi.org.tr/musiki#2-fikih (letzter Zugriff: 19.4.2024).

55 Vgl. Düzenli, "Klasik İslâm Kaynaklarında Müzik Tartışması", S. 27–42.

tigte, ein Messer zu nutzen, um jemanden zu verletzen oder zu töten. Verboten sei es auch, Sängersklavinnen zu kaufen und zu verkaufen, um durch ihren Gesang Gewinn zu erzielen. In diesem Rahmen wird auch gerne diskutiert, ob es Frauen überhaupt erlaubt sei, zu singen, da umstritten sei, ob es verboten ist, dass sie ihre Stimme erheben. Dies hängt mit der Frage zusammen, ob die Stimme der Frauen zu den Dingen gehört, die Frauen "verhüllen" müssen, also zum Schambereich (*ʿawra*) gehört. Hier finden wir wieder Verbotsäußerungen aber auch eingeschränkte Erlaubnis, solange nicht sündhafte Handlungen zu erwarten sind. Auch wird angeführt, dass Frauen vor der eigenen Familie singen dürfen.[56]

4. Argumentationsstrategien: Musik im Spannungsfeld zwischen Erlaubnis und Verbot

Die oben angeführten Meinungen müssen nach der Mehrheit der muslimischen Gelehrten auf den religiösen Quellen Koran und Sunna fußen. Die Gelehrten, seien sie auch sufisch orientiert, sind sich darin einig, die religiöse Bewertung von Handlungen der Gläubigen mit Rücksicht auf den Koran und der Sunna vorzunehmen. Denn, was eine Sünde ist, was verboten oder erlaubt ist, sodass Gott eine Handlung im Jenseits sanktioniert, kann nach der Mehrheitsmeinung nur durch Koran und Sunna bestimmt werden. Die Vernunft alleine sei dazu nicht fähig, diesbezüglich ein Urteil zu fällen. Für ẓāhirītische Gelehrte wie Ibn Ḥazm ist in diesem Sinne nur der Bezug auf die religiösen Quellen erlaubt;[57] Gelehrte wie al-Ġazālī dagegen lassen auch Analogie und analogieähnliche Schlussformen (Sg. *qiyās*) zu.[58]

4.1 Koranverse

Blicken wir in den Koran, so können wir keine direkte Aussage zum Musizieren oder den Musikkonsum finden. Dennoch nehmen die vormodernen Gelehrten einige Koranverse als Anlass dafür, um über diese Frage zu entscheiden. Nach Abū ʿAbdallāh Muḥammad al-Qurṭubī (gest. 671/1273) lassen sich drei Verse im Koran finden, die die Gelehrten für das Verpönt-

56 Vgl. ibid., S. 42–56.
57 Vgl. Ibn Ḥazm, "Risāla fī l-ġināʾ al-mulhī", S. 439.
58 Vgl. al-Ġazālī, *Iḥyāʾ*, Bd. 4, S. 420.

Sein der Musik (*karāhat al-ġinā'*) zitieren: Koran 31:6, 53:61 und 17:64.[59] So heißt es in Koran 31:6: "Manch einer kauft leichtfertiges Gerede [*lahw al-ḥadīṯ*] ein, um, ohne rechtes Wissen, vom Wege Gottes abzubringen und über ihn zu spotten. Für diese ist erniedrigende Strafe bestimmt".[60] Die Aussage "leichtfertiges Gerede" wird von vielen Koranexegeten und Rechtsgelehrten im Sinne von Musizieren interpretiert und verstanden. Zitiert wird ebenfalls Koran 17:64: "Und scheuche von ihnen mit deiner Stimme [*bi-ṣawtika*] auf, wen du kannst, und fahre über sie dahin mit deinen Rossen und mit deinen Mannen, und beteilige dich an ihrem Gut und an ihren Kindern, und mache ihnen Versprechungen! Der Satan aber kann ihnen nichts als Täuschungen versprechen". "Deine Stimme" wird von den Gelehrten auf den Gesang und die Flöte des Satans erweitert, welches als Satans Versuchung eingeordnet wird. Die Aussage "Und ihr spottet" (*wa-antum sāmidūn*; eigene Übersetzung) in Koran 53:61 wird von einigen Gelehrten ebenfalls mit dem Musizieren assoziiert. Zusätzlich zu den drei von al-Qurṭubī erwähnten Koranpassagen wird Koran 25:72 mit Musik in Verbindung gebracht: "Die kein falsches Zeugnis sagen [*lā yašhadūna z-zūr*] (...)".[61] Das Wort *zūr* wird als *ġinā'* (Musik) gedeutet, da *ġinā'* unter die Bedeutung des Wortes *zūr* falle. *Zūr* bedeute, etwas so darzustellen, dass es schöner und besser erscheine, als es in Wirklichkeit sei. Die Musik ließe Töne und Stimmen auf diese Weise schöner erscheinen.[62]

Weder die oben angeführten Koranpassagen noch andere, die die Gelehrten in ihren Werken zitieren, weisen direkt auf das Musizieren oder den Musikkonsum hin. Koran 31:6 ist der einzige Vers, in der sich die Aussage *lahw al-ḥadīṯ* befindet, der sich mit einem Verbot des Musizierens in Hadithen gemeinsam lesen lassen könnte. Grund dafür ist die Kontextualisierung mittels Überlieferungen zum Offenbarungsanlass. Abū Bakr b. al-ʿArabī erwähnt diesbezüglich zwei Offenbarungsanlässe: an-Naḍr b. al-Ḥāriṯ (gest. 2/624), bekannt als einer der strengen Widersacher des Propheten, befand sich in Mekka, wo ihm über das, was der Prophet verkündete, berichtet wurde. Er habe sich über den Propheten lustig gemacht, den Menschen Geschichten über persische Könige erzählt und damit geprahlt,

59 Vgl. al-Qurṭubī, *al-Ǧāmiʿ li-aḥkām al-Qur'ān*, Bd. 16, S. 456.

60 Koranübersetzungen sind, sofern nicht anders angegeben, nach der Übersetzung Bobzins.

61 Vgl. Gribetz, "The *Samāʿ* Controversy. Sufi vs. Legalist", 44f.; Düzenli, "Klasik İslâm Kaynaklarında Müzik Tartışması", S. 43–45; Al-Atawneh, "Leisure and Entertainment (*malāhī*) in Contemporary Islamic Legal Thought", S. 401; Guo, "Doctrinal Anxiety and Social Reality regarding Music and Dance in Mamluk Cairo", S. 449f.

62 Vgl. aṭ-Ṭabarī, *Ǧāmiʿ al-bayān*, Bd. 17, S. 523.

dass seine Geschichten besser als der "Koran Muḥammads" sei. Der zweite Offenbarungsanlass sei herabgesandt wurden, als ein Mann des Stammes Qurayš eine Sängersklavin kaufte und die Menschen mit ihrem Gesang (*lahwihā*) davon ablenkte, dem Propheten die nötige Aufmerksamkeit zu schenken. Zuvor erwähnt Ibn al-ʿArabī auch, dass dieser Vers herabgesandt wurde, als der Prophet gesagt habe, dass es nicht erlaubt sei, Sängerinnen (*muġanniyāt*) zu verkaufen, zu kaufen, in irgendeiner Form mit ihnen Handel zu treiben oder sie zu "Bepreisen", sprich einen Gewinn von ihnen zu erzielen. In weiteren Überlieferungen wird klar, dass es sich bei den Sängerinnen um Sklavensängerinnen (*qayna, ǧāriya muġanniya*) handelt, deren Gesang man nicht beiwohnen solle. Ibn al-ʿArabī hält diese Überlieferungen für nicht einschlägig, da die Tradenten der Überlieferungen nicht vertrauenswürdig (*ṯiqa*) seien. *Lahw al-ḥadīṯ* bedeutet für ihn daher nicht Musik (*ġināʾ*); korrekt sei es, *lahw al-ḥadīṯ* als "[allgemeines] nichtiges [Gerede]" (*bāṭil*) zu deuten.[63]

Wie zu sehen ist, beinhalten die Koranpassagen keine direkte Aussage zur Musik. Es ist die Kenntnis der die Musik betreffenden Hadithe, die die Gelehrten dazu verleiten, im Koran Andeutungen zur Musik zu finden und die Passagen dementsprechend zu deuten. Dreh- und Angelpunkt der Diskussionen sind somit Hadithe. Wir finden in der Literatur, die wir oben betrachtet haben, Hadithe für und gegen das Musizieren und den Musikkonsum. Die bekanntesten und oft zitierten Hadithe alle im Wortlaut anzuführen würde den Rahmen sprengen; ich werde einige exemplarisch nennen.

4.2 Hadithe

Einen der bekanntesten Hadithe zur Musik finden wir im *Ṣaḥīḥ al-Buḫārī*, eine Kritik des Propheten an spätere Generationen, die als Zeichen der Degeneration Verbote erlauben werden: "Von meiner Gemeinde wird es solche geben, die Unzucht [zu begehen], Seide [zu tragen], Wein [zu trinken] und Musikinstrumente [zu spielen] erlauben werden."[64] Ein weiterer Hadith bringt die wachsende Anzahl von Sängerinnen und die zunehmende Intensität des Musikkonsums mit den Zeichen des Jüngsten Tages zusammen. In einem anderen Hadith wird betont, dass die Musik im Herzen Heuchelei gedeihen lasse, wie Wasser Unkraut wachsen lasse. Schließlich wer-

63 Vgl. Ibn al-ʿArabī, *Aḥkām al-Qurʾān*, Bd. 3, S. 525f.
64 Vgl. al-Buḫārī, *Ṣaḥīḥ*, S. 1421, *Kitāb al-Ašriba, Bāb* 6, Hadith Nr. 5590.

den auch Berichte zitiert, die jenseitige Strafen androhen: Die Ohren derer, die Musik hören, werden im Jenseits mit flüssigem Blei gefüllt.[65] Einige Hadithe thematisieren auch das Spielen von Musikinstrumenten: Es sei verboten, die Musik, die durch sie entsteht, zu hören; es sei Frevel, sich an dem Ort zu befinden, an dem Musik gespielt werde, gar Unglaube, sie zu genießen.[66] Wir sahen auch oben am Beispiel von Ibn al-ʿArabī, dass der Prophet es verboten habe, Sängersklavinnen zu kaufen und zu verkaufen, woraus man auch ein Verbot des Musikkonsums und Musizierens ableitet.

Diejenigen, die Musik für zulässig erachten, kritisieren diese Hadithe und stellen dar, dass sie nicht authentisch bzw. nicht stark genug seien, um daraus ein Verbot abzuleiten; einige seien sogar erfunden.[67] Sie führen Hadithe an, die das Musizieren und den Musikkonsum zulassen, allen voran den oben in der Einleitung erwähnten Hadith, nach dem der Prophet Abū Bakr gebeten habe, die Sängersklavinnen am Festtag nicht daran zu hindern, zu singen.[68] Daneben werden Hadithe zitiert, die mehrheitlich das Leitmotiv haben, dass der Prophet es zugelassen habe, dass Prophetengefährten Gesang genossen, sei es auf Hochzeiten oder zu anderen Anlässen, so auch, dass er gemeinsam mit seiner Frau ʿĀʾiša abbesinischen Frauen beim Singen und Tanzen zusah.[69] Die Hadithe, die die Befürworter der Zulässigkeit der Musik anführen, werden von den "Musikgegnern" entweder als Verbote ausgelegt oder als schwach eingestuft. So etwa wird der Hadith mit Abū Bakr so gedeutet, dass der Musikkonsum grundsätzlich verboten sei – sonst hätte er nicht von Satans Werk sprechen können –; der Prophet habe nur eine Ausnahme für Festtage gemacht.

4.3 Rechtsprinzipien, Überlieferungen von Prophetengefährten und das Musikverständnis

Wir haben kein klar erkennbares Bild in den Hadithen, das das Musizieren kategorisch erlaubt oder verbietet. Dies ist auch der Grund dafür, dass streng traditionalistisch vorgehende Gelehrte wie Ibn Taymiyya selbst eine

65 Vgl. Al-Atawneh, "Leisure and Entertainment (*malāhī*) in Contemporary Islamic Legal Thought", S. 401.
66 Vgl. Düzenli, "Klasik İslâm Kaynaklarında Müzik Tartışması", S. 51.
67 Vgl. Ibn Ḥazm, "Risāla fī l-ġināʾ al-mulhī"; Al-Atawneh, "Leisure and Entertainment (*malāhī*) in Contemporary Islamic Legal Thought", S. 401f.
68 Vgl. al-Buḫārī, *Ṣaḥīḥ*, S. 231f., *Kitāb al-Ašriba*, *Bāb* 2, Hadith Nr. 949 und *Bāb* 3, Hadith Nr. 952.
69 Vgl. Ibn Ḥazm, "Risāla fī l-ġināʾ al-mulhī", S. 436–438.

Unterscheidung treffen, um eine Antwort zu finden: Dient das Musizieren und der Konsum legitimen religiösen Zwecken, hebt es eine schwierige Lage (*ḥarağ*) auf, ist es der Musikkonsum der Gottes-Nähe-Suchenden oder derjenigen, die Unterhaltung suchen?[70] Es gibt verschiedene Wege, die Hadithe aufeinander zu beziehen und sie den gestellten Fragen entsprechend auszulegen. Dies ist auch der Grund, weshalb al-Ġazālī, wie wir oben sahen, die Option offenließ, mittels Analogie bzw. analogieähnlichen Schlussformen ein Urteil zu fällen.

In diesem Fall kommen zunächst Rechtsprinzipien zum Tragen: Es ist auf der einen Seite möglich, wie die al-Ġazālī-Brüder es betonen,[71] davon auszugehen, dass alle Handlungen erlaubt sind, solange nicht bewiesen ist, dass sie verboten sind. Sie bedienen sich des Prinzips des grundsätzlichen Erlaubt-Seins (*al-barāʾa al-aṣliyya*) von Handlungen, die von der Mehrheit der Gelehrten akzeptiert wird. In diesem Falle sind Hadithe, die das Musizieren und den Musikkonsum verbieten, Ausnahmen, die die grundsätzliche Erlaubnis einschränken. Man kann diese Haltung in Anlehnung an Ibn Ḥazm anders darstellen:[72] In einer bekannten Überlieferung heißt es, dass sich die Handlungen nach den Absichten bemessen (*innamā l-aʿmāl bi-n-niyyāt*). Dient das Musizieren dazu, einer religiös annehmbaren Absicht nachzugehen, ist es erlaubt. Diese Betrachtungsweise kann aber auch aufgrund der vorliegenden Hadithe umgekehrt werden: Grundsätzlich könnte es verboten sein, zu musizieren und Musik zu konsumieren, jedoch sind ausnahmsweise einige Formen erlaubt.[73] Es stehen somit zwei grundsätzliche Interpretationen gegenüber. Um entscheiden zu können, welche Haltung vorzuziehen ist, bedienen sich die Gelehrten daher weiterer Argumente.

Es ist wohl die Sorge der Gelehrten, dass subjektive Auffassungen des Musizierens den Diskurs dominieren könnten, weshalb sie sich mit der Praxis und Aussagen der Prophetengefährten befassen. Auch wenn sie wissen, dass Handlungen nicht allein aufgrund ihrer Praxis und ihrer Meinung verboten werden können, würden ihre Überlieferungen dazu verhelfen, die Hadithe entsprechend auszulegen. Dies hat damit zu tun, dass die Prophetengefährten den Propheten begleitet haben und am besten wissen müssten, was erlaubt und was verboten ist. Sie genießen auch sonst eine hohe Anerkennung. Die Strategie der Gelehrten ist, wie man bei aṭ-Ṭurṭūšī

70 Vgl. Ibn Taymiyya, *Ḥukm as-samāʿ*, S. 9.
71 Vgl. Gribetz, "The *Samāʿ* Controversy. Sufi vs. Legalist", S. 50.
72 Vgl. Ibn Ḥazm, "Risāla fī l-ġināʾ al-mulhī", 438f.
73 Vgl. Ibn Taymiyya, *Ḥukm as-samāʿ*, S. 17f.

beobachten kann, die folgende:[74] Kann man nachweisen, dass die "rechtschaffenen Altvorderen" (*as-salaf aṣ-ṣāliḥ*), die die Prophetengefährten und die nachfolgenden Generationen bis hin zu den Rechtsschulgründern und anerkannten Hadithgelehrten umfassen, Musik grundsätzlich für unzulässig erklärt haben, ist den späteren (*mutaʾaḫḫirūn*) – er hat insbesondere Sufis im Visier – keine Beachtung zu schenken. Denn sie wüssten, im Gegensatz zu den Altvorderen, nicht genau, wie Normen hergeleitet werden und wie man Erlaubtes und Verbotenes voneinander unterscheidet. Wolle Gott für jemanden etwas Gutes, gebe er, wie ein Hadith es darstelle, dieser Person Einsicht in der Religion (wörtl. *yufaqqihhu fī d-dīn*), die ihnen fehle; die Andeutung durch den Wortlaut des zitierten Hadith auf islamrechtliches Wissen, also *fiqh*, ist nicht zu übersehen.

Sichten wir die Quellen, können wir nicht sagen, dass die Strategie von aṭ-Ṭurṭūšī aufgeht. Wie zu erwarten war, finden wir Überlieferungen in den Quellen, die beides belegen: Prophetengefährten, die das Musizieren zulassen, sowie Prophetengefährten, die davor warnen.[75] Diese Ambiguität zeigt sich ebenfalls in der Auslegung von Koran 31:6, wo sich neben den Aussagen von Prophetengefährten auch Aussagen der Nachfolgergeneration finden lassen.[76] Auch unabhängig dieser Koranpassage gibt es zahlreiche Überlieferungen über die Haltung der Nachfolgergeneration, die ein ebenso ambiges Bild zeichnen. Viele fromme Persönlichkeiten sollen zudem in Besitz von Sängersklavinnen gewesen sein bzw. ihre Performanzen genossen haben.[77]

Um diese Ambiguität in den Überlieferungen zu bewältigen, führen die Gelehrten, die von einem generellen Verbot ausgehen, nun Argumente an, die sich in drei Gruppen einordnen lassen und in unterschiedlichen Kombinationen vorkommen: a) der exzessive Einsatz von Musik, auch für religiöse Rituale der Sufis, wie etwa Ekstase durch Tanzen, b) die Verführung zu sündhaften Handlungen und c) die schlechte Auswirkung der Musik auf den Menschen. Die Gelehrten führen in diesem Rahmen oft an, dass die Zusammenkunft zwischen Männern und Frauen, sei es auch für das Gottesgedenken, zu unlauteren Gedanken führe, Zwietracht (*fitna*) zwischen den Menschen schüren könne und zur Unzucht (*zinā*) verleite. In diesem Rahmen

---

74 Vgl. aṭ-Ṭurṭūšī, "Taḥrīm al-ġināʾ wa-s-samāʿ", S. 170f.

75 Vgl. Düzenli, "Klasik İslâm Kaynaklarında Müzik Tartışması".

76 Vgl. al-Qurṭubī, *Ǧāmiʿ li-aḥkām al-Qurʾān*, Bd. 16, S. 457–461; al-Māwardī, *an-Nukat wa-l-ʿuyūn*, Bd. 4, S. 328f.

77 Vgl. Kister, "'Exert yourselves, O Banū Arfida!' Some notes on entertainment in the Islamic tradition", S. 77.

werden auch gerne Sufis zitiert, wie Fuḍayl b. ʿIyāḍ (gest. 187/803), der gesagt haben soll, dass die Musik eine Art Beschwörung der Unzucht sei;[78] dieselbe Aussage wird dem Prophetengefährten Ibn Masʿūd (gest. 32/652–653) zugeordnet.[79] Ferner erwähnen sie, dass Musik das Schamgefühl verringere, die Lust erhöhe, die Männlichkeit (*murūwa*) und den gesunden Verstand beschädige, das Herz verführe, ja die Männer der Versuchung des gleichgeschlechtlichen Verkehrs aussetze, wenn man in Anwesenheit "bartloser Jünglinge" (*al-murd*) – ein beliebtes Bild einer Liebesbeziehung in der islamischen Literatur[80] – musiziere, tanze oder ihre Musik konsumiere, die durch "weibliche Bewegungen" und zärtliche Stimme die Lust stimulierten. Ibn Taymiyya geht sogar so weit zu sagen, dass das Musizieren und das Spielen der Trommel, wie sie die Überlieferungen darstellten, Handlungen von Frauen seien, weshalb die Altvorderen (*as-salaf*) Männer, die auf diese Weise handelten, als *muḫannaṯ* bezeichneten, also als zwei- oder intergeschlechtlich.[81] Nicht selten wird Musik mit Satan in Verbindung gebracht; er sei der erste gewesen, der gesungen habe. Ähnliches gilt für Musikinstrumente, woraus die schlechte Wirkung der Musik auf den Menschen hergeleitet und das Verleiten zu sündhaftem Verhalten erklärt wird. Nicht selten werden hier Überlieferungen des Propheten angeführt, der die Musik mit dem Werk Satans verbindet. Üblich ist auch, dass die Gelehrten das Musizieren mit Rücksicht auf eine Überlieferung auf die Abkömmlinge Kains (Qābīl), des bösen Sohn Adams, der seinen Bruder Abel (Hābīl) tötete (vgl. Koran 5:27–31)[82], zurückführen: Sie hätten Wein und Musikinstrumente erfunden. Es geht sogar soweit, dass die Wirkung der Musik, wahrscheinlich in sufischem Kontext, gleich der Wirkung des Weins, also als verbotener Rausch, dargestellt wird, wie wenn man vom Satan besessen wäre.[83]

Diese Motive, dass die Musik Satanswerk sei, zur Degeneration und Verdorbenheit führe, die Musik und Musikinstrumente mit Bezug auf die Abkömmlinge Kains entstanden seien; all dies lässt sich nach Shiloah auch in jüdischen und christlichen Quellen finden, so etwa der Bezug auf Genesis 4,21 oder in der pseudepigraphischen Schrift "Äthiopisches Adamsbuch",

---

78 Vgl. Robson, *Tracts on Listening to Music*, S. 49.
79 Vgl. Gribetz, "The *Samāʿ* Controversy. Sufi vs. Legalist", S. 49.
80 Vgl. Bauer, *Die Kultur der Ambiguität*, S. 284–290.
81 Vgl. Ibn Taymiyya, *Ḥukm as-samāʿ*, S. 18.
82 Siehe auch Busse, "Cain and Abel", https://doi.org/10.1163/1875-3922_q3_EQSIM_00066 (letzter Zugriff: 20.4.2024).
83 Vgl. Gribetz, "The *Samāʿ* Controversy. Sufi vs. Legalist"; Shiloah, "Music and Religion in Islam"; Guo, "Doctrinal Anxiety and Social Reality regarding Music and Dance in Mamluk Cairo".

das von ägyptischen Christen im 5. und 6. Jahrhundert n. Chr. auf Arabisch geschrieben worden sei.[84]

Dem entgegnen die Befürworter des Musizierens und des Musikkonsums mit den positiven Effekten der Musik, sei es in Bezug auf sufische Rituale oder im Allgemeinen. Dass Musik eigentlich etwas Gutes sei, sei daran zu erkennen, dass man weinende Neugeborene und Kleinkinder durch das Singen beruhigen könne. Gott habe darüber hinaus schöne Stimmen erschaffen, dass sie genossen werden sollen. Schöne Stimmen und Melodien haben nach diesen Gelehrten eine positive Auswirkung auf den Körper des Menschen, beruhige das Herz, reinige das Blut und bewege die Seele. Die meisten Sufis betonen, dass das Musizieren und der Musikkonsum dazu verhelfe, Gott näher zu kommen und das hervorbringe, was im Herzen eingeschlossen sei. Wer nur nach Trunkenheit, Ekstase und Rausch suche, werde auch nur sie finden, wovor auch die Sufis selbst warnen. Darüber hinaus ist die Musik für Sufis ein Kommunikationsmedium, um religiöse Erfahrung zu transportieren. Muḥyī ad-Dīn b. ʿArabī z. B. entwickelt dafür sogar verschiedene Kategorien des Musikhörens (*samāʿ*), wie etwa das göttliche, spirituelle und natürliche bzw. auf Sinne basierende Hören. Die verschiedenen Formen des Hörens hängen in den Sufikreisen mit dem Gottesgedenken (*ḏikr*) zusammen, das mit dem Singen von bestimmten Formeln und rhythmischen Bewegungen oder Tanz (*raqṣ*) in Verbindung stehen kann.[85] Viele sufische Gelehrte deuten das Musizieren und den Musikkonsum im neuplatonischen Sinne; sie sehen eine Verbindung zwischen den Instrumenten und den Tönen mit dem Kosmos, zwischen der religiösen Erfahrung des Menschen und Gott, und suchen durch das Musizieren und den Musikkonsum eine Einheit mit der Göttlichkeit. Das Singen, Musizieren, die Musikinstrumente und der Tanz seien in diesem Sinne Zeichen (*išāra*) für höhere Bedeutungen, wie etwa Maǧd ad-Dīn al-Ġazālī es beschreibt:

> “Die Stimme des Sängers ist ein Zeichen für das göttliche Leben (*ḥayāt rabbāniyya*), das sich vom Inneren des Innersten [d. h. des Verborgenen] in den Stufen der Seelen (*arwāḥ*), der Herzen (*qulūb*) und der [Seelenstufe der] Geheimnisse (*asrār*)[86] zeigt. Die Schilfflöte (*qaṣab*) ist ein

---

84 Vgl. Shiloah, “Music and Religion in Islam”, S. 154f. Für einen Überblick über diese Wechselbeziehung, siehe Shiloah, *The Dimension of Music in Islamic and Jewish Culture*.

85 Vgl. Gribetz, “The *Samāʿ* Controversy. Sufi vs. Legalist”, S. 49–54; Shiloah, “Music and Religion in Islam”, S. 149–152.

86 Im Sufismus gibt das Wort *sirr*, *asrār* eine Erkenntnisstufe der Seele bzw. des Herzens wieder, die einen verborgenen Zustand zwischen Gott und dem jeweiligen Menschen

> Zeichen für das menschliche Wesen (*aḏ-ḏāt al-insāniyya*); die neun Öffnungen [in der Flöte] ein Zeichen für die Öffnungen in der äußeren Erscheinung (*ẓāhir*) [des Menschen], welche [insgesamt] neun [Öffnungen] sind: die Ohren, die Nasenlöcher, die Augen, der Mund, das Genital und der Anus. Neun weitere Öffnungen [des Menschen] sind vom Äußeren ins Innere gewendet, diese sind die Achselhöhlen, die Innenseite der Ellenbogen, die Kniekehlen, die Innenseite der Handwurzel und der Nabel. Neun [Öffnungen] sind im Inneren (*al-bāṭin*), diese sind das Herz, die Vernunft, die Seele, das Selbst (*nafs*), das Geheimnis (*sirr*), die menschliche Substanz/Essenz (*al-ǧawhar al-insānī*), die gedenkende Feinheit (*al-laṭīfa aḏ-ḏākira*), das einsichtige Herz (*fuʾād*) und der Herzbeutel (*šaġāf*).[87] Der Atem, der die Schilfflöte durchdringt, ist ein Zeichen für die Durchdringung des Schilfs des Menschen durch das Licht Gottes, des Erhabenen. (…) Das Tanzen ist ein Zeichen dafür, dass die Seele die Kreise der Existenz umrundet, um die Spuren (*āṯār*) der Manifestationen (*taǧalliyy*āt) und Offenbarungen (*tanzīlāt*) zu empfangen."[88]

Diese und weitere positive Effekte sind es, die die Befürworter der Musik innerhalb der Rechtsgelehrten und Sufis dazu bewegen, die Zulässigkeit zu unterstreichen und die Musik gegen Verbote zu verteidigen. Es kann auch durch und durch profane Gründe geben, die man in Musikinstrumenten oder im Musizieren findet, die ihre Nutzung erlauben, wie etwa der Einsatz von Glocken, der in Hadithen problematisiert wird. Die negative Haltung zu Glocken in Hadithen legen Gelehrte wie der zentralasiatische Ḥanafit Šams al-Aʾimma as-Saraḫsī (gest. 483/1090) wie folgt aus: Bewegten Soldaten sich in einem feindlichen, nichtmuslimischen Territorium, sei der Gebrauch von Glocken verpönt, da man von feindlichen Soldaten entdeckt werden könnte, was zur Gefangenschaft oder Tötung führen könne. Sei man aber im muslimischen Herrschaftsgebiet, könne man etwa auf Reisen Glocken verwenden, um Müdigkeit zu unterbinden und die Karawane beisammen zu halten, sofern man sicher vor Dieben sei. Es sei vergleichbar mit

repräsentiert; vgl. Amir-Moezzi, "Sirr" https://doi.org/10.1163/1573-3912_islam_SIM_8901 (letzter Zugriff: 20.04.2024); Tosun, "Sır" https://islamansiklopedisi.org.tr/sir#2-tasavvuf (letzter Zugriff: 20.04.2024).

87 Sowohl *laṭīfa* (Pl. *laṭāʾif*) als auch die verschiedenen Bezeichnungen des Herzen haben je spezifische Bedeutungen innerhalb des Sufismus; vgl. Pagani, https://doi.org/10.1163/1573-3912_ei3_COM_30423 (letzter Zugriff: 20.04.2024); Uludağ, https://islamansiklopedisi.org.tr/kalb--kalp (letzter Zugriff: 20.04.2024); Türer, https://islamansiklopedisi.org.tr/latife--tasavvuf (letzter Zugriff: 20.04.2024).

88 Robson, *Tracts on Listening to Music*, S. 99f. (engl.), 158f. (arab.).

Reiseliedern (*ḥidā'*), deren Zulässigkeit durch ein Hadith belegt sei. Wichtig ist somit der Nutzen (*manfa'a*) der Glocke für die Reisenden, der über die Zulässigkeit entscheidet.[89]

5. Auswertung

Die Diskussion der Gelehrten um die Zulässigkeit des Musizierens und des Musikkonsums ist geprägt von der Haltung, Vorstellung, Erfahrung und Erwartung der Gelehrten, was Musik bewirkt oder bewirken kann. Die religiösen Quellen treffen keine klaren Aussagen für ein kategorisches Verbot oder eine uneingeschränkte Zulässigkeit. Vielmehr nehmen insbesondere die Gelehrten Hadithe als Anlass dafür, ein allgemeines Verbot auszusprechen, die konkrete Formen des Musizierens und Musikkonsums zu Lebzeiten des Propheten thematisieren. Hadithe etwa, die Sängersklavinnen thematisieren, verweisen auf eine altarabische, vorislamische Praxis, die auch zu Lebzeiten des Propheten vorzufinden war. Sängersklavinnen sangen nicht nur zu feierlichen Anlässen, sondern wurden z. B. auch angeheuert, gegen die Botschaft des Propheten zu agitieren und gegen die Muslime mit Propaganda vorzugehen. Sie nahmen auch teil an Schlachten, um die Soldaten zum Kampf anzuspornen und sie zu unterstützen oder die gefallenen Toten zu ehren und ihnen nachzutrauern. Unter ihnen gab es auch professionelle Trauersklavinnen, die während der Trauer sich das Gesicht zerkratzten, die Kleidung zerrissen, laut weinten und sich die Haare schnitten. Es könnten diese vorislamischen Motive gewesen sein, gegen die der Prophet in seinen Aussagen eine negative Haltung einnahm und sie verurteilte.[90] War eine Handlung von dieser vorislamischen Praxis zu trennen, wie etwa dem Gesang von Frauen während eines Festtages, scheint der Prophet eine andere Haltung eingenommen zu haben. Düzenli hält fest, dass die verbietenden Aussagen bezüglich des Musizierens und des Musikkonsums sich nicht auf harmlose Unterhaltung bezieht, sondern mit Festivitäten, die mit verbotenen Handlungen wie etwa Unzucht oder Alkoholkonsum oder dafür einschlägigen Orten in Verbindung stehen.[91] Solche Motive erkennen wir auch in anderen Diskussionen in späteren Jahrhunderten: So verboten osmanische Gelehrte den Konsum von Kaffee und *Boza*, ein gegorenes,

89 Vgl. Düzenli, "Klasik İslâm Kaynaklarında Müzik Tartışması", S. 50f.; as-Saraḫsī, *Šarḥ*, Bd. 1, S. 64f.
90 Vgl. Shiloah, "Music and Religion in Islam", S. 147f.
91 Vgl. Düzenli, "Klasik İslâm Kaynaklarında Müzik Tartışması", S. 52f.

nichtalkoholisches Hirsegetränk, da sie deren Konsum mit Orten in Verbindung brachten, die zu verbotenen Handlungen führten.[92]

Es ist nicht verwunderlich, dass auch die Prophetengefährten und die Nachfolgergeneration eine ambige Haltung zur Musik hatten. Ihr Umgang mit den Hadithen dürfte nicht anders als die der späteren Gelehrten gewesen sein: Versteht man die Aussagen des Propheten kategorisch und nicht im Kontext, lassen sie sich als allgemeines Verbot deuten. Versteht man sie kontextuell, kann eine allgemeine Erlaubnis mit Einschränkungen abgeleitet werden. Hinzu kommen die subjektiven Haltungen der Gelehrten aus unterschiedlichen Generationen: Sieht man eine Gefahr in der Musik im Sinne einer Ablenkung von Gottesdiensten und eine sinnlose, gar sündhafte Beschäftigung, neigt man eher zu einem Verbot. Wir sahen, dass diese Haltung in Kreisen unterschiedlicher religiöser Traditionen durchaus bekannt war und Musik mit Satanswerk oder mit Menschen in Verbindung gebracht wurden, die als böse galten, wie Adams Sohn Kain und seine Nachkommen. Sieht man im Musizieren und im Musikkonsum eine Möglichkeit für die Gottesnähe (wie etwa in sufischen Kreisen) oder eine besondere, positive Wirkung auf den Menschen, wird sie erlaubt. Die Ablenkung von Gottesdiensten sowie das Verleiten zum sündhaften Verhalten mögen auch viele Gelehrte in den Festivitäten der Elite der Gesellschaft und der Herrscher als Gefahr gegen die Religion gesehen haben. Es war nicht unüblich am Hof musikalisch begleitete Festivitäten mit alkoholischen Getränken und sonstiger Unterhaltung zu zelebrieren; es sind sogar regelrecht Gesangsschulen entstanden, um Sänger:innen auszubilden.[93] Solche Festivitäten haben sich über die Geschichte hinweg gehalten. Es ist nicht auszuschließen, dass Überlieferungen, die die negativen Effekte der Musik beinhalten und bestimmte Verhaltensformen kritisieren, als Reaktion darauf entstanden sind, also erfunden wurden. Dies zu bestätigen, bedarf aber einer umfangreichen Analyse von Überlieferungsketten und Hadithtexten.

Ein weiterer Kontext der hitzigen Debatten um die Zulässigkeit der Musik ist die legitime religiöse Praxis in der Auseinandersetzung der Rechtsgelehrten und sufischen Gelehrten. Gribetz bezieht sie auf die unterschiedlichen Bezugspunkte der beiden Gruppen: Die Sufis befürworten den neoplatonischen Gedanken des Eros (*ʿišq*), wogegen die Rechtsgelehrten (Gribetz bezieht sich nur auf die Ḥanbaliten; ich erweitere dies auf die Rechtsge-

---

92 Vgl. Bilgin, “16. Yüzyıl Fetvaları Çerçevesinde Toplumsal Olgulara Yaklaşım Açısından Müftülerin Tipolojik Analizi”, S. 264f.

93 Vgl. Shiloah, “Music and Religion in Islam”, S. 145; Gökpinar, *Höfische Musikkultur im klassischen Islam.*

lehrten, die Musik verbieten) sich auf den Gedanken des Nomos bezogen.[94] Sufis sahen, wie der Neoplatonismus und der pythagoräische Ansatz es erlauben, eine Verbindung zwischen dem Göttlichen und der Schöpfung einzugehen, weshalb die Musik als Teil der Schöpfung das Potenzial habe, mit Gott eine Verbindung aufzubauen und den Menschen mit ihm zu vereinen. Die Rechtsgelehrten negieren dagegen eine solche Herangehensweise und befassen sich eher damit, welche äußerlichen Bedingungen erfüllt werden müssen, um ein gottgefälliges Leben zu führen, worauf sie Antworten in der (juristischen) Auseinandersetzung mit den religiösen Texten fanden. Man könnte diese Betrachtungsweise erweitern: Die gesamte Diskussion ist auch eine Auseinandersetzung zwischen diesen beiden großen Gruppen in Bezug auf die Frage, wer die Deutungshoheit in theologischen Fragen hat.[95] Die Sufis nutzen die Musik im kommunikativem Sinne: Sie kommunizieren ihre religiöse Erfahrung an diejenigen, die nach derselben Erfahrung streben. Dieser Kommunikationsweg ist im Hinblick auf die religiöse Erfahrung für Nichtexperten zugänglicher, als sich am normativen Diskurs zu orientieren. Insofern die Rechtsgelehrten die Praxis und Lehren der Sufis für problematisch hielten, werteten sie ihre Kommunikationswege ebenfalls als problematisch. Somit versuchten sie, die Deutungshoheit über die legitime religiöse Praxis und Rituale zu wahren, in dem sie unter Rückgriff auf die religiösen Quellen Koran und Sunna ihre Grenzen bestimmen. Denn sie wissen, dass auch Sufis die religiösen Quellen berücksichtigen müssen, um über die Legitimität der religiösen Praxis und Rituale zu entscheiden, und ihnen nicht widersprechen können.

Wir können neben der Auseinandersetzung zwischen den Sufis und den Religionsgelehrten einen weiteren Kontext entdecken, der Anlass dazu gegeben haben könnte, der unzulässigen religiösen Praxis nachzugehen und die Musik darin zu bewerten. So konnten wir sehen, dass Gelehrte wie Ibn Qayyim al-Ǧawziyya oder Ibn al-Ḥāǧǧ sich mit dem größeren Themenkomplex der unzulässigen religiösen Praxis befassten. Nicht unerheblich darf dabei die schwierige Lage der Muslime im 12.–14. Jahrhundert gewesen sein, die sowohl vom Osten als auch vom Westen durch nichtmuslimische Kräfte bedroht wurden. So etwa bezieht sich Ibn al-Ḥāǧǧ auf die Praxis der Sufis als Nachahmung von Christen, die sie unterlassen sollten.[96] Daneben spielen Vorstellungen der Gelehrten über Sexualität und Geschlechter

94 Vgl. Gribetz, "The *Samāʿ* Controversy. Sufi vs. Legalist", S. 52–54.
95 Vgl. ibid., S. 58.
96 Vgl. Guo, "Doctrinal Anxiety and Social Reality regarding Music and Dance in Mamluk Cairo", S. 446f.

eine zentrale Rolle, um über die Zulässigkeit der Musik zu entscheiden. Sie wollen vermeiden, dass Männer und Frauen sich vermischen und gemeinsam feiern oder religiöse Rituale vollziehen, in der Folge Wege zur Unzucht geöffnet werden und Männer durch "weibliche Handlungen" anderer Männer angeregt werden. Wir haben somit unterschiedliche Faktoren, die die Gelehrten dazu bewegten, sich auf eine bestimmte Art und Weise zur Frage der Musik zu positionieren.

Nach der Vorstellung der Gelehrten konnten die Auswirkungen des Verbots des Musizierens und des Musikkonsums juristisch betrachtet gravierend sein, ungeachtet dessen, ob diese Sanktionen tatsächlich angewandt wurden: Man konnte nach der Vorstellung der vormodernen Gelehrten aus der Moschee verwiesen werden, es konnte das Recht entzogen werden, Gebete zu leiten, Eheverträge zu bezeugen bzw. überhaupt als Zeuge aufgerufen zu werden.[97] Ferner führte das Verbot des Musizierens dazu, dass kein Schadensersatz für die Zerstörung von Musikinstrumenten fällig wurde; dem widersprach eine Gruppe von Gelehrten.[98] Nicht nur in Rechtswerken finden wir eine solch negative Haltung gegen die Musik; auch in philosophisch geprägten ethischen Werken kommen negative Äußerungen vor, die wohl von solchen Haltungen beeinflusst sind. Der osmanische Gelehrte Ṭāškubrīzādah Aḥmad Efendī (gest. 968/1561), der selbst auch als Richter tätig war, befasst sich in seinem Kommentar zur Abhandlung von ʿAḍud ad-Dīn al-Īǧī (gest. 756/1355) zur Ethik (*aḫlāq*) mit Berufen. Unter den niederen Berufen, die der Tugend widersprächen, zählt er Glücksspiel (*muqāmara*) und *iṭrāb* (von *ṭarab*) auf, also musikalische Unterhaltung.[99] In anderen philosophischen Werken sowie in vielen sufischen und juristischen Abhandlungen dagegen sahen wir eine positive Einordnung der Musik fernab des Verbots.

Schließlich lässt sich festhalten, dass es nicht möglich ist, das Musizieren und den Musikkonsum kategorisch zu verbieten oder für erlaubt zu erklären. Wie für jede andere Handlung auch, gilt für unseren Fall, dass die Absicht eine solche sein muss, dass man keine sündhafte und schlechte Handlung vollzieht. Welche Formen des Musizierens und Musikkonsums nicht unter sündhaftes Verhalten und schlechte Tat fällt, wird stets neu auszuhandeln sein, weil sie mit verschiedenen Variablen wie der Vorstellung von Sexualität, Genuss, legitimer religiöser Praxis, Vorstellung über Gut

97 Vgl. ibid., S. 440.
98 Vgl. Apaydın, "Mûsiki", https://islamansiklopedisi.org.tr/musiki#2-fikih (letzter Zugriff: 19.4.2024).
99 Vgl. Ṭāškubrīzāde, *Šarḥ Risālat al-Aḫlāq*, S. 147.

und Böse sowie sinnlosem Zeitvertreib und sinnvoller Aktivität in Beziehung stehen. Die Argumente wiederholen sich über die Geschichte hinweg auch heute. Es ist wie das Lied "Die Jahresuhr" von Rolf Zuckowski, das, wie so viele andere, auch ich in der Schule gelernt habe, um die Monate auswendig zu lernen: Nachdem alle Monate aufgezählt werden, singen wir "fängt das Ganze schon wieder von vorne an", so wie die Argumente für die Zulässigkeit des Musikkonsums und des Musizierens aufs Neue aufgezählt werden – eine unendliche Geschichte...

Literatur

al-ʿAbdarī, Abū ʿAbdallāh Muḥammad. *al-Madḫal li-Ibn al-Ḥāǧǧ*. 3 Bde. Kairo: Maktabat Dār at-Turāṯ, (o.J.).

Akdoğan, Bayram. "İbn Hazm el-Endülüsî'nin Mûsikî İle İlgili Hadislere Bakışı". In: *Dinî Araştırmalar* 2/4 (1999), S. 21–46.

Amir-Moezzi, Mohammad Ali. "Sirr". In: *Encyclopaedia of Islam New Edition Online* (EI²), https://doi.org/10.1163/1573-3912_islam_SIM_8901 (letzter Zugriff: 20.04.2024).

Aquil, Raziuddin. "Music and Related Practices in Chishti Sufism. Celebrations and Contestations". In: *Social Scientist* 40/3-4 (2012), S. 17–32.

Al-Atawneh, Muhammad. "Leisure and Entertainment (*malāhī*) in Contemporary Islamic Legal Thought. Music and the Audio-Visual Media". In: *Islamic Law and Society* 19 (2012), S. 397–415.

Bauer, Thomas. *Die Kultur der Ambiguität. Eine andere Geschichte des Islams*. Berlin: Verlag der Weltreligionen, 2011.

Bilgin, Vejdi. "16. Yüzyıl Fetvaları Çerçevesinde Toplumsal Olgulara Yaklaşım Açısından Müftülerin Tipolojik Analizi". In: Ekrem Demirli et al. (Hg.). *Sahn-ı Semân'dan Dârülfünûn'a Osmanlı'da İlim ve Fikir Dünyası, Alimler, Müesseseler ve Fikri Eseler XVI. Yüzyıl*. Istanbul: Şubat, 2017, S. 257–275.

Boivin, Michel. "Music and Remembrance as Meditation. *Samāʿ* in the Indus Valley". In: Halvor Eifring (Hg.). *Meditation in Judaism, Christianity and Islam*. London [u.a.]: Bloomsbury, 2013, S. 213–224.

al-Buḫārī, Muḥammad b. Ismāʿīl. *Ṣaḥīḥ al-Buḫārī*. Beirut, Damaskus: Dār Ibn Kaṯīr, 2002.

Busse, Heribert. "Cain and Abel". In: *The Encyclopaedia of the Qurʾān*, https://doi.org/10.1163/1875-3922_q3_EQSIM_00066 (letzter Zugriff: 20.4.2024).

Der Koran, übers. von Hartmut Bobzin. München: C. H. Beck, 2012.

Düzenli, Pehlül. "Klasik İslâm Kaynaklarında Müzik Tartışması". In: *Marife* 1/2 (2001), S. 27–58.

Encyclopaedia of Islam, Second Edition. https://referenceworks.brill.com/display/db/eieo

al-Ġazālī, Abū Ḥāmid Muḥammad. *Iḥyāʾ ʿulūm ad-dīn.* 9 Bde. Beirut: Dār al-Minhāǧ, 2011.

Gökpinar, Yasemin. *Der* ṭarab *der Sängersklavinnen.* Masālik al-abṣār fī mamālik al-amṣār *von Ibn Faḍlallāh al-ʿUmarī (gest. 749/1349). Textkritische Edition des 10. Kapitels* Ahl al-ʿilm al-mūsīqī *mit kommentierter Übersetzung.* Baden-Baden: Ergon, 2021.

—. *Höfische Musikkultur im klassischen Islam. Ibn Faḍlallāh al-ʿUmarī (gest. 749/1349) über die dichterische und musikalische Kunst der Sängersklavinnen.* Leiden, Boston: Brill, 2020.

—. "Wein, Weib und Gesang – Ein etwas anderes Bild des Islams". In: *Jusur* 3 (2020), S. 19–26.

Gribetz, Arthur. "The *Samāʿ* Controversy. Sufi vs. Legalist". In: *Studia Islamica* 74 (1991), S. 43–62.

Guo, Li. "Doctrinal Anxiety and Social Reality regarding Music and Dance in Mamluk Cairo. Ibn al-Ḥājj on *al-Samāʿ*, To Sing or Not. The Case against Music". In: Jamal J. Elias und Bilal Orfali (Hg.). *Light upon Light. Essays in Islamic Thought and History in Honor of Gerhard Bowering.* Leiden, Boston: Brill, 2020, S. 440–451.

Hammarlund, Anders, Tord Olsson und Elisabeth Özdalga (Hg.). *Sufism, Music and Society in Turkey and the Middle East.* London: Routledge, 2017.

al-Haytamī, Aḥmad b. Muḥammad b. Ḥağar. *Kaff ar-raʿāʿ ʿan muḥarramāt al-lahw wa-s-samāʿ. Ḥukm al-Islām fī l-ġināʾ wa-l-mūsiqī wa-š-šaṭranǧ.* Hg. von ʿĀdil Aḥmad ʿAbd al-Munʿim Abū l-ʿAbbās. Kairo: Maktabat al-Qurʾān, (o.J.).

Honerkamp, Kenneth. "Abû ʿAbd al-Rahmân al-Sulamî (d. 412/1201) on *samâʿ*, ecstasy and dance". In: *Journal of the History of Sufism* 4 (2003–2004), S. 27–40.

https://www.dar-alifta.org/en/fatwa/details/4866/what-is-the-ruling-concerning-music (letzter Zugriff: 17.4.2024).

https://www.dar-alifta.org/en/fatwa/details/6870/musical-instruments-in-islam (letzter Zugriff: 17.4.2024).

Ibn al-ʿArabī, Abū Bakr. *Aḥkām al-Qurʾān.* 4 Bde. Hg. von ʿAbd al-Qādir ʿAṭāʾ. Beirut: Dār al-Kutub al-ʿilmiyya, 2003.

Ibn al-Ǧazwī, Abū l-Farağ. *Talbīs Iblīs*. Alexandria: Dār Ibn Ḫaldūn, (o.J.).

Ibn Ḥazm, [ʿAlī b. Aḥmad]. “*Risāla fī l-ġināʾ al-mulhī. A mubāḥ huwa am maḥẓūr*”. In: *Rasāʾil Ibn Ḥazm*. Hg. von Iḥsān ʿAbbās. Bd. I. Beirut: Muʾassasat al-ʿarabiyya li-d-dirāsa wa-n-našr, 1987, S. 419–439.

Ibn Qayyim al-Ǧawziyya, Abū ʿAbdallāh Muḥammad. *Iġāṯat al-lahfān fī maṣāyid aš-šayṭān*. Hg. von Muḥammad ʿUzayr Šams und Muṣṭafā b. Saʿīd Ītīm. Ǧidda: Dār al-ʿĀlam al-fawāʾid, 2010.

Ibn Rušd [al-Jadd], Abū l-Walīd. *al-Bayān wa-t-taḥṣīl wa-š-šarḥ wa-t-tawǧīh wa-t-taʿlīl fī masāʾil al-mustaḫraǧa*. 20 Bde. Hg. von Muḥammad Ḥuǧǧī. Beirut: Dār al-Ġarb al-islāmī, 1988.

Ibn Taymiyya, Taqī ad-Dīn. *Ḥukm as-samāʿ*. Hg. von Ḥammād Salāma und Muḥammad ʿUwayḍa az-Zarqāʾ: Maktabat al-Manār, 1988.

Kandemir, Yaşar. “İbnü’l-Kayserânî”. In: *Türkiye Diyanet Vakfı İslâm Ansiklopedisi*: https://islamansiklopedisi.org.tr/ibnul-kayserani (letzter Zugriff am 18.04.2024).

Kister, M. J. “‘Exert yourselves, O Banū Arfida!’ Some notes on entertainment in the Islamic tradition”. In: *Jerusalem Studies in Arabic and Islam* 23 (1999), S. 53–78.

Küçükhüseyin, Şevket. “Hören und Tanzen. Das *samāʿ* als spirituelles Mittel und gesellschaftliches Kommunikationsmedium”. In: *Das Mittelalter* 23/2 (2018), S. 358–382.

Lewisohn, Leonard. “The sacred music of Islam. *Samāʿ* in the Persian Sufi tradition”. In: *British Journal of Ethnomusicology* 6 (1997), S. 1–33.

Liberty, Manik. *Das arabische Tonsystem im Mittelalter*. Leiden: Brill, 1969.

al-Māwardī, Abū l-Ḥasan. *an-Nukat wa-l-ʿuyūn: Tafsīr al-Māwardī*. 6 Bde. Hg. von as-Sayyid b. ʿAbd al-Maqṣūd b. ʿAbd ar-Raḥīm. Beirut: Dār al-Kutub al-ʿilmiyya/Muʾassasat al-Kutub aṯ-ṯaqāfiyya, (o.J.).

Morrissey, Fitzroy. “The Status of Music in Islamic Law. Ibn Ḥajar al-Haytamī’s (d. 974/1567) Treatise Against Recreation in its Polemical Context”. In: *Islamic Law and Society* (2024), S. 1–41, doi:10.1163/15685195-bja10053 (im Open-Access verfügbar).

Pagani, Samuela. “Heart in Ṣūfism”. In: *Encyclopaedia of Islam Three Online*, https://doi.org/10.1163/1573-3912_ei3_COM_30423 (letzter Zugriff: 20.04.2024).

Powers, Cameron. *Arabic Musical Scales. Basic Maqam Teachings*. Boulder: G. L. Design, 2005.

al-Qurašī, Abū Bakr ʿAbdallāh. *Ḏamm al-malāhī li-Ibn Abī d-Dunyā*. Hg. von ʿAmr ʿAbd al-Munʿim Sulaym. Kairo: Maktabat Ibn Taymiyya, 1416/1995.

al-Qurṭubī, Abū ʿAbdallāh Muḥammad. *al-Ǧāmiʿ li-aḥkām al-Qurʾān wa-l-mubayyan limā taḍammanahu min as-sunna wa-āy al-Furqān.* 24 Bde. Hg. von Kāmil Muḥammad al-Ḫarrāṭ und Muḥammad Anas Muṣṭafā al-Ḫinn. Beirut: Muʾassasat ar-Risāla, 2006.

Rašić, Dunja. "Music of the Spheres in Akbarian Sufism". In: *Religions* 13 (2022), https://doi.org/10.3390/rel13100928.

Reinhard, Kurt und Ursula Reinhard. *Musik der Türkei. Band 1: Die Kunstmusik. Band 2: Die Volksmusik*, Heinrichshofen, 1984.

Robson, James. *Tracts on Listening to Music Being* D̲h̲amm al-malāhī *by Ibn abī 'l-Dunyā and* Bawāriq al-ilmāʿ *by Majd al-Dīn al-Ṭūsī al-G̲h̲azālī.* London: Royal Asiatic Society, 1938.

Robson, James und H. G. Farmer. "The Kitāb al-malāhī of Abū Ṭālib Al-Mufaḍḍal ibn Salama". In: *The Journal of the Royal Asiatic Society of Great Britain and Ireland* 2 (1938), S. 231–249.

Tosun, Necdet. "Sır". In: *Türkiye Diyanet Vakfı İslâm Ansiklopedisi*, https://islamansiklopedisi.org.tr/sir#2-tasavvuf (letzter Zugriff: 20.4.2024).

as-Saraḫsī, Muḥammad b. Aḥmad. Šarḥ *Kitāb as-Siyar al-kabīr.* 5 Bde. Hg. von Abū ʿAbdallāh Muḥammad Ḥasan M. Ḥ. Ismāʿīl. Beirut: Dār al-Kutub al-ʿilmiyya, 1997.

Shehadi, Fadlou. *Philosophies of Music in Medieval Islam.* Leiden, New York, Köln: Brill, 1995.

Shiloah, Amnon. "Music and Religion in Islam". In: *Acta Musicologica* 69/2 (1997), S. 143–155.

—. *Music in the World of Islam. A Socio-Cultural Study.* Aldershot: Scolar Press, 1995.

—. *The Dimension of Music in Islamic and Jewish Culture.* Aldershot: Variorum, 1993.

—. *The Theory of Music in Arabic Writings (c. 900–1900). Descriptive Catalogue of Manuscripts in Libraries of Egypt, Israel, Morocco, Russia, Tunisia, Uzbekistand, and Supplement to B X.* München: Henle Verlag, 2003.

Signell, Karl. L. *Makam: Modal Practice in Turkish Art Music.* New York: Da Capo Press, 1986.

aṭ-Ṭabarī, Abū Ǧaʿfar Muḥammad b. Ǧarīr. *Tafsīr aṭ-Ṭabarī: Ǧāmiʿ al-bayān* ʿan *taʾwīl āy al-Qurʾān.* 26 Bde. Hg. von ʿAbdallāh ʿAbd al-Muḥsin at-Turkī. Kairo: Dār Hiǧr, 2001.

Ṭāškubrīzāde, Aḥmed Efendī. *Šarḥ Risālat al-Aḫlāq.* In: *Risālat al-Aḫlāq wa-šarḥuhā li-l-ʿAllāma Ṭāškubrīzāde.* Hg. von Ṣalāḥ al-Hudhud. Beirut: Dār aḍ-Ḍiyāʾ, 2018.

at-Tūnisī, Muḥammad aš-Šāḏulī. *Faraḥ al-asmāʿ bi-ruḫaṣ as-samāʿ*. Hg. von Muḥammad aš-Šarīf ar-Raḥmūnī. Tripolis: ad-Dār al-ʿarabiyya li-l-kitāb, 1985.

Türer, Osman. “Latife”. In: *Türkiye Diyanet Vakfı İslâm Ansiklopedisi,* https://islamansiklopedisi.org.tr/latife--tasavvuf (letzter Zugriff: 20.04.2024).

Türkiye Diyanet Vakfı İslâm Ansiklopedisi: https://islamansiklopedisi.org.tr/

aṭ-Ṭurṭūšī, Abū Bakr Muḥammad b. Walīd. “Taḥrīm al-ġināʾ wa-s-samāʿ”. In: Muḥammad Ḥasan Ismāʿīl (Hg.). *al-Ḥawādiṯ wa-l-bidaʿ*. Beirut: Dār al-Kutub al-ʿilmiyya, 2003, S. 141–199.

al-Udfuwī, Kamāl ad-Dīn Abū l-Faḍl Ǧaʿfar. *al-Imtāʿ bi-aḥkām as-samāʿ*. Istanbul, Beirut: Dār al-Lubāb, 2019.

Uludağ, Süleyman. “Kalb”. In: *Türkiye Diyanet Vakfı İslâm Ansiklopedisi,* https://islamansiklopedisi.org.tr/kalb--kalp (letzter Zugriff: 20.04.2024).

Werner, Eric und Isaiah Sonne. “The Position of Music in the Jewish Culture of the Middle Age”. In: *Hebrew Union College Annual,* 16 (1941), S. 251–319.

Musik in der Koranexegese

*Yasemin Gökpınar**

Abstract

Das Wort ġināʾ*, "Gesang", das in der arabischen Literatur für "Musik" verwendet wird, kommt im Koran gar nicht vor. Dennoch beziehen sich theologische Diskussionen um die Verwendung von Musik bei sufischen Zusammenkünften oder auch im Alltag der Muslime auf den Koran. Vor allem Derivate von l-h-w werden mit Musik in Verbindung gebracht. In diesem Artikel gehe ich diesen Derivaten in Koran und Exegesewerken nach und prüfe, inwiefern dabei Musik eine Rolle spielt. Bezieht der Koran eindeutig Stellung zur Musik? Oder zumindest die Exegeseliteratur? Zur Beantwortung dieser Fragen werden exemplarisch wichtige Werke der verschiedenen islamischen Konfessionen und theologischen Richtungen des 10. bis 12. Jahrhunderts herangezogen und die entsprechenden Einträge übersetzt und untersucht. In dieser Zeit entstanden wichtige Korankommentare, die direkt oder indirekt bis heute nachwirken.*

So groß die islamische Welt in ihrer regionalen und zeitlichen Ausdehnung ist, so reich und vielfältig sind ihre Musikkulturen. Dabei entwickelten sich diese parallel zu theologischen Diskussionen um Musik im Islam, die ihr mal mehr, mal weniger aufgeschlossen gegenüber traten. Oftmals standen und stehen dabei *ḥadīṯ* gegen *ḥadīṯ*, Rechtsschule gegen Rechtsschule, theologische Meinung gegen theologische Meinung. In diesem Artikel möchte ich die Hauptquelle des Islams, den Koran, in den Mittelpunkt stellen und seine Aussagen über Musik untersuchen. Dabei soll ein zweifacher Ansatz gewählt werden. Erstens sollen Auslegungen exemplarischer Koranstellen in Exegesewerken (*tafāsīr*, Sg. *tafsīr*) miteinander verglichen werden, und zweitens sollen diese Exegesewerke unterschiedliche theologische Richtungen abbilden. Gerade letzterer Anspruch stellt die Herausforderung der Auswahl der zurate zu ziehenden Werke. Hierbei habe ich mich einerseits an den "klassischen" und bis heute gebräuchlichen Exegesewerken orien-

* ORCID: 0000–0003–1021–5657, Universität Hamburg / Ruhr-Universität Bochum, Yasemin.Goekpinar@uni-hamburg.de

tiert und andererseits weitere Werke gesucht, die in etwa in der gleichen Zeit (10. bis 12. Jahrhundert) entstanden, um Vergleichswerte zu haben. Ein weiteres Kriterium besteht in der Bedingung, dass in den Werken der komplette Koran ausgelegt wird, es sich also um durchgehende, "lange" Kommentare handelt.

l-h-w im Koran

Bekanntlich nennt der Koran weder das arabische Wort für Musik, *ġināʾ* ("Gesang"), noch das für Musikgenuss, *ṭarab*, und deren jeweilige morphologische Derivate. Theologische Diskussionen darum, ob und welche Musik im Islam erlaubt sei (z. B. bezüglich des Musikhörens bei mystischen Orden, *samāʿ*), beziehen sich auf Textstellen im Koran, die mit dem Verb *lahā, yalhū* für "sich zerstreuen, sich unterhalten, spielen, tändeln, sich die Zeit vertreiben", und dem zugehörigen Verbalsubstantiv *lahw*, "Zerstreuung", insbesondere jedoch im vierten Verbalstamm *alhā, yulhī* für "ablenken, abhalten von etw." zusammenhängen. So heißt es in den entsprechenden Koranversen, wie unten folgt.[1] Die ersten vier hier genannten Stellen sind repräsentativ ausgewählt und Gegenstand dieser Untersuchung, weshalb sie an den Anfang gestellt werden. Anschließend werden alle weiteren Verse mit Derivaten von l-h-w der Folge im Koran nach genannt.

> Q 6/70: Und laß diejenigen, die mit ihrer Religion ihr Spiel treiben und sie als **Zerstreuung** [*laʿiban wa-**lahwan***] betrachten, und die vom diesseitigen Leben betört sind! [...]. (übers. v. Paret)
> Kümmere dich nicht um jene, die ihre Religion als **Zeitvertreib** und Spiel [*laʿiban wa-**lahwan***] betrachten und die das Leben hier auf Erden betörte! [...] (übers. v. Bobzin)

> Q 31/6: Unter den Menschen gibt es auch (manch) einen, der (gegen ernste Gespräche über Glaubensfragen) **leichte** Unterhaltung [***lahwa***

[1] Da es hier auch um den semantischen Kontext von l-h-w geht, habe ich beide wissenschaftlich gebräuchliche deutsche Übersetzungen des Korans angeführt, diejenige von Rudi Paret und die neuere von Hartmut Bobzin (Rudi Paret (Hg). *Der Koran.* Übersetzung von Rudi Paret. 7. Aufl. Stuttgart: Kohlhammer, 1996; Hartmut Bobzin (Hg.). *Der Koran.* Aus dem Arabischen neu übertragen und erläutert von Hartmut Bobzin unter Mitarbeit von Katharina Bobzin. 2., überarbeitete Aufl. München: C. H. Beck, 2017), so dass mögliche Interpretationsspielräume aufgezeigt werden. Der Fettdruck und die arabischen Begriffe stammen jeweils von mir.

l-ḥadīṯi] einhandelt (wörtl. kauft), um in (seinem) Unverstand (seine Mitmenschen) vom Weg Gottes abirren zu lassen und seinen Spott damit zu treiben. Solche Leute haben eine erniedrigende Strafe zu erwarten. (übers. v. Paret)
Manch einer kauft **leichtfertiges** Gerede [***lahwa*** *l-ḥadīṯi*] ein, um, ohne rechtes Wissen, vom Wege Gottes abzubringen oder über ihn zu spotten. Für diese ist erniedrigende Strafe bestimmt! (übers. v. Bobzin)

Q 62/11: Wenn die Leute Handelsware oder (sonst irgend)eine **Ablenkung** [***lahwan***] (zu) sehen (bekommen), laufen sie hin und lassen dich stehen. Sag: Was bei Gott (als Lohn für euch) bereitsteht, ist besser als die **Ablenkung** [*mina* ***l-lahwi***] und die Handelsware. Gott kann am besten bescheren. (übers. v. Paret)
Und wenn sie Handel sehen oder **Zeitvertreib** [***lahwan***], dann laufen sie dem nach und lassen dich stehn. Sprich: 'Was bei Gott ist, das ist besser als Zeitvertreib [*mina* ***l-lahwi***] und Handel.' Gott ist der Beste derer, die bescheren. (übers. v. Bobzin)

Q 63/9: Ihr Gläubigen! Laßt euch nicht durch euer Vermögen und eure Kinder davon **ablenken** [*lā* ***tulhikum***], Gottes zu gedenken! Diejenigen, die das tun, haben (letzten Endes) den Schaden. (übers. v. Paret)
O ihr, die ihr glaubt! Eure Reichtümer und eure Kinder sollen euch nicht **vergessen lassen** [*lā* ***tulhikum***], Gottes zu gedenken. Doch die solches tun, sind die Verlierer! (übers. v. Bobzin)

Q 6/32: Das diesseitige Leben ist (doch) nichts als Spiel und **Zerstreuung** [*laʿibun wa-**lahwun***]. Die jenseitige Behausung ist für diejenigen, die gottesfürchtig sind, wahrhaftig besser. Habt ihr denn keinen Verstand? (übers. v. Paret)
Das Leben hier auf Erden ist nichts als Spiel und **Zeitvertreib** [*laʿibun wa-**lahwun***], und die jenseitige Wohnstatt ist wahrlich besser für die, die gottesfürchtig sind. Wollt ihr denn nicht begreifen? (übers. v. Bobzin)

Q 7/50-51: Und die Insassen des Höllenfeuers rufen den Insassen des Paradieses zu: 'Gießt (doch etwas) Wasser auf uns (herab) oder (spendet uns sonst etwas), was Gott euch beschert hat!' Sie (d. h. die Insassen des Paradieses) sagen: 'Gott hat beides für die Ungläubigen verboten,' 51 die ihre Religion als **Zerstreuung** betrachten und ihr Spiel mit ihr treiben [***lahwan*** *wa-laʿiban*], und die vom diesseitigen Leben betört sind. Heute

wollen wir sie nun vergessen, so wie sie (ihrerseits) vergaßen, daß sie (dereinst) diesen Tag erleben würden, und unsere Zeichen leugneten. (übers. v. Paret)
Und die Höllenbewohner rufen den Paradiesesbewohnern zu: 'Gießt etwas Wasser auf uns aus oder etwas von dem, womit euch Gott bedacht hat!' Sie sprechen: 'Siehe, den Ungläubigen hat Gott beides verboten, 51 die ihren Glauben als **Zeitvertreib** und Spiel betrachten [***lahwan*** *wa-laʿiban*] und die das Leben hier auf Erden betörte!' (übers. v. Bobzin)

Q 15/3: Laß sie (nur machen)! Sie mögen essen und (ihr Dasein) genießen, und die Hoffnung (auf die Güter dieser Welt) mag sie (von allem höheren Streben) **ablenken** [***yulhihim***]! Sie werden (dereinst schon noch zu) wissen (bekommen, was mit ihnen geschieht). (übers. v. Paret)
Lass sie nur essen und genießen, und mag die Hoffnung sie **ergötzen** [***yulhihim***]: Nur zu bald werden sie erkennen. (übers. v. Bobzin)

Q 21/2-3: Und bei jeder neuen Mahnung, die von ihrem Herrn zu ihnen kommt, hören sie nur spielerisch zu, 3 indem sie sich (darüber) **ergötzen** [***lāhiyatan*** *qulūbuhum*]. Und die Frevler tuscheln im geheimen: 'Ist der da nicht ein Mensch wie ihr? Wollt ihr euch denn gegen eure (bessere) Einsicht auf Zauberei einlassen?' (übers. v. Paret)
Keine neue Mahnung von ihrem Herrn kam zu ihnen, als dass sie sich, wenn sie diese hörten, darüber lustig machten, 3 ihre Herzen **abgewandt** [***lāhiyatan*** *qulūbuhum*]. Und die Frevler tuscheln heimlich miteinander: 'Ist das nicht nur ein Mensch wie ihr? Wollt ihr, sehenden Auges, euch auf Zauberei einlassen?' (übers. v. Bobzin)

Q 21/17: Wenn wir uns eine **Zerstreuung** [***lahwan***] hätten verschaffen wollen, hätten wir das von uns aus gemacht (ohne die kreatürliche Welt dazu zu benötigen) – wenn wir (überhaupt) vorgehabt hätten, etwas (Derartiges) zu tun. (übers. v. Paret)
Hätten wir uns etwas zum **Zeitvertreib** [***lahwan***] nehmen wollen, hätten wir das von uns selbst genommen – wenn wir es tun wollen. (übers. v. Bobzin)

Q 24/35-37: [...] Und der prägt den Menschen die Gleichnisse. Gott weiß über alles Bescheid – 36 (Solche Lampen gibt es) in Häusern, hinsichtlich derer Gott die Erlaubnis gegeben hat, daß man sie errichtet, und daß sein Name darin erwähnt wird. Es preisen ihn darin morgens

und abends 37 Männer, die sich weder durch Ware (oder: Handel) noch durch ein Kaufgeschäft davon **ablenken** lassen [***lā tulhīhim***], Gottes zu gedenken, das Gebet zu verrichten und die Almosensteuer zu geben, und die sich auf einen Tag gefaßt machen, an dem (den Menschen) Herz und Gesicht umgekehrt werden (so daß ihnen der Verstand stillsteht und Hören und Sehen vergeht). (übers. v. Paret)
[...] Gott prägt Gleichnisse für die Menschen, und Gott weiß alle Dinge – 36 in Häusern, die Gott erlaubte zu erbauen und seines Namens darin zu gedenken; es preisen ihn darin am Morgen und am Abend 37 Männer, welche weder Handel noch Verkauf **ablenken** können [***lā tulhīhim***] vom Gedenken Gottes noch davon, das Gebet zu verrichten, noch davon die Armensteuer zu entrichten: Sie fürchten sich vor einem Tag, an dem die Herzen und Augen umgewendet werden. (übers. v. Bobzin)

Q 29/64: Das diesseitige Leben hier (w. Dieses diesseitige Leben) ist (doch) nichts als Spiel und **Zerstreuung** [***lahwun*** *wa-laʿibun*]. Die jenseitige Behausung, das ist das (wahre) Leben. Wenn sie doch Bescheid wüßten! (übers. v. Paret)
Dieses Leben hier auf Erden ist nur **Zeitvertreib** und Spiel [***lahwun*** *wa-laʿibun*], denn nur das Jenseits ist das wahre Leben. Wenn sie es doch nur wüssten! (übers. v. Bobzin)

Q 47/36: Das diesseitige Leben ist (doch) nur Spiel und **Zerstreuung** [*laʿibun wa-**lahwun***]. Wenn ihr glaubt und gottesfürchtig seid, gibt Gott (w. er) euch euren Lohn und verlangt von euch nicht euer Hab und Gut. (übers. v. Paret)
Jedoch das Leben hier auf Erden ist nur Spiel und Zeitvertreib [*laʿibun wa-**lahwun***]. Doch wenn ihr glaubt und gottesfürchtig seid, dann wird er auch euren Lohn geben und euch nicht nach eurem Besitz fragen. (übers. v. Bobzin)

Q 57/20: Ihr müßt wissen, daß das diesseitige Leben nur Spiel, **Zerstreuung** und Flitter (w. Schmuck) [*laʿibun wa-**lahwun** wa-zīnatun*] ist, und (darin besteht) daß ihr gegenseitig prahlt und mehr Vermögen und Kinder haben wollt (als die anderen). Es ist wie (wenn) reichlicher Regen (gefallen ist), dessen (Folgeerscheinung, üppiger) Pflanzenwuchs den Ungläubigen Freude macht (w. gefällt) (da sie mit Sicherheit eine gute Ernte erwarten). Hierauf vertrocknet es (?), und man sieht, daß es gelb wird. Hierauf wird es zu brüchigem Zeug (das zu nichts mehr zu

> gebrauchen ist). (Achtet vielmehr auf das Jenseits!) Im Jenseits gibt es (dereinst für die Ungläubigen) eine schwere Strafe, (für die Gläubigen) aber auch Vergebung von Gott, und (Gottes) Wohlgefallen. Das diesseitige Leben ist nichts als eine Nutznießung, durch die man sich (allzu leicht) betören läßt. (übers. v. Paret)
> Wisst, dass das Leben hier auf Erden nur Spiel und **Zeitvertreib** und schöner Schein [*laʿibun wa-**lahwun** wa-zīnatun*] und ein Sich-Brüsten unter euch und Gewinn an Reichtum und an Söhnen ist. Es ist wie ein Regenguss, der die Ungläubigen über die Pflanzen staunen lässt. Dann aber trocknen sie aus, und du siehst sie gelb und zu kleinen Stückchen werden. Im Jenseits gibt es harte Strafe, aber auch Vergebung von Gott und Wohlgefallen. Das Leben hier im Diesseits ist nur betörender Genuss. (übers. v. Bobzin)

> Q 80/8-10: Wenn dagegen einer (voll guten Willens) zu dir gelaufen kommt 9 und dabei gottesfürchtig ist, 10 **hast** du **nichts** für ihn **übrig** [*wa-anta ʿanhu **talahhā***]. (übers. v. Paret)
> Der aber, der eilends zu dir kommt 9 und der Gott fürchtet, 10 dem **schenkst** du **keine Aufmerksamkeit** [*wa-anta ʿanhu **talahhā***]. (übers. v. Bobzin)

> Q 102/1: Die Sucht, mehr zu haben (als andere), hat euch (so sehr von allem höheren Streben) **abgelenkt** [***alhāhum***]. (übers. v. Paret)
> **Abgelenkt** [***alhāhum***] hat euch das Streben nach mehr. (übers. v. Bobzin)

Die Verbalableitungen von *lahw* werden sowohl in den sunnitischen als auch in den schiitischen und sufischen exegetischen Werken als Zeitvertreib im Sinne von Ablenkung von oder Alternative zur Religion und ihrer Ausübung gedeutet und daher negativ konnotiert. Einige Kommentare bringen *lahw* explizit mit Musik in Zusammenhang, andere jedoch nicht. Das in diesem Artikel verfolgte Interesse gilt genau dieser Verbindung von l-h-w mit Musik in theologisch unterschiedlich ausgerichteten Auslegungen. Hierbei werden sprachliche, kontextuelle und *ḥadīṯ*-bezogene Aspekte betrachtet.

Exemplarisch werden hier die bedeutenden Koranexegesewerke von aṭ-Ṭabarī (gest. 310/923) und Faḫr ad-Dīn ar-Rāzī (gest. 606/1209), der Muʿtazila (einer rationalistischen theologischen Strömung ab der ersten Hälfte des 2./8. Jahrhunderts bis etwa zum Mongolensturm 656/1258) von az-Zamaḫšarī (gest. 538/ 1144), der Schia von aṭ-Ṭūsī (gest. 459-60/1066-

7) und des Sufismus von as-Sulamī (gest. 412/1021) herangezogen und ihre Aussagen in bezug zu möglichen Zusammenhängen von Musik und den Derivaten von l-h-w untersucht. Im folgenden werden die genannten Werke zunächst charakterisiert.

Exemplarische Werke der Koranexegese

Zum Problem der Typologien von *tafāsīr* schrieben schon Goldziher[2] und später Wansbrough.[3] Neuere Autor:innen kritisieren die strikte Einteilung innerhalb der Typologien dieser beiden und weisen auf die "reciprocal influences as well as common themes and methods across religious fault lines" hin, auf denen ihre Typologie basiere.[4] Rippin und Bauer betonen die Bedeutung der Hermeneutik für die Geschichte der exegetischen Werke,[5] während Peter Heath und Mårtensson vergleichend arbeiten und transkulturelle Aspekte der Korankommentare betonen,[6] wobei letztere aṭ-Ṭabarīs "academic commitment to produce historically valid information about the Qur'an's rhetorical genre, concepts, and meaning"[7] in den Mittelpunkt ihrer Betrachtung stellt.

Der genannte Andrew Rippin argumentiert, "that the history of tafsīr should include hermeneutics, since the aim should be to study how exegetes constructed meaning in the Qur'an, not what they thought it meant."[8] In diesem Artikel geht es aber insbesondere darum, herauszustellen "what they thought it meant", denn uns interessiert die Assoziation von l-h-w mit Musik. Das individuelle Vorgehen der Exegeten wird anhand der Übersetzungen bzw. Paraphrasen der exemplarischen Stellen zwar offensichtlich werden, es steht jedoch nicht im Zentrum dieser Untersuchung. Dabei stehen die ausgewählten Autoren eher für die Bandbreite an Koranhermeneutiken als an der Interpretation dogmatischer Überzeugungen in den kora-

2 Goldziher, *Die Richtungen der islamischen Koranauslegung.*

3 Wansbrough und Rippin, *Quranic Studies.*

4 Pink, "Classical Qur'anic Hermeneutics", online 2020, 819f. https://doi.org/10.1093/oxfordhb/9780199698646.013.64 (Zugriff 06.11.2023). Vgl. Mårtensson, "Early Medieval Tafsīr (Third/Ninth to the Fifth/Eleventh Century)", online 2020, 652 https://doi.org/10.1093/oxfordhb/9780199698646.013.33 (Zugriff 06.11.2023).

5 Mårtensson, "Early Medieval Tafsīr (Third/Ninth to the Fifth/Eleventh Century)", S. 652.

6 Ibid.

7 Ibid.

8 Ibid.

nischen Text,[9] wobei sich deren Methoden zum großen Teil überschneiden in ihrer Auswahl an Prophetentraditionen, grammatikalischen Erklärungen und der Betrachtung des innerkoranischen Kontextes sowie des Offenbarungsgrundes.

Aṭ-Ṭabarīs (gest. 310/923) *tafsīr Ǧāmiʿ al-bayān ʿan taʾwīl al-Qurʾān* ist einer der ersten vollständig erhaltenen durchgehenden Korankommentare.[10] Überdies ist er der klassische Korankommentar schlechthin, dem Gilliot eine umfängliche Monographie widmet.[11] Unter aṭ-Ṭabaris zahlreichen Werken[12] sind seine Annalen *Muḫtaṣar taʾrīḫ ar-rusul wa-l-mulūk wa-l-ḫulafāʾ* und jener *tafsīr* die bekanntesten. Das Interesse für Geschichte, das aus seinem *Muḫtaṣar* spricht, findet sich auch in seinem Korankommentar wieder. Mårtensson charakterisiert aṭ-Ṭabarīs Methodik als demonstrativ und historisch-philologisch, insbesondere als "hermeneutics centred on the concept of *bayān*".[13] In ihrer exemplarischen literaturwissenschaftlichen Analyse der Auslegung von Koran 53,1-18 zeigt Forster "einzelne exegetische Methoden"[14] aṭ-Ṭabarīs auf, wobei sie lexikalische, grammatikalische, rhetorische sowie vor allem auf die Tradition bezogene Erläuterungen identifiziert.[15] Mit seinem Ansatz, der sich vor allem auf die *sunna* Muḥammads stützt, wurde aṭ-Ṭabarī stilbildend für spätere sunnitische *tafsīr*-Werke.[16] Gilliot konzentriert sich bei der Charakterisierung von aṭ-Ṭabarīs Methodik auf den Zusammenhang zwischen seinen theologischen Ansichten und seinem sprachwissenschaftlichen Zugang,[17] während Shah aṭ-Ṭabarīs rationalistisches Vorgehen anhand der Diskussion von *ism* und *musammā* verdeutlicht und ihm damit eine eigene Interpretation eines sunnitischen Koranverständnisses zuschreibt.[18] Gilliot fasst zusammen, aṭ-Ṭabarīs Kommentar "jouit d'un grand prestige, de sorte qu'il représente le modele du

9 Pink, "Classical Qur'anic Hermeneutics", S. 824–825.

10 Bosworth, "al-Ṭabarī" (Zugriff: 07.11.2023).

11 Gilliot, *Exégèse, langue, et théologie en Islam.*

12 Bosworth, "al-Ṭabarī"; Gilliot, *Exégèse, langue, et théologie en Islam*, S. 39–72.

13 Mårtensson, "Early Medieval Tafsīr (Third/Ninth to the Fifth/Eleventh Century)", S. 659.

14 Forster, *Mittelalterliche arabische Qurʾānexegese*, S. 47–55.

15 Ibid., S. 55–56.

16 Jaffer, "Theological Commentaries", S. 769. Gilliot stellt aṭ-Ṭabarīs Bemühungen um die Orthodoxie dar (Gilliot, *Exégèse, langue, et théologie en Islam*, S. 207–80).

17 Jaffer, "Theological Commentaries", S. 770. Gilliot, *Exégèse, langue, et théologie en Islam.* Zu den Lesarten und der Grammatik im Koran, s. insbesondere Gilliot, *Exégèse, langue, et théologie en Islam*, S. 135–203. Vgl. Jaffer, "Theological Commentaries", S. 770. Vgl. auch Schöck, *Koranexegese, Grammatik und Logik*.

18 Shah, "Al-Ṭabarī and the Dynamics of Tafsīr Theological Dimensions of a Legacy", S. 90–98, https://doi.org/10.3366/jqs.2013.0097.

commentaire classique en tradition."[19] Und auch heute ist aṭ-Ṭabarīs *tafsīr* ein maßgeblicher Bezugspunkt für die sunnitische Koraninterpretation jedweder Couleur.[20]

Wegen seiner Bedeutung für die sunnitische Koranexegese bis heute wird hier ein weiteres Werk hinsichtlich der Haltung des Korans zur Musik befragt, auch wenn sein Autor der nachklassischen Philosophie zuzurechnen ist:[21] der *tafsīr* Faḫr ad-Dīn ar-Rāzīs (gest. 606/1210),[22] *Mafātīḥ al-ġayb*. Dieser Korankommentar wurde bis 1900, über seine Rezeption durch Bayḍāwī (gest. 716/1316) in dessen Korankommentar und die Benutzung desselben im Lehrplan der al-Azhar sogar bis heute geschätzt und benutzt.[23]

Jaffer charakterisiert ar-Rāzīs Ziele folgendermaßen:

> "to set Sunnī tafsīr methodology on solid rational foundations by devising and instituting logical rules to govern Qurʾānic interpretation; to unify the content of Islamic revelation with the rich heritage of Aristotelian-Avicennian philosophy and thereby confer authority on the rich heritage of ancient-Islamic philosophical wisdom; and to demonstrate the Qurʾān's pre-eminence by disclosing that its method of reasoning coincides with the human intellect's procedure of discursive reasoning and the conclusions reached by it." (Jaffer, *Rāzī*, S. 14)

Ar-Rāzī verbindet also philosophische Rationalität und Logik mit sunnitischer Koranexegese. Dabei bedient er sich des "methodical doubt"[24] als Grundlage für eine neu von ihm entwickelte Methode, die sich gegen den *taqlīd*, "the uncritical acceptance of authority" der islamischen Quellen[25] wendet.[26] Instrumente dieser neuen Methodik sind *masʾala* ("Befragung") und *waǧh* ("Gesichtspunkt, Argument"), die ar-Rāzī auch auf anderen Gebieten zum Erkenntnisgewinn dienen. Bei der *masʾala* zerlegt er das vorliegende Problem in einzelne Fragen (*questiones*), trägt hierzu die überkommenen Ansichten zusammen und bringt anschließend sein neues Mate-

---

19 Gilliot, *Exégèse, langue, et théologie en Islam*, S. 8.

20 Vgl. Pink, *Muslim Qur'ānic interpretation today*, S. 41, 50, 95, 178, 285.

21 Vgl. Griffel, *The formation of post-classical philosophy in Islam*, S. 264–303.

22 Zu Faḫr ad-Dīns Leben s. Frank Griffel, "On Fakhr Al-Dīn Al-Rāzī's Life and the Patronage He Received", https://www.jstor.org/stable/26200248; Griffel, "al-Rāzī, Fakhr al-Dīn", S. 1645–1651.

23 Jaffer, *Rāzī*, S. 2.

24 Ibid., S. 19.

25 Ibid., S. 21.

26 Ibid., S. 29–39.

rial dazu in Stellung. Durch Argumente (*waǧh*) für und gegen die einzelnen Ansichten werden danach alle Unterabteilungen des Problems der Reihe nach besprochen.[27] Hierzu greift ar-Rāzī auf das gesamte Wissen sowohl der griechischen als auch der arabischen Wissenschaften zurück:

> "Such wisdom encompassed the *ancient* or *rational* sciences—logic, physics (natural science), metaphysics, astronomy, and medicine—that had been assimilated into Islamic society and subsequently augmented and refined by it. It also encompassed the branches of *religious* sciences—law, *ḥadīth*, mysticism, and theology (including its theories of physics, anthropology, and cosmology) that Islamic society had originated and developed. By postulating that the Qurʾān contains knowledge from the aforementioned bodies of knowledge, Rāzī was impelled to devise a procedural system with the exegetical tools, devices, methods, and techniques that would enable him to discover the contents of the rational (*ʿaqlī*) and religious (*naqlī*) sciences in the Qurʾān." (Jaffer, *Rāzī*, S. 35–36)

Neben seiner philosophischen Argumentationstechnik und dem Einbezug aller Wissensgebiete in die Koranexegese versöhnt ar-Rāzī auch die beiden vermeintlichen Gegensätze der menschlichen Vernunft (*ʿaql*) und der Autorität religiöser Überlieferung (*naql*) von Koran und Sunna.[28] Letztere ist für die Ašʿariten alleine entscheidend, so dass Jaffer die Sichtweise, ar-Rāzī sei reiner Ašʿarit, damit infrage stellt. Jaffer geht sogar weiter und rückt ar-Rāzī mit seiner "Betonung der Vernunft als Quelle religiösen Wissens"[29] in die Nähe der Muʿtazila:

> "By ranking these sources along Muʿtazilite lines, Rāzī developed Ashʿarism into a trend that continued to view and use the Qurʾān and Sunna as sources of knowledge but rejected the idea that they were the ultimate arbiters of theological issues. This methodology, which gave priority to reason over scripture, became a fundamental methodological characteristic of Sunnī thought in the post-classical period." (Jaffer, *Rāzī*, S. 55–56)

---

27 Jaffer, *Rāzī*, S. 27–28; cf. S. 36–38; für ein Beispiel für ar-Rāzīs Methode s. Forster, *Mittelalterliche arabische Qurʾānexegese*, S. 1–18, 77–82.

28 Vgl. Jaffer, *Rāzī*, S. 84–131.

29 Ibid., S. 55 (Übersetzung von mir).

Die Muʿtazila war eine rationalistische theologische Strömung ab der ersten Hälfte des 2./8. Jahrhunderts bis etwa zum Mongolensturm (656/1258), deren wichtigste theologische Positionen auf fünf Prinzipien beruhen, von denen das erste, die Eins-heit Gottes (*tawḥīd*), das wichtigste ist, von dem alle anderen abhängen. Aus dem *tawḥīd* ergeben sich Konsequenzen für die Attributenlehre, aber auch die Ablehnung von Anthropomorphismus und vor allem das Dogma von der Erschaffenheit des Korans.[30] Ihr prominentester Koranexeget war Abū l-Qāsim Maḥmūd b. ʿUmar az-Zamaḫšarī (gest. 538/1144). In seinem *al-Kaššāf ʿan ḥaqāʾiq ġawāmiḍ at-tanzīl wa-ʿuyūn al-aqāwīl fī wuǧūh at-taʾwīl* behandelt az-Zamaḫšarī die Einteilung der Koranverse in eindeutige (*muḥkam*) und ambivalente (*mutašābih*) gemäß der fünf Prinzipien der Muʿtazila. So wird ein Koranvers als nicht eindeutig (*mutašābih*), also erklärungsbedürftig, eingestuft, wenn er sich dem äußeren Sinn nach nicht mit der Lehre der Muʿtazila vereinbaren lässt, sich z. B. gegen die Eigenverantwortung (*qadar*) des Menschen richtet.[31] Ein weiteres augenfälliges Merkmal von az-Zamaḫšarīs Kommentar ist die Bedeutung der rhetorischen Unterdisziplinen Semantik der Syntax (*ʿilm al-maʿānī*) sowie Ausdruck (*ʿilm al-bayān*).[32] Az-Zamaḫšarīs Korankommentar wurde wegen seiner philologischen Methode auch von Sunniten anerkannt und geschätzt und bekam erst im 10./16. Jahrhundert durch *Anwār at-tanzīl* von al-Bayḍāwī (gest. ca. 719/1319) Konkurrenz bei der Verwendung als Lehrbuch im Madrasawesen.[33] Al-Bayḍāwīs Korankommentar stützte sich auf das obengenannte *Mafātīḥ al-ġayb* von Faḫr ad-Dīn ar-Rāzī und az-Zamaḫšarīs *al-Kaššāf* selbst,[34] versuchte aber, muʿtazilitische Elemente zu entfernen und so einen sunnitischen Korankommentar zu schaffen. Beide Werke, al-Bayḍāwīs und az-Zamaḫšarīs, wurden gleichermaßen kommentiert und glossiert.[35]

In der Schia spielt der *imām* für die Exegese eine fundamentale Rolle, die in seiner Nachfolge Muḥammads (*waṣāya*) begründet liegt. So gilt er der Schia neben dem Koran als Leitung, da er das Wissen Muḥammads geerbt

30 Ullah, *Al-Kashshāf*, S. 113–18.

31 Sunnitische Exegeten dagegen glauben an die Vorherbestimmtheit menschlichen Handelns (*qaḍā*) und beurteilten einen solchen Vers als *muḥkam*. Ullah, *Al-Kashshāf*, S. 68, vgl. auch S. 65–68.

32 Ullah, *Al-Kashshāf*, 5 (allerdings mit vertauschter Bezeichnung), vgl. auch S. 68–77; vgl. Simon, *Mittelalterliche arabische Sprachbetrachtung zwischen Grammatik und Rhetorik*; Djamel-Eddine Kouloughli, “Le modèle d‘analyse de l‘énoncé des rhétoriciens arabes dans le ʿilm al-maʿānī.”, https://doi.org/10.3406/hel.2000.2801.

33 Saleh, “Medieval Exegesis”, S. 676.

34 Ibid., S. 675.

35 Ibid., S. 676–677.

habe und daher auch den “inneren”, verborgenen, esoterischen Sinn des Korans deuten kann.[36] Frühe schiitische Korankommentare richten sich stark auch an anderen theologischen Themen der Schia aus:

> “[...] the *walāya* of the imams, the dissociation (*barāʾa*) from their enemies sometimes discussed with code-names stressing the *rāfiḍī* (rejectionist, anti-Sunnī) nature of early Shīʿī Islam, the infallibility (*ʿiṣma*) of the prophets and by implication the imams, the notion of *badaʾ* or how it seems that God’s decree changes as grasped by human minds, and intercession (*shafāʿa*) as the status the imams have before God to obtain paradise for their followers and extricate them from the hellfire.” (Rizvi, “Twelver Shīʿī Exegesis,” S. 710-711)

Die “klassischen” schiitischen Kommentarwerke *at-Tibyān fī tafsīr al-Qurʾān* von Muḥammad b. al-Ḥasan, “Šayḫ aṭ-Ṭāʾifa,” aṭ-Ṭūsī (gest. 460/1067), *Maǧmaʿ al-bayān fī tafsīr al-Qurʾān* von al-Faḍl b. al-Ḥasan aṭ-Ṭabrisī (gest. 548/1154) und *Rawḍ al-ǧinān wa-rawḥ al-ǧanān* von Abū l-Futūḥ ar-Rāzī (fl. 6./12. Jh.) setzen sich dagegen auch mit anderen theologischen Strömungen wie der Muʿtazila und der Philosophie Ibn Sīnās (gest. 427/1037) auseinander.[37] Dakake nennt dies die “Post-Ghayba Shiʿi Exegesis”.[38] Bei aṭ-Ṭūsī finden wir “the notion of the “general representation” (*al-niyāba al-ʿāmma*) of the Hidden Imām entrusted to juristtheologians,”[39] und damit bei Bedarf eine Vertretung der Aufgaben, die ursprünglich fest an die Person des *imām* gekoppelt waren.

> “Al-Ṭūsī’s al-Tibyān exemplifies the changes in Imami Shiʿism brought on by the absence of a live and accessible Imam and the constructive response to this situation, of which he was one of the primary architects. While he does include some hadiths from the Imams in his commentary, he excludes traditions that exaggerate their spiritual status. Moreover, hadiths from the Imams do not occupy the central part of his treatment of individual verses. Rather, al-Ṭūsī, like some medieval Sunni commentators, typically begins with an exploration of etymological and grammatical issues related to the verse or passage in question.” (Dakake, “The Formative Development of Shiʿi Qur’anic Exegesis”, S. 258)

36 Cf. Rizvi, “Twelver Shīʿī Exegesis”, S. 708.
37 Cf. Rizvi, “Twelver Shīʿī Exegesis”, S. 712.
38 Dakake, “The Formative Development of Shiʿi Qur’anic Exegesis”, S. 258.
39 Amir-Moezzi, “al-Ṭūsī”.

Darüberhinaus benutze er auch sunnitische *aḥādīṯ* und führe explizit schiitische Auslegungen erst gegen Ende des jeweiligen Eintrags auf, sozusagen als "letztes Wort".[40] Seinen Einfluss auf spätere Entwicklungen charakterisiert Amir-Moezzi folgendermaßen:

> "[...] his work was to provide rationalist Imāmism, known from the following century onward as al-uṣūliyya, with solid intellectual bases, enabling it to experience a lengthy evolution which would lead ultimately to an ever-increasing assumption of power by Imāmī *mudjtahids* in the economic, social and political fields." (Amir-Moezzi, "al-Ṭūsī")

Sufische Korandeutungen gründen ebenfalls stark auf dem Paar "äußerer (*ẓahir*)" und "innerer Sinn (*bāṭin*)",[41] ja, einer der beiden erhaltenen frühesten sufischen Korankommentare, *Ḥaqā'iq at-tafsīr*[42] von as-Sulamī (gest. 412/1021) zitiert sogar Ǧa'far aṣ-Ṣādiq (gest. 148/765), wobei es sich bei diesem – anstelle des sechsten schiitischen Imams – auch um einen Pseudo-Ǧa'far-aṣ-Ṣādiq des 10. Jahrhunderts halten könnte.[43] Weitere Quellen as-Sulamīs sind Ḏū n-Nūn al-Miṣrī (gest. 246/861), Sahl at-Tustarī (gest. 283/896), Abū Sa'īd al-Ḫarrāz (gest. 286/899), al-Ǧunayd (gest. 298/910), Ibn 'Aṭā' al-Ādamī (d. 311/923), Abū Bakr al-Wāsiṭī (gest. 320/932) und aš-Šiblī (gest. 334/946).[44] Allerdings betont Godlas:

> "Although both Ṣūfī tafsīr and Ismā'īlī ta'wīl may share the designation of "ta'wīl" and are superficially similar, in fact they are two distinct kinds of hermeneutics." (Godlas, "Ṣūfism", S. 418)

Im Gegensatz zum ismailitisch-schiitischen *ta'wīl*, der die Person des *imām* in den Mittelpunkt stelle, ziele sufischer *tafsīr* auf die "Ent-Deckung" (*kašf*) von Gottes Gnade und die Spiritualität des Exegeten.[45]

40 Dakake, "The Formative Development of Shi'i Qur'anic Exegesis", S. 258–59.
41 Godlas, "Ṣūfism", S. 418.
42 Dies ist der größere Korankommentar. As-Sulamī hat nach dessen Vollendung noch einen kleineren mit dem Titel *Ziyādat Ḥaqā'iq at-tafsīr* geschrieben. S. hierzu Gerhard Böwering, "The Major Sources of Sulamī's Minor Qur'ān Commentary", https://doi.org/10.2307/1580542.
43 Knysh, "Sufi Commentary", S. 752.
44 Godlas, "Ṣūfism", S. 420.
45 Ibid., S. 419.

> "Second, in Ṣūfī *tafsīr* the object revealed and linked to the verse is generally related to Ṣūfī practice or doctrines – commonly involving, for example, ontological-cosmological, anthropological, or psychological aspects or categories." (Godlas, "Ṣūfism", S. 419)

Sufische Korankommentatoren nähmen in ihrer Exegese also in vielfacher Hinsicht auf sufische Praktiken und Vorstellungen bezug, wie verschiedene Wirklichkeitsebenen, Kategorisierungen von menschlichen Gruppen, Fähigkeiten und Bewusstseinszuständen, wobei sie gleichzeitig die Exegese des äußeren Sinnes nicht verwarfen, sondern ihn durch ihre Interpretation des inneren Sinnes ergänzten.[46]

Nach Knysh und Böwering hat dieser Kommentar eine ähnliche Stellung wie aṭ-Ṭabarīs *Ǧāmiʿ al-bayān ʿan taʾwīl al-Qurʾān.*[47]

Aussagen zu l-h-w in den ausgewählten Korankommentaren

Die genannten Koranexegesewerke interpretieren die Koranstellen, die l-h-w enthalten, teils, indem sie ähnlich, teils unterschiedlich vorgehen. Sie analysieren die Koranverse sprachlich, versuchen, sie historisch einzuordnen, und greifen dabei auf andere Quellen zurück. Die theologischen Richtungen, denen ihre Autoren anhängen, zeigen sich ebenfalls in den *tafāsīr*, wenn auch nicht in jedem Verskommentar gleichermaßen deutlich. Die jeweiligen Aussagen der genannten Kommentare zu l-h-w werden hier auszugsweise übersetzt und nebeneinandergestellt.[48]

46 Godlas, "Ṣūfism", S. 419.

47 Knysh, "Sufi Commentary", S. 750; Böwering, "The Qurʾān Commentary of Al-Sulamī", S. 56.

48 Wenn eine Aussage über einen anderen *isnād* wiederholt wird, wird hier das entsprechende Einleitungswort *ṯanā*, "es wiederholt", durch "ṯ." abgekürzt.

Koranstelle	**Traditionell sunnitisch**: Abū Ǧaʿfar Muḥammad aṭ-Ṭabarī, *Ǧāmiʿ al-bayān ʿan taʾwīl al-Qurʾān*, hrsg. von Aḥmad Muḥammad Šākir, 16 Bde., Kairo 1954–69	**Philosophisch-rationalistisch sunnitisch**: Abū Bakr ar-Rāzī, *Mafātīḥ al-ġayb*, hrsg. von Aḥmad Efendī, 6 Bde., Kairo 1278/1861-62
Q 6/70	Bd. 7, S. 231: Gott sagt zu Muḥammad: Lass (*ḏar*) diejenigen, die Gottes Religion und ihren Gehorsam ihm gegenüber als Spiel und *lahw* betrachten, denn sie machen ihren Anteil von ihrem Gehorsam ihm gegenüber zu Spiel mit diesen Versen, und zu *lahw* und zu Spott (*istihzāʾ*) über sie. Wenn sie sie hören, während sie ihnen vorgelesen werden (*wa-tuliyat ʿalayhim*), dann wende dich von ihnen ab (*fa-aʿraḍ ʿanhum*). Denn ich lauere ihnen auf (*fa-innī lahum bi-mirṣādin*). Ich bin hinter Rache an ihnen her (*wa-innī lahum min warāʾi l-intiqāmi minhum*) und will sie wegen dem strafen, was sie taten, und wegen ihrer Verblendung angesichts des Schmuckes des diesseitigen Lebens (*bi-zaynati l-ḥayāti d-dunyā*) und weil sie vergaßen, zu Gott zurückzukehren, und ihr Schicksal nach dem Tod [zu bedenken] (*wa-l-maṣīri ilayhi baʿda l-mamāti*). Ebenso berichtet Muḥammad b. ʿAmr ṯ. Abū ʿĀṣim ṯ. ʿĪsā von Ibn Abī Naǧīḥ von Muǧāhid über Gottes [Vers]: Dies ist wie [der Vers, in dem] er sagt: *ḏarnī* ('lass mich') *wa-man ḫalaqtu waḥīdan* [= Q 74/11]. Ebenso berichtet al-Maṯnā ṯ. Abū Ḥuḏayfa ṯ. Šibl von Ibn Abī Naǧīḥ von Muǧāhid über den Vers ["...", dass er Q 74/11 entspreche]. [Viele andere ebenso.] Gott kopierte diesen Vers in seinem Wort *uqtulū l-mušrikīna ḥayṯu waǧadtumūhum* [= Q 9/5], ebenso sagt es eine Anzahl an Koranexegeten. Al-Maṯnā berichtete mir [...] von Qatāda: [Vers,] dann sandte Gott eine Sure der Vermeidung (*fī sūrati barāʾatin*) herab und befahl, sie zu bekämpfen (*wa-amara bi-qitālihim*). Ibn Wakīʿ[...] von Qatāda: ... er befahl, sie zu bekämpfen "Bekämpft/tötet (*uqtulū*) die Beigeseller/Polytheisten, wo ihr sie findet (*uqtulū l-mušrikīna ḥayṯu waǧadtumūhum*) [Q 9/5]."	Bd. 3, S. 66-67: *ḏarrahum* bedeutet *aʿraḍahum ʿanhum* [sich abwenden von], was nicht bedeutet, dass man sie nicht weiter warnen sollte, denn Gott sagt danach: "und mahne damit" (*wa-ḏakkir bihī*) und ähnliches. Gott sagt: Wende dich von jenen ab, von denen Gott weiß, was in ihren Herzen ist. Das bedeutet, man möge den Umgang mit ihnen und eine liebenswürdige Behandlung sein lassen, aber man solle nicht versäumen, sie zu warnen (*wa-lā yutraku inḏāruhum*) und zu erschrecken (*taḫwīfuhum*). Wisse, dass Gott den Gesandten damit beauftragt hat, denjenigen zu verlassen, der mit zwei Eigenschaften beschrieben werden kann (*mawṣūfun bi-ṣifatayn*). Die erste Eigenschaft besteht darin, seine Religion für Spiel und *lahw* zu halten. In der Exegese (*tafsīr*) finden sich dazu folgende Gesichtspunkte: 1) Sie betrachten ihre Religion, der sie sich widmen und zu der sie aufrufen, nämlich den Islam, als Spiel und Kurzweil, insofern dass sie über sie spotten und sich über sie lustig machen. 2) Sie betrachten Spiel und Zeitvertreib durch Verehrung von Statuen und ähnlichem als ihre Religion. 3) Die Ungläubigen (*kuffār*) urteilen über die Religion Gottes bloß mit Lust und Wünschen, wie etwa danach, fließende Gewässer und Seen heilig zu erklären. Auf keinen Fall sorgen sie sich um die Sache der Religion, und sie begnügen sich einzig mit der Tradition (*taqlīd*). Gott wendet sich von ihnen ab, weil sie ihre Religion als Spiel und Zeitvertreib ansehen. 4) Nach Ibn ʿAbbās: Gott machte für jedes Volk ein Fest, damit [die Leute] es preisen, an ihm beten und es mit dem Gedenken an Gott füllen. Alle Menschen, die Beigeseller sind, und die Leute des Buches nahmen ihr Fest als Spiel und Kurzweil außer den Muslimen, die ihr Fest nahmen, wie Gott

es ihnen auferlegt hat (*ka-mā šaraʿahū llāhu*). 5) Es ist am naheliegendsten, dass, wer die Religion erforscht, die Religion unterstützt, weil sie für ihn Recht (*ḥaqq*), Aufrichtigkeit (*ṣidq*) und das Verstandesmäßige (*ṣawāb*) ist. Was diejenigen angeht, die sie unterstützen und sie benutzen, um Posten und Führerschaft zu erreichen, um Gegner zu überwinden und Vermögen anzuhäufen, so unterstützen sie die Religion für das Diesseits. Gott hat bereits in anderen Versen ein Urteil über das Diesseits abgegeben, nämlich dass es Spiel und Zeitvertreib sei. Der [Vers] meint einen Hinweis auf diejenigen, die ihre Religion für das Diesseits benutzen. Wenn du sie in einem Zustand größerer Schöpfung (*fī ḥālin akṯari l-ḫalqi*) betrachtest, findest du sie beschrieben mit dieser Eigenschaft, und [ins Jenseits?] eingehend unter diesem Zustand (*ad-dāḫilīna taḥta hāḏihī l-ḥālati*). Die zweite Eigenschaft: Gottes Aussage, das diesseitige Leben täusche sie, bestätigt den fünften Gesichtspunkt, den wir nannten, als ob Gott sagte, "Sie nahmen ihre Religion als Spiel und Zeitvertreib (*lahw*)", weil das diesseitige Leben sie täuschte. Und weil sich ihre Liebe zum Diesseits ihrer Herzen bemächtigte, wenden sie sich von der Wahrheit der Religion ab und beschränken sich auf die Verschönerung der Phänomene (*ʿalā tazyīni ẓ-ẓawāhiri*), um dadurch [von Gott] die vergänglichen Güter der Welt zu erflehen, wenn du das weißt. Der Vers "Lass (*ḏar*) diejenigen, die Gottes Religion und ihren Gehorsam ihm gegenüber als Spiel und *lahw* nehmen" bedeutet: Wende dich von ihnen ab (*aʿriḍ*) und kümmere dich nicht darum, dass sie der Lüge beschuldigen und spotten! Und würdige sie keines Blickes oder Erwähnung!

Q 31/6	Bd. 21, S. 60–64: Die Exegeten sind sich uneins über “Wer von den Menschen unnützes Gerede kauft”. Einige sagen: Wenn jemand einen Kauf (*aš-širāʾa l-maʿrūfa*) gegen einen Preis (*bi-ṯamanin*) tätigt. Sie überliefern ein Propheten-*ḥadīṯ* dazu. Es berichtet uns Abū Kurayb ṯ. Wakīʿ von Ḫullād aṣ-Ṣaffār von ʿUbaydallāh b. Zaḥr von ʿAlī b. Yazīd von al-Qāsim von Abū Umāma von Muḥammad: Weder **Verkauf noch Kauf von Sängerinnen** (*al-muġanniyāt*) ist erlaubt (*lā yaḥillu*), weder der **Handel mit ihnen noch ihre Preise**. Ihretwegen ist der Vers herabgesandt worden [Vers]. Ibn Wakīʿ berichtet uns ṯ. sein Vater von Ḫullād aṣ-Ṣaffār [derselbe *isnād* wie oben] von Muḥammad, er sagte: Gewinn an ihrem Wert [zu machen] ist verboten (*aklu ṯamanihinna ḥarāmun*). Er sagte auch: Ihretwegen sandte Gott den Vers [Vers] herab. Es berichtete mir ʿUbayd b. Ādam b. Abī Iyās al-ʿAsqalānī ṯ. sein Vater ṯ. Sulaymān b. Ḥayyān von ʿAmr b. Qays al-Kilābī von Abū Muhallab [langer isnād] von Abū Umāma al-Bāhilī: Ich hörte Muḥammad sagen: Die Ausbildung von Sängerinnen (*taʿlīm al-muġanniyāt*) ist nicht erlaubt (*lā yaḥillu*), weder der Verkauf, noch der Kauf, und ihr Preis ist verboten. Und als Bestätigung steht dies in Gottes Buch [Vers]. Die anderen sagen, nein, die Bedeutung ist jene: Wer unnützes Gerede wählt, findet es angenehm (*yastaḥibbuhū*). Es berichtet uns Bišr ṯ. Yazīd ṯ. Saʿīd von Qatāda: Vielleicht [bedeutet der Vers] [Vers], man solle dafür kein Geld aufwenden, aber der Kauf davon (*ištirāʾuhū*) bedeutet, es angenehm zu finden (*isḥbābuhū*), gemäß einem irregeleiteten Menschen, der das Gerede über Nichtsnutziges (*ḥadīṯa l-bāṭili*) statt Rede über die Wahrheit (*ʿalā ḥadīṯi l-ḥaqqi*) wählt, und das, was schadet, demgegenüber, was nützt, [bevorzugt]. Von Muḥammad b. Ḫalaf al-ʿAsqalānī [*isnād*] von Maṭar: “Kauf” bedeutet “Angenehm-finden.” [Es folgen zwei Definitionen von Kauf zu ei-	Bd. 5, S. 201–2: Wenn es offensichtlich ist, dass der Qurʾān ein weises Buch (*kitābun ḥakīmun*) ist, das weise Verse umfasst, so ist vom Zustande der Ungläubigen (*kuffār*) offensichtlich, dass sie jenes lassen, um sich mit etwas anderem zu beschäftigen. Dann [ist auch offensichtlich], dass sich darin befindet, was ihr schlechtes Handeln verdeutlicht, und dies unter folgenden Gesichtspunkten: 1) wenn sie die Weisheit (*ḥikma*) lassen und sich [stattdessen] mit hässlichem Gerede (*bi-ḥadīṯin āḫarin qabīḥin*) beschäftigen. 2) Wenn das Gespräch zum Zeitvertreib (*lahw*) ist, es [daher] keinen Nutzen hat und hässlicher ist. 3) Wenn *lahw iḥmāḍ* (scherzhafte Rede) meint, wie es von Ibn ʿAbbās überliefert ist: “Sie scherzten” (*aḥmaḍū*). Er überlieferte von Muḥammad, dass er sagte: Die Herzen wechseln von Stunde zu Stunde. Es berichtet ad-Daylamī von Anas: ‘im Akkusativ’. Und er belegt das mit dem, was bei Muslim zu finden ist “Oh, Ḥanẓala, Stunde auf Stunde!” (*yā Ḥanẓalatu sāʿatan wa-sāʿatan*), wobei die Allgemeinheit den Befehl versteht, dass erlaubt sei, was das Leben angenehmer macht, die Spezialisten [jedoch] sagen, es sei der Befehl, in Richtung Wahrheit zu schauen (*bi-n-naẓari ilā ǧānibi l-ḥaqqi*). Denn die dadurch [eintretende] Erholung sei nichts anderes [als Ablenkung von der Wahrheit?] (*fa-inna t-tarwīḥa bihī lā ġayru*). Wenn sie nichts anderes meinten als “Irreführung”, so bedeutete der Vers *li-yaḍulla ʿan sabīli llāhi* ihre Tat, die zur Hässlichkeit führt (*adḫala*). Dann bezieht sich der Vers Gottes *bi-ġayri ʿilmin* auf den Kauf zurück, d. h. jemand kauft, ohne zu wissen. Und *yattaḫiḏuhā* bedeutet, jemand betrachtet den Weg [Gottes] als Spott. “Für diese ist erniedrigende Strafe bestimmt.” Das Wort *muhīn* ist ein Hinweis auf eine Angelegenheit, unter der man “etwas Ewiges” (*ad-dawwām*) versteht, denn wenn der König befiehlt, einer seiner Sklaven möge bestraft werden, dann weiß der Folterer, dass jener wieder in

nem Preis.] Was das "Gerede" (*ḥadīṯ*) angeht, so sagen manche: Es ist **Gesang und wenn man ihm zuhört**. [Es folgt ein Abschnitt "Erwähnung derer, die jenes sagen" (*ḏikru man qāla ḏālika*), in dem mehrere Überliefererketten nach Muǧāhid allein oder von Ibn ʿAbbās die Bedeutung "Gesang" (*ġināʾ*), auch "Kauf einer Sängerin" (*širāʾu l-muġanniya*) und "Gesang und alles leichtfertige Spiel" (*al-ġināʾu wa-kullu luʿbi lahwin*) und sogar "der **Sänger und die Sängerin, die für viel Geld singen**, oder wenn man **ihnen zuhört** oder anderem Nichtsnutzigem" (*al-muġannī wa-l-muġanniyatu bi-l-māli l-kaṯīri aw istimāʿun ilayhi aw ilā miṯlihī mina l-bāṭili*) bezeugen.] Andere sagen: Mit *lahw* sind **Trommeln** (*aṭ-ṭabl*) gemeint. Erwähnung derer, die jenes sagen (*ḏikru man qāla ḏālika*): Mir berichtete ʿAbbās b. Muḥammad ṯ. Ḥaǧǧāǧ al-Aʿwar von Ibn Ǧurayḥ von Muǧāhid: *al-lahw* sind Trommeln (*aṭ-ṭabl*). Andere sagen: Mit leichtfertigem Gerede ist Polytheismus (*as-širk*) gemeint. Erwähnung derer, die jenes sagen: [weiterer Beleg nach aḍ-Ḍaḥḥāk für *aš-širk*]. Yūnus berichtete mir: Ibn Wahb teilte uns mit, dass Ibn Zayd über den Vers [Vers] sagte: Dies sind die Ungläubigen (*ahl al-kufr*). Siehst Du nicht den Vers [Q 31/7]? Und so gehören sie nicht zu den Muslimen (*ahla l-islāmi*). Die Leute sagen, sie sind unter euch, aber so ist es nicht. Es ist eitles, nichtsnutziges Gerede, das sie von sich geben (*al-ḥadīṯu l-bāṭilu llaḏi kānū yalġawna fīhi*). Richtig ist, wenn man darüber sagt: Gemeint ist damit alles Gerede, was von Gottes Weg ablenkt, was davon ablenkt, Gott oder Muḥammad zuzuhören (*mina l-ḥadīṯi mulhiyan ʿan sabīli llāhi mimmā nahā llāhu ʿan istimāʿihī aw rasūluhū*), weil Gott mit seiner Rede von "leichtfertigem Gerede" allgemein blieb und nicht das eine oder das andere spezifizierte, also allgemein blieb (*fa-ḏālika ʿalā ʿumūmihī*), bis komme, was auf Spezifikation hinweise, und der Gesang und der Polytheismus (*al-ġināʾu wa-š-*

den Dienst des Königs zurückkehrt und der König ihn nicht im Gefängnis lässt, ihn großzügig behandelt und seine Strafe erleichtert. Aber es kann auch sein, dass er nicht zu seiner Arbeit (*mā kāna ʿalayhi*) zurückkehrt und dass seine Angelegenheit beschlossen wäre, dass er ihn nicht großzügig behandele. [Gottes] Wort *ʿaḏāb muhīn* ist ein Hinweis darauf. Darin unterscheidet sich die Strafe eines Gläubigen (*al-muʾmin*) gegenüber der Strafe eines Ungläubigen (*al-kāfir*), damit es deutlich werde. Und jene ist nicht *muhīn*.

širku) gehören dazu. Und "vom Wege Gottes abzubringen" meint jenen, der leichtfertiges Gerede kauft, von der Religion Gottes und dem Gehorsam ihm gegenüber abzuhalten und davon, was einen ihm näherbringt, wie das Lesen des Korans und das Gedenken Gottes. Und so, wie wir darüber sprechen, äußern sich auch die Exegeten *(qāla ahlu t-taʾwīli)*. Erwähnung derer, die jenes sagen: Es berichtete mir Muḥammad b. Saʿd ṯ. sein Vater, ṯ. dessen Onkel, ṯ. dessen Vater von dessen Vater von Ibn ʿAbbās zu *li-yuḍilla ʿan sabīli llāh*: Der Weg Gottes ist Koranrezitation. Und Gottes Gedenken ist, wenn man seiner gedenkt *(iḏā ḏakarahū)*, wobei er ein Mann von den Qurayš war, der eine **Sängersklavin** *(ǧāriya muġniya)* kaufte. Zu "ohne Wissen" *(bi-ġayri ʿilmin)* sagt er: eine gewisse Tat, [nämlich] die Tat des Kaufens von leichtem Gerede, nichts davon wissend *(ǧahlan minhu)*, was für ein Ausgang/Ende das für ihn bei Allāh [bedeutet] wegen der Sünde *(wizr)* und Freveltat *(iṯm)* [, die er begangen hat]. Über *yattaḫiḏahā huzuwan* besteht Uneinigkeit unter den Rezitatoren in der Lesung. Die Lesung folgt den meisten Rezitatoren von Medina und Baṣra und einigen Kufiern [, die] *wa-yattaḫiḏuhā* mit u [lesen], indem sie es mit *yaštarī* auf eine Stufe stellen (*ʿaṭfan bihī ʿalā qawlihī yaštarī*), als wäre die Bedeutung bei ihnen: unter den Menschen gibt es solche, die leichtfertiges Gerede kaufen und die die Verse Gottes für Spott halten. Die meisten Rezitatoren von Kufa lesen dies [, nämlich] *wa-yattaḫiḏahā* mit a, indem sie es mit *yuḍilla* auf eine Stufe stellen, d. h. "um vom Wege Gottes abzubringen und um sie für Spott zu halten" *(wa-li-yattaḫiḏahā huzuwan)*. Richtig ist an diesen Aussagen: Beide sind bekannte Lesarten in den Hauptstädten, und ihre Bedeutungen liegen nahe beieinander. Welche Lesart auch immer gelesen wird, sie ist treffend. Das h und das *alif* in *yattaḫiḏahā* beziehen sich auf *sabīli llāh*. [Es folgt ein

	Abschnitt “Erwähnung derer, die jenes sagen” (*ḏikru man qāla ḏālika*), in dem eine Überliefererkette nach Muǧāhid die Bedeutung “Weg Gottes” für das Possessivsuffix -hā bezeugt.] Andere sagen aber, dieses [Possessivsuffix] erwähne die Verse des Buches. Bišr berichtet uns, ṯ. Yazīd, ṯ. Saʿīd von Qutāda bzgl. des Menschen im Irrtum, dass er nichtsnutziges Gerede (*ḥadīṯ bāṭil*) wählte [und sie] wahrhaftiger Rede (*ʿalā ḥadīṯi l-ḥaqqi*) [vorzog], und das, was schade, dem gegenüber, was nutze. *wa-yattaḫiḏahā huzuwan* [bedeutet], sie zu verspotten (*yastahziʾu bihā*) und über sie Lügen zu verbreiten (*yukaḏḏibu bihā*). Da sich beide auf den Weg Gottes beziehen, scheinen sie mir beide nahe beieinander zu liegen, zumal die andere Aussage nicht weit entfernt vom Richtigen ist. Das Für-Spott-halten (*ittiḫāḏuhū ḏālika huzuwan*) bedeutet seinen Spott mit ihm zu treiben (*huwa stihzāʾuhū bihī*). Zu *ūlāʾika lahum ʿaḏābun muhīnun* sagt Gott, dies sind diejenigen, die wir beschrieben haben, wie sie unnützes Gerede kaufen, um vom Wege Gottes abzuirren. Ihnen ist am Tage der Auferstehung eine demütigende (*muḏillun*) und beschämende (*muḫzin*) Strafe im Höllenfeuer beschieden.	
Q 62/11	Bd. 28, S. 103–5: Gott sagt: Wenn die Gläubigen eine Handelskarawane oder *lahw* sahen, “zerstreuten sie sich dahin”, das bedeutet, sie eilten zum Handel “und ließen dich stehen”. Er sagt zu Muḥammad: Sie ließen dich, oh, Muḥammad, auf der Kanzel stehen, denn der Handel ist es, den sie sahen, und das Volk zerstreute sich dorthin, und sie ließen den Propheten stehen. [Der Handel] war Öl, das Diḥya b. Ḫalīfa[49] aus Šām gebracht hatte. Es berichtet uns Ibn Ḥumayd von Mihrān von Sufyān von Ismāʿīl as-Sadiy von Abū Mālik: Diḥya b. Ḫalīfa handelte mit Öl	Bd. 6, S. 294–95: Muqātil sagt: Diḥya b. Ḫalīfa al-Kalbī näherte sich mit Handel aus Šām, bevor er zum Islam übergetreten war, wobei er verschiedene Handelswaren mit sich führte. Das Volk von Madīna empfing ihn mit Trommeln und Klatschen. Das war an einem Freitag während des Gebets, während Muḥammad auf der Kanzel stand und predigte. Da liefen die Leute aus zu [Diḥya] und ließen Muḥammad zurück. Es blieben nur 12 oder weniger, z. B. acht, oder mehr, z. B. 40, Männer bei ihm. Er sagte: Wären sie nicht geblieben, hätte ich die Steinigung (*al-ḥiǧāra*)

49 Vgl. Lammens und Pellat, “Diḥya”.

aus Šām, als Muḥammad die Freitagspredigt hielt. Als sie ihn sahen, gingen sie zu ihm auf das Feld (*bi-l-baqīʿi*), befürchtend, sie kämen ihm zuvor (?). Daraufhin wurde der Vers herabgesandt [Zitat des Verses]. Es berichtet uns Abū Kurayb: ṯ. Abū Yamān, von Sufyan von as-Sadiy von Qura [dieselbe Geschichte, die mit den gleichen Worten noch einmal erzählt wird. Nach dem Zitat des Verses folgt "damit die Sūra beendet würde".]. Es berichtete mir Abū Ḥaṣīn ʿAbdallāh b. Aḥmad b. Yūnus, ṯ. ʿAbṯar, ṯ. Ḥaṣīn von Sālim b. Abī l-Ǧaʿd von Ǧābir b. ʿAbdallāh, der sagt: Wir waren bei Muḥammad am Freitag. Da kam eine mit Lebensmitteln beladene Karawane vorbei. Die Leute liefen davon bis auf zwölf Männer, woraufhin der Vers al-Ǧumʿa ("Freitag") herabgesandt wurde. Es berichtet uns Ibn ʿAbd al-Aʿlā, ṯ. Muḥammad b. Ṯawr von Muʿammar von al-Ḥasan: Das Volk von Madīna litt an Hunger und einer Preissteigerung. Da kam eine Karawane, während Muḥammad die Freitagspredigt hielt, die sie gehört hatten. Doch dann liefen sie davon, während Muḥammad da stand, wie Gott es sagte. Es berichtet mir Yūnus, dass uns Ibn Wahb berichte, er sagte, es sagte Ibn Zayd über den Koranvers [es folgt der Vers]: Es kam Handel, und sie gingen weg zu ihm; und sie ließen Muḥammad stehen. Als sie *lahw* und Spiel sahen [es folgt der Koranvers: "Sag..."]. Es berichtet Muḥammad b. ʿAmr, ṯ. Abū ʿĀṣim, ṯ. ʿĪsā von al-Ḥāriṯ, ṯ. al-Ḥasan, ṯ. Warqāʾ alles von Ibn Abī Naǧīḥ, von Muǧāhid über den Verst [Vers]: Männer pflegten, sich zu ihren Kamelinnen (*ilā nawāḍiḥihim*) aufzumachen und zur Reise, weil sie zu handeln wünschten. Es berichtete Bašar, ṯ. Yazīd, ṯ. Saʿīd von Qatāda: Als Muḥammad die Freitagspredigt vor den Menschen hielt, brachten sie sie dazu, über sie verhängt. Daraufhin wurde der Vers herabgesandt. Es waren unter denen, die bei ihm waren, Abū Bakr und ʿUmar. Al-Ḥasan sagte, "Das Volk von Madīna befiel Hunger und eine Preisteuerung", und ihm kamen die Tränen. Währenddessen hielt Muḥammad gerade die Freitagspredigt, [die Leute] hörten [von Diḥyas Ankunft und die Trommeln und das Klatschen] und verließen ihn dafür. Da sagte Muḥammad "Wenn letztere den ersten folgen, so möge das Tal in Flammen aufgehen (*lawi ttabaʿa āḫaruhum awwalahum la-ltahaba l-wādī nāran*). Qadāda sagte: Sie machten dies dreimal. Wenn Gott "*lahw*" sagt, sind das Trommeln. Wenn sie die Sklavinnen (*ǧawārī*) zur Ehe gaben, spielten sie die *mazāmīr* und liefen spielend vorbei. Da verließen sie den Propheten. [Gottes] Wort *anfaḍū ilayhā* bedeutet "sie zertreuten sich" (*tafarraqū*). al-Mubarrad sagt: Sie neigten sich dem zu und wandten sich dem zu. Das suffigierte Personalpronomen in *ilayhā* steht für Handel (*tiǧāra*). Az-Zaǧǧāǧ sagt: *anfaḍū ilayhi wa-ilayhā*, beide bedeuten das gleiche, wie das Wort Gottes *wa-staʿīnū bi-ṣ-ṣabri wa-ṣ-ṣalāti* [Q 2/45]. Und hier bezeichnet es die Rückkehr zum Handel, weil er für sie wichtiger ist. Zum Wort Gottes *wa-tarakūka qāʾiman* [ist zu sagen, dass] sie darin übereinstimmen, dass dieses Stehen bei der Freitagspredigt stattgefunden hat. Ǧābir sagt: Ich sah den Gesandten Gottes bei der Predigt nur stehend. ʿAbdallāh wurde gefragt: Predigt der Prophet stehend oder sitzend? Und er liest: *wa-tarakūka qāʾiman*. Das Wort Gottes *qul mā ʿinda llāhi ḫayrun* bedeutet Belohnung für das Gebet und Gewissheit beim Propheten, besser als *lahw* und Handel, als *lahw*, dessen Erinnerung vergeht, und als Handel, den Diḥya bringt. Gott sagt, der beste derer, die Nahrung spenden (*ḫayru r-rāziqīna*),[50]

50 *Ḫayru r-rāziqīna* ist einer der sogenannten "schönen Namen Gottes" im Islam und bedeutet in etwa "der beste derer, die versorgen". Zu den hundert Namen Gottes bzw. zur Attributenlehre vgl. Gilliot, "Attributes of God".

sich fortzuschleichen und aufzustehen, bis nur ein Grüppchen (*ʿaṣābatun*) blieb. Er fragte sie, wie viele seid ihr. Sie zählten sich und sagten 12 Männer und eine Frau. [Das Ganze passiert an drei Freitagen und wird dreimal ausformuliert.]. [Beim letzten Mal] sagt Muhammad: Bei meiner Seele, bei meiner Hand, falls die letzten von euch den ersteren folgen, soll euch Feuer das Wadi verbrennen. Darauf sandte Gott den Vers herab. [Es folgt der Vers und weitere Überlieferungen mit selbem Hergang zur Anzahl von 12 Männern mit oder ohne die Frau.] Was *lahw* angeht, so unterscheidet es sich von allen anderen Arten an *lahw*. Einige sagen, es seien **Trommeln** (*kabar*) und **Schalmeien** (*mazāmīr*). Erwähnung derer, die jenes sagen: Es berichtet uns Muḥammad b. Sahl b. ʿAskar ṯ. Yaḥyā b. Ṣāliḥ ṯ. Sulaymān b. Bilāḏ von Ǧaʿfar b. Muḥammad von dessen Vater von Ǧābir b. ʿAbdallāh: Wenn sie mit den Sklavinnen (*ǧawārī*) Geschlechtsverkehr hatten (*iḏā nakaḥū*), pflegten sie mit **Trommeln** (*kabar*) und **Schalmeien** (*mazāmīr*) vorbeizuziehen, Muḥammad an der Kanzel stehen zu lassen und sich zu [den Trommeln und den Schalmeien] zu zerstreuen. Gott sandte darauf den Vers herab. Andere sagen: Es waren **Trommeln** (*ṭabl*). Erwähnung derer, die jenes sagen: [weitere Überliefererkette von Muḥammad b. ʿAmr nach Muǧāhid:] *lahw* sind **Trommeln** (*al-lahwu huwa ṭ-ṭablu*). [weitere Überliefererkette von al-Ḥāriṯ nach Muǧāhid] *lahw* sind **Trommeln** (*anna l-lahwa huwa ṭ-ṭablu*). Der erste, der recht hat in dieser Sache, ist [der mit der] Nachricht, die wir von Ǧābir überlieferten, weil er die Sache der Leute und, was sie erlebten, verstanden hat.

ist von der Sorte der weisesten Herrscher und der besten Schöpfer. Das bedeutet, dass die mächtigste Person unter denen, die Nahrung spenden (*anna amkana wuǧūdi r-rāziqīna*), der beste unter ihnen ist (*ḫayru r-rāziqīna*). Man sagt, dass der Ausdruck (*lafẓ*) *ar rāziq* auf keinen anderen als [Gott] angewandt wird außer als Metapher (*illā bi-ṭarīqi l-maǧāzi*). Ohne Zweifel ist der wahrhaftige *rāziq* besser als der metaphorische *rāziq*, und im Vers gibt es verschiedene Untersuchungspunkte (*mabāḥiṯ*): 1. Untersuchungspunkt (*al-baḥṯu l-awwalu*): Handel und *lahw* sind von der Sorte, die man niemals sieht. Falls es aber so wäre, wie kann man sie bestätigen? Wenn sie Handel und *lahw* sähen, sagen wir, es sei nur beabsichtigt, was sich Handel und *lahw* und ähnlichem annähert, damit man Gottes Wort höre, obwohl das Wort unhörbar ist, sondern, was man hört, ist der Klang (*ṣawt*), der auf es hinweist. 2.) Wie sagt er *infaḍḍū ilayhā*? Er hat zwei Dinge berichtet. Darüber gibt es bereits eine Aussage (*kalāmun fīhi*). Der Autor des *Kaššāf* [az-Zamaḫšarī] sagt: Die Ergänzung dazu ist *iḏā raʾaw tiǧāratan infaḍḍū ilayhā wa-lahwan infaḍḍū ilayhi*. So ist eines von beiden wegen des erwähnten Hinweises darauf ausgelassen worden. 3.) Das Wort Gottes *wa-llāhi ḫayru r-rāziqīna* ist dem Handel angemessen, der bereits Erwähnung fand, nicht aber *lahw*. Wir sagen: Aber es ist der Gruppe [*li-l-maǧmūʿi*] [beider Wörter] angemessen, weil *lahw*, was ja erwähnt wurde, ein Folgewort von "Handel" (*tiǧāra*) ist, damit sie (die Handeltreibenden?) sichtbarer würden, und dies an Freude über das Erscheinen von Handel, wie er geschah. [Es folgt Gottesdank.]

Q 63/9 Bd. 28, S. 117: Gott sagt: Ihr, die ihr Gott und seinem Gesandten vertraut (*ṣaddaqū*) "lasst euch nicht **ablenken** von eurem Vermögen". Er sagt: Euch ist nicht euer Vermögen "und auch nicht eure Kinder" als Ablenkung "vom Gedenken Gottes" auferlegt worden. Und das kommt von "ich lenkte ihn von x und y ab" (*alhaytuhū ʿan kaḏā wa-kaḏā*). Und es heißt: *lahā, yalhū lahwan*. Imruʾ al-Qays sagt: Wie zu dir, Schwangere (*ḥublā*), kam ich des Nachts zu einer Amme (*murḍiʿin*) – da lenkte ich sie ab (*fa-alhaytuhā*) von dem listigen Amulett-Träger (*ʿan ḏī tamāʾima muḥwili*) [nämlich dem schreienden Kind]. Man sagt: Was an dieser Stelle gemeint ist mit dem Gedenken Gottes, sind die fünf Gebete. Erwähnung derer, die jenes sagen: [Es folgt eine weitere Überlieferungskette von Ibn Ḥamīd nach aḍ-Ḍaḥḥāk]: die fünf Gebete. Und die Worte "wer das tut": Wen sein Vermögen und seine Kinder vom Gedenken Gottes ablenken, das sind die in die Irre gehen (*ḫāsirūna*)'. Man sagt, ‚das sind die um ihr Glück und die Großzügigkeit und die Barmherzigkeit Gottes Betrogenen (*al-maġbūnūna ḥuẓūẓahum min karāmati llāhi wa-raḥmatihī tabaraka wa-taʿāla*).

Bd. 6, S. 298: *lā tulhikum* heißt *lā tašġalkum* (ablenken, abspenstig machen), wie die Heuchler (*al-munāfiqūn*)[51] es tun. Die Exegeten sind uneins darüber. Einige sagen, [der Vers] sei hinsichtlich der Heuchler herabgesandt worden, die anderen sagen, hinsichtlich der Gläubigen. *ʿan ḏikri llāhi* bedeutet die Pflichten (*farāʾiḍ*) gegenüber Gott, wie das Gebet, das Almosengeben und die Pilgerfahrt, oder der Gehorsam gegenüber Gott. Aḍ-Ḍaḥḥāk sagt, die fünf Gebete. Bei Muqātil [heißt es]: Dieser Vers und was danach kommt, ist eine Rede an die Heuchler, die sich zum Glauben bekennen. D. h. Geld und Nachwuchs halten sie vom Gottesgedenken (*ʿan ḏikri llāhi*) ab. Und wer dies macht, sind die Heuchler, nämlich in ihrem Handel, wo sie [sich als] einen bleibenden ehrenhaften [Gläubigen anstatt] als vergänglichen erbärmlichen [Menschen] verkaufen (*ay fī tiǧāratihim ḥayṯu bāʿū š-šarīfa l-bāqiyya bi-l-ḫasīsi l-fānī*). Man sagt: Sie sind die Heuchler [und verharren] in einer gewissen Verleugnung (*fī inkārin mā*). Dazu sagt Muḥammad: [Sie verleugnen nämlich] die Einheit Gottes (*tawḥīd*) und die Auferweckung (*baʿṯ*). Al-Kalbī sagt: Den *ǧihād*. Man sagt, es sei der Koran. Man sagt [auch], es sei [gemeint], den Koran zu betrachten, über ihn nachzudenken und [seinen Inhalt] zu erwägen.

51 *Al-munāfiqūn* ist der Name der 63. Koransure.

	Muʿtazilitisch: Az-Zamaḫšarī, *al-Kaššāf ʿan ḥaqāʾiq ġawāmiḍ at-tanzīl wa-ʿuyūn al-aqāwīl fī wuǧūh at-taʾwīl. Bi-ḥawāšī arbaʿat kutub 1. Al-intiṣāf lil-imām Aḥmad b. al-Munayyar al-Iskandarī, 2. Al-Kāfī fī š-šāff fī taḫrīǧ aḥādīṯ al-Kaššāf li-l-Ḥāfiẓ Ibn Ḥaǧar, 3. Ḥāšiyat aš-šayḫ Muḥammad ʿUlyān al-Marzūqī ʿalā tafsīr al-Kaššāf, 4. Mašāhid al-inṣāf ʿalā šawāhid al-Kaššāf li-š-šayḫ Muḥammad ʿUlyān al-maḏkūr*, hrsg. v. Muḥammad ʿAbd as-Salām Šāhīn, 4 Bde., Beirut 1995	**Schiitisch**: Abū Ǧaʿfar Muḥammad b. Ḥasan aṭ-Ṭūsī, *at-Tibyān fī tafsīr al-Qurʾān*, ed. Aḥmad Ḥabīb Qaṣīr al-ʿĀmilī, Einleitung Āġā Bozorg aṭ-Ṭihrānī, Beirut: Dār Iḥyāʾ at-Turāṯ al-ʿArabī, [o. J.]	**Sufisch**: Abū ʿAbd ar-Raḥmān Muḥammad b. al-Husayn as-Sulamī, *Ḥaqāʾiq at-tafsīr: tafsīr al-Qurʾān al-ʿazīz*, ed. Sayyid ʿUmrān, 2 Bde., Beirut: Dār al-Kutub al-ʿIlmiyya, 2001
Q 6/70	Bd. 2, S. 34: Das heißt, ihre Religion, die ihnen auferlegt, dass sie sie als Spiel und Zeitvertreib nehmen, also die Verehrung von Statuen und was sie für heilig erklären an Seen und fließenden Gewässern (*min taḥrīmi al-baḥāʾiri wa-s-sawāʾibi*). Was Spiel und Zeitvertreib angehen, das Folgen der Leidenschaft der Seele (*nafs*) und das Handeln nach Lust (*al-ʿamalu bi-š-šahwati*), so sind diese aus der Kategorie Spaß, nicht Ernst. Sie nehmen Spiel und Zeitvertreib von der Verehrung der Statuen und ähnlichem als ihre Religion. Oder sie nehmen ihre Religion, der sie sich widmen und zu der sie aufrufen, nämlich den Islam, als Spiel und Kurzweil, insofern dass sie über sie spotten und	Bd. 4, S. 167: Die Bedeutung von *ḏar* ist *daʿ*. *ḏarra, yaḏurru* wie *wadaʿa, yadaʿu* ["ver-, lassen"]. *allaḏīna ttaḫaḏū dīnahum laʿban wa-lahwan* bedeutet: die Ungläubigen (*kuffār*), die derart beschrieben werden, dass sie die Religion Gottes als Spiel und Ablenkung/ Zeitvertreib (*laʿban wa-lahwan*) nehmen, denn das Ziel dessen, der diesen Weg geht, hat keine Bedeutung, weil er ein frevlerischer Spieler (*lāʿib ʿābiṯ*) ist, der nicht zuhört, wenn man mit ihm spricht. Wer spricht, ist für ihn, wer streitet, gegen ihn. Es gibt keinen, der Nutzen aus [dem Spiel] zieht (*muntafiʿ*), noch ist [Spielen] nützlich (*nāfiʿ*). Gott weist die Entschuldigung derer, die den Weg des Spiels ge-	Bd. 1, S. 203–4: al-Ḥusayn sagt: Wir beachten nicht (*lā nulāḥiẓu*), wen unsere Lumpen von uns ablenken (*man šaġalahum ḫalaqunā ʿannā*) und die ihr Leben in ihrer Welt mögen (*wa-anisū bi-ḥayātihī fī dunyāhum*), wo es doch in Wirklichkeit Tod ist (*wa-hiya fī l-ḥaqīqati mawtun*) und derjenige lebendig ist, der darin [im Tod?] lebendig ist (*wa-l-ḥayyu man yakunū bi-hī ḥayyan*).

	sich lustig machen. Man sagt: Gott machte für jedes Volk ein Fest, damit [die Leute] es preisen, an ihm beten und es mit dem Gedenken an Gott füllen. Alle Menschen, die Beigeseller sind, und die Leute des Buches nahmen ihr Fest als Spiel und Kurzweil außer den Muslimen, die ihr Fest nahmen, wie Gott es ihnen auferlegt hat (*ka-mā šaraʿahū llāhu*). *ḏarhum* bedeutet *aʿriḍ ʿanhum* (“wende dich von ihnen ab”), und kümmere dich nicht darum, dass sie der Lüge beschuldigen und spotten! Und beschäftige dein Herz nicht mit ihnen!	hen, ab (*qaṭaʿa*), in Anbetracht der Tatsache, dass sie [den Koran und] seine Verse “das Leben hier auf Erden betörte sie” mit ihrem Verstand begreifen und mit eigenen Augen sehen [und trotzdem spielen].	
Q 31/6	Bd. 3, S. 475: *lahw* ist eitles, unwahres [Gerede] (*bāṭil*), das vom Guten und, was es bedeutet, abhält. *Lahwu l-ḥadīṯi* entspricht ungefähr (*naḥwa*) Unterhaltungen (*samr*) über Legenden (*asāṭīr*) und Berichte (*aḥādīṯ*), die jeder Grundlage entbehren, außerdem Gespräche (*taḥadduṯ*) über Aberglaube und Märchen (*ḫurāfāt*), Witze und übertriebenes Gerede (*fuḍūlu l-kalāmi*) und was nicht nötig ist, wie z. B. Gesang (*ġināʾ*) und das Studium eines Musikers (*taʿallumu l-mūsīqāri*). Man sagt: Ich kehrte bei an-Naḍr b. al-Ḥāriṯ[52] ein, der mit Persien Handel trieb und Bücher der Perser (*kutuba l-aʿāǧimi*) kaufte, und er	Bd. 8, S. 270–71: Die Kufier außer Abū Bakr lesen *wa-yattaḫiḏahā* mit ‘a’ (*naṣban*), die anderen mit ‘u’ (*rafʿan*). Wer es mit ‘a’ liest, bindet es [grammatikalisch] an *li-yuḍilla ʿan sabīli llāhi bi-ġayri ʿilmin wa-yattaḫiḏahā*, d. h. er kauft leichtfertiges Gerede für beide Dinge. Und wer mit ‘u’ vokalisiert, bindet es so an: *yaštarī lahwa l-ḥadīṯi li-yuḍilla ʿan sabīli llāhi… wa-yattaḫiḏuhā hazwan. li-yuḍilla* mit ‘u’ nach dem *yāʾ* und ‘i’ nach dem *ḍāḍ* meint: “um andere abzulenken”, und mit ‘a’ nach dem *yāʾ* [*li-yaḍilla*] meint: “um sich selbst zu verirren/ selbst abzuirren”. Gott teilt mit, dass *man* (“wer”) mit ‘a’ nach	Bd. 2, S. 129: Sahl sagt: Jemand, der viel über Religion disputiert, und die überstürzte Beteiligung an eitlem Gerede. Abū ʿUṯmān sagt: Jedes Wort außer dem Buch Gottes und die Sunna des Gesandten Gottes oder die beiden *ḥadīṯ*-Sammlungen (*aw sunani ṣ-ṣāliḥayni*) ist *lahw*. Ḥamdūn sagt: Worte ohne Bedeutung (*al-kalāmu fīhā lā yaʿnīhi*). Einige von ihnen sagen: *lahw* ist solches Sprechen, wozu dich die Seele anstachelt, sei es die Wahrheit oder die Lüge (*al-lahwu mina l-kalāmi mā taḥuṯṯuka n-nafsu ʿalayhi ḥaqqan kāna am bāṭilan*).

52 Pellat, “al-Naḍr b. al-Ḥāri<u>th</u>”.

sprach darüber mit einem Qurayšiten: Wenn Muḥammad mit euch über ʿĀd und Ṯamūt spricht, so spreche ich mit euch über Rustam und Bahrām, über die *akāsira*[53] (die sasanidischen Könige) und die Könige von Ḥīra. Daraufhin genießen sie diese Erzählungen und lassen das Zuhören bei den Koranlesungen sein. Man sagt, er kaufte Sängerinnen, und keiner nahm den Islam an, ohne dass er mit ihm zu dessen Sängersklavin eilte. Er sagte: Lass ihn schmecken, gib ihm zu trinken und singe für ihn! Und er sagte: Dies ist besser als das, wozu dich Muḥammad, der Sohn des Gebets und des Fastens, einlädt, und als dass du vor ihm kämpfst. In einem *ḥadīṯ* des Propheten heißt es, der Verkauf und Kauf von Sängerinnen sowie der Handel mit ihnen und ihre Preise seien nicht erlaubt. [In der Fußnote: "So auch bei Ṭabarī u. a. nach ʿUbaydallāh b. Zaḥr nach ʿAlī b. Yazīd nach al-Qāsim nach Abū Amāma. Bei Aḥmad und Ibn Abī Šayba und at-Tirmiḏī und Abū Yaʿlā: schwach (*ḍaʿīf*)" (Bd. 3, 475, Anm. 2).] Vom Propheten stammt auch dieses *ḥadīṯ*, dass kein Mann seine Stimme zum Gesang erhebt, ohne dass Gott dem *mīm* die Gesamtheit der "Menschen bedeutet, die leichtfertiges Gerede einkaufen", d. h., sie tauschen leichtfertiges Gerede ein (*yastabdilu*). Dazu gibt es zwei Erklärungen: 1. Sie kaufen ein Buch mit leichtfertigem Gerede. 2. Sie erkaufen leichtfertiges Gerede gegen Neuigkeiten (*ḥadīṯ*). *Lahw* ist, wenn man anfängt, für etwas anderes Mühe aufzuwenden als die Wahrheit (*aḫḏ fī mā yaṣrifu al-hamma min ġayri l-ḥaqqi*). Man sagt: *lahā fulānun yalhū lahwan, fa-huwa lāhin, wa-talahhā talahhiyan wa-alhāhu ilhāʾan. al-lahw* ("Ablenkung"), *al-laʿib* ("Spiel") und *al-hazl* ("Spaß, Scherz") sind Synonyme (*naẓāʾir*). Und *al-ḥadīṯ* ist eine Nachricht (*ḫabar*) über die Geschehnisse der Zeit (*ʿan ḥawādiṯi z-zamāni*). Ibn ʿAbbās, Ibn Masʿūd und Muǧāhid sagen: Leichtfertiges Gerede (*lahwu l-ḥadīṯi*) **bedeutet Gesang** (*ġināʾ*), was nach Abū Ǧaʿfar tradiert wurde. Jemand sagt: Es ist der **Kauf von Sängerinnen** (*huwa širāʾu al-muġanniyāti*). Abū Amāma tradiert von Muḥammad: Jenes ist verboten (*taḥrīmu ḏālika*). Qatāda sagt: Es ist der Eintausch von Gerede über Nichtsnutziges (*ḥadīṯa l-bāṭili*) gegen Rede über

53 Akāsira, Pl. von *kisrā*, ist die arabisierte Form des persischen Eigennamens Ḫusraw, insbesondere der beiden letzten Sassanidenkönige Kisrā Anūširwān (531–79 n. Chr.) und Kisrā Aparwīz (591–628 n. Chr.). Im zweiten/ achten Jahrhundert bezeichneten die Araber die gesamte Sassanidendynastie mit diesem Plural. Vgl. Morony, "Kisrā".

ihm zwei Teufel schickte, einen für diese Schulter und einen für die andere, die ihn so lange mit ihren Beinen schlügen, bis er zu **singen** aufhöre. Man sagt: Der **Gesang (*al-ġināʾ*)** verbraucht das Vermögen (*munifidatun li-l-māli*), erzürnt Gott (*musḫiṭatun li-r-rabbi*) und schadet dem Herzen (*mufsidatun li-l-qalbi*). Wenn du fragst, was die *iḍāfa* von *al-lahw* zu *al-ḥadīṯ* sei, sage ich: Ihre Bedeutung ist die Verdeutlichung (*tabyīn*), nämlich die *iḍāfa* mit der Bedeutung von "von" (*min*), dass also etwas hinzugefügt wird zu dem, was da-"von" ist, wie z. B. *ṣifatu ḫazzin* und *bābu sāǧin*. Die Bedeutung davon ist: "Wer *lahw* 'von' *ḥadīṯ* (*al-lahwa mina l-ḥadīṯi*) kauft"; denn *al-lahw* ist 'von' *al-ḥadīṯ*. [Es folgen grammatische und lexikalische Ausführungen zur Genitivverbindung *lahwu l-ḥadīṯi*, u. a. das *ḥadīṯ*: "Gespräche in der Moschee essen die guten Taten auf, wie das Vieh das Gras frisst."] *yaštarī*: Entweder [kommt es] vom Kauf (*aš-širāʾ*), nach dem, was von an-Naḍr überliefert wird: vom Kauf der Bücher der Perser oder vom Kauf der Sängerinnen, oder im [übertragenen Sinne] von "Sie kauften Unglaube gegen Glauben ein." (*ištarawi l-kufra bi-l-īmāni*) [Q 3/177] , d. h. sie tauschten die Wahrheit (*ʿalā ḥadīṯi l-ḥaqqi*). Man sagt: Alles Gerede, was vom Wege Gottes abhält, von dem, was er befahl zu befolgen, bis zu dem, was er verbat, ist *lahwu l-ḥadīṯi*. Man sagt: Der Vers ist in [der Angelegenheit] Naḍrs b. al-Ḥāriṯ b. Kalada herabgesandt worden, als er Bücher kaufte, in denen die Geschichten der Perser standen (*aḥādīṯu al-Fursi*), [nämlich Teile] aus der Geschichte von Rustam und Isfandiyār. Er lenkte sie [i. e. andere Muslime] dadurch ab, wobei er sich darüber entzückte (*wa-yaṭrabu bihī*), weil er vom Hören des Korans (*ʿan samāʿi l-Qurʾāni*) zurückhielt (*li-yaṣudda*) und dem, was darin war, den Rücken kehrte (*tudbira mā fīhi*). Und *li-yuḍilla ʿan sabīli llāhi* bedeutet *li-yatašāġila bi-mā yulhīhi ʿan sabīli llāhi* [i. e. sich mit etwas beschäftigen, was vom Wege Gottes abirren lässt]. Ibn ʿAbbās sagt: Der Weg Gottes besteht aus dem Lesen des Korans, dem Gedenken Gottes, weil der Beweis Gottes (*ḥuǧǧatu llāhi*)[54] auf ihm baut (*qāʾimatun ʿalayhi*) aus den Motiven (*bi-d-dawāʿī*), die ihn beunruhigen (*allatī tuzʿiǧuhū*) [und] zur Betrachtung dessen (*ilā n-naẓari*) [treiben], was ihn zum Wissen (*al-ʿilm*) darüber führt, was man machen muss (*bi-l-wāǧibi*

54 Vgl. Hodgson, "Ḥudjdja".

schen diesen gegen jenen ein und wählten ihn bevorzugt ihm gegenüber. Von Qatāda: “sein Kauf” (*ištirā*ʾ*uhū*) ist “sein Angenehm-Finden/ Lieben” (*istiḥbābuhū*), er wählt eitles Gerede gegenüber wahrem Gerede (*ʿalā ḥadīṯi l-ḥaqqi*). *li-yaḍillā/ li-yuḍilla* wird mit u oder a nach dem yāʾ gelesen. “Weg Gottes” (*sabīl Allāh*) meint die Religion des Islams (*dīn al-islām*) oder den Koran. Wenn du sagst: Die Lesart mit ‘u’ ist offensichtlich (*bayyina*) weil an-Naḍr auf den Kauf von *lahw* abzielt, dass er [nämlich] die Leute von der Annahme des Islams und dem Hören der Koranrezitation abhält und sie vom Wege abirren lässt. Was bedeutet dann die Lesart mit ‘a’? Ich sage: Darin liegen zwei Bedeutungen: 1. damit der unvermeidbare und große Schaden (*ʿalā ḍalālihī*) bekräftigt wird, den [*lahw*] dem [Islam verursacht], denn der Enttäuschte (*maḏḫūl*) ist unnachgiebig (*kāna šadīda š-šakīmati*) in seiner Gegnerschaft zur Religion und seinem [Bestreben], die Menschen von ihr zurückzuhalten; 2. yaḍilla nimmt den Platz von *yuḍilla* ein, von daher dass, wer irreführt (*aḍalla*), unvermeidlicherweise der Irreführende (*kāna ḍāllan*) ist. So weist [dies] durch das Nachfolgende (*radīf*) auf das Verfolgte (*mardūf*) *li-yaʿmala*). Er beschäftigt sich also [damit], damit diese Beunruhigung leichter werde. Wer es mit ‘u’ liest, meint damit, dass er jemand anderen abirren lässt.

	hin. Wenn Du fragst, was *bi-ġayri ʿilmin* bedeutet, sage ich: Wenn er ihn dazu bringt, *lahw al-ḥadīṯ* mit dem Koran zu kaufen, so sagt er, er habe ihn ohne zu wissen und ohne ihn anzusehen durch Handel gekauft, wo er die Rechtleitung durch Irrtum und die Wahrheit durch Nichtsnutziges eingetauscht hat, wie das Gotteswort lautet: "Ihr Handel hat keinen Gewinn gemacht, und sie sind nicht rechtgeleitet" (Q 2/16).		
62.11	Bd. 4, S. 524–25: Es wird überliefert, dass die Medinenser an Hunger und einer heftigen Inflation litten. Da bot Diḥya b. Ḫalīfa Handel von Öl aus Šām an, während Muḥammad die Freitagspredigt hielt. Sie liefen zu ihm (Diḥya), weil sie fürchteten, andere könnten ihnen zuvorkommen, so dass nur noch wenige bei Muḥammad blieben, acht, elf, zwölf oder 40. Muḥammad sagte: Bei dem, in dessen Hand Muḥammads Seele liegt, wenn sie alle hinauslaufen, so möge Gott ihnen das Tal in Brand setzen (*law ḫarağū ğamīʿan la-aḍrama llāhu ʿalayhim al-wādiya nāran*). Wenn sich eine Karawane nähert, empfangen sie sie mit **Trommeln und Klatschen**, und das meint	Bd. 10, S. 9–10: Ğābir b. ʿAbdallāh und al-Ḥasan sagen: Es kam eine von Diḥya al-Kalbīs Karawanen mit Lebensmitteln beladen, als es eine Hungersnot in Madīna gab. Nach Ğābir b. ʿAbdallāh und Muğāhid empfingen sie sie mit *lahw*, **Schalmeien** (*mazāmīr*) und **Trommeln** (*ṭubūl*), während sie bei Muḥammad im Gebet waren. Als sie den Klang (*ṣawt*) der Trommeln und Schalmeien hörten, '*infaḍḍū*' (liefen sie dem nach), d. h. sie zerstreuten sich (*tafarraqū*) zur Karawane, um sie zu sehen, und ließen Muḥammad alleine stehen. Da sagte Gott zu Muḥammad: Sag' ihnen, Muḥammad, was bei Gott ist an Lohn für das Hören der Predigt und Anwesenheit bei der Ermahnung	Bd. 2, S. 327: [Vers] Sahl sagt: Wer [auch nur] einen Teil [der Bewohner?] von Erde und Jenseits von seinem Herrn ablenkt, (*man šaġala ʿan rabbihī šayʾa mina d-dunyā wa-l-āḫirati*), erzählt [auf diese Weise] von der Niedrigkeit[55] seiner Seele und Natur (*ʿan ḫissati nafsihī wa-ṭabʿihī*) und seiner Verworfenheit (*wa-naḏālatihī*), weil Gott ihm [zwar] den Weg zu ihm geebnet hat und ihm seine Errettung gewähren [will] (*wa-aḏana lahū munāğātahū*), er sich aber [lieber] mit dem beschäftigt, was von dem [an Lebenszeit auf Erden?] vergeht, was war, und dem, was noch ist (*wa-qad ištaġala bi-mā yafnā ʿammā lam yazal wa-lā yazālu*). [Vers: *qul mā ʿinda llāhi…*] Sahl sagt:

55 In der Edition steht *ḫamsati*, "fünf", statt *ḫissati*, "Niedrigkeit", was ein Druckfehler sein muss. Vgl. at-Tustarī, *Tafsīr al-Qurʾān al-ʿaẓīm*, S. 277.

lahw (*wa-kānū iḏā aqbalat al-ʿīru istaqbalūhā bi-ṭ-ṭabli wa-t-taṣfīqi, wā-huwa l-murādu bi-l-lahwi*).
Von Qatāda: Dies taten sie drei Mal bei Ankunft einer Karawane. Wenn du fragst, wie es verrichtet wird, wenn sich die Menschen während des Freitagsgebets übereinstimmend vom Imām trennen, sage ich: Wenn er alleine bliebe oder mit weniger als Dreien [, ist das Gebet ungültig?]. Und bei Abū Ḥanīfa: Sie sollen das Mittagsgebet von Neuem beginnen, wenn sie sich abwandten, bevor sie sich niedergebeugt (*rukūʿ*) haben. Bei seinen beiden Begleitern: Wenn es größer wird, während sie bei ihm sind, vergeht es in ihnen. Bei Zafr: Wenn sie sich vor dem Glaubensbekenntnis (*tašahhud*) abwenden, ist es ungültig. Wenn Du fragst, wie man *ilayhā* sagt, wo es doch zwei Dinge bezeichnet, sage ich: Die Voraussetzung dafür ist, dass, wenn sie Handel sehen und sich zerstreuen [um] zu ihm [zugehen], oder *lahw* [sehen] und sich zerstreuen [um] zu ihm [zugehen], so wird ein [Wort] von beiden für den erwähnten Hinweis auf es gelöscht. Ebenso ist die Lesart dessen, der liest: *infaḍḍū ilayhi*, und die Lesart dessen, der liest: *lahwan aw tiǧāratan infaḍḍū ilayhā*. Es wird [auch] *ilayhimā* gelesen. Von Muḥammad: Wer die Sure *al-ǧumʿa* [in der Predigt: *mawʿiẓa*] ist besser als *lahw* und der Handel und nimmt einen nützlicheren und löblicheren Ausgang (*anfaʿu wa-aḥmadu ʿāqibatan*). Gott ist der beste derer, die bescheren. Das heißt, es entgeht ihnen (*laysa yafūtuhum*), wenn sie den Verkauf lassen, kein Stück der Wohltat Gottes (*min rizqi llāhi*). Und die Bedeutung ist: Wenn sie Handel oder *lahw* sehen, laufen sie dem (*ilayhā*) nach und lassen dich, d. h. [laufen sie] "ihm" [nach, (*ilayhi*)]. Jedoch sagt man "ihm" [i. e. auf den Handel bezogen] (*ilayhā*), weil er ihnen wichtiger ist, das erwähnt al-Farrāʾ. Man sagt: Die Bedeutung ist: Wenn sie *lahw* und Handel sehen, laufen sie dem (*ilayhā*) nach. Es ist ein einzeln stehendes Personalpronomen zum nächsten der Genannten (*fardu ḍ-ḍamīri ilā aqrabi l-maḏkūri*), weil es ihnen das wichtigste ist. Ebenso liest Ibn Masʿūd in seinem Koranexemplar (*fī muṣḥafihī*)."

Was euch für später im Jenseits bestimmt ist, ist besser als was euch im Diesseits gegeben wird.

	liest, dem wird der Lohn von zehnmal Gutem gegeben um die Zahl derer, die in den Städten der Muslime zum Freitagsgebet kommen und um die Zahl derer, die nicht kommen.		
63.9	Bd. 4, S. 531–32: *lā tulhikum*: “soll euch nicht abspenstig machen” (*lā tušġilkum*). *amwālukum*: “das Verfügungsrecht besitzen” (*at-taṣarruf fihā*), “die Verwaltung von Geldgeschäften” (*as-saʿyu fī tadbīri amrihā*), “gieriges Verlangen, das [Geld] durch Handel und Nutzbarmachung zu vermehren” (*at-tahāluku ʿalā ṭalabi n-nimāʾfīhā bi-t-tiǧārati wa-l-iġtilāli*), “der Wunsch nach Ertrag (*nitāǧ*) und Genuss (*talaḏḏuḏ, istimtāʿ*)”. *wa-lā awlādukum*: “das Vergnügen an ihnen” (*surūrukum bihim*) und “das Mitleid mit ihnen bzw. die Fürsorge für sie” (šafaqatukum ʿalayhim), “ihre Versorgung” (*qiyāmu bī-muʾanihim*) und “die Regelung ihres Lebens (*wa-taswiyatu mā yaṣlaḥuhum min maʿāyišihim*) zu euren Lebzeiten und danach”. Und ihr kennt das Ausmaß des Nutzens von Vermögen und Kindern, nämlich, dass es das Schändlichste und Niedrigste im Vergleich zu (w. neben) dem ist, was bei Gott ist (*wa-qad ʿaraftum qadra manfaʿati l-amwāli wa-awlādi wa-annahū ahwa-*	Bd. 10, S. 13 (Koranvers); S. 15–16 (Kommentar): Das heißt, euer Vermögen soll euch nicht so sehr beschäftigen – “und auch nicht eure Kinder, dass ihr Gottes Gedenken” [vernachlässigt/vergesst usw.]. Man sagt: Das Gedenken, das befohlen wird, ist das Gedenken Gottes mit Lob und Dank und Verherrlichung (*at-taʿẓīm*) seiner hohen Eigenschaften und seiner schönen Namen. Man sagt: Ich habe ihn von einer Angelegenheit abgehalten (*alhaytuhū ʿani l-amri*), wenn ich ihn davon ferngehalten (*ṣaraftuhū*) habe, was ihm dadurch verwehrt wurde (*bi-mā yumnaʿuhū*). Imruʾ al-Qays sagt: Wie zu dir, Schwangere (*ḥublā*), kam ich des Nachts zu einer Amme (*murḍiʿin*) – da lenkte ich sie ab (*fa-alhaytuhā*) von dem listigen Amulett-Träger (*ʿan ḏī tamāʾima muḥwili*). Man sagt: das Gedenken Gottes sind alle Pflichten (*ǧamīʿu farāʾiḍihī*).	Bd. 2, S. 329: Sahl sagt: Lass euch nicht ablenken durch euer Vermögen und eure Kinder von der Ausübung der Pflichten (*ʿan adāʾi l-farāʾiḍi*) am Anfang der Zeit (*fī awwali mawāqītihā*). Denn wer sich vom Gedenken Gottes ablenken lässt und von dem Dienst an ihm (*ʿan ḏikri llāhi wa-ḫidmatihī*), handelt weltlich (*ʿaraḍa mina l-ʿurūḍi d-dunyā*) und ist einer von den Irregehenden (*mina l-ḫāsirīna*).

nu šay'in wa-adwanuhū fī ǧanbi mā ʿinda llāhi). "Vom Gedenken Gottes" (*ʿan ḏikri llāhi*): "ihm den Vorzug vor ihnen [dem Vermögen und den Kindern] geben" (*wa-iṯāruhū ʿalayhā*). "und wer dies tut" (*wa-man yafʿalu ḏālika*): "wer sich mit der Welt anstatt der Religion beschäftigen will". "jene sind die Heuchler" (*fa-ūlāʾika humu l-ḫāsirūna*): "in ihrem Handel, wo sie das gewaltige ewige Leben für nichtige Vergänglichkeit verkaufen" (*al-ʿaẓīma l-bāqiya bi-l-ḥaqīri l-fāniyi*). Man sagt: Gottesgedenken sind die fünf Gebete. Von al-Ḥasan: Alle Pflichten, als ob er sagte: Gehorsam Gott gegenüber. Man sagt: der Koran. Von al-Kalbī: der Kampf (*al-ǧihād*) mit Muḥammad.

Analyse der Aussagen über l-h-w

Q 6/70 stellt die Verbindung zwischen *lahw* und Spiel her und sagt dem Gläubigen, was er mit jenen tun soll, die die Religion mit beiden gleichsetzt. Aṭ-Ṭabarī beginnt mit eine *ḥadīṯ qudsī*, der den Koranvers mit anderen Worten wiedergibt. Darin wird "Religion" mit "Gehorsam" gegenüber Gott und "Spiel" mit der Spezifikation "mit diesen Versen" ergänzt. Außerdem wird zu *lahw* der "Spott" über die Koranverse gesetzt und ein Synonym zu *ḏar*, "lass" (Imperativ von *waḏara*, Perf. ungebräuchlich), nämlich *aʿriḍ*, "wende dich ab", gegeben. Nach diesen Worterklärungen folgt eine Erläuterung der Konsequenzen für diejenigen, die sich solcherart von Gott abgewendet haben (Gottes Auflauern, Rache, Strafe), wobei zu den bisherigen Ausführungen zu *lahw* und "Spiel" noch "Schmuck des diesseitigen Lebens" tritt. Im Anschluss zitiert aṭ-Ṭabarī die Korankommentatoren Muǧāhid b.

Ǧabr al-Makkī[56] (gest. zwischen 100/718 und 104/722) und Qatāda b. Diʿāma[57] (gest. ca. 117/735), wobei ersterer (und einige andere) Q 71/11 als weiteren Beleg für den Imperativ *ḏar* im Sinne von "lassen" anführt und letzterer die Implikation "töten" und "bekämpfen" aus Q 9/5 ergänzt und somit diejenigen, die *lahw* und Spiel mit der Religion betreiben, mit Polytheisten gleichsetzt.

Auch Abū Bakr ar-Rāzī erklärt zunächst die Bedeutung von *ḏar* durch das Synonym *aʿriḍ*. Im Anschluss präzisiert er, dass mit dem "Abwenden" zwar ein Abbruch des freundlichen Umgangs verbunden ist, gleichzeitig weiterhin vor den Folgen für das Jenseits gewarnt werden soll. Die Brücke zu Q 9/5 wird also nicht geschlagen. Es folgt eine systematische Exegese des Verses nach Eigenschaften derjenigen, von denen man sich abwenden soll. Diese sind grundlegend zwei und besteht darin, die Religion für *lahw* und Spiel zu halten sowie vom Diesseits getäuscht zu sein. Die erste Eigenschaft wird in fünf Gesichtspunkte geteilt, wobei im ersten die Religion verspottet, im zweiten die Verehrung von Statuen als Religion betrachtet wird. Im dritten Punkt sind es Ungläubige (*kuffār*), die lieber Seen und fließende Gewässer für heilig erklären wollen und sich auf überkommene Tradition (*taqlīd*) stützen. Der vierte Punkt führt den Exegeten ʿAbdallāh b. ʿAbbās[58] (gest. ca. 68/687–8) an, der überliefert, nur die Muslime wüssten an den religiösen Festen Gott zu preisen, alle anderen Buch besitzenden Religionen und die Beigeseller nähmen ihr Fest nur als Spiel und Kurzweil. Schließlich setzt ein letzter Punkt darauf, dass die Gläubigen ihre Religion für Recht (*ḥaqq*), Aufrichtigkeit (*ṣidq*) und das Verstandesmäßige (*ṣawāb*) hielten und sie daher uneigennützig unterstützten. Wer sich dagegen Vorteile aus der Religion erhoffe, handele für das Diesseits, das mit Spiel und *lahw* gleichgesetzt werde. Mit diesem Punkt verbindet ar-Rāzī auch die Täuschung durch das Diesseits und die Konzentration auf die "Verschönerung der [irdischen] Phänomene" (*tazyīn aẓ-ẓawāhir*). Am Ende präzisiert er noch einmal die Bedeutung von *ḏar* im Sinne von "keines Blickes würdigen, sich nicht kümmern".

Az-Zamaḫšarī beginnt seine Auslegung mit der Deutung von Spiel und *lahw* als eine Religion, die nach Verehrung von Statuen, Seen, fließenden Gewässern und nach dem Folgen der Leidenschaft der Seele (*nafs*) sowie dem lustvollen Handeln verlangt. Eine zweite Deutung bezieht sich auf

56 Rippin, "Mud̲jāhid b. D̲jabr al-Makkī".
57 Pellat, "Ḳatāda b. Diʿāma".
58 Gilliot, "ʿAbdallāh b. ʿAbbās".

den Islam als Religion, die verspottet wird. Auch az-Zamaḫšarī nimmt wie ar-Rāzī die Deutung von Ibn ʿAbbās wörtlich auf, allerdings ohne ihn zu nennen, und spricht von dem Fest, das nur Muslime auf die richtige Weise, nämlich mit Gottes Lobpreis, zu feiern wüssten. Am Ende gibt az-Zamaḫšarī das bekannte Synonym zu *ḏarhum*: *aʿriḍ ʿanhum*., zitiert dann denselben Ratschlag wie ar-Rāzī ("kümmere dich nicht darum, dass sie der Lüge beschuldigen und spotten!") und setzt noch hinterher: "Und beschäftige dein Herz nicht mit ihnen!"

Wie in einem arabischen Lexikoneintrag gibt aṭ-Ṭūsī in seiner Auslegung zunächst das Verb *ḏarra, yaḏurru* in den Grundformen Perfekt und Imperfekt mit dem Synonym *wadaʿa, yadaʿu*, "lassen, verlassen". Danach erklärt er diejenigen, die die Religion als Spiel und *lahw* sehen, zu Ungläubigen (*kuffār*). Ihr Verhalten wird als unnütze bezeichnet. Gottes Weigerung, die Entschuldigung dieser Ungläubigen nicht anzunehmen, wird mit Verweis auf den Verstand zurückgewiesen. Denn sie verstünden ja den Vers und gingen dennoch "den Weg des Spiels".

Anders geht as-Sulamī vor: Ohne direkt auf einzelne Worte des Koranverses einzugehen, zitiert er seinen Vater al-Ḥusayn. Durch Verwendung der ersten Person Plural scheint sich das Zitat auf die Sufis zu beziehen. Diese beachteten diejenigen nicht, die sich von den Lumpen der Sufis ablenken ließen und das diesseitige Leben liebten. Denn das wahre Leben finde man nur im Tod. Diese Sichtweise geht noch einen Schritt weiter als die bisherigen Auslegungen, in denen das Jenseits ebenfalls dem Diesseits vorzuziehen sei. Die Vertauschung von Tod im Leben und Leben im Tod geht jedoch auf sufische Lehren zurück.[59]

Q 31/6 beschäftigt sich mit "leichter Unterhaltung" bzw. "leichtfertigem Gerede" (*lahw al-ḥadīṯ*), das ohne Wissen eingekauft würde. Wer derart über Gott spotte, werde bestraft. Aṭ-Ṭabarīs Ausführungen hierzu sind sehr lang und gespickt mit Aussagen von Exegeten und *aḥādīṯ*. Zunächst konstatiert er, dass sich die Exegeten uneins über die Bedeutung dieses Verses seien, bevor er erklärt, was Kauf bedeutet (Kauf zu einem Preis) und dazu ein Propheten-*ḥadīṯ* anführt. Dieser präzisiert, Kauf bedeute Kauf und Verkauf von Sängerinnen (*muġanniyāt*), wobei auch ihre Preise und der dadurch erzielte Gewinn kritisiert werden. Dies ist der erste konkrete Hinweis auf einen Zusammenhang zwischen *lahw* und Musik. ʿUbayd b. Ādam b. Abī

59 Vgl. dazu z. B. Andrew Wilcox, "The Dual Mystical Concepts of Fanā' and Baqā' in Early Sūfism", https://www.jstor.org/stable/23077002; Lange und Knysh, "Introduction", S. 7; Lange, "Paradise in Sufi Thought", S. 131.

Iyās al-ʿAsqalānī soll nach Abū Umāma al-Bāhilī von Muḥammad als zusätzliche Bedeutung "die Ausbildung von Sängerinnen" (*taʿlīm al-muġanniyāt*) überliefert haben. Nach anderen Autoritäten soll "Kauf" bedeuten, dass man unnützes Gerede wähle, weil man es als angenehm empfinde. Dem Gerede über Nichtsnutziges wird das Sprechen über die Wahrheit gegenübergestellt, das erste schade, das zweite nütze, werde aber zugunsten des ersteren vernachlässigt. Wieder andere setzten *ḥadīṯ* mit "Gesang" gleich, wonach – eingeleitet durch *ḏikru man qāla ḏālika* – mehrere Überliefererketten folgen, die diese Bedeutung oder auch ähnliche bezeugen: "Kauf einer Sängerin", "Gesang und alles leichtfertige Spiel" (*al-ġināʾu wa-kullu luʿbi lahwin*) und sogar "der Sänger und die Sängerin, die für viel Geld singen, oder wenn man ihnen zuhört oder anderem Nichtsnutzigem". Auch für die Bedeutung "Trommeln" werden weitere Meinungen angeführt, ebenso für "Polytheismus" (*širk*), und für diejenigen, die solches tun und deshalb als "Ungläubige" (*ahl al-kufr*) bezeichnet werden. Nach der Vorstellung dieser verschiedenen Kommentare formuliert aṭ-Ṭabarī seine eigene Deutung, nach der alles Gerede gemeint sei, was von Gottes Weg ablenke. Da im Koran keine Spezifizierung folge, müsse diese außerhalb des Korans gesucht werden. "Gesang" und "Polytheismus" seien solche Spezifizierungen. Desweiteren präzisiert aṭ-Ṭabarī den "Weg Gottes" als "Religion Gottes", "Gehorsam", "das Lesen/Rezitieren des Korans" und das "Gedenken Gottes". Auch hierfür werden stützende Kommentare anderer Exegeten angeführt, die durch *ḏikru man qāla ḏālika* eingeleitet werden. Die weitere Auslegung bezieht sich auf grammatische Fragen, die aus einer Lesevarianz des Verses resultieren. Nach Erörterung der beiden Lesarten nach den Rezitatoren von Madīna, Baṣra und einigen Kufiern gegenüber denen der meisten Kufier, meint aṭ-Ṭabarī diplomatisch, dass beide Lesarten nahe beieinander lägen und beide zuträfen. Gleiches meint er zu der Frage, auf was sich das Possessivsuffix *-hā* beziehe, nachdem er die verschiedenen Möglichkeiten (auf den Weg Gottes oder die Verse des Korans) erörtert hat. Zuletzt wird die Strafe derjenigen, die solches tun, näher als eine "demütigende und beschämende Strafe im Höllenfeuer" bestimmt.

Ar-Rāzī beginnt seinen Kommentar zu diesem Vers mit einer Prämisse: Da der Koran ein weises Buch mit weisen Versen sei, sei es klar, dass Ungläubige (*kuffār*) sich nicht mit ihm befassten und sich lieber mit etwas anderem beschäftigten. Ihr schlechtes Handeln wird dann unter drei Gesichtspunkten gesehen: 1. Tausch der Weisheit gegen hässliches Gerede, 2. nutzlose Gespräche nur zum Zeitvertreib, 3. scherzhafte Rede. Es folgt ein *ḥadīṯ* von Ibn ʿAbbas, wonach Muḥammad "Die Herzen wechseln von

Stunde zu Stunde" gesagt haben soll. Nach kurzem Beleg für den Akkusativ von "Stunde zu Stunde" unterscheidet ar-Rāzī das Verständnis der Allgemeinheit, dass erlaubt sei, "was das Leben angenehmer macht", vom Verständnis der Spezialisten, die es als Vorschrift ansähen, "in Richtung Wahrheit zu schauen". Der "Weg Gottes" wird nicht näher bestimmt, dafür jedoch das "Abbringen" davon als "ihre Tat, die zur Hässlichkeit führt". Auch *bi-ġayri ʿilmin* wird nur kurz erklärt als "jemand kauft, ohne zu wissen". Auf die Strafe jedoch geht ar-Rāzī ausführlicher ein. Er erklärt, dass *muhīn* ein ewiger Zustand sei und gibt das Beispiel eines Sklaven, der nach einer Strafe wieder in den Dienst zurückkehre; ein Ungläubiger (*kāfir*) werde im Gegensatz zu einem Gläubigen (*muʾmin*) ewig bestraft (*muhīn*).

Viele der Bedeutungen, die aṭ-Ṭabarī gibt, finden sich auch bei az-Zamaḫšarī. Hierbei lässt dieser die *asānīd* grundsätzlich weg. So zählt er die folgenden Bedeutungen für *lahw al-ḥadīṯ* auf: "unwahres [Gerede] (*bāṭil*), das vom Guten abhält", "Unterhaltungen (*samr*) über Legenden (*asāṭīr*) und Berichte (*aḥādīṯ*)", "Gespräche (*taḥaddut*) über Aberglaube und Märchen (*ḫurāfāt*), Witze und übertriebenes Gerede (*fuḍūl al-kalām*) und was nicht nötig ist, wie z. B. Gesang (*ġināʾ*) und das Studium eines Musikers". Es folgt ein Bericht über an-Naḍr b. al-Ḥāriṯ, der "mit Persien Handel trieb". Was hier von den Koranlesungen ablenkt, sind die Geschichten, die an-Naḍr aus Persien mitgebracht hat und zum besten gibt. Nach einem anderen Bericht habe er Sängerinnen besessen, die für alle neu zum Islam Übergetretenen gesungen hätten, während an-Naḍr meinte, dies sei besser, als zu beten, zu fasten und zu kämpfen. Das Propheten-*ḥadīṯ* zum Verbot von Kauf und Verkauf von Sängerinnen, Handel mit ihnen zu treiben und Preise für sie zu nennen findet sich ebenfalls bei az-Zamaḫšarī. In der Fußnote des Herausgebers ist der Verweis darauf zu lesen, das *ḥadīṯ* sei *ḍaʿīf*, also schwach,[60] was für unsere Schlussfolgerungen zu berücksichtigen sein wird. Ein weiteres, bisher unbenanntes Propheten-*ḥadīṯ*, das az-Zamaḫšarī anführt, hat ebenfalls Musikbezug. Danach werde jeder Sänger so lange von zwei Teufeln malträtiert, bis er zu singen aufhöre. Auch verbrauche Gesang, vermutlich von Sängersklavinnen, das Vermögen, erzürne Gott und schade dem Herzen. Nach diesen inhaltlichen Deutungen mithilfe von *aḥādīṯ* folgen Ausführungen zur Grammatik und Lexik. Insbesondere die Genitivverbindung *lahw al-ḥadīṯ* wird als *tabyīn* erklärt und inhaltlich durch ein *ḥadīṯ* über Gespräche in der Moschee gestützt, aber auch die Bedeutung von "kaufen" wird durch den wörtlichen ("Kauf von Bücher, Sänge-

60 Az-Zamaḫšarī, *al-Kaššāf*, Bd. 3, S. 475, Anm. 2.

rinnen") und den übertragenen Sinn (Tausch von Glauben gegen Unglauben) sowie durch Synonyme ("Angenehm-Finden", "wählen") erklärt. Auch die Lesarten, die aṭ-Ṭabarī besprach, kommen hier zum Tragen. Doch geht az-Zamaḫšarī noch systematischer vor. Er meint, die Lesart mit "u" sei klar, da "an-Naḍr auf den Kauf von *lahw* abzielt", wobei *lahw* von der "Annahme des Islams" und "dem Hören der Koranrezitation" abhalte. In der Lesart mit "a" lägen zwei Bedeutungen: 1. den Schaden für den Islam zu verdeutlichen, der von einem "Gegner des Islams" resultiert, der andere Menschen von der Annahme des Islams abhalte, und 2. dass *yaḍilla* den Platz von *yuḍilla* einnehme, wer "irreführt" (*aḍalla*) also der "Irreführende" (*ḍāll*) ist. Die Lesart mit "a" bringt hierbei nicht wirklich neue inhaltliche Aspekte, sondern gründet die Wortbedeutungen auf grammatische und lexikalische Überlegungen. Abschließend wird *bi-ġayri ʿilmin* damit in Verbindung gebracht, dass jemand (an-Naḍr?) einen dazu gebracht habe, den Koran, Wahrheit, Rechtleitung mit *lahw al-ḥadīṯ*, Irrtum, Nichtsnutzigem einzutauschen, ohne dass er es wisse und ohne dass er den *lahw* zuvor angesehen habe, wozu noch der Koranvers Q 2/16 zititert wird.

Die schon bekannte Unterscheidung der Lesarten führt aṭ-Ṭūsī gleich zu Beginn seines Kommentars zu Q 31/6 an, sowohl für "nehmen" als auch für "abirren (lassen)". Dabei zeigt er die grammatischen Bezüge auf: die Bindung an *li-yuḍilla* (nämlich *wa-yattaḫiḏahā*) oder an *yaštarī* (nämlich *wa-yattaḫiḏuhā*) und die beiden Bedeutungen von *li-yuḍilla*, "um andere abzulenken", und *li-yaḍilla*, "um sich selbst zu verirren/abzuirren". Zudem wird *man*, "wer" näher bestimmt. Es handele sich hierbei um die Gesamtheit der Menschen, die leichtfertiges Gerede eintauschten. Erst danach kommen zwei Erklärungen zur Bedeutung von *lahw al-ḥadīṯ*, 1. der Kauf eines Buches mit leichtfertigem Gerede, 2. der Kauf von leichtfertigem Gerede gegen Neuigkeiten (*ḥadīṯ*); sowie folgende Definition: "*Lahw* ist, wenn man anfängt, für etwas anderes Mühe aufzuwenden als die Wahrheit." An dieser Stelle wird wieder eine Grammatikeinheit eingeschoben, nämlich Perfekt, Imperfekt und Partizip Präsenz von *lahā*, Perfekt und Verbalsubstantiv von *talahhā* (V. Stamm) und *alhā* (IV. Stamm), sowie die Synonyme *laʿib*, "Spiel", und *hazl*, "Spaß, Scherz" zu *lahw*. *ḥadīṯ* bedeute hierbei "eine Nachricht (*ḫabar*) über die Geschehnisse der Zeit (*ʿan ḥawādiṯi z-zamāni*). Aṭ-Ṭūsī führt weitere Bedeutungen von *lahw al-ḥadīṯ* nach verschiedenen Autoritäten an, ohne die *asānīd* zu erwähnen: nach Ibn ʿAbbās, Ibn Masʿūd und Muǧāhid: Gesang; anonym: Kauf von Sängerinnen; nach Abū Amāmā von Muḥammad: Das ist verboten; nach Qatāda: Gerede über Nichtsnutziges; anonym: "Alles Gerede, was vom Wege Gottes abhält, von dem, was er befahl zu befolgen, bis zu dem, was er verbot, ist *lahw al-ḥadīṯ*." Genau wie aṭ-Ṭabarī nennt Ṭūsī den Grund für die *āya*, also den *sabab an-nuzūl*. Doch aṭ-Ṭabarī nennt nach Wakīʿ von Abū Umāma von Muḥammad "Sängerinnen" als Grund, aṭ-Ṭūsī jedoch – ohne *isnād* – an-Naḍr b. al-Ḥāriṯ und seine Bücher mit persischen Geschichten, der die Muslime mit ihrer Hilfe vom Hören der Koranrezitation abgehalten habe. Anschließend präzisiert aṭ-Ṭūsī noch einmal, dass es darum geht, "sich mit etwas zu beschäftigen, was vom Wege Gottes abirren lässt", um danach den "Weg Gottes" als Lesen des Korans und Gedenken Gottes zu erklären. Die Begründung hierfür lautet:

> "weil der Beweis Gottes (*ḥuǧǧatu llāhi*) auf ihm baut (*qāʾimatun ʿalayhi*) aus den Motiven (*bi-d-dawāʿī*), die ihn beunruhigen (*allatī tuzʿiǧuhū*) [und] zur Betrachtung dessen (*ilā n-naẓari*) [treiben], was ihn zum Wissen (*al-ʿilm*) darüber führt, was man machen muss (*bi-l-wāǧibi li-yaʿmala*). Er beschäftigt sich also [damit], damit diese Beunruhigung leichter werde." (aṭ-Ṭūsī, *at-Tibyān fī tafsīr al-Qurʾān*, Bd. 8, S. 271)

Mit *ḥuǧǧat Allāh* ist in erster Linie Muḥammad, in zweiter Linie der *Imām* gemeint.[61] Denn dieser vertritt ihn. Der *imām* stützt sich also auf den Koran und kommentiert ihn, um herauszufinden, was vorgeschrieben ist. Für die Auslegung des Verses haben diese Aussagen nur insofern Bedeutung, als sie einen Hinweis darauf geben, dass wir es hier mit einem schiitischen Korankommentar zu tun haben. Inhaltlich betont er nur die Bedeutung des *imāms* für das "Gedenken Gottes". Allerdings ist nicht gesagt, dass es ausreiche, wenn nur der *imām* den Koran liest und Gottes gedenkt. Am Ende erwähnt aṭ-Ṭūsī noch die Lesart mit "u", die "abirren lassen" bedeute.

As-Sulamīs sufische Auslegung scheint gänzlich auf die Quellen der anderen hier genannten Exegesewerke zu verzichten. *lahw al-ḥadīṯ* wird mit "viel Disput über Religion und Beteiligung an eitlem Gerede" erklärt. Anders lautet die Deutung nach Abū ʿUṯmān: "jedes Wort außer dem Buch Gottes", "die Sunna" und die "beiden *ḥadīṯ*-Sammlungen". Nach Ḥamdūn handele es sich jedoch um "Worte ohne Bedeutung". Nach wiederum "anderen" soll es sich bei *lahw* um bedeutungsloses Geschwätz, egal ob über Wahrheit oder Lüge handeln, wozu einen die Triebseele (*nafs*) anstachele.

Q 62/11 scheint sich auf eine konkrete Begebenheit zu beziehen, als die Leute lieber zum Handel liefen als Muḥammads Freitagspredigt zu hören. So erklärt aṭ-Ṭabarī zwar zunächst den Vers, indem er ihn in ande-

---

61 Hodgson, "Ḥudjdja".

ren Worten und mit Zitaten aus dem Vers wiedergibt. Doch danach konkretisiert er sofort, dass es um Handel mit Öl gegangen sei und ein ganz bestimmter Händler die Aufmerksamkeit der Leute auf sich zog: Diḥya b. Ḫalīfa al-Kalbī, ein Prophetengefährte, der Handel mit aš-Šām trieb.[62] Dies wird durch zwei Überliefererketten und den inhaltlich identischen Berichten gestützt und als *sabab an-nuzūl* angegeben. Ibn ʿAbd nach al-Ḥasan fügt hinzu, dass die Medinenser Hungers litten und es eine hohe Inflation gegeben habe. Ein weiterer Bericht von Abū Ḥasīn nach Ǧābir b. ʿAbdallāh bringt einen neuen Aspekt: Es seien alle Männer gegangen bis auf zwölf.[63] Neben weiteren Berichten, die mehr oder weniger das gleiche tradieren, präzisiert Bašar nach Qatāda, dass die zurückbleibende Gruppe aus zwölf Männern und einer Frau[64] bestanden habe, und dass sich die Geschehnisse an drei aufeinander folgenden Freitagen zugetragen hätten. Muḥammad habe mit einem Fluch gedroht, nach dem das Wādī in Flammen aufgehen möge, damit ihn nicht noch mehr verließen, woraufhin der Vers herabgesandt worden sei. Eine ganz andere Geschichte wird ebenfalls zur Deutung des Verses herangezogen. Ein Bericht nach Ǧābir b. ʿAbdallāh deutet *lahw* als "Trommeln (*kabar*) und Schlameien (*mazāmīr*)", andere nur als Trommeln. Ǧābir meint hierzu, dass bei Zuführung von Sklavinnen diese Instrumente auf den Straßen gespielt würden und die Leute davon abhielten, Muḥammad zuzuhören. Diesem Bericht stimmt aṭ-Ṭabarī zu, "weil er [i. e. al-Ǧābir] die Sache der Leute und, was sie erlebten, verstanden hat."

Mit einem Bericht von Muqātil beginnt ar-Rāzī seine Deutung von Q 62/11. Dieser überliefert die schon bekannte Geschichte von Diḥya, die sich nun aber vor dessen Annahme des Islams abgespielt haben soll. Er habe verschiedene Handelswaren mit sich geführt, nicht nur Öl, und er sei mit "Trommeln und Klatschen" empfangen worden. Die Anzahl der bei Muḥammads Freitagspredigt Verbliebenen wird mit "nur zwölf oder weniger, z. B. acht, oder mehr, z. B. 40, Männer[n]"[65] angegeben, woraufhin Muḥammad damit gedroht haben solle, die Steinigung als Strafe auszusprechen, wenn noch weniger geblieben wären. Hier scheint sich eine rechtliche Frage nach der Gültigkeit eines Freitagsgebets anzudeuten. Interessant

62 Lammens und Pellat, "Diḥya".

63 Hier ist die Parallele zu den zwölf Aposteln auffällig. Vgl. auch Schimmel, *The Mystery of Numbers*, S. 192–202.

64 Dieser Aspekt taucht nur hier auf und ist besonders auffällig, da hier explizit außerhalb des symbolischen Kreises von zwölf Männern eine einzelne Frau hinzutritt. Vgl. auch Schimmel, *The Mystery of Numbers*, S. 203–8.

65 Zu der symbolischen Bedeutung der verschiedenen Zahlen vgl. z. B. Schimmel, *The Mystery of Numbers*.

ist, dass ar-Rāzī Muqātil zitiert, dem Erfindungsreichtum und Unzuverlässigkeit bei der Überlieferung nachgesagt wird, so dass aṭ-Ṭabarī ihn z. B. gar nicht heranziehe.[66] Vermutlich liegt dies daran, dass Muqātil in seiner Auslegung den Koran "mit den Überlieferungen der Juden und Christen in Einklang zu bringen suchte".[67] Ein weiteres Detail bei Muqātil bezieht sich auf die Anwesenheit Abū Bakrs und ʿUmars bei denen, die bei Muḥammad geblieben sein sollen, das wohl auf deren besondere Treue und/ oder Frömmigkeit hinweisen soll. Bei al-Ḥasan ist wieder die Rede von der Hungersnot und Preisteuerung in Madīna mit der Ausschmückung "und ihm kamen die Tränen", was dem Ganzen noch mehr Dramatik verleiht. Hier wird die Ankunft Diḥyas auch mit Trommeln und Klatschen begleitet, und als einige Muḥammad verlassen, droht dieser mit dem in Flammen aufgehenden Wādī. Ar-Rāzī zitiert Qatāda mit den Worten "Sie machten dies dreimal." Ohne Quellenangabe schreibt ar-Rāzī auch von der Verehelichung von Sklavinnen, zu der Schalmeien gespielt worden seien, was die Leute davon abhielt, Muḥammads Predigt zu hören. Nun wird die Wortbedeutung von *anfaḍū ilayhā* als *tafarraqū* erklärt und al-Mubarrad[68] als Autorität für "sich zuwenden" und az-Zaǧǧāǧ[69] für die grammatikalische Frage, warum es *ilayhā* heißt, angeführt. Auch der Zustand (*ḥāl*) Muḥammads bei der Predigt, nämlich "stehend" (*qāʾiman*), wird interpretiert. Einerseits wird er in den Zusammenhang der Freitagspredigt gestellt, andererseits wird dies als gewöhnliche Position Muḥammads während der Predigt beschrieben. Als Nächstes nennt ar-Rāzī die Bedeutung des Halbsatzes *qul mā ʿinda llāhi ḫayrun* als "Belohnung für das Gebet" und "Gewissheit beim Propheten". Beides sei besser als *lahw*, was nicht von Dauer sei, und als Diḥyas Handel. Auch der sogenannte schöne Name Gottes *ḫayru r-rāziqīna* wird erklärt, und zwar zunächst inhaltlich in Superlativen als mächtigster Nahrungsspender, dann semantisch als Attribut Gottes und nur im Ausnahmefall als metaphorischer Begriff (*bi-ṭarīqi l-maǧāzi*). Abschließend und zusammenfassend nennt ar-Rāzī drei "Untersuchungspunkte" (*mabāḥiṯ*) zu diesem Vers. Der erste bezieht sich darauf, wie man Handel und *lahw* "sehen" kann. Hier verweist ar-Rāzī darauf, dass man ja auch Gottes Wort nicht "hören" kann, sondern dass man indirekt darauf schließen müsse. Der zweite Punkt bezieht sich auf das Personalsuffix *-hā* in *infaḍḍū ilayhā*. Eigentlich müsste es sich ja

66 Vgl. Plessner und Rippin, "Muḳātil b. Sulaymān".
67 Brockelmann, *Geschichte der arabischen Litteratur*, S I, S. 332.
68 Vgl. Brockelmann, *Geschichte der arabischen Litteratur*, G I, S. 108–109; S I, S. 168–169.
69 Vgl. Versteegh, "al-Za<u>dj</u>dj<u>ā</u>dj".

um einen Dual handeln, da zwei Dinge, *tiǧāra* und *lahw*, die Bezugswörter sind. Ar-Rāzī zitiert az-Zamaḫšarī in seiner Erklärung, dass zwei Sätze zu einem verkürzt wurden und daher nur das Personalsuffix für das feminine *tiǧāra* erhalten geblieben sei. Der dritte Punkt fragt sich, da sich das Attribut Gottes *ḫayru r-rāziqīna* nur auf den Handel beziehe, wie *lahw* in den Zusammenhang passen könne. Hier rekurriert er auf den genannten zweiten Punkt, beide würden zusammen genannt, weil die "Freude über das Erscheinen von Handel" so sichtbarer würde.

Wie nach ar-Rāzīs Zitat nicht anders zu erwarten, bezieht sich auch az-Zamaḫšarī auf die schon bekannte Episode von Diḥya, der während einer Hungersnot und einer Inflation in Madīna wieder Öl anbietet, während Muḥammad die Freitagspredigt hält. Bei Muḥammad blieben nach az-Zamaḫšarī "acht, elf, zwölf oder 40" Leute, und der Fluch Muḥammads, das Tal möge in Flammen aufgehen, wird unter der Bedingung ausgerufen, "wenn sie alle hinauslaufen". Zunächst wird *lahw* als Trommeln und Klatschen über die Freude der Ankunft der Karawane erklärt und das dreimalige Vorkommen des Ereignisses nach Qatāda referiert, bevor sich az-Zamaḫšarī der Frage der Gültigkeit des Freitagsgebets widmet. Er ist der Meinung, es werde ungültig, wenn Muḥammad "alleine bliebe oder mit weniger als Dreien". Nach Abū Ḥanīfa dagegen spielt nicht die Zahl der Anwesenden, sondern der Zeitpunkt der Abkehr vom Gebet eine Rolle für die Ungültigkeit (vor dem Niederbeugen, *rukūʿ*, nach Zafr vor dem Glaubensbekenntnis, *šahāda*). Im Anschluss daran wird die Frage des Personalsuffixes *-hā* erörtert, die wir schon bei ar-Rāzī kennengelernt haben. Az-Zamaḫšarī behauptet, dass sowohl *ilayhi* und *ilayhā* als auch *ilayhima* gelesen werde. Am Ende zitiert er ein Propheten-*ḥadīṯ*, nach dem der Lohn für das Lesen der Sure *al-ǧumʿa* davon abhänge, wie viele Muslime zum Freitagsgebet kämen.

Wie aṭ-Ṭabarī und ar-Rāzī zitiert auch aṭ-Ṭūsī al-Ḥasan und wie aṭ-Ṭabarī auch Ǧābir b. ʿAbdallāh über eine von Diḥyas Handelskarawanen mit Lebensmitteln, die nach Madīna kam, als dort eine Hungersnot herrschte. Nach Ǧābir und Muǧāhid soll den Empfang "mit lahw, Schalmeien und Trommeln" stattgefunden haben. Nun erklärt aṭ-Ṭūsī den Vers, indem er durch Hinzufügungen und Umschreibungen den Sinn verdeutlicht. Abschließend geht auch er auf das Personalsuffix *-hā* ein und führt al-Farrāʾ und Ibn Masʿūd als Autoritäten dafür an, dass es sich nur auf *tiǧāra* beziehe, weil der Handel wichtiger für die Leute sei als *lahw*.

As-Sulamī zitiert in seiner Auslegung zweimal Sahl, der die Leute, um die es im Vers geht, als diejenigen interpretiert, die von "seinem Herrn, von der Erde und dem Jenseits" ablenkten, und sei es nur ein wenig, die somit ihr schlechtes Wesen offenlegten und sich mit Vergänglichem beschäftigen, obwohl Gott ihnen Errettung und Wegweisung gewährte. Zur zweiten Hälfte des Verses (*qul mā ʿinda llāhi…*) sagt Sahl, dass es den Menschen im Jenseits besser ergehen werde als im Diesseits.

Aṭ-Ṭabarī gibt den ersten Vers von Q 63/9 mit erklärenden Ergänzungen wieder. Es folgt ein Beispielsatz für "ablenken" mit entsprechender Valenz (*alhaytuhū ʿan*) sowie Perfekt, Imperfekt und Verbalsubstantiv davon. Für *alhaytuhā*, "ich lenkte sie ab" gibt aṭ-Ṭabarī einen Belegvers des berühmten Imruʾ al-Qays, der damit prahlt, eine Amme verführt zu haben, obwohl das Kind ("der listige Amulett-Träger") nach Aufmerksamkeit verlangte. Ohne Überleitung konstatiert aṭ-Ṭabarī, dass mit dem "Gedenken Gottes" die fünf Gebete gemeint seien, und liefert weitere Belege nach "Erwähnung derer, die jenes sagen". Abschließend erläutert er, wer sich von Vermögen und Kindern ablenken lasse, sei um sein Glück und Gottes Barmherzigkeit betrogen und gehöre zu denen, "die in die Irre gehen" (*al-ḫāsirūna*).

Ar-Rāzī gibt gleich zu Beginn seiner Auslegung von Q 63/9 ein Synonym für "ablenken" und bezeichnet die Tätigkeit als diejenige der *munāfiqūn*, "Heuchler", was auch der Name der Sure 63 ist. Diesen Gedanken nimmt ar-Rāzī zum Anlass, die Adressaten des Verses zu erwägen: Es seien entweder die Heuchler oder die Gläubigen. Das "Gedenken Gottes" seien die Pflichten (*farāʾiḍ*) oder der Gehorsam gegenüber Gott; nach aḍ-Ḍaḥḥāk seien es die fünf Gebete, die auch schon aṭ-Ṭabarī nannte. Zuletzt scheint sich ar-Rāzī doch dafür zu entscheiden, dass die Heuchler die Adressaten sind. Er zitiert hierzu Muqātil, der die Heuchler als Gläubige beschreibt, die sich durch Geld und Nachwuchs ablenken ließen, sich als ehrenhaft ausgäben, aber im Grunde erbärmlich seien. Der Gegenstand der Verleugnung, in der die Heuchler verharren, wird in einem *ḥadīṯ* von Muḥammad erwähnt: Die Einheit Gottes (*tawḥīd*) und die Auferweckung (*baʿṯ*). Nach al-Kalbī sei es vielmehr *ǧihād* und nach anderen auch der Koran.

In der Auslegung zu Q 63/9 beginnt az-Zamaḫšarī mit Worterklärungen durch Synonyme und Beschreibungen zu *lā tulhikum*, "soll euch nicht abspenstig machen" (*lā tušġilkum*), zu *amwāl* (Verfügungsrecht besitzen, Verwaltung von Geldgeschäften, Verlangen nach Ertrag aus Handel und nach Genuss) sowie zu *awlād* (Vergnügen an den Kindern, Mitleid und Fürsorge ihnen gegenüber, Versorgung und Regelung ihres Lebens). Beides, Geld und Kinder, wird als das Schändlichste auf Erden betrachtet, wenn man es mit dem vergleiche, "was bei Gott ist". Das "Gedenken Gottes" wird definiert als Bevorzugung Gottes vor Geld und Kindern. Auf das Jenseits bezieht sich auch die Deutung des Halbsatzes "wer dies tut": "wer sich mit der Welt anstatt der Religion beschäftigen will". Die "Heuchler" verkauften das ewige Leben für die Vergänglichkeit des Diesseits, wie es auch bei ar-Rāzī heißen wird. Weitere Deutungen des Gottesgedenkens sind die schon bekannten fünf Gebete, die religiösen Pflichten, Gehorsam Gott gegenüber, der Koran und der Kampf (*ǧihād*) mit Muḥammad.

Aṭ-Ṭūsīs und as-Sulamīs Auslegungen sind recht knapp gehalten. Beide geben den Vers mit eigenen Worten und erklärenden Ergänzungen wieder. Bei aṭ-Ṭūsī ist das Gedenken Gottes "Lob und Dank und Verherrlichung (*at-taʿẓīm*) seiner hohen Eigenschaften und seiner schönen Namen." Es folgt ein Synonym für *alhaytuhū*, nämlich *ṣaraftuhū*, "ich habe ihn ferngehalten". Als Beleg wird der Vers von Imruʾ al-Qays zitiert, den wir bereits von aṭ-Ṭabarī kennen. Abschließend stellt aṭ-Ṭūsī fest, dass das Gedenken Gottes "alle Pflichten" bedeutet.

As-Sulamīs Deutung besteht aus einem Zitat Sahls, das besagt, dass Vermögen und Kinder nicht von der "Ausübung der Pflichten" ablenken sollen, denn wenn man sich davon und vom Dienst an Gott (*ḫidma*) ablenken ließe, handele man weltlich und sei einer der Irregehenden (*ḫāsirūn*). So besteht Sahls Auslegung ausschließlich aus erklärenden Ergänzungen zum Koranvers. Allerdings deutet das Wort *ḫidma* auf ein sufisches Verständnis der Pflichten gegenüber Gott an.

Zusammenfassung und Ausblick

Wie anhand der Exegese von vier Koranstellen in unterschiedlichen arabischen Korankommentaren ersichtlich, ist die Deutung von l-h-w nicht eindeutig möglich. Aṭ-Ṭabarī bringt *lahw* mit Spiel und Spott über die Religion in Verbindung. Alle drei Verhaltensweisen würden von Gott bestraft, nach dem Überlieferer Qatāda auch bekämpft werden, weil Menschen, die sich Zeitvertreib, Spiel und Spott hingäben, dem Diesseits verhaftet seien und sich nicht Gott zuwandten. Az-Zamaḫšarī geht noch einen Schritt weiter und versteht die drei Begriffe auch als Ergänzung zur Götzendienerei (Q 6/70). Für den "Kauf von leichtfertigem Gerede" bietet aṭ-Ṭabarī zwei Deutungen an: eine wörtliche als Handel mit Sängerinnen und eine übertragene als Angenehm-Finden von unnützem Gerede (Q 31/6). Ar-Rāzī interpretiert "leichtfertiges Gerede" als das Gegenteil von Wahrheit, als hässliche und scherzhafte Gespräche. Sowohl az-Zamaḫšarī als auch aṭ-Ṭūsī beziehen den Ausdruck auf die persischen Epen und Geschichten des Händlers

Naḍr b. al-Ḥāriṯ, die die Leute von den Koranlesungen abhielten. Aṭ-Ṭūsī versammelt sämtliche genannten Deutungsmöglichkeiten in seinem *tafsīr*, auch den Kauf von Sängerinnen. Q 62/11 wird von aṭ-Ṭabarī auf eine Begebenheit bezogen, als Medina an Hungersnot und Preissteigerungen litt und die Menschen Muḥammads Freitagspredigt verließen, um von einer eintreffenden Handelskarawane Lebensmittel zu kaufen, die sie freudig, nach ar-Rāzī mit Trommeln, begrüßten. Ar-Rāzī und az-Zamaḫšarī erklären *lahw* mit Trommeln (und Klatschen). Nach einer anderen Überlieferung waren es die Hochzeiten von Sklavinnen, die mit Blasinstrumenten (*mazāmīr*, Sg. *mizmār*) gefeiert wurden und von der Predigt ablenkten, berichtet ar-Rāzī. Az-Zamaḫšarī erörtert zudem die Frage, ab wie vielen Mitbetenden das Freitagsgebet ungültig würde und ab welchem Abbruchszeitpunkt noch einmal gebetet werden müsse. In Q 63/9 wird die Ablenkung explizit genannt: "euer Vermögen und eure Kinder." Aṭ-Ṭabarī erklärt zunächst die Bedeutung des Verbes "ablenken" anhand eines vorislamischen Gedichtverses, in dem eine Amme durch Verführung von der Sorge um das ihr anvertraute Kind abgelenkt wird. Diesen Belegvers zitiert auch aṭ-Ṭūsī. Letzterer erläutert Vermögen und Kinder nicht weiter, sondern präzisiert "Gottes zu gedenken" mit "allen religiösen Pflichten" (*farāʾiḍ*). Genauso äußert sich ar-Rāzī und nennt die "religiösen Pflichten, wie das Gebet, das Almosengeben und die Pilgerfahrt sowie der Gehorsam Gott gegenüber". Az-Zamaḫšarī dagegen erklärt das Gottesgedenken damit, dass man Gott den Vorzug vor dem Vermögen und den Kindern geben soll, und führt weiter aus, was mit Vermögen und Kindern gemeint sei, nämlich das gierige Verlangen nach Vermehrung des Geldes durch Handel und Nutzbarmachung und die Freude an den Kindern und die Fürsorge für sie.

Das sufische Exegesewerk as-Sulamīs zielt darauf ab, dass man sich auf die jenseitige Welt konzentrieren solle, denn die diesseitige sei der wahre Tod. Das "eitle Gerede" in Q 31/6 sei alles "außer dem Buch Gottes und die Sunna des Gesandten Gottes oder die beiden *ḥadīṯ*-Sammlungen" (gemeint sind die beiden kanonischen *ṣaḥīḥ*-Sammlungen von al-Buḫārī und Muslim), oder nach einer anderen Überlieferung "Worte ohne Bedeutung" oder "wozu dich die Seele anstachelt, sei es die Wahrheit oder die Lüge". Auch die Ablenkung durch Vermögen und Kinder, Q 62/11, wird verallgemeinert und als allgemeine Ablenkung vom "Gedenken Gottes und dem Dienst an ihm" interpretiert. Im Kommentar zu Q 63/9 konstatiert as-Sulamī, wer sich ablenken ließe, handele weltlich und sei einer von den Irregehenden.

Außer as-Sulamī bringen die genannten Exegeten unabhängig von der konfessionellen oder theologischen Ausrichtung des Werkes mindestens Q

62/11 mit Trommeln und Sängerinnen, nach aṭ-Ṭabarī auch professionelle Sängerinnen, die gegen Geld musizieren, sowie Blasinstrumenten in Verbindung und beziehen sich dabei auf eine von mehreren Überlieferungen, wobei die unterschiedlichen Überlieferungen ohne Qualifizierung nebeneinandergestellt werden. Az-Zamaḫšarī nennt im Kommentar zu Q 31/6 *ġināʾ* ("Gesang") und das Studium eines Musikers als Beispiele für "leichtfertiges Gerede". Auch aṭ-Ṭabarī erklärt im Zusammenhang mit diesem Vers den Handel mit Sängerinnen, sowohl Kauf als auch Verkauf sowie ihre Ausbildung als verboten; eine andere Meinung jedoch, ebenfalls bei aṭ-Ṭabarī und der vorigen nebengestellt, nennt explizit "Polytheismus" (*širk*) als alternative Deutung. Er sagt auch: "Richtig ist, wenn man darüber sagt: Gemeint ist damit alles Gerede, was von Gottes Weg ablenkt, was davon ablenkt, Gott oder Muḥammad zuzuhören." Als Beispiele nennt er dann sowohl Gesang als auch Polytheismus (*al-ġināʾ wa-š-širk*).

Wenn man das hier untersuchte Wortfeld zu l-h-w betracht, taucht Musik im Kontext von Geschichten persischer Helden und Liebespaare, der Vermehrung von Eigentum, der Sorge um die Kinder sowie Polytheismus auf. Wie anhand des vorislamischen Belegverses von Imrūʾ al-Qays bei aṭ-Ṭabarī und aṭ-Ṭūsī plastisch veranschaulicht, bedeutet das Wort im vierten Stamm, *alhā*, einfach nur "ablenken von". Anhand der hier vorgestellten Ablenkungen wird klar, inwiefern die neue Religion in ihren ersten Jahren bedroht war. Der Vorwurf, Muḥammad sei ein Dichter, trug sicher dazu bei, dass Literatur im weiteren Sinn, die gegen Muḥammad in Stellung gebracht werden konnte, verbannt werden musste, ebenso wie der Polytheismus, gegen den sich der monotheistische Islam wandte. Was darüber hinaus von den religiösen Pflichten, wie der Teilnahme am Freitagsgebet, dem Hören der Koranrezitation, den fünf Säulen des Islams abhalten kann, wird ebenfalls kritisiert, und dies waren offensichtlich familiäre Verpflichtungen und solche der Erwerbstätigkeit sowie Vergnügungen. Und nur in diesem Zusammenhang kommt der Bezug zur Musik zustande.[70] Da Musik starke Emotionen auslösen kann, ist es auch nicht verwunderlich, dass nach einigen Meinungen diese komplett verboten sein soll. Im Koran selbst wird jedoch kein wirklicher Bezug zu Musik als einem ästhetischen Phänomen hergestellt, sondern sie wird ausschließlich im Kontext hedonistischer Mili-

70 Für Sure 62 ist bei al-Wāḥidī, Asbāb an-nuzūl, ausschließlich die Szene mit der Karawane ohne oder mit Trommelbegleitung als Ablenkung vom Freitagsgebet überliefert. Vgl. al-Wāḥidī, *Asbāb nuzūl al-Qurʾān*, S. 448–49.

eus genannt. Es geht um Vergnügungssucht, Geschäftemacherei und Selbstzentriertheit, in deren Gefolge Musik nur eine Nebenrolle spielt.

Man könnte logischerweise argumentieren: Solange Muslime ihre Gebete nicht vernachlässigen, ist Zerstreuung, und damit Musik, legitim. Im Gegenteil, wird Musik doch auch benutzt, den *aḏān* und religiöse Hymnen anzustimmen und um den Koran zu rezitieren, wie Stephanie Schewe in dieser Ausgabe eindrucksvoll zeigt. Es gibt sogar einen Koranvers, in dem die Berge dazu aufgefordert werden, das Lob Gottes von David und den Vögeln im Echo widerhallen zu lassen. Lane bringt den Vers unter dem Lemma a-w-b, II Stamm: "O mountains, repeat ye, or echo ye, the praises of God with him, [i. e. with David]".[71] Wenn man sich diesen Kanon nicht als Musik vorstellen mag, so doch sicher als schönen Klang.

Literatur

Quellen

ar-Rāzī, Abū Bakr. *Mafātīḥ al-ġayb*. Hg. von Aḥmad Efendī. 6 Bde. Kairo: Maṭbaʿat al-miṣriyya al-mīriyya, 1278/1861-62.

as-Sulamī, Abū ʿAbd ar-Raḥmān Muḥammad b. al-Husayn. *Ḥaqāʾiq at-tafsīr. Tafsīr al-Qurʾān al-ʿazīz*. Hg. von Sayyid ʿUmrān. 2 Bde. Beirut: Dār al-Kutub al-ʿilmiyya, 2001.

aṭ-Ṭabarī, Abū Ğaʿfar Muḥammad. *Ğāmiʿ al-bayān ʿan taʾwīl al-Qurʾān*. Hg. von Aḥmad Muḥammad Šākir. 16 Bde. Kairo: Širkat Maktaba wa-Maṭbaʿat Muṣṭafā al-Bābī al-Ḥalabī wa-awlādihī, 1954-69.

aṭ-Ṭūsī, Abū Ğaʿfar Muḥammad b. Ḥasan. *at-Tibyān fī tafsīr al-Qurʾān*. Hg. von Aḥmad Ḥabīb Qaṣīr al-ʿĀmilī. Einleitung von Āġā Bozorg aṭ-Ṭihrānī. Beirut: Dār Iḥyāʾ at-turāṯ al-ʿarabī, [o. J.].

at-Tustarī, Sahl. *Tafsīr al-Qurʾān al-ʿaẓīm*. Hg. von Ṭāhā ʿAbd ar-Raʾūf Saʿd und Saʿd Ḥasan Muḥammad ʿAlī. Kairo: Dār al-Ḥaram li-t-turāṯ, 2004.

al-Wāḥidī, Abū l-Ḥasan ʿAlī b. Aḥmad. *Asbāb nuzūl al-Qurʾān*. Hg. von Kamāl Basyūnī Zaġlūl. Beirut: Dār al-Kutub al-ʿilmiyya, 1991.

az-Zamaḫšarī, Abū l-Qāsim Maḥmūd b. ʿUmar. *al-Kaššāf ʿan ḥaqāʾiq ġawāmiḍ at-tanzīl wa-ʿuyūn al-aqāwīl fī wuǧūh at-taʾwīl*. Hg. von Muḥammad ʿAbdassalām Šāhīn. 4 Bde. Beirut: Dār al-Kutub al-ʿilmiyya, 1995; bi-ḥawāšī arbaʿat kutub 1. al-Intiṣāf li-l-imām Aḥmad b. al-Munayyar al-Iskandarī, 2. al-Kāfī fī š-šāff fī taḫrīǧ aḥādīṯ al-Kaššāf li-l-Ḥāfiẓ Ibn

[71] Lane und Lane-Poole, *Arabic-English Lexicon*, 123.

Ḥağar, 3. Ḥāšiyat aš-šayḫ Muḥammad ʿUlyān al-Marzūqī ʿalā tafsīr al-Kaššāf, 4. Mašāhid al-inṣāf ʿalā šawāhid al-Kaššāf li-š-šayḫ Muḥammad ʿUlyān al-maḏkūr.

Sekundärliteratur

Amir-Moezzi, Mohammad Ali. "Al-Ṭūsī: Muḥammad B. Al-Ḥasan". In: Bearman, Peri et al. (Hg.). *Encyclopaedia of Islam, Second Edition*. Leiden: Brill, first online 2012. https://doi.org/10.1163/1573-3912_islam_SIM_7653.

Bobzin, Hartmut (Hg.). *Der Koran*. 2., überarbeitete Auflage. Neue orientalische Bibliothek. München: C. H. Beck, 2017; Aus dem Arabischen neu übertragen und erläutert von Hartmut Bobzin unter Mitarbeit von Katharina Bobzin.

Bosworth, C. E. "Al-Ṭabarī". In: Bearman, Peri et al. (Hg.). *Encyclopaedia of Islam, Second Edition*. Leiden: Brill, first online 2012. https://doi.org/10.1163/1573-3912_islam_COM_1133.

Böwering, Gerhard. "The Qurʾān Commentary of Al-Sulamī". In: Wael B. Hallaq (Hg.). *Islamic Studies Presented to Charles J. Adams*. Middle East and Islamic Studies. Leiden, Boston: Brill, 1991, S. 41–56.

Böwering, Gerhard. "The Major Sources of Sulamī's Minor Qurʾān Commentary". In: *Oriens* 35 (1996), S. 35–56. https://doi.org/10.2307/1580542.

Brockelmann, Carl. *Geschichte Der Arabischen Litteratur*. 2. den Supplementbänden angepasste Aufl., 2 Grundbände, 3 Supplementbände. Leiden: Brill, 1937–1949.

Dakake, Maria M. "The Formative Development of Shiʿi Qur'anic Exegesis". In: George Archer, Maria M. Dakake und Daniel A. Madigan (Hg.). *Routledge Companion to the Qur'an*. New York: Routledge, 2022, S. 253–269.

Forster, Regula. *Methoden mittelalterlicher arabischer Qurʾānexegese am Beispiel Q53, 1–18*. Islamkundliche Untersuchungen 238. Berlin: Schwarz, 2001.

Gilliot, Claude. *Exégèse, langue, et théologie en Islam. L'exégèse coranique de Tabari (m. 311/923)*. Études musulmanes 32. Paris: Vrin, 1990.

Gilliot, Claude. "Attributes of God". In: Kate Fleet et al. (Hg.). *Encyclopaedia of Islam, THREE*. Leiden: Brill, first online 2007, last update 2021. http://dx.doi.org/10.1163/1573-3912_ei3_COM_0163.

Gilliot, Claude. "ʿAbdallāh B. ʿAbbās". In: Kate Fleet et al. (Hg.). *Encyclopaedia of Islam, THREE*. Leiden: Brill, first online 2012. https://referenceworks.brillonline.com/entries/encyclopaedia-of-islam-3/

abdallah-b-abbas-COM_23549?s.num = 2&s.f.s2_parent = s.f.cluster.Encyclopaedia + of + Islam&s.q = ibn + abbas.

Godlas, Alan. "Ṣūfism". In: Andrew Rippin und Jawid Mojaddedi (Hg.).*The Wiley Blackwell Companion to the Qurʾān*. Chichester, UK: John Wiley & Sons, 2017, S. 418–429.

Goldziher, Ignác. *Die Richtungen der islamischen Koranauslegung. An d. Univ. Upsala geh. Olaus-Petri-Vorlesungen.* Publications de la Fondation De Goeje Nr. 6. Leiden: E. J. Brill, 1920.

Griffel, Frank. "On Fakhr Al-Dīn Al-Rāzī's Life and the Patronage He Received". In: *Journal of Islamic Studies* 18/3 (2007), S. 313–344. http://www.jstor.org/stable/26200248.

Griffel, Frank. "Al-Rāzī, Fakhr Al-Dīn". In: Henrik Lagerlund (Hg.). *Encyclopedia of Medieval Philosophy.* Philosophy Between 500 and 1500. 2nd ed. Dordrecht: Springer Netherlands, 2020, S. 1645–1651; Imprint Springer, 2020. https://link.springer.com/referenceworkentry/10.1007/978-94-024-1665-7_164.

Griffel, Frank. *The Formation of Post-Classical Philosophy in Islam.* Oxford scholarship online. New York, NY: Oxford University Press, 2021. https://doi.org/10.1093/oso/9780190886325.001.0001.

Hodgson, M.G.S. "Ḥudjdja. In Shīʿī Terminology". In: Bearman, Peri et al. (Hg.). *Encyclopaedia of Islam, Second Edition.* Leiden: Brill, 2012. https://referenceworks.brillonline.com/entries/encyclopaedia-of-islam-2/hudjdja-COM_0297?s.num = 1&s.f.s2_parent = s.f.cluster.Encyclopaedia + of + Islam&s.q = hudjdja.

Jaffer, Tariq. *Rāzī: Master of Quranic Interpretation and Theological Reasoning.* Oxford: Oxford University Press, 2014. https://doi.org/10.1093/acprof:oso/9780199947997.001.0001.

Jaffer, Tariq. "Theological Commentaries". In: Mustafa Shah und Muhammad Abdel Haleem (Hg.). *The Oxford Handbook of Qur'anic Studies*. Oxford: Oxford University Press, 2020, S. 765–779. https://doi.org/10.1093/oxfordhb/9780199698646.001.0001.

Knysh, Alexander. "Sufi Commentary. Formative and Later Periods". In: Mustafa Shah und Muhammad Abdel Haleem (Hg.). *The Oxford Handbook of Qur'anic Studies*. Oxford: Oxford University Press, 2020, 745–65. https://doi.org/10.1093/oxfordhb/9780199698646.001.0001.

Kouloughli, Djamel-Eddine. "Le modèle d'analyse de l'énoncé des rhétoriciens arabes dans le ʿilm al-maʿānī.". In: *Histoire Épistémologie Langage* 22/2 (2000), S. 97–104. https://doi.org/10.3406/hel.2000.2801.

Lammens, Henri, und Charles Pellat. "Diḥya". In: Bearman, Peri et al. (Hg.). *Encyclopaedia of Islam, Second Edition.* Leiden: Brill, first online 2012. https://referenceworks.brillonline.com/entries/encyclopaedia-of-islam-2/dihya-SIM_1850?s.num=1&s.f.s2_parent=s.f.cluster.Encyclopaedia+of+Islam&s.q=dihya.

Lane, Edward William, und Stanley Lane-Poole. *Arabic-English Lexicon. In Eight Parts.* 8 Bde. New York: Ungar, 1955-56. Reprint of the edition London and Edinburgh 1865-93.

Lange, Christian. "Paradise in Sufi Thought". In: Christian Robert Lange und Aleksandr Dmitrievič Knyš (Hg.). *Sufi Cosmology*. Leiden und Boston: Brill, 2023, 130–45.

Lange, Christian, und Alexander Knysh. "Introduction. What Is Sufi Cosmology?" In: Christian Robert Lange und Aleksandr Dmitrievič Knyš (Hg.). *Sufi Cosmology*. Leiden und Boston: Brill, 2023, S. 1–11.

Lange, Christian Robert, und Aleksandr Dmitrievič Knyš (Hg.). *Sufi Cosmology*. Middle East and Islamic Studies E-Books Online, Collection 2023 volume 154/2. Leiden und Boston: Brill, 2023. https://brill.com/view/title/39557.

Mårtensson, Ulrika. "Early Medieval Tafsīr (Third/Ninth to the Fifth/Eleventh Century)". In: Mustafa Shah und Muhammad Abdel Haleem (Hg.). *The Oxford Handbook of Qur'anic Studies*. Oxford: Oxford University Press, 2020, S. 650–665. https://doi.org/10.1093/oxfordhb/9780199698646.001.0001.

Morony, Michael. "Kisrā". In: Bearman, Peri et al. (Hg.). *Encyclopaedia of Islam, Second Edition*. Leiden: Brill, first online 2012. https://doi.org/10.1163/1573-3912_islam_SIM_4407.

Paret, Rudi (Hg.) *Der Koran*. 7. Aufl. Stuttgart: Kohlhammer, 1996; Übersetzung von Rudi Paret.

Pellat, Charles. "Al-Naḍr B. Al-Ḥārith". In: Bearman, Peri et al. (Hg.). *Encyclopaedia of Islam, Second Edition.* Leiden: Brill, first online 2012. https://referenceworks.brillonline.com/entries/encyclopaedia-of-islam-2/al-nadr-b-al-harith-SIM_5730?s.num=0&s.f.s2_parent=s.f.cluster.Encyclopaedia+of+Islam&s.q=al-Nadr+b.+al-harith.

Pellat, Charles. "Ḳatāda B. Diʿāma". In: Bearman, Peri et al. (Hg.). *Encyclopaedia of Islam, Second Edition*. Leiden: Brill, first online 2012. https://doi.org/10.1163/1573-3912_islam_SIM_4014.

Pink, Johanna. "Classical Qur'anic Hermeneutics". In: Mustafa Shah und Muhammad Abdel Haleem (Hg.). *The Oxford Handbook of Qur'anic*

Studies. Oxford: Oxford University Press, 2020, S. 817–831. https://doi.org/10.1093/oxfordhb/9780199698646.001.0001.

Pink, Johanna. *Muslim Qur'ānic Interpretation Today. Media, Genealogies and Interpretive Communities*. Themes in Qur'ānic Studies. Sheffield, Bristol: Equinox, 2020.

Plessner, Martin, und Andrew Rippin. "Muḳātil B. Sulaymān". In: Bearman, Peri et al. (Hg.). *Encyclopaedia of Islam, Second Edition.* Leiden: Brill, first online 2012. https://referenceworks.brillonline.com/entries/encyclopaedia-of-islam-2/mukatil-b-sulayman-SIM_5461?s.num = 2&s.f.s2_parent = s.f.cluster.Encyclopaedia + of + Islam&s.q = mukatil.

Rippin, Andrew. "Mud̲j̲āhid B. D̲j̲abr Al-Makkī". In: Bearman, Peri et al. (Hg.). *Encyclopaedia of Islam, Second Edition*. Leiden: Brill, first online 2012. https://doi.org/10.1163/1573-3912_islam_SIM_5306.

Rizvi, Sajjad. "Twelver Shīʿī Exegesis". In: Mustafa Shah und Muhammad Abdel Haleem (Hg.). *The Oxford Handbook of Qur'anic Studies*. Oxford, New York, NY: Oxford University Press, 2020, S. 706–720. https://doi.org/10.1093/oxfordhb/9780199698646.013.61.

Saleh, Walid A. "Medieval Exegesis. The Golden Age of Tafsīr". In: Mustafa Shah und Muhammad Abdel Haleem (Hg.) *The Oxford Handbook of Qur'anic Studies*. Oxford: Oxford University Press, 2020, S. 666–681. https://doi.org/10.1093/oxfordhb/9780199698646.001.0001.

Schimmel, Annemarie. *The Mystery of Numbers*. New York, Oxford: Oxford University Press, 1993.

Schöck, Cornelia. *Koranexegese, Grammatik und Logik. Zum Verhältnis von arabischer und aristotelischer Urteils-, Konsequenz- und Schlußlehre.* Islamic Philosophy, Theology and Science. Texts and Studies 60. Leiden, Boston: Brill, 2006. https://doi.org/10.1163/9789047417316.

Shah, Mustafa, und Muhammad Abdel Haleem (Hg.) *The Oxford Handbook of Qur'anic Studies*. Oxford: Oxford University Press, 2020.

Shah, Mustafa. "Al-Ṭabarī and the Dynamics of Tafsīr Theological Dimensions of a Legacy". In: *Journal of Qur'anic Studies* 15/2 (2013), S. 83–139. https://doi.org/10.3366/jqs.2013.0097.

Simon, Udo Gerald. *Mittelalterliche arabische Sprachbetrachtung zwischen Grammatik und Rhetorik.* ʿilm al-maʿānī *bei as-Sakkākī*. Heidelberg: Heidelberger Orientverlag, 1993.

Ullah, Kifayat. *Al-Kashshāf. Al-Zamakhsharī's Muʿtazilite Exegesis of the Qurʾān*. Berlin und Boston: De Gruyter, 2017. https://doi.org/10.1515/9783110533408.

Versteegh, C.H.M. “Al-Zadjdjādj”. In: Bearman, Peri et al. (Hg.). *Encyclopaedia of Islam, Second Edition.* Leiden: Brill, first online 2012. https://referenceworks.brillonline.com/entries/encyclopaedia-of-islam-2/al-zadjdjadj-SIM_8062?s.num=0&s.f.s2_parent=s.f.book.encyclopaedia-of-islam-2&s.q=zadjdjadj.

Wansbrough, John E., und Andrew Rippin. *Quranic Studies. Sources and Methods of Scriptural Interpretation.* Amherst, NY: Prometheus Books, 2004.

Wilcox, Andrew. “The Dual Mystical Concepts of Fanā‘ and Baqā‘ in Early Sūfism”. In: *British Journal of Middle Eastern Studies* 38/1 (2011), S. 95–118. http://www.jstor.org/stable/23077002.

Koranrezitation
Qalqala und die Reiterscharen

*Stephanie Schewe**

Abstract

Die Koranrezitation stellt aufgrund ihrer besonderen Vortragsweise ein einzigartiges Klangerlebnis dar. Doch was macht dieses Klangerlebnis aus? Ist es die musikalische Ausführung der Rezitation, ist es der Text selbst oder deren Zusammenspiel? Im Zusammenhang mit der Koranrezitation stellt sich immer wieder die Frage nach der Zulässigkeit von Musik im Islam. Dabei geht es oft um den Grad der musikalischen Ausführung einer Rezitation: Wie musikalisch verziert darf oder wie schlicht soll die Rezitation ausgeführt werden? Die Untersuchung der melodischen Ausführung der Rezitation zeigt, dass diese in Relation zum Textgeschehen steht: Da es sich bei der Koranlesung um die Wiedergabe eines heiligen Textes handelt, ist die Rezitation des Korans stark textgebunden. Die Vortragsregeln des taǧwīd *bilden nicht nur die Ausgangslage jeder Rezitationsform, sondern sie grenzen die Rezitation des Korans gleichzeitig von der musikalischen Gattung Lied oder dem Gesang ab. Die* taǧwīd*-Regeln, insbesondere bestimmte* ṣifāt al-ḥurūf, *prägen die klangliche Gestalt der Koranrezitation und somit die melodische Wiedergabe. Wie sich diese Ausspracheregeln auf die Wiedergabe des Textes auswirken, soll anhand von Beispielen besprochen werden. In der musikwissenschaftlichen Analyse werden die besonderen phonetischen Ausspracheregeln, die bei der Rezitation zur Anwendung kommen, auch im Hinblick auf das rhetorische Textgeschehen betrachtet. Dies wird am Beispiel der Intonation der phonetischen Merkmale* qalqala *und* ġunna *dargelegt.*

* Freie Universität Berlin, Institut für Semitistik
stephanie.schewe@fu-berlin.de / ORCID 0009-0009-1533-5552

Zur Bezeichnung der Koranrezitation

Unter dem Begriff Koranrezitation wird im Allgemeinen der gehobene Vortrag des heiligen Textes des Islam verstanden. Die Rezitation des Korans stellt daher eine besondere Vortragsform dar, welche sich zwischen gewöhnlichem Lesen und Singen befindet.[1] Dies entspricht der Überschneidung, die auch im lateinischsprachigen Mittelalter beim Vortrag liturgischer Texte gesehen wird: “Im Mittelalter bezeichnen ‘lesen’, ‘legere’, ‘recitare’ im Bereich der Liturgie den Lesevortrag der Orationen, Lektionen, Episteln und Evangelien. Dabei wird der musikalische Vortrag nicht prinzipiell ausgeschlossen; ‘cantare’ meint dagegen den rein melodiösen Vortrag.”[2] Die arabischen Bezeichnungen für die Koranrezitation weisen dieselbe Problematik der Abgrenzung auf. Das Wort Koran geht auf das arabische Verbalnomen *qurʾān* zurück, das sich von der Wurzel *q-r-ʾ* (“(vor-)lesen, rezitieren”) ableitet.[3] Im Koran wird neben mit der Wurzel *q-r-ʾ* gebildeten Formen vor allem der Begriff *talā* gebraucht[4]; er leitet sich her von der Wurzel *t-l-w* (“vor-, ver-)lesen, rezitieren”). Die früheste Erwähnung des Begriffs im Koran findet sich in *sūrat al-bayyina*, Vers 2: “Ein von Gott Gesandter, der gereinigte Blätter vorträgt”[5] (*rasūlun mina llāhi yatlū ṣuḥufan muṭahhara*^{tan}). Über die Vortragsweise lässt sich aus diesen beiden Begriffen noch nichts Genaues schließen. Erst in der begleitenden *tafsīr-* und *taǧwīd*-Literatur werden weitere Begriffe definiert, die zum Ausdruck bringen sollen, um welchen Vortragsmodus es sich handelt. Im Koran kommt an zwei Stellen ein weiterer Begriff vor; er leitet sich von der

1 “Da R. seit dem Altertum als Mittelbegriff zwischen Gesang und Sprache pendelt, lassen sich beide Bereiche nicht streng unterscheiden, die Bezüge zwischen Dichtung und Musik sind außerordentlich eng.” Jutta Sandstede, “Rezitation”, Sp.1374.

2 Ibid.

3 Welch differenziert zwischen der Bedeutung “lesen” und “rezitieren” in verschiedenen Kontexten, in denen der Begriff im Koran selbst vorkommt: “The verb *ḳaraʾa* occurs in the Ḳurʾān 17 times, usually meaning ‘recite’, but occasionally ‘read (aloud?)’.” Alford T. Welch, “Ḳurʾān”. Er verweist außerdem auf die Etymologie von *qurʾān* aus dem Syrischen *qeryānā*: “Most Western scholars have now accepted the view developed by F. Schwally (*Gesch. des Qor.*, i, 33 f.) and others that *ḳurʾān* is derived from the Syriac *ḳeryānā*, ‘scripture reading, lesson’, as used in Christian liturgy (see for example the 6th century Syriac mss., Brit. Museum, Add. 14, 432, e.g. *ḳeryānā d-yōm bāʿawātā*, ‘lection for the Day of Supplications’, fol. 43b).” Ibid. Damit ist außerdem der wichtige Zusammenhang angedeutet, den die Schriftlesung von Koran und Bibel im Vorderen Orient gemeinsam hat.

4 Er erscheint insgesamt 63 Mal im Koran, am häufigsten in der mit *talā* gebildeten Verbform. Siehe https://corpus.quran.com/qurandictionary.jsp?q = tlw.

5 Übers. Hartmut Bobzin, *Der Koran*, S. 578.

Wurzel *r-t-l* im 2. Stamm her und bedeutet “schön fügen, rezitieren”. Die Verbform *rattala* ist dabei in beiden Vershälften in *sūrat al-furqān* und in *sūrat al-muzammil* von ihrem Verbalsubstantiv begleitet: “Und wir tragen ihn getragen vor”[6] (*wa-rattalnāhu tartīl*^{an}) (Q25:32) sowie “Trag die Lesung vor, getragen”[7] (*wa-rattili l-qurāna tartīl*^{an}) (Q73:4). Es lässt sich bei diesem Begriff schon eher auf einen Vortragsmodus schließen. Daher könnte eine Übersetzung der beiden Vershälften, die zum Ausdruck bringt, dass es sich um einen Vortragsmodus handelt, auch lauten: “Und wir tragen ihn [den Koran] im *tartīl* vor”[8] (*wa-rattalnāhu tartīl*^{an}) (Q25:32) sowie “Trag die Lesung im *tartīl* vor”[9] (*wa-rattili l-qurāna tartīl*^{an}) (Q73:4). Wie *talā*, so ist auch *rattala* ein Begriff, der in der Musikterminologie gebraucht wird. Es finden sich noch zahlreiche Termini, die sowohl für die Lesung des Korans im Rezitationsmodus als auch für den Gesang, unter anderem von Gedichten, gebraucht werden.[10] Wie auch immer die Koranrezitation bezeichnet wird, ob *tartīl* bzw. *murattal, qirā*ʾ*a* oder *tilāwa* – manchmal auch mit dem Zusatz *bi-l-laḥn* bzw. *bi-l-alḥān* (“mit Melodie”) –, sie wird in der Tradition streng abgegrenzt von Gesang, der im Arabischen mit dem Begriff *ġinā*ʾ bezeichnet wird. Hier scheint eine ähnliche Abgrenzung getroffen zu sein, wie in der lateinischen Liturgie, in der *legere* und *recitare* den “musikalischen” Lesevortrag bezeichnen, während *cantare* einen melodischen Vortrag meint. Als problematisch ist die Bezeichnung der Koranrezitation mit *taǧwīd* zu erachten. Das Verbalnomen leitet sich von der Wurzel *ǧ-w-d* im 2. Stamm ab und bedeutet “gut/besser machen, rezitieren”. Zwar ist *taǧwīd* als Begriff durchaus gebräuchlich zur Bezeichnung der Rezitation, aber *taǧwīd* bezeichnet vor allem die Vortragsregeln, die eingehalten werden müssen, wenn der Koran rezitiert wird. Die Vortragsregeln, die unter dem Begriff *taǧwīd* zusammengefasst sind, umfassen die Ausspracheregeln der Phoneme sowie die Verssegmentierung, das heißt das Setzen der Pausa innerhalb der Rezitation.[11] Bevor im nächsten Abschnitt auf die *taǧwīd*-Regeln eingegangen wird, soll das Verhältnis von Musik und Rezitation zueinander geklärt

6 Übers. Hartmut Bobzin, *Der Koran*, S. 314.
7 Ibid., S. 530.
8 Ibid., S. 314.
9 Ibid., S. 530.
10 Al-Fārūqī nennt neben *qirā*ʾ*a, tilāwa* und *tartīl* auch *taǧwīd* zur Bezeichnung des künstlerischen Vortrags des Korans. Lamyāʾ al-Fārūqī, “Tartīl al-Qurʾān al-karīm”, S. 106.
11 Parallel gebraucht, d. h. sowohl für das Regelwerk als auch für die Rezitation, bringt der Ausdruck *taǧwīd* immerhin zum Ausdruck, dass die Regeln gerade in der Rezitation zur Anwendung kommen.

werden. Dass Koranrezitation nicht mit Gesang (*ġināʾ*) gleichzusetzen ist, lässt sich nicht nur durch ihre terminologische Abgrenzung aufzeigen. Es gibt wesentliche Unterschiede zwischen der Rezitation des heiligen Textes und dem Gesang. Der Gesang von Liedern unterliegt einem eigenen musikalischen Rhythmus (in der frühen arabischen Musiktheorie mit *īqāʿ*, Pl. *īqaʿat* bezeichnet), sodass etwa bei der Vertonung von Gedichten, der musikalische Rhythmus den prosodischen Rhythmus ablöst. In der Koranrezitation hingegen darf das sprachgebundene Metrum, das aus der alternierenden Folge von Lang- und Kurzsilben besteht, nicht verändert werden; hier kommen lediglich Dehnungen (*madd* wird im folgenden Abschnitt über die *taǧwīd*-Regeln besprochen) bis zu einem bestimmten Grad zur Anwendung, die jedoch nach feststehenden Kriterien reglementiert sind. Somit behält der Koran in jedem Rezitationsmodus sein Metrum bei. Die Frage, inwiefern es Überschneidungen zwischen der Koranrezitation und der Rezitation klassischer arabischer Gedichte hinsichtlich der Vortragsweise gibt, ist noch nicht geklärt.[12] Die Beibehaltung des sprachgebundenen Metrums ist ein solch wesentliches Kriterium, dass sich die Koranrezitation auch nicht unter dem Begriff "islamische Musik" subsumieren lässt.[13] Je nach ihrem Vortragsmodus wird die Koranrezitation mehr oder weniger modal ausgeführt. Das bedeutet, es kommen diejenigen modalen[14] Strukturen zur Anwendung, von deren kultureller oder traditioneller Herkunft der Rezi-

---

12 Der Frage, wie die klassische arabische Poesie vorgetragen wurde, hat sich intensiv van Gelder gewidmet. Geert van Gelder, *Sound and Sense in Classical Arabic Poetry*. Dass Parallelen in der phonetischen Gestaltung der Vortragsweise anzunehmen sind, wurde am Beispiel der Nasalierung (*ġunna*) gezeigt. Stephanie Schewe, "On the Sound of Qurʾān: Nasalization (*ghunna*) as Ornamentation and Accentuation in Recitation".

13 Unter der Überschrift "islamische Musik" ließe sich am ehesten die Kategorie der Hymnen (*našīd*, Pl. *našāʾid*) fassen.

14 Der Begriff modal bzw. Modus bezieht sich auf Tonskalen, deren melodische Charakteristik von ihrem Ausgangston ausgeht. In der Koranrezitation können diejenigen modalen Strukturen zur Anwendung kommen, die insbesondere das regionale Musikgut kennzeichnen, z. B. die *maqāmāt* der in der arabischen Musiktradition stehenden Kulturen, die *dastgāh-hā* der persisch sprachigen Kulturen, die *makamlar* der unter der türkischsprachigen osmanischen Kultur etablierten Musik oder die *ṭubūʿ*, die für die Musikkultur der Länder des Maghrebs charakteristisch sind. Modale Strukturen sind variantenreich. Im Hinblick darauf sind noch zahlreiche Einzelstudien über die Koranrezitation notwendig. Ein modales Konzept, das in Verbindung mit der Koranrezitation steht, beschreibt nicht nur regionalspezifische melodische Traditionen. Vielmehr transportiert die Koranrezitation in Verbindung mit einer modalen Struktur implizite Formen des Vortrags: Sie vermittelt eine klangliche Hermeneutik, indem spezifische melodische Formeln auch Vortragsmanieren konservieren können.

tator[15] geprägt ist. Insofern sind die Mittel, mit denen die Koranrezitation ausgeführt wird, durchaus musikalische Mittel, wie der modale Rahmen. In diesem stehen z. B. Intervallschritte, Umspielungen, Melismen, Kadenzen und andere musikalische Formeln, die zugleich das Repertoire eines Rezitators bilden.

Zur Vortragspraxis (*taǧwīd, ādāb at-tilāwa* und *samāʿ*)

Mit dem Begriff *taǧwīd* werden nicht nur die Vortragsregeln, die während der Rezitation des Korans eingehalten werden müssen, bezeichnet, sondern die gesamte literarische Disziplin, in welcher die Regeln behandelt werden, wird mit diesem Begriff überschrieben.[16] Dass *taǧwīd* zuweilen auch zur Bezeichnung der Rezitation gebraucht wird, lässt erkennen, wie eng die Vortragsregeln mit der Rezitation verwoben sind. Nur wenn die Vortragsregeln eingehalten werden, wird die Rezitation korrekt ausgeführt – und das gilt für alle Vortragsmodi. Die arabischsprachigen Quellen zum *taǧwīd* beinhalten Regeln für die Artikulation der Phoneme (*maḫāriǧ al-ḥurūf*) sowie deren Merkmale (*ṣifāt al-ḥurūf*); letztgenannte gehen über die Artikulationsstellen hinaus, indem bestimmte Phoneme eine besondere Artikulation bedingen. Es ist gerade diese Artikulation bestimmter Laute und Lautverbindungen, die den einzigartigen Klang der Koranrezitation ausmacht; dies wird im Absatz *ṣifāt al-ḥurūf* exemplarisch aufgeführt.

Für die Lesung ist die Wahl der Lesart (*qirāʾa*, Pl. *qirāʾāt*), welche auch Teil des *taǧwīd* ist, entscheidend. Nach der Kodifizierung des Korans durch den Kalifen ʿUṯmān b. ʿAffān (gest. 35/656) hat Ibn Muǧāhid (gest. 324/936) sieben Lesarten beschrieben, die als zulässig erachtet werden.[17] Er präsentierte die Lesarten der Leser aus denjenigen Orten, die in Ver-

15 Auch wenn das Amt des Koranrezitators traditionell von männlichen Lesern (*qurrāʾ*, Sg. *qāriʾ*) besetzt ist, gibt es weibliche Koranleserinnen (Sg. *qāriʾa*). Diese Tradition ist in Indonesien besonders stark. Rasmussen, *Women, the Recited Qur'an, and Islamic Music in Indonesia.*

16 Ibn Ḫāqān (gest. 325/936) soll der erste gewesen sein, der in einem Lehrgedicht über die Wissenschaft vom *taǧwīd* (*ʿilm at-taǧwīd*) geschrieben hat. Rezvan, "Orthography", S. 606. Jedoch hat sich der Begriff *taǧwīd* erst später etabliert. Ibn Ḫāqān verwendet ihn noch nicht, stattdessen gebraucht er den Ausdruck *ḥusn al-adāʾ* (wörtl. "gute Wiedergabe"): "Oh Leser (*qāriʾ*) des Koran (*Qurʾān*), führe seine Wiedergabe gut aus (*aḥsin adāʾahū*)". Boneschi, "La qaṣīda fi ʹt-taǧwīd", S. 57, Vers 5.

17 "It can be said that, from then on, the codified text in the form of the ʿUthmānic codex was considered to be the primary text and the only one admissible for reciting the Qurʾān." Leemhuis, "Readings of the Qurʾān", S. 356.

bindung mit den ersten fünf Exemplaren des ʿUṯmānischen Kodex standen: Nāfiʿ b. ʿAbd ar-Raḥmān (gest. 169/785) aus Medina, ʿAbdallāh b. Kaṯīr (gest. 120/738) aus Mekka, ʿĀṣim b. Abī n-Naǧūd (gest. 127/745), Ḥamza b. Ḥabīb az-Zayyāt (gest. 156/773) und ʿAlī b. Ḥamza al-Kisāʾī (gest. 189/804) aus Kūfa, Abū ʿAmr b. al-ʿAlāʾ (gest. 154/770) aus Baṣra und ʿAbdallāh b. ʿĀmir (gest. 118/736) aus Damaskus.[18] Die überlieferten Textvarianten des Korans sind nicht nur im Hinblick auf die Vokalisation (*taškīl*) des Konsonantentextes und die die Aussprache betreffenden Unterschiede relevant, sondern auch für die Pausasetzung. Letztgenannte betrifft die Textsegmentierung, also das Setzen von Pausa innerhalb von Versen und am Versende. Dieser Bereich wird in der *taǧwīd*-Literatur unter der Überschrift *aḥkām al-waqf wa-l-ibtidāʾ* ("Regeln für Pausa und [Phrasen-] Beginn") behandelt. Die Pausasetzung berührt insbesondere den Bereich der Koranexegese (*tafsīr*). Ein Rezitator beherrscht im Idealfall mehrere Lesarten. Die Regulierung der Pausasetzung ist in den Kodizes vorgegeben, jedoch ist eine exegetische Beschäftigung mit dem Text insbesondere dann notwendig, wenn, wie in der Lesung nach Warš ʿan Nāfiʿ, nur ein Pausazeichen verwendet wird.[19]

Ebenso Bestandteil der *taǧwīd*-Regeln sind die Regeln des guten Vortrags (*ādāb at-tilāwa* bzw. *ādāb al-Qurʾān*), welche gleichsam bedeutend für die Rezitation sind; dieser Bereich der islamischen Literatur überliefert Berichte (*aḥādīṯ*, Sg. *ḥadīṯ*) über die Rezitation des Propheten. Der Theologe Abū Ḥāmid al-Ġazālī (gest. 505/1111) hat ein Buch über die Etiketten der Rezitation (*Kitāb Ādāb tilāwat al-Qurʾān*) verfasst. Er unterscheidet darin zwischen äußerlichen (Anstands-)Regeln der Rezitation (*ẓāhir ādāb at-tilāwa*) und weiteren Regeln für die innere Ausführung (*aʿmāl bāṭin*).[20] Zu den äußeren Regeln gehören u.a. der Zustand des Rezitators (z. B. rituelle Reinheit, Höflichkeit, Ruhe, beim Gebet der *qibla* zugewandt zu sein), die Textmenge dessen, was man vom Koran liest, den Koran zu schreiben, den Koran langsam und deutlich vorzutragen, Weinen während der Koranlesung, den rezitierten Versen gerecht zu werden, das Bittgebet vor, während

18 Leemhuis, "Readings of the Qurʾān", S. 357. "In the full system of the fourteen readings, each reader is represented by two *riwāyas*, or transmissions, and a reading is generally referred to by both the reader and one of the *rāwīs* in the following form: *qirāʿat Warsh ʿan Nāfiʿ, Ḥafṣ ʿan ʿĀṣim, al-Dūrī ʿan Abī ʿAmr* ("the reading of Warsh from Nāfiʿ," or "Ḥafṣ from ʿĀsim," or "al-Dūrī from Abū ʿAmr"), etc." Ibid., S. 359.

19 Zu den unterschiedlichen Interpretationsmöglichkeiten, die innerhalb verschiedener Lesarten in der Rezitation auftreten und die Pausasetzung bestimmen, siehe: Schewe, "Die rhetorische Bedeutung der Pausa-Setzung (*waqf*) für die Koranrezitation".

20 Al-Ġazālī, "Kitāb Ādāb tilāwat al-Qurʾān", S. 272–293.

und nach dem Lesen des Korans zu sprechen, den Koran laut zu lesen. Zu den inneren Regeln gehört u.a. die Größe der göttlichen Rede zu verstehen, Aufmerksamkeit, Nachdenken über den rezitierten Vers, Verständnis der rezitierten Verse, die Lehren des Korans umzusetzen, Bewusstsein darüber, die Rede Gottes und nicht von sich selbst zu hören, und den Koran zu fühlen (*taʾaṯṯur*). Letztgenanntes betrifft die Wirkung, die die rezitierten Verse auf die Lesenden ausüben. Diese Gefühle können unterschiedlich sein, die Lesenden können also in einen Zustand von Trauer (*ḥuzn*), Furcht (*ḫawf*) oder Hoffnung (*raǧāʾ*) versetzt werden.[21] Hier zeigt sich deutlich eine emotionale Komponente der Rezitation, die jedoch weniger vom Vortrag, sondern mehr vom vorgetragenen Inhalt ausgeht. Das Weinen (*bukāʾ*), das innerhalb der äußerlichen Regeln genannt wird,[22] stellt wiederum den Ausdruck der Emotion dar. Zu den Vortragsregeln gehört diese entsprechende innere Haltung, die bei der Koranrezitation sowie auch beim Hören derselben eingenommen werden soll.[23] Dass die Rezitation eine solche emotionale Wirkung hervorrufen kann, sollte vor dem Hintergrund der musikalischen Ethoslehre gesehen werden, die in der arabischsprachigen Musikliteratur auch rezipiert worden ist.[24] An dieser Schnittstelle zwischen der Wirkung von Musik und derjenigen beim Hören des Korans, wenn er rezitiert wird, stellt sich die Frage nach der Zulässigkeit von Musik, d. h. nach dem Grad der musikalischen Ausführung der Koranrezitation, die in der islamischen Literatur immer wieder behandelt wird. Über diesen thematischen Zweig sind ebenfalls zahlreiche Traktate unter der gängigen Überschrift *samāʿ* ("Hören" bzw. "das, was gehört wird") verfasst worden. Der Begriff *samāʿ* ist besonders eng an das Ṣūfī-Ritual gebunden. Für die Anhänger dieser Glaubenspraxis bedeutet dies, islamische Musik zu singen, zu hören und in einigen Orden sogar danach zu tanzen, wobei die Musik das hingebungsvolle Gebet unterstützen soll.[25] Anders als in der Koranrezitation handelt es sich

21 Al-Ġazālī, "Kitāb Ādāb tilāwat al-Qurʾān", S. 285.

22 Ibid., S. 277.

23 Es geht dabei nicht lediglich um Trauer (*ḥuzn*), vielmehr ist mit dem Anspruch an diese Emotion und dem damit verbundenen Ausdruck des Weinens (*bukāʾ*) eine Form der Ehrfurcht vor dem Göttlichen gemeint.

24 Zur Rezeption der antiken Ethoslehre bei al-Kindī (gest. etwa 256/870): Schewe, *Al-Kindī und die Wirkung der Musik*.

25 Zur Erklärung des Begriffs *samāʿ* im sufistischen Ritual: "*Samāʿ* is then considered to be the 'nourishment of the soul', in other words, a devotional practice which, according to Ṣūfī authors, can induce intense emotional transports (*tawāǧjud*), states of grace (*aḥwāl*), of trance or of ecstasy (*waǧj, wuǧjūd*) and even revelations. These manifestations are often accompanied by movements, physical agitation or dance which are of set form or otherwise, individual or collective, of which Persian mini-

hierbei tatsächlich um islamische Musikpraxis, die regional verschiedene Formen annimmt; sie wird entweder rein vokal ausgeführt oder auch instrumental begleitet. Im Koran selbst wird der Begriff *samāʿ* nicht genannt; stattdessen wird der Begriff *lahw* ("Unterhaltung, Zeitvertreib") gebraucht, dessen Wurzel *l-h-w* an 16 Stellen im Koran vorkommt.[26] An sechs Stellen wird er zusammen mit dem Begriff *laʿib* ("Spiel, Spaß") genannt. Wenn *lahw* also im Sinne eines musikalischen Zeitvertreibs zu verstehen ist, dann scheint er durch die gemeinsame Nennung mit *laʿib* auf einer Stufe mit dem Spiel zu stehen und einem "ernsten" Hören und "demutsvollen" Rezitieren des Korans entgegenzustehen. Bezogen auf die Zulässigkeit von Musik sowohl innerhalb der islamischen Ritualpraxis als auch in der weltlichen Musikpraxis zeigt sich auch an dieser Stelle der Versuch einer Abgrenzung, welche zwischen der Koranrezitation und dem musikalischen Gesang nicht nur terminologisch, sondern auch von ihrer Wesensverschiedenheit her getroffen wird. Während Gesänge und andere musikalische Gattungen durch musikalische Mittel, wie Rhythmik, Modalität oder Melodieverlauf auf das Gemüt der Hörenden einwirken können, ist es in der Koranrezitation vornehmlich der Gehalt der Worte, der durch die Rezitation transportiert und selbst erfahren wird. Ihre melodische Umsetzung jedoch steht nicht für sich selbst, sondern ganz im Sinne des semantischen Textgehalts: Die musikalische Ausführung der Rezitation ist in jeder Hinsicht textgebunden. Während die melodische Form der Rezitation jedoch kulturell und historisch bedingt variabel erscheint, bilden die Vortragsregeln des *taǧwīd*, die die Aussprache und Textsegmentierung betreffen, das konstante Element jeder Koranrezitation.

Zur Aussprache: *maḫāriǧ al-ḥurūf* und *ṣifāt al-ḥurūf*

Die Ausspracheregeln (*maḫāriǧ al-ḥurūf*) sollen nur in Kürze dargestellt werden. Sie sind bereits mehrfach und ausführlich in der Literatur behandelt worden.[27] Hingegen werden die *ṣifāt al-ḥurūf* näher besprochen und mit Bei-

atures have left numerous testimonies and of which certain forms are still in use." During/Sellheim, "Samāʿ".

26 Siehe: https://corpus.quran.com/qurandictionary.jsp?q=lhw.

27 In regelmäßiger, neuer Auflage erscheint: Nelson, *The Art of Reciting the Qur'an*. Eine jedoch detailliertere Aufarbeitung über die *taǧwīd*-Regeln bietet Kellermanns Dissertation, die bislang nicht publiziert wurde: Kellermann, *Koranlesung im Maghreb*. Die älteste überlieferte Abhandlung zum *taǧwīd* ist ein Lehrgedicht von Mūsā b. ʿUbayd Allāh b. Ḫāqān (gest. 325/936): Boneschi, "La qaṣīda fī ʾt-taǧwīd attribuée à Mūsā

spielen aus der Rezitationspraxis belegt. Gegenüber den *maḫāriǧ al-ḥurūf*, welche die (allgemein in der arabischen Hochsprache gebräuchlichen) Artikulationsstellen der Laute/Phoneme in der Rezitation beschreiben, sind die *ṣifāt al-ḥurūf* diejenigen artikulatorischen Merkmale, die insbesondere bei der Koranrezitation zur Anwendung kommen.

Nach al-Ǧazarī (gest. 833/1429) gibt es 17 *maḫāriǧ al-ḥurūf*, die sich im Hinblick auf ihre Artikulationsstelle voneinander unterscheiden.[28] Die Reihenfolge der Artikulationsstellen verläuft vom Rachenraum bis zu den Lippen. Die Langvokale (*ḥurūf madd*, "gedehnte Laute") *alif*, *wāw* und *yāʾ* zählen zu den Lauten, die im Mundraum (*al-ǧawf*, wörtl. "Hohlraum") (sowie auch im Rachenraum, *hawāʾiyya*) fließen.[29] Es folgen die Laute, die im Rachenraum gebildet werden: *hamza* und *hāʾ* im hinteren Rachenraum (*aqṣā l-ḥalq*), *ʿayn* und *ḥāʾ* im mittleren Rachenraum (*li-wasṭihī*), *ġayn* und *ḫāʾ* im vorderen Rachenraum (*adnāhu*). Zu den Lauten, die mit der Zunge gebildet werden: *qāf* an der hinteren Zungenpartie oben (*aqṣā l-lisān fawq*) und *kāf* unterhalb der vorhergehenden Artikulationsstelle (*asfal*). Es schließt sich die mittlere Zungenpartie (*wasṭ*) an mit den Lauten *ǧīm*, *šīn* und *yāʾ*, die gegen die darüberliegende Gaumenmitte gedrückt wird. *Ḍād* wird am Zungenrand (*ḥāfatihī*) gebildet. Die Laute *lām*, *nūn* und *rāʾ* werden durch Berühren der Zunge an verschiedenen Stellen gegen das Zahnfleisch gebildet: *lām* am vorderen Rand der Zunge (*adnāhā li-muntahāhā*, wörtl. "näher an ihrem Ende"), *nūn* an der Zungenspitze (*ṭarafihi*) und *rāʾ* am Zungenrücken (*ẓahr*). *Ṭāʾ*, *dāl* und *tāʾ* werden durch Berührung der Zungenspitze gegen die oberen Schneidezähne (*ʿulyā t-ṯanāyā*) gebildet. Durch Berühren der unteren Schneidezähne (*fawq aṯ-ṯanāyā as-sufla*) mit der Zungenspitze werden die Laute *sīn*, *ṣād* und *zāl* gebildet. *Ṯāʾ*, *ḏāl* und *ẓāʾ* wer-

Ibn ʿUbaiḍallāh Ibn Ḫāqān". Unter den zahlreichen Werken zum *taǧwīd* seien auch die Werke von Ibn al-Ǧazarī (Šams ad-Dīn Abū l-Ḫayr Muḥammad, gest. 833/1429) zu nennen, u. a. *at-Tamhīd fī ʿilm at-taǧwīd*. Einen historischen Überblick über Werke zum *taǧwīd* bietet Rezvan, "Orthography".

28 Ältere Werke, die diese beschreiben, stammen aus dem *Kitāb al-ʿAyn* von al-Ḫalīl b. Aḥmad (gest. 175/791) und aus dem *Kitāb* von Sībawayhi (gest. ca. 180/796). Al-Ǧazarī, *Al-Muqaddima al-Ǧazariyya*, S. 81–85.

29 Im Folgenden wird eine Zusammenfassung der *Ǧazariyya* gegeben, gegebenenfalls unter Ergänzung der Artikulationsstellen, die Kellermann auch nach al-Ḫalīl berücksichtigt hat. Al-Ǧazarī, *Al-Muqaddima al-Ǧazariyya*, S. 81–85. Eine detailliertere Übersicht gibt Kellermann, *Koranlesung im Maghreb*, S. 29–32. Die Beschreibungen werden hier vereinfacht gegeben, z. B. wird nicht unterschieden in welcher Stärke die Zunge die Stellen im Mundraum berührt, um den jeweiligen Laut zu bilden. Die Korrektheit der Artikulationsstellen wird nicht diskutiert. Die hier gebotene Zusammenfassung dient lediglich einem Einblick in die differenzierte Besprechung der Artikulationsstellen.

den gebildet, indem die Zungenspitze die Ränder der oberen Schneidezähne (*ṭarafayhimā*) berührt. Abschließend folgen die Laute, die mit den Lippen (Labiale) gebildet werden: *fāʾ* wird gebildet durch die Berührung der Ränder der oberen Schneidezähne mit der Unterlippe (*baṭn aš-šafa*), *mīm*, *bāʾ* und *wāw* werden bilabial (*šafatayn*) gebildet. Zuletzt folgt die Erwähnung des Nasallautes *ġunna*, der im Nasenraum (*ḫayšūm*) gebildet wird.[30] Letztgenannte Klangeigenschaft stellt ein besonderes Merkmal der Koranrezitation dar. Die *ṣifāt al-ḥurūf* werden im Folgenden nur zusammenfassend besprochen, es werden hingegen diejenigen dargestellt, die die Koranrezitation klanglich beeinflussen.[31] Kellermann versteht die Eigenschaften der Laute (*ṣifāt*) als Artikulationsmodi und beschreibt, dass einige Konsonanten artikulatorische Besonderheiten aufweisen.[32] Entscheidend ist die Unterscheidung der *ḥurūf maǧhūra* ("laut gesprochene Laute") und der *ḥurūf mahmūsa* ("leise gesprochene Laute", wörtl. "geflüsterte Laute"). Zu den *ḥurūf maǧhūra* gehören *alif, hamza, ʿayn, ġayn, qāf, ǧīm, yāʾ, ḍād, lām, nūn, rāʾ, ṭāʾ, dāl, zāy, ẓāʾ, ḏāl, bāʾ, mīm, wāw*, zu den *ḥurūf mahmūsa* zählen *hāʾ, ḥāʾ, ḫāʾ, kāf, šīn, tāʾ, sīn, ṣād, ṯāʾ, fāʾ*.[33] Bei der Artikulation des *ḥarf mahmūs* kann der Atem weiterhin fließen[34], so dass al-Ǧazarī schreibt: "Mit ihm fließt (*ǧarā*) der Atem (*nafas*) an seiner Artikulation[sstelle] (*nuṭq*) durch schwaches Aufstützen (*ḍuʿf al-iʿtimād*) bei seiner Artikulation (*ḫurūǧ*)."[35]

30 Kellermanns Übersicht entspricht noch heute dem Standard moderner *taǧwīd*-Traktate über die *maḫāriǧ al-ḥurūf*, auch wenn er schon erwähnt, dass die traditionelle Beschreibungsweise mitunter aufgegeben wurde, um sich an der Aussprache der modernen Lesepraxis zu orientieren. Allerdings bleibe die Festschreibung regionaler Aussprachen weitgehend unberücksichtigt. Kellermann, *Koranlesung im Maghreb*, S. 32–33.

31 Die Zusammenfassung orientiert sich an Kellermanns Übersicht und berücksichtigt die *Ǧazariyya*. Al-Ǧazarī, *Al-Muqaddima al-Ǧazariyya*, S. 86–89. Kellermann, *Koranlesung im Maghreb*, S. 34–52.

32 Kellermann, *Koranlesung im Maghreb*, S. 34.

33 Kellermann diskutiert die Möglichkeit einer *maǧhūra-mahmūsa* Dichotomie im Sinne einer Opposition von stimmhaft und stimmlos sowie *fortis* und *lenis*. Ibid., S. 36–38. Ebenso bespricht Danecki die Opposition der beiden Attribute der Laute. Danecki, "Majhūra-Mahmūsa".

34 Kellerman erklärt diese Form des Atems während der Artikulation der Laute als stimmlos. Kellermann, *Koranlesung im Maghreb*, S. 36.

35 Al-Ǧazarī, *Tamhīd fī ʿilm at-taǧwīd*, S. 97. Das Konzept des "Aufstützens" (*iʿtimād*), von welchem al-Ǧazarī spricht, wendet schon Sībawayhi an. Damit ist eine Art "akustischer Energie" gemeint, die möglicherweise auf den in der indischen Phonetik verwendeten Begriff *prayatna* zurückgeht, der die Lautbildung bezeichnet. Danecki schließt indischen Einfluss nicht aus: "The starting point of Sībawayhi's definition is the concept of *iʿtimād*, which may be understood as a phonatory effort or simply phonation, i.e. acoustic energy. This somewhat puzzling term was used only by him, and was dropped in later Arabic theory. The term may well derive from Indian

Diese Laute gelten als schwächer gegenüber den *ḥurūf maǧhūra*.[36] Der *ḥarf maǧhūr* hingegen ist nach al-Ǧazarī ein starker Laut (*ḥarf qawwī*): "Er verhindert, dass der Atem (*nafas*) an der Artikulation[sstelle] (*nuṭq*) durch starkes Aufstützen (*quwwat al-iʿtimād*) an dem Ort seiner Artikulation (*ḫurūǧ*) fließt."[37] Nach diesen beiden ersten Kategorien unterscheidet al-Ǧazarī auch die drei Kategorien fester Laute (*ḥurūf šadīda*), lockerer Laute (*ḥurūf riḫwa*) und mittlerer Laute (*ḥurūf mutawassiṭa*), wobei sie Unterkategorien der beiden *ḥurūf maǧhūra* und *mahmūsa* darstellen.[38] Auch wenn die *ḥurūf šadīda* und die *ḥurūf riḫwa* jeweils hinsichtlich ihrer Stärke bzw. Schwäche beim "Aufstützen" unterschieden werden, so sei nach Kellermann der entscheidende Unterschied zu der sehr ähnlichen *ǧahr-hams*-Opposition, dass anstelle von Atem (*nafas*) Klang (*ṣawt*) in der Definition verwendet wird. Dieser Klang wird bei den *ḥurūf šadīda* nur "momentan" gehalten, im Fall der *ḥurūf riḫwa* kann er "dauerhaft" gehalten werden.[39] Der Aspekt, dass ein Laut bzw. dessen Klang dauerhaft gehalten werden kann, ist wiederum für die Rezitation von Bedeutung.

Im Folgenden Abschnitt werden am Beispiel einer *murattal*-Aufnahme von *sūrat al-ʿādiyāt* als *ṣifāt al-ḥurūf* sowohl *qalqala* als auch *ġunna* beschrie-

phonetic theory, where phonation was called *prayatna* (but cf. Law 1990)." Danecki, "Majhūra-Mahmūsa". Mit *prayatna* dürfte also die innere Anstrengung gemeint sein, mit welcher der Laut am Artikulationsort erzeugt wird. Pāṅinis (4./5. Jh. v. Chr.) Auffassung "homogener Laute" wurde diskutiert, sie macht aber deutlich, dass diese den Artikulationsort und die Artikulationsweise teilen: "'The correct result is, however, established by [defining] a homogeneous sound [as the one which shares with another sound] the same point of articulation (deśa) and [the same] internal effort (prayatna) in the mouth (āsya).' This is what Pāṇini ought to teach and probably intended to teach. (...) Thus finally the word āsya stands for 'point of articulation' and prayatna stands for 'internal effort.' These are the two conditions for homogeneity." Deshpande, *Critical Studies in Indian Grammarians I: The Theory of Homogeneity (Sāvarṇya)*. Bei al-Ǧazarī, der Sībawayhi in der Anwendung des Begriffs *iʿtimād* zu folgen scheint, mag mit diesem Terminus wohl die Stärke der Lautbildung gemeint sein, die an unterschiedlichen Artikulationsorten angewandt wird.

36 Kellermann öffnet auch die Dichotomie leise-laut im Verhältnis zu schwach-stark. Kellermann, *Koranlesung im Maghreb*, S. 36.

37 Al-Ǧazarī, *Tamhīd fī ʿilm at-taǧwīd*, S. 98.

38 Ibid., S. 98–99. Die *ḥurūf mutawassiṭa* werden in der *Ǧazariyya* genannt: Al-Ǧazarī, *Al-Muqaddima al-Ǧazariyya*, S. 86.

39 So gibt es Kellermann an, indem er sich auf Fleisch und dessen Entsprechung von Okklusiven und Frikativen bezieht. Kellermann, *Koranlesung im Maghreb*, S. 40. Allerdings ist die Kategorie der *ḥurūf mutawassiṭa* problematisch, denn hierzu zählt al-Ǧazarī *ʿayn, lām, nūn, rāʾ* und *mīm*. Ibid.

ben. Beide phonetischen Phänomene nehmen Einfluss auf die Rezitation im Hinblick auf Intonation, aber auch Rhythmisierung.[40]

Qalqala

Der Begriff *qalqala*, der für die Kategorie der Laute *qāf*, *ṭāʾ*, *bāʾ*, *ǧīm*, *dāl*[41] angewandt wird, bedeutet wörtlich "bewegen, erschüttern", womit zugleich das Merkmal dieser emphatisch artikulierten Laute beschrieben ist. Einer der frühesten Hinweise auf diese Laute findet sich in al-Ḫalīl's (gest. ca. 175/791) *Kitāb al-ʿAyn*: "*qalqala* und *taqalqulu* [bedeuten] ein[en] Mangel (*qilla*) an Festigkeit am [Artikulations-]Ort" und weiter: "*qalqala* [bedeutet] Stärke/Intensität (*šidda*) des ausgestoßenen Rufs (*ṣiyāḥ*) und Steigerung (*ikṯār*) der Sprache."[42] In seinem *Kitāb* bespricht Sībawayhi diese Laute als Unterkategorie des *ṣawt aṣ-ṣadr* (in etwa "Laut, der im Brustkorb klingt"). Owens interpretiert dies als 'voiced sound' ("stimmhafter Klang").[43] Sībawayhis Definition der Laute, die er als *mušraba* (wörtl. "erfüllt, voll")[44] bezeichnet, lautet: "Wisse, dass unter den Lauten (*ḥurūf*) einige Laute *mušraba* sind, die aus ihren Artikulationsorten (*mawāḍiʿhā*) [heraus-]gepresst werden (*ḍuġiṭat*). Wenn pausiert wird (*waqafat*), tritt mit ihnen ein kleiner Laut (*ṣuwayt*) aus dem Mund hervor und die Zunge zieht sich zurück von seinem [Artikulations-]Ort (*mawḍiʿihi*). Das sind die *qalqala*-Laute (*ḥurūf al-qalqala*). (…) Und zwar sind das *qāf*, *ǧīm*, *ṭāʾ*, *dāl* und *bāʾ*. Das ist ein Hinweis auf das, was du sagst: […] du kannst nicht [auf einem von diesen Lauten] pausieren außer mit einem kleinen Laut (*ṣuwayt*), damit der Laut (*ḥarf*) [mit] Stärke (*šidda*) [heraus-]gepresst wird (*ḍaġṭ*)."[45] *Qalqala* ist ein phonetisches Ereignis und hat als solches einen

40 Die folgende Auswertung stützt sich auf eine Aufnahme von *sūrat al-ʿādiyāt* in der Lesart nach Ḥafs ʿan-ʿĀṣim und im Vortragsstil *murattal*, die ich 2016 mit Imām Aḥmad al-ʿArabī an der al-Azhar Universität in Kairo gemacht habe.

41 Eine eingehende Diskussion über die *qalqala* artikulierten Laute gibt Kellermann. Er zeigt darin auf, dass in den Quellen unterschiedliche Laute hinsichtlich ihrer Lautqualität unter die *ḥurūf al-qalqala* gezählt werden. Er führt auch an, dass nicht alle Koranrezitatoren *qalqala* korrekt ausführen. Kellermann, *Koranlesung im Maghreb*, S. 48–50.

42 Al-Ḫalīl, *Kitāb al-ʿAyn*, Bd. 3, S. 425.

43 Owens, "The voie diffuse and reconstruction", S. 31.

44 Nāṣṣir beschreibt die Bedeutung des Begriffs *mušraba* wie folgt: "Literally the term Mushrabah means an item acquiring a quality of another item. (…) The fact that only the Majhur consonants are classified in this context might lead to the conclusion that this feature, although phonologically based, is mainly related to the voicing quality of the consonants." Nāṣṣir, *Sibawayh the Phonologist*, S. 97.

45 Sībawayhi, *Al-Kitāb*, Bd. 4, S. 174. Vgl. an-Nāṣṣir, *Sibawayh the Phonologist*, S. 97.

unmittelbaren Effekt auf die Rezitation. Die Plosivlaute, die mit *qalqala* artikuliert werden, gehören zur Kategorie der *ḥurūf maǧhūra* und unter diesen zur Kategorie der *ḥurūf šadīda*, denen "eine 'Stärke' (*quwwa*) beim 'Aufstützen' (*iʿtimād*) auf der Artikulationsstelle zugeschrieben" wird, "die den Klang daran hindert, bei der Artikulation des *ḥarf* zu 'fließen'."[46] Die plötzliche Freisetzung des angehaltenen Atemflusses, um die *ḥurūf al-qalqala* zu artikulieren, erfolgt mit einer Epenthese, d. h. der Einfügung eines leichten Buchstabens (*ḥaraka ḫafīfa*), der als *schwa* /ə/ erscheint. Diese zusätzliche Vokalisierung tritt auf, wenn die fünf *qalqala*-Konsonanten unvokalisiert sind. Somit erzeugt die *qalqala* einen metrischen bzw. rhythmischen Effekt in der Rezitation, indem die geschlossene Silbe, die eine Dauer von zwei *ḥarakāt*[47] hat, in zwei kurze Silben aufgebrochen wird, die ihrerseits die Dauer eines *ḥaraka* haben.

Das einschlägigste Beispiel dieses phonetischen Phänomens findet sich in den Versen 1–5 der *sūrat al-ʿādiyāt*, in welchen der Angriff von Reitern, die auf Pferden oder Kamelen nahen, rhetorisch mit dem Mittel der Schwurserie entworfen wird. Sinai spricht von einer angreifenden Reiterschar und bezieht dies aus der Erwähnung von 'Laufen' und 'Funkenschlagen' in den ersten beiden Versen.[48] Neuwirth hat auf das Bild der Bewegung, das in diesen Versen gezeichnet ist, hingewiesen und spricht von der "atemlos schnellen Bewegung des enigmatischen Trupps, der selbst einen altorientalischen Topos (siehe Jes 5, 26–30) evoziert".[49] Diese bedrohliche Konnotation sieht sie mit der morphologischen Form des Partizip Aktiv Femininum Plural verbunden.[50] Die *qalqala* erscheint in jedem Vers innerhalb der Akkusativob-

46 Kellermann, *Koranlesung im Maghreb*, S. 40.

47 *Ḥaraka*, Pl. *ḥarakāt* bezeichnet die Schläge (wörtl. "Bewegung"), mit denen der durchgehende Puls in der Koranrezitation gezählt wird. Silben des Typs cv haben eine Dauer von einer *ḥaraka*, Silben des Typs cvc oder c$\bar{v}$ habend die Dauer von zwei *ḥarakāt*. In der traditionellen maghrebinischen Rezitation werden Silben des Typs cvc jedoch einmorig realisiert, das bedeutet mit der Dauer von einer *ḥaraka*. Eine längere Dehnung (*madd*) der Silbe über zwei *ḥarakāt* hinaus hängt wiederum mit bestimmten, teilweise phonetisch bedingten, Aussprachregeln zusammen. Eine Dehnung, die zwei *ḥarakāt* übersteigt, wird in der vorliegenden Untersuchung als rhythmisch aufgefasst, da der metrische Wechsel von je einer *ḥaraka* und zwei *ḥarakāt* in eine musikalische Längung überführt wird.

48 Er führt weiter aus: "Eine teilweise ähnliche Beschreibung einer heranrückenden Kriegerschar findet sich im Buch Jesaja, wo sie den drohenden Untergang Judas versinnbildlicht (Jesaja 5:26–30, s. dazu Neuwirth, Frühmekkanische Suren, 170), doch sind die Berührungspunkte wohl zu lose, um von einer bewussten Anspielung zu sprechen." Sinai, "Sure 100 – al-ʿĀdiyāt – Die Rennenden".

49 Neuwirth, *Der Koran, Band 1: Frühmekkanische Suren*, S. 173.

50 Ibid. Q100:1-5 gehört zu denjenigen Surenanfängen, in deren Schwurserien das

jekte am Versende mit Ausnahme von Vers 5. Die folgende Übersetzung folgt derjenigen Bobzins,[51] in der Transliteration ist die *qalqala* mit dem Symbol ə berücksichtigt.

1 *wa-l-ʿādiyāti ḍabəḥā*	Bei den Laufenden, wenn sie schnauben!
2 *fa-l-mūriyati qadəḥā*	Bei den Ausschlagenden, dass die Funken stauben!
3 *fa-l-muġīrāti ṣubəḥā*	Bei den Angreifenden im Morgengrauen,
4 *fa-aṯarna bi-hī naqəʿā*	die damit Staub aufwirbeln,
5 *fa-wasaṭəna bi-hī ǧamʿā*	dann vordringen in die Feindeshaufen.

Die *qalqala* lässt sich als Stilmittel erachten, das in Verbindung mit der rhetorischen Bedeutung der Schwurverse zu sehen ist.[52] Das deutlich artikulierte *schwa*, das durch die *qalqala* erzeugt wird, findet sich in allen fünf Versen der Schwurserie, die im *murattal*-Stil vorgetragen wurde. In den Versen 1–4 erscheint *qalqala* auf jedem Akkusativobjekt, das zugleich das Versende bildet, sodass das Metrum der zweisilbigen Objekte *ḍabḥā*, *qadḥā*, *ṣubḥā* und *naqʿā* von zwei Längen (– –) zu drei Silben, das heißt zwei Kürzen und einer Länge (◡ ◡ –), aufgebrochen wird: *ḍabəḥā*, *qadəḥā*, *ṣubəḥā* und *naqəʿā*. Die indefiniten Akkusativobjekte enden, wenn Pausa (*waqf*) am Versende realisiert wird, nicht auf der Akkusativendung *-an*, sondern mit einem Langvokal *-ā*; doch hat dies keine metrische Auswirkung. Dass anstelle der zwei Längen nun zwei Kürzen und eine Länge das Metrum der Verse 1–4 bilden, erzeugt eine anapästische Wirkung, die sich auch in der Aufnahme zeigt, indem die lange Schlusssilbe stets betont wird. Durch die metrische Erweiterung ergibt sich in der Rezitation auf den ersten vier Versschlüssen eine Folge betonter Objekte, die das Szenario zum Ausdruck bringen:[53] Schnaufen[54], Funken

Objekt nicht eindeutig, sondern metonymisch in der Form *fāʿilāt* (Partizip Aktiv Plural) benannt ist. Neuwirth, *Der Koran als Text der Spätantike*, S. 286.

51 Bobzin, *Der Koran*, Sure 100 – Die Laufenden – *al-ʿādiyāt*.

52 Diese Auffassung eingrenzend sollte angemerkt werden, dass nicht geklärt werden kann, inwiefern *qalqala* auf den betreffenden Lauten zur Zeit der Genese dieser Verse realisiert worden ist. Dennoch lässt sich das im Hinblick auf die heutige Rezitationspraxis bestätigen sowie im Rückblick auf die seit Sībawayhi formulierten Ausspracheregeln für die *qalqala*-Laute feststellen, die den ersten Traktaten zu den *taǧwīd*-Regeln vorangehen.

53 Die Übersetzung der Begriffe richtet sich nicht gänzlich nach derjenigen Bobzins, es wurden aber Synonyme angebracht.

54 Die Bedeutung von *ḍabḥ* in Vers 1 wird verschiedentlich geklärt. So stellt ʿIkrima die scheinbar rhetorische Frage: "Siehst du nicht das Pferd (*a-lam tara ilā l-farasi*), wenn es läuft (*iḏā ǧarā*), wie es schnauft (*kayfa yaḍbaḥu*)?" https://tafsirtabari.com/ayah/61001. Das Akkusativobjekt wirft nicht nur die Frage nach seiner Bedeutung

(schlagen), Morgendämmerung, Staub[55]. Die Ausdrücke illustrieren nicht nur, sondern sie beschreiben die Szene auch akustisch (schnaufen). In Vers 5 erlaubt das Akkusativobjekt *ǧamʿā* keine *qalqala*, stattdessen positioniert sich *qalqala* auf das Verb *wasaṭna*, das dadurch wiederum von drei auf vier Silben *wa-sa-ṭə-na* erweitert wird. *Wasaṭna* bezeichnet den Vorgang der Bewegung, in welcher die Reiterscharen, die in der Femininum Plural Form des Verbs ausgedrückt sind, schließlich in der Mitte (der Feindeshaufen, *ǧamʿ*, wörtl. "Menge, Versammlung") zum Stehen kommen. Durch die Verschiebung der *qalqala* auf das Verb in Vers 5, endet dieser Vers, anders als die vorhergehenden mit zwei Längen (– –). Hier scheint der Stillstand metrisch wiedergegeben zu sein. Zusätzlich bestätigt wird dieser Eindruck, da *ǧamʿā* in der Aufnahme mit zwei betonten Schlusssilben, die spondeische Wirkung haben, erscheint. In Erweiterung des inhaltsbezogenen Kommentars von Neuwirth zeigt die Analyse der Rezitation unter Berücksichtigung der *qalqala* und ihres metrischen Effektes in der Rezitation, wie der Akt der Bewegung, der in diesen Versen formuliert ist, zugleich akustisch umgesetzt ist. Ohne die phonetische Realisierung der *qalqala* einzubeziehen, wird der metrische Effekt, der in einem rhetorischen Zusammenhang zu stehen scheint, nicht deutlich. Die folgende Übersicht des metrischen Schemas der fünf Verse soll den Bezug zwischen inhaltlichem und metrischem Geschehen verdeutlichen:

1	*wa-l-ʿādiyāti ḍabəḥā*	- - ∪ - ∪	∪ ∪ -
2	*fa-l-mūriyāti qadəḥā*	- - ∪ - ∪	∪ ∪ -
3	*fa-l-muġīrāti ṣubəḥā*	- ∪ - - ∪	∪ ∪ -
4	*fa-aṯarna bi-hī naqəʿā*	∪ ∪ - ∪ ∪ -	∪ ∪ -
5	*fa-wasaṭəna bi-hī ǧamʿā*	∪ ∪ ∪ ∪ ∪ -	- -

Die Transkription zeigt ebenfalls, dass es sich vor allem um ein rhythmisches Phänomen handelt, welches erst durch die Rezitation und in Folge des metrischen Effekts, den *qalqala* bewirkt, auftritt. Es wäre zu überlegen,

auf, sondern auch nach der Zuordnung zu demjenigen Tier, das schnauft und sich nähert, sodass ʿAlī erklärt: "Das Schnaufen (*ḍabḥ*) der Pferde (*ḫayl*) ist Gewieher (*ḥamḥama*). Das [Schnaufen] der Kamele (*ibil*) ist Atem (*nafas*)." https://tafsirtabari.com/ayah/61024. Ibn ʿAbbās beschreibt das Geräusch des Schnaufens lautmalerisch als "*aḥ, aḥ*." https://tafsirtabari.com/ayah/61025.

55 Zur unklaren Bedeutung von *naqaʿa* gibt Sinai an: "Naqʿ wird in der islamischen Exegese üblicherweise mit ġubār bzw. turāb, "Staub" gleichgesetzt (vgl. Ṭabarī, ad loc.), doch steht diese Erklärung in den arabischen Lexika etwas isoliert da; u. U. wäre vielleicht die vom Lisān gegebene Erläuterung im Sinne von "angesammeltem Wasser" (an-naqʿu l-māʾu n-nāqiʿu ʾay al-muǧtamiʿ) vorzuziehen." Sinai, "Sure 100 – al-ʿĀdiyāt – Die Rennenden".

inwiefern hier bereits bei der Textgenese ein kompositorisches Mittel angewandt wurde. Damit wären eventuell Rückschlüsse auf das Vorkommen der *qalqala*-Laute möglich, die vor diejenigen Quellen, in denen *qalqala* zuerst erwähnt ist, zurückreichen.[56]

Die Schlusswirkung, die an jedem Versende eintritt, wird melodisch in dieser Aufnahme dadurch verstärkt, dass sich eine melodische Formel mit einer absteigenden Sekunde, die in den Versen variabel auftritt, herausbildet (*fis-e-e/h-a-a/a-gis↓-gis↓/h-a-a/gis↓-fis*).[57] Dabei erscheint jede erste Silbe sowie die Ultima des Akkusativobjekts betont, in Vers 5 sind beide Silben betont; in der Notation sind nur die Betonungen am Versende durch ein Akzentzeichen oberhalb der Notenzeile wiedergegeben; die übrigen Betonungspositionen bleiben für die vorliegende Untersuchung zunächst unberücksichtigt.[58]

56 Solomon spricht nur davon, dass es sich um einen "alten Begriff" handelt, der in den frühesten Wörterbüchern erwähnt wird: "It is an old term, which requires us to seek and confirm its use in the earliest dictionaries and grammars in order to understand its phonetics and meaning." Solomon, "Qalqala".

57 Die ersten fünf Verse von *sūrat al-ʿādiyāt* bilden den Quintrahmen *e-h* ab; dieser entspricht dem *ǧins rāst* beginnend auf dem Ton *e* (*e-fis-gis↓-a-h*). Für die genaue Bestimmung des modalen Rahmens danke ich Salah Eddin Maraqa, der sich in zahlreichen Untersuchungen den modalen Strukturen der arabischen und osmanischen Musiktradition gewidmet hat.

58 Es werden zwei Akzentzeichen verwendet, um zwischen Betonung durch Intervallschritt (/) und emphatische Betonung, d. h. nach Tonwiederholung (>), zu unterscheiden.

Die *schwa*-Insertion ist innerhalb der semitischen Sprachen üblich. Für die acht Modi des syrisch-aramäischen Oktōēchos stellen diese Zusatzsilben sogar ein Mittel dar, das zum einen zur Silbenharmonie beiträgt und zum anderen angewandt wird, um die verschiedenen Modi des Oktōēchos zu realisieren. Hier geht es vor allem um den rhetorischen Ausdruck der Texte, der in den acht Modi (*ēchoi*) zu verschiedenen kirchenjährlichen Anlässen zum Ausdruck kommen soll. Die acht *ēchoi* des syrisch-aramäischen Oktōēchos werden in erster Linie durch metrisch-rhythmische Parameter voneinander unterschieden und weniger durch melodische.[59] Das melodische Element ist also variabel, was in ähnlicher Weise für die Koranrezitation ausgesagt werden kann.

Nūn sākina, tanwīn und *mīm sākina*[60] und die Artikulation der *ġunna*

Für das vokallose *nūn* (*nūn sākina*), für Nunation (*tanwīn*) sowie für das vokallose *mīm* (*mīm sākina*) gibt es verschiedene Grade der Ausführung. Die Regeln, die für *nūn sākina* beschrieben werden, geben drei Kategorien an.[61] *Iẓhār* bezeichnet die volle Artikulation des *nūn*, wenn diesem die Gutturallaute (*ḥurūf al-ḥalq*), wie *ġayn*, *ḫāʾ*, *ḥāʾ*, *ʿayn*, *hāʾ* und *hamza* folgen. *Idġām* bezeichnet die Kontraktion bzw. Assimilation eines Buchstaben mit einem anderen, wenn dem Buchstaben *nūn* die Buchstaben *nūn*, *mīm*, *wāw* und *yāʾ* folgen; diese Regel kommt zwischen einzelnen Worten zur Anwendung, nicht jedoch innerhalb eines Wortes. Die dritte Kategorie *iḫfāʾ* bezeichnet die Senkung der Stimme, das bedeutet die Verbergung des Lautes findet statt, wenn dem Buchstaben *nūn* die übrigen Buchstaben folgen.

Iḫfāʾ und *idġām* werden verschieden artikuliert, wobei beide durch das klangliche Merkmal der Nasalierung (*ġunna*) gekennzeichnet sind. Wenn dem Konsonanten *nūn* ein weiteres *nūn* folgt oder ein *mīm*, dann tritt eine komplette Assimilation auf. Diese bedingt zusätzlich eine Nasalierung sowie die Verdopplung des *nūn* bzw. *mīm*. Eine teilweise Assimilation findet

---

59 Eine ausführliche Darlegung der Modi des syrisch-aramäischen Oktōēchos bringt Nieten, *Struktur und Metrum in den syrisch-aramäischen Psalmen und Hymnen*, S. 304–315.

60 Während *nūn sākina* und *mīm sākina* auf den vokallosen Konsonanten innerhalb eines Wortes oder an dessen Wortgrenzen bezogen sind, bezeichnet *tanwīn* (Nunation) das nicht vokalisierte Suffix -n am Ende indeterminierter Substantive.

61 So bei al-Ǧamzūrī, *Tuḥfat al-aṭfāl wa-l-ġilmān fī taǧwīd al-Qurʾān*, S. 4–5.

hingegen statt, wenn die Buchstaben *wāw* and *yā*ʾ auf *nūn* folgen; dann wird *nūn* palatalisiert und *yā*ʾ und *wāw* werden nasaliert ausgesprochen.[62]

Das folgende Beispiel zeigt zunächst die Regel für geminiertes *nūn* (*nūn mušaddada*), welches in diesem Fall nasaliert ausgesprochen wird, das heißt es wird mit *ġunna* artikuliert: "Artikuliere *ġunna*/Verbirg mittels *ġunna*, wenn *nūn* und *mīm* verdoppelt sind."[63] Damit verbunden ist auch eine Dehnung, wie im Folgenden gezeigt wird. In *sūrat al-ʿādiyāt* folgt nach den fünf einleitenden Schwurversen eine dreigliedrige Schwuraussage, die die Verse 6-8 umfasst. Die Verse beschreiben die Undankbarkeit und die Besitzgier des Menschen:

V.6 *inna l-insāna li-rabbihī la-kanūd*^{un}
"Wahrlich der Mensch ist gegen seinen Herrn sicherlich widerspenstig"
V.7 *wa-innahū ʿalā ḏālika la-šahīd*^{un}
"und wahrlich er ist sich selbst darüber sicherlich Zeuge"
V.8 *wa-innahū li-ḥubbi l-ḫayri la-šadīd*^{un}
"und wahrlich er liebt den Besitz sicherlich heftig."[64]

Wie die mehrfach vorkommende *ġunna* in der Schwurserie umgesetzt wird, wird im Folgenden an Vers 6 dargelegt. Vers 6 setzt mit der emphatischen Partikel *inna* ("wahrlich") mit Akkusativobjekt (*ism inna*) ein: *inna l-insāna*. Die erste Silbe von *inna* wird mit *ġunna* nasaliert und in der vorliegenden *murattal*-Rezitation auf eine Dauer von vier *ḥarakāt* gedehnt. Die zweite Silbe wird aufgrund der Artikelanbindung zu einer zweimorigen erweitert (*-na l-*). Beide Silben sind betont. Das angebundene Akkusativobjekt *al-insāna* ("der Mensch") folgt ebenfalls mit Betonung auf der ersten Silbe (*in-*). Auch diese Silbe wird mit *ġunna* artikuliert, da hier das unvokalisierte *nūn* vor dem Buchstaben *sīn* verborgen wird (*iḫfā*ʾ). Die ebenfalls nasalierte Silbe wird in dieser Aufnahme auf eine Dauer von vier *ḥarakāt* gedehnt. Schließlich erscheint auch die zweite Silbe von *insāna* mit einer Betonung.

62 Bakalla, "Nasalization". Dass *idġām* auch im Zusammenhang mit den Konsonanten *rā*ʾ und *lām* steht, bleibt hier unberücksichtigt, da sich hier keine Nasalierung ausbildet: *idġām bi-ġayr ġunna fī l-lām wa-r-rā*ʾ (…). Al-Ǧamzūrī, *Tuḥfat al-aṭfāl wa-l-ġilmān fī taǧwīd al-Qur*ʾ*ān*, S. 5, Vers 12.

63 *Wa-aẓhiri l-ġunnata min nūnin wa-min mīmin iḏā mā šuddidā* (…). Ibn al-Ǧazarī, *al-Iḥkām fī ḍabṭ al-muqaddima al-Ǧazariyya*, S. 69, Vers 62.

64 Die Übersetzung der drei Schwurverse orientiert sich lose an derjenigen von Neuwirth, jedoch wurde sie um die emphatische Partikel *inna* und die dazugehörige Bekräftigungspartikel *la-* ergänzt, da diese für das Verständnis des rhetorischen Ausdrucks, der den Schwurversen zugrundeliegt, notwendig sind. Neuwirth, *Der Koran. Band 1: Frühmekkanische Suren*, S. 167.

Diese Betonungsdichte ist bemerkenswert, nahezu jede Silbe, außer der letzten von *insāna* ist hervorgehoben, was durch die mit *ġunna* artikulierten Silben und den damit einhergehenden Dehnungen (zweimalig auf eine Dauer von vier *ḥarakāt*) noch verstärkt wird. Der Ausdruck "Wahrlich der Mensch" (*inna l-insāna*), der zugleich eine mahnende Anrede an die undankbaren und besitzgierigen Menschen ist, wird durch die starke Betonung jeder Silbe deutlich herausgestellt. Die Betonungen fallen mit folgenden Ereignissen zusammen: *ġunna* ist zunächst das phonetische Ereignis, mit welchem das rhetorische Mittel *inna* auch akustisch markiert ist, zugleich ergibt sich *ġunna* auch auf der ersten Silbe des gemahnten Menschen (*insān*). Die an sich schon phonetische Herausstreichung wird noch dadurch verschärft, dass die betreffenden Silben auf vier Schläge gedehnt werden, womit sie rhythmisch aus der sonst zwischen einmorigen und zweimorigen Silben alternierenden Rezitation herausgestellt werden. Zudem beginnt Vers 6 auf der Quinte des Quintrahmens der Rezitation, von wo aus die Melodielinie abwärts verläuft. Das gedehnte *h* ist so markant in der Rezitation, dass es deklamatorischen Charakter hat und die mahnende Anrede an den Menschen zum Ausdruck bringt. Auch hier sind nur diejenigen Akzente oberhalb der Notenzeile angegeben, mit denen die Wendung *inna l-insāna* betont wird.

V.6

Auch der Schlussvers, Vers 11, bringt an mehreren Stellen Nasalierung hervor. Der die Sure beendende und wiederum mit *inna* eingeleitete Vers greift nochmals die Undankbarkeit des Menschen gegenüber seinem Gott auf und "kontrastiert triumphal das Wissen Gottes in seiner Funktion als eschatologischer Richter mit der Achtlosigkeit der Menschen um ihre Tatenbilanz"[65]: *inna rabbahum bi-him yawmaʾiḏin la-ḫabīr*^{un} ("Wahrlich an jenem Tag ist ihr Herr über sie sicherlich wissend"). Vers 11 ist zugleich der Abschluss eines weiteren Bildes eines drohenden Angriffs, das in den Versen 9–11 gezeichnet wird.[66] Neben dem geminierten *nūn* der Partikel *inna*, die Emphase

---

65 Neuwirth, *Der Koran. Band 1: Frühmekkanische Suren*, S. 172.

66 Die Analyse, die das Akademievorhaben Corpus Coranicum bereitstellt, greift Neuwirths Darlegung auf: "Zugleich lässt sich die Schlusspassage (...) als Abschluss der Schwurserie verstehen: Denn 'die Schwurserie hatte das Bild da enden lassen, wo der eigentliche Überfall begann (V. 5: *fa-wasaṭna bihī ǧamʿā*, "dringen in der Scharen

hervorruft, folgt *iḫfāʾ* zwischen *rabbahum* und *bi-*, da das *mīm* des Personalsuffixes durch das folgende *bāʾ* der Präposition *bi* mit *ġunna* verborgen wird: *rabbahum_bi-him*. "Ihr Herr über sie" nimmt eine zentrale Stellung innerhalb des Verses ein, die somit auch zum Träger eines phonetischen Ereignisses wird. Hinzukommt das sich anschließende *yawmaʾiḏin*, das eine starke rhetorische Bedeutung hat.[67] Dieses steht an seinen Wortgrenzen in Verbindung mit *idġām* zwischen dem Personalsuffix *-him* und dessen erster Silbe *yaw-* sowie in Verbindung mit *idġām* zwischen dessen letzter Silbe *-ḏin* und der Bekräftigungspartikel *la-*, die im Zusammenhang mit der einleitenden Partikel *inna* steht: *rabbahum_bi-him_yawmaʾiḏin_la-ḫabīr*^{un}. Während der *idġām* vor *yāʾ* mit *ġunna* ausgeführt wird, findet vor *lām* keine nasalierte Artikulation des *nūn* statt, sondern es wird assimiliert. Es ist festzustellen, dass in der vorliegenden Rezitation eine mit *ġunna* in Verbindung stehende Dehnung lediglich auf *inna* ausgeführt wird. Hier wird die nasalierte Silbe wie in Vers 6 auf vier *ḥarakāt* gedehnt. Indes zeigen sich Betonungspositionen im gesamten Vers, die über die Wortbetonung hinausgehen. *Inna* wird zusätzlich zur Dehnung mit Hochton *a*, der schrittweise im Verlauf des Verses zum Schlusston *e* (*qarār*) abwärtsgeführt wird, auf der ersten Silbe betont. Diese mehrschichtige Betonung von *inna* (*ġunna*, Dehnung, Hochton, Akzent) reflektiert das Betonungsmuster von *inna* in Vers 6 (dort mit Hochton auf *h* beginnend und zusätzlicher Betonung auf der angebundenen Silbe von *inna* mit dem folgenden Artikel). Vers 11 bezieht sich damit nicht nur inhaltlich auf Vers 6 und beschreibt in umgekehrter Reihenfolge, dass der Herr nun über die Undankbarkeit des Menschen ("über sie", *bi-him*) an jenem Tag (d. h. dem jüngsten Gericht) Bescheid weiß, sondern auch melodisch wird hier eine Markierung gesetzt, die an Vers 6 anklingt. Das eschatologische *yawmaʾiḏin* ist dreifach betont. Die beiden Betonungen auf der ersten und der letzten Silbe fallen zusammen mit den phonetischen Ereignissen *idġām* zwischen dem Personalsuffix *-him* und der ersten Silbe *yaw-* sowie *idġām* zwischen der letzten Silbe *-ḏin* und der Partikel *la-*. Letztgenannte Position, auf der eine akzentuierende Achtelbewegung *gis*↓*-fis* stattfindet, stellt sich als bemerkenswert heraus, denn die Assimilie-

Mitte"), dessen Wirkung aber nicht ausgeführt', (...)." Nicolai Sinai, "Sure 100 – al-ʿĀdiyāt – Die Rennenden".

67 Zu *yawmaʾiḏin* gibt Corpus Coranicum an: "Der Ausdruck entspricht dem neutestamentlichen ἐν ἐκείνῃ τῇ ἡμέρᾳ / syr. b-haw yaumā (vgl. Matthäus 7:22 u. a.), das allerdings anders als im Koran nicht durchgängig eine eschatologische Referenz hat. (...) Yaumaʾiḏin als deiktischer Verweis auf den Jüngsten Tag begegnet bereits in frühmekkanischer Zeit sehr häufig als Einleitungsformel für den Nachsatz eschatologischer Temporalsätze (...)." Ibid.

rung des *nūn* and das folgende *lām* findet auch tonal statt, indem der Ton *fis*, mit dem die Partikel *la-* wiedergegeben wird, bereits auf der Silbe *-ḏin* erreicht wird: die phonetische Assimilierung wird gleichzeitig in eine musikalische überführt. Die dritte Betonungsposition auf *yawmaʾiḏin* liegt auf der Paenultima: die eigentlich kurze Silbe *-ʾi-* ist durch einen Terzsprung deutlich akzentuiert.

V.11
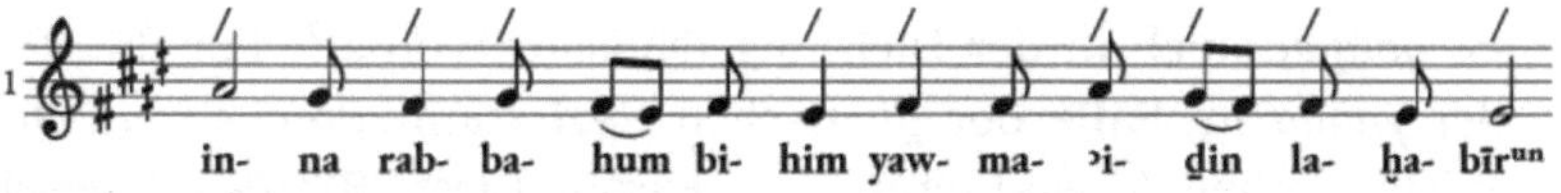

Maḥmūd Ḫalīl al-Ḥuṣary (gest. 1980) führt eine kürzere Dehnung auf *inna* aus, dafür aber dehnt er auf dem *iḫfāʾ* zwischen dem Personalsuffix *-hum* und *bi-*.[68] Auch bei seiner Rezitation handelt es sich um eine Rezitation im Vortragsstil *murattal*. Hört man sich hingegen die *muǧawwad*-Rezitation von ʿAbd al-Bāsiṭ ʿAbd aṣ-Ṣamad an (gest. 1988),[69] dann sind nicht nur die Längen innerhalb der gesamten Rezitation der Sure dominanter, sondern auch in Vers 11 dehnt er auf *inna* sowie auf dem *iḫfāʾ* zwischen dem Personalsuffix *-hum* und *bi-*.

Nicht jede Artikulation mit *ġunna* führt zu einer Dehnung, die rhythmischen Einfluss auf die Rezitation nimmt. Dennoch zeigt sich verstärkt im Falle von *inna*, welches ohnehin rhetorische Bedeutung hat, dass eine Dehnung, zumindest über die zwei *ḥarakāt* hinausgehende Länge, oft vorkommt.

Zur Erforschung des Klangs der Koranrezitation

Ġunna und *qalqala* bilden zwei wesentliche klangliche Merkmale der Koranrezitation. Zwar sind sie in erster Linie phonetische Eigenschaften, die in einem linguistischen Kontext auszuwerten sind. Allerdings beeinflussen sie den Verlauf der Rezitation auch in metrischer bzw. rhythmischer Hinsicht. Vor allem bei den frühen Suren, die der mekkanischen Entstehungsphase zugeschrieben werden, erscheinen metrische Aspekte in den kürze-

68 Er ist vor allem für seine Aufnahme eines *muṣḥaf murattal*, einer Gesamtaufnahme des Korans im *murattal*-Stil, bekannt, der in erster Linie zum Erlernen der Rezitation geeignet sein soll. Ich beziehe mich auf die Aufnahme, die unter "Quranic Arabic Corpus" bereitgestellt wird: https://www.quranicaudio.com/quran/122.

69 Ibid., https://www.quranicaudio.com/quran/50.

ren Versen prägnant. Die phonetische und die rhetorische Anlage von *inna* legen eine Dehnung der nasalierten Silbe nahe, auch wenn dies von gestaltungstechnischen Aspekten der Rezitation abhängig ist. Doch sollten diese Markierungen, wenn sie auftreten, im Zusammenhang mit dem Textgeschehen gesehen werden.

Inwiefern *qalqala* und *ġunna* auch in der alt-arabischen Dichtung angewandt wurden, lässt sich noch nicht eindeutig sagen. Van Gelder nimmt an, dass *qalqala* auch in der Dichtung realisiert wurde.[70] Für die Realisierung der *ġunna* im Falle der poetischen Rezitation sprechen Quellen der frühen islamischen Musikliteratur. Al-Fārābī (gest. 339/950) beschreibt die Nasalierung (sowohl *ġunna* als auch *zamm*, die jeweils teilweise und volle Nasalierung bezeichnen) als musikalisches Stilmittel.[71] Da in der arabischen Hofmusik vor allem Gedichte vertont und gesungen wurden, ließe sich annehmen, dass die Nasalierung, die al-Fārābī beschreibt, auch in diesen Gesängen üblich war. Dass es zu Überschneidungen zwischen musikalischer Praxis und Koranrezitation kommt, liegt nahe, da in der Rezitation musikalische Mittel zur Anwendung kommen.[72] Dennoch sind die Vortragsregeln des *taǧwīd* für jede Rezitation verbindlich, sodass weder diese noch das Metrum des Textes zugunsten eines musikalischen Vortrags aufgegeben werden dürfen oder eine Melodie den heiligen Text "überschreiben" darf.

Es zeigt sich, dass die phonetischen Besonderheiten der koranischen Artikulation der Laute nicht nur im linguistischen Bereich Bedeutung haben. Da sich einige der hier vorgestellten *ṣifāt al-ḥurūf* metrisch und sogar rhythmisch auf die Rezitation auswirken, können diese nicht unberücksichtigt bleiben, wenn es um die Erfassung der klanglichen Eigenschaften der

70 Van Gelder, *Sound and Sense in Classical Arabic Poetry*, S. 39.

71 Zur Bedeutung der *ġunna* in der Koranrezitation und als musikalisches Stilmittel siehe: Schewe, "On the Sound of Qurʾān: Nasalization (*ghunna*) as Ornamentation and Accentuation in Recitation".

72 In der Grammatik von Pāṅini nehmen nasalierte Laute eine wichtige Position ein, so dass er schreibt: "Ein mit Mund und Nase ausgesprochener Laut heisst anunāsika (nasal)." Böthlingk, *Pâṇini's Grammatik*, S. 3. Den möglichen Einfluss der indischen Phonetik hat Wild diskutiert und sieht solchen bereits bei Ḫalīl b. Aḥmad. Als Übereinstimmungen zwischen ihm und Pāṅini nennt er die Anordnung der Lautreihen nach einem phonetischen Prinzip, die Artikulationsstelle als Kriterium für den Platz des Lautes, die Anordnung der Artikulationsstellen beginnend im Rachen bis hin zu den Lippen, die Klassifierung der Konsonanten in acht Gruppen. Trotz der Lautverschiedenheit beider Sprachen sei die Übereinstimmung zwischen beiden Systemen verblüffend. Wild. *Das Kitāb al-ʿAin und die arabische Lexikographie*, S. 39–40. Welche Rolle die Nasalierung in der auf Sanskrit vorgetragenen Rezitation der Veden hat und wie sich der sprachliche Effekt mit der Rezitation verbindet, wurde m. E. noch nicht näher untersucht.

Koranrezitation geht. Die *taǧwīd*-Literatur gibt nur Auskunft über das phonetische Geschehen, Beschreibungen performativer Aspekte der Koranrezitation, die eine Auswirkung auf die melodische und rhythmische Wiedergabe haben, sind hingegen innerhalb der musikalischen Literatur zu suchen und im Hinblick auf ihre Anwendung in der Rezitation zu überprüfen. Für die weitere Erforschung der Koranrezitation wären Aspekte der Performanz und Rhetorik in Relation zum Textgeschehen anzugehen.

Literatur

Bakalla, Muhammad Hasan. "Nasalization". In: Lutz Edzard und Rudolf de Jong (Hg.). *Encyclopedia of Arabic Language and Linguistics Online.* Brill (2011). http://dx.doi.org/10.1163/1570-6699_eall_EALL_SIM_vol3_0092. (abgerufen: 27.8.2022)

Bobzin, Hartmut. *Der Koran.* München: C. H. Beck, 2015.

Boneschi, Paulo."La qaṣīda fi ʹt-taǧwīd attribuée à Mūsā Ibn-ʿUbaiḍallāh Ibn-Ḫāqān". In: *Rendiconti* (Accademia Nazionale dei Lincei, Classe di Scienze Morali, Storiche e Filologiche) 6/14 (1938). Roma: Bardi, S. 51–92.

Böthlingk, Otto. *Pâṇini's Grammatik.* Leipzig: Verlag von H. Haessel, 1887.

https://corpus.quran.com/. (abgerufen: 26.7.2024)

Danecki, Janusz. "Majhūra/Mahmūsa". In: Lutz Edzard und Rudolf de Jong (Hg.). *Encyclopedia of Arabic Language and Linguistics Online.* Brill (2011). http://dx.doi.org/10.1163/1570-6699_eall_EALL_SIM_vol3_0083. (abgerufen: 7.3.2024)

Deshpande, Madhav M. *Critical Studies in Indian Grammarians I: The Theory of Homogeneity (Sāvarṇya).* University of Michigan Press, 1975. https://doi.org/10.3998/mpub.19360. (abgerufen: 27.10.2024)

During, Jean und Rudolf Sellheim. "Samāʿ". In: Peri Bearman, Thierry Bianquis, Clifford Edmund Bosworth, Emeri van Donzel und Wolfhart Peter Heinrichs (Hg.). *Encyclopaedia of Islam, Second Edition.* Leiden: Brill, first online 2012. http://dx.doi.org/10.1163/1573-3912_islam_COM_0992. (abgerufen: 6.3.2024)

al-Fārūqī, Lamyāʾ. "Tartīl al-Qurʾān al-karīm". In: Khurshid Ahmad und Zafar Ishaq Ansari (Hg.). *Islamic Perspectives. Studies in Honour of Mawlānā Sayyid Abul Aʿlā Mawdūdī.* Leicester: The Islamic Foundation in Association with Saudi Publishing House, 1979, S. 105–120.

al-Ǧamzūrī, Sulaymān. *Tuḥfat al-aṭfāl wa-l-ġilmān fī taǧwīd al-Qurʾān*. Silsila mutūn at-taǧwīd. Hg. von Abū l-Muʿtaz ad-Dimašqī. 1439/2017.

al-Ġazālī, Abū Ḥāmid. *Iḥyāʾ ʿulūm ad-dīn*. Turath for Solutions, Tl.1. Rīyāḍ: Dār an-Našr, 2013.

van Gelder, Geert. *Sound and Sense in Classical Arabic Poetry*. Arabische Studien, Bd. 10. Wiesbaden: Harrassowitz Verlag, 2012.

al-Ḫalīl (Abū ʿAbd ar-Raḥmān al-Ḫalīl b. Aḥmad al-Farāhīdī). *Kitāb al-ʿAyn*. Hg. von ʿAbd al-Ḥamīd Hindāwī. Bd. 3. Beirut: Dār al-Kutub al-ʿilmiyya, 1424/2003.

Ibn al-Ǧazarī, Šams ad-Dīn Abū l-Ḫayr Muḥammad. *al-Iḥkām fī ḍabṭ al-muqaddima al-Ǧazariyya*. Hg. von Muḥammad b. Falāḥ al-Muṭayrī. Kuwayt: Ġirās, 2008.

—. *Tamhīd fī ʿilm at-taǧwīd*. Hg. von Ġānim Qaddūrī Ḥamad. Beirut: Muʾassasa ar-Risāla, 2001.

Kellermann, Andreas. *Koranlesung im Maghreb*. Dissertation Freie Universität Berlin: 1996 (unveröffentlicht).

Leemhuis, Frederik. “Readings of the Qurʾān.” In: Jane Dammen McAuliffe (Hg.). *Encyclopaedia of the Qur’an*. Bd. 4. Brill Academic Publishers, 2004, S. 353–363. link.gale.com/apps/doc/CX2686400539/GVRL?u=fub&sid=bookmark&xid=d09f7e62. (abgerufen 23.2.2024)

al-Nāṣṣir, Abdulmunʿim Abdulamīr. *Sibawayh the Phonologist. A Critical Study of the Phonetic and Phonological Theory of Sibawayh as Presented in his Treatise Al Kitāb*. M.A. Thesis. University of York, Language Department: 1985.

Nelson, Kristina. *The Art of Reciting the Qur’an*. Austin: University of Texas Press, 2021 (Nachdruck der Ausgabe 1985).

Neuwirth, Angela. *Der Koran als Text der Spätantike. Ein europäischer Zugang*. Berlin: Verlag der Weltreligionen, 2010.

Neuwirth, Angela. *Der Koran. Band 1: Frühmekkanische Suren. Poetische Prophetie*. Handkommentar mit Übersetzung. Berlin: Verlag der Weltreligionen, 2011.

Nieten, Ulrike Rebekka. *Struktur und Metrum in den syrisch-aramäischen Psalmen und Hymnen*. Semitica et Semitohamitica Berolinensia 12. Aachen: Shaker Verlag, 2013.

Owens, Jonathan. “The voie diffuse and reconstruction. The De Audilibus and Sībawayhi´s account of voicing”. In: Nadja Germann und Mostafa Najafi (Hg.). *Philosophy and Language in the Islamic World*. Vol. 2. Berlin, München und London: Walter de Gruyter, 2020, S. 21–48.

Rasmussen, Anne K. *Women, the Recited Qur'an, and Islamic Music in Indonesia*. Berkeley: University of California Press, 2010.

Rezvan, Efim. "Orthography". In: Jane Dammen McAuliffe (Hg.). *Encyclopaedia of the Qur'an*. Bd. 3. Leiden: Brill Academic Publishers, 2003, S. 604–608. https://link.gale.com/apps/doc/CX2686400470/GVRL?u=fub&sid=bookmark-GVRL&xid=5d4893ea. (abgerufen 6.9.2021)

Sandstede, Jutta. "Rezitation". In: Gert Ueding (Hg.). *Historisches Wörterbuch der Rhetorik Online*. Berlin und Boston: De Gruyter, 2013. https://doi.org/10.1515/hwro.7.rezitation. (abgerufen 2.6.2024)

Sara, Solomon. "Qalqala". In: Lutz Edzard und Rudolf de Jong (Hg.). *Encyclopedia of Arabic Language and Linguistics Online*. Brill (2011). https://doi.org/10.1163/1570-6699_eall_EALL_SIM_000005. (abgerufen: 12.6.2024)

Schewe, Stephanie. *Al-Kindī und die Wirkung der Musik. Das 'Buch der Chordophone von den einsaitigen bis zu den zehnsaitigen' (Kitāb al-muṣawwitāt al-watariyya min ḏāt al-watar al-wāḥid ilā ḏāt al-ʿašarat al-autār) in deutscher Übersetzung*. The Science of Music in Islam 9. Frankfurt am Main: Institute for the History of Arabic-Islamic Science, 2018.

—. "Die rhetorische Bedeutung der Pausa-Setzung (*waqf*) für die Koranrezitation". In: Simona Olivieri und Shabo Talay (Hg.). *Current Research in Semitic Studies. Proceedings of the Semitic Studies Section at the 34th DOT at Freie Universität Berlin*. Wiesbaden: Harrassowitz Verlag, 2024, S. 399–410.

—. "On the Sound of Qurʾān. Nasalization (*ghunna*) as Ornamentation and Accentuation in Recitation". *Der Islam* 101/2 (2024), S. 332–345.

Sībawayhi (Abū Bašr ʿAmr b. ʿUṯmān b. Qanbar). *al-Kitāb*. Hg. von ʿAbd as-Salām Muḥammad Hārūn. Bd. 4. Al-Qāhira und Riyāḍ: 1402/1982.

Sinai, Nicolai. "Sure 100 – al-ʿĀdiyāt – Die Rennenden". In: Berlin-Brandenburgische Akademie der Wissenschaften (Hg.) (unter Mitarbeit von Nora K. Schmid unter Verwendung von Vorarbeiten Angelika Neuwirths). *Chronologisch-literaturwissenschaftlicher Kommentar zum Koran*. https://corpuscoranicum.de/de/verse-navigator/sura/100/verse/1/commentary/. (abgerufen: 15.5.2024)

https://tafsirtabari.com/. (abgerufen 26.7.2024)

Welch, Alford T., Rudi Paret und James D. Pearson. "al-Ḳurʾān". In: Peri Bearman, Thierry Bianquis, Clifford Edmund Bosworth, Emeri van Donzel und Wolfhart Peter Heinrichs (Hg.). *Encyclopaedia of Islam, Second Edi-*

tion. Leiden: Brill, first online 2012. http://dx.doi.org/10.1163/1573-3912_islam_COM_0543. (abgerufen: 6.2.2024)
Wild, Stefan. *Das Kitāb al-ʿAin und die arabische Lexikographie.* Wiesbaden: Harrassowitz, 1965.

In Übersetzung / In Translation

Al-Kindīs *Risāla fī l-luḥūn wa-n-naġam*

Kommentierte Übersetzung der "Abhandlung über die Modi und die Töne" und ihre Bedeutung für die arabisch-islamische und europäische Musikgeschichte

*Stephanie Schewe**

Einleitung

Abū Yūsuf Yaʿqūb b. Isḥāq al-Kindī (gest. ca. 256/870) zählt zu den bekanntesten arabischen Philosophen in der Frühzeit des Islam. Er hat sich unter anderem auch mit der Musik befasst, die innerhalb der Rezeption des antiken griechischen Fächerkanons zu den mathematischen Wissenschaften innerhalb der theoretischen Philosophie gehörte. Al-Kindī verfasste eine Reihe musikalischer Abhandlungen, darunter die *Risāla fī l-luḥūn wa-n-naġam* ("Abhandlung über die Modi und die Töne").[1] Es gibt zwei Abschriften der Abhandlung. Die vollständigere Abschrift befindet sich in Manisa (TR-M Genel-Bibl. Nr.1705/7, fol.110b–123a), auf sie bezieht sich auch die zweite Edition der *Risāla fī l-luḥūn wa-n-naġam* von Zakariyyā Yūsuf.[2]

* Freie Universität Berlin, Institut für Semitistik
stephanie.schewe@fu-berlin.de / ORCID 0009-0009-1533-5552

1 Die übrigen Schriften zur Musik, als deren Verfasser al-Kindī gelten kann, sind den Titeln nach: *Risāla fī ḫubr taʾlīf al-alḥān* ("Abhandlung über die Kenntnis der Komposition der Melodien"), *Risāla fī aǧzāʾ ḫubriyya fī l-mūsīqī* ("Abhandlung über die lehrreichen Teile in der Musik"), *Kitāb al-Muṣawwitāt al-watariyya min ḏāt al-watar al-wāḥid ilā ḏāt al-ʿašarat al-awtār* ("Buch der Chordophone [wörtl. Saitenklinger] von den einsaitigen bis zu den zehnsaitigen"). Eine Übersicht über die Schriften gibt Braune, "Al-Kindī, Abū Jūsuf Jaʿqūb Ibn Isḥāq". Inzwischen wurden Korrekturen der Paginierungen von Manuskripten und zweifelhaften Zuordnungen zur Autorschaft al-Kindīs unternommen: Schewe, *Al-Kindī und die Wirkung der Musik*, S. 6–27. Die hier in Anlehnung an den Titel *Risāla fī ḫubr taʾlīf al-alḥān* getroffene Lesart des Titels *Risāla fī aǧzāʾ ḫubriyya fī l-mūsīqī* ließe sich auch als *Risāla fī aǧzāʾ ḫabariyya fī l-mūsīqī* verstehen. So bei Shiloah, *The Theory of Music in Arabic Writings*, S. 255.

2 1962 gab Yūsuf die *Risāla fī l-luḥūn wa-n-naġam* noch unter dem Titel *ar-Risāla al-kubrā fī t-taʾlīf* bzw. *al-Kitāb al-aʿẓam fī t-taʾlīf* heraus. Yūsuf, *Muʾallafāt al-Kindī*

Die Kopie, die in der Staatsbibliothek Berlin (D-B We.1240/4, cat. Ahlw. 5530, fol.25a–31a) liegt, ist die unvollständigere, zudem ist sie mit Seiten des al-Kindī zugeschriebenen *Muḫtaṣar al-mūsīqī fī taʾlīf an-naġam wa-ṣanʿat al-ʿūd* ("Musikalisches Kompendium über die Komposition der Melodien [wörtl. Töne] und die Konstruktion der Laute") vermischt.[3] Während die Manisa Abschrift der *Risāla fī l-luḥūn wa-n-naġam* undatiert ist, ist das Berliner Manuskript auf das Jahr 1494 datiert.[4] Die vorliegende Übersetzung basiert auf der Manisa Handschrift, deren Foliennummern innerhalb der Übersetzung in eckigen Klammern angegeben werden, die wiederum die Grundlage der Edition von Yūsuf ist; die Seitenzahlen der Ausgabe werden fortlaufend in runden Klammern angegeben und die Absatzfolge der Ausgabe wird in der vorgelegten Übersetzung berücksichtigt. Die vorhandenen Seiten des Berliner Manuskripts werden im Hinblick auf Übereinstimmungen und Abweichungen mit dem Manisa Manuskript verglichen. Angaben zu den Manuskripttexten finden sich im begleitenden Fußnotentext. Um Abweichungen zwischen der Textedition und den Manuskripten besser nachvollziehen zu können, werden neben den Foliennummern auch die Zeilen angegeben. Die Schreibweise der Passagen aus den Manuskripttexten wird in den Fußnoten, so wie sie in den Handschriften vorkommt, übernommen, auch wenn sie hinsichtlich diakritischer Zeichen fehlerhaft oder mangelhaft ist. Kleinere Korrekturen, zum Beispiel von grammatischen Fehlern, die Yūsuf in seiner Ausgabe stillschweigend unternommen hat, werden, soweit sie keine Auswirkung auf das Textverständnis haben, übernommen.

Die von Amnon Shiloah 1974 veröffentlichte französische Übersetzung wird ebenfalls mit einbezogen.[5] Seine Übersetzung, die von einem kürzeren

al-mūsīqiyya, S. 121–142. Er stellte später fest, dass die Handschrift, die nämlich auf dem Ms. Berlin basiert, identisch mit der *Risāla fī l-luḥūn wa-n-naġam* ist und veröffentlichte sie 1965 nach der Manisa Handschrift erneut. Yūsuf, *Risālat al-Kindī fī l-luḥūn wa-n-naġam (Mulḥaq li-kitāb Muʾallafāt al-Kindī al-mūsīqiyya)*. Vgl. Schewe, *Al-Kindī und die Wirkung der Musik*, S. 18–19.

3 Das Ms. Berlin beginnt an der Stelle, die im Ms. Manisa fol.113b8 entspricht. Eine Neuordnung der Manuskriptseiten, die jeweils der *Risāla fī l-luḥūn wa-n-naġam* und dem *Muḫtaṣar al-mūsīqī fī taʾlīf an-naġam wa-ṣanʿat al-ʿūd* zugehören: Ibid., S. 14–15. Außerdem zur Frage, ob der bei Ibn Abī Uṣaybiʿa genannte Titel des *Muḫtaṣar* existiert, da dessen übrige Seiten im Manuskript in der Staatsbibliothek Berlin darauf verweisen, dass es sich um den *Qawl Uqlīdis ʿalā l-luḥūn wa-ṣanʿat al-maʿāzif wa-maḫāriǧ al-ḥurūf* handelt: Ibid., S. 15–18. Die Seiten der Berliner Handschrift, die zur *Risāla fī l-luḥūn wa-n-naġam* gehören, sind: Ms. Berlin, fol.25a1–fol.27b6, fol.28b22–fol.28b23, fol.29a1–fol.31aEnde.

4 Siehe Braune, "al-Kindī, Abū Jūsuf Jaʿqūb Ibn Isḥāq".

5 Shiloah, "Un ancien traité sur le *ʿūd*".

Kommentar begleitet ist, basiert ebenfalls auf dem vollständigeren Manisa Manuskript. Die vorgelegte deutsche Übersetzung soll um einen ausführlicheren Kommentar erweitert werden, indem sowohl bei der Übersetzung als auch im Kommentar die inhaltlichen Bezüge zu den übrigen Abhandlungen al-Kindīs zur Musik Berücksichtigung finden, wie dies von der Verfasserin bereits für das *Kitāb al-Muṣawwitāt al-watariyya* unternommen wurde. Die Übersetzung und Kommentierung der *Risāla fī l-luḥūn wa-n-naġam* kann ohne diese Kontextualisierung nicht auskommen. Nicht nur Übereinstimmungen, die innerhalb seiner Schriften im Hinblick auf Musiktheorie sowie spekulative Aspekte vorkommen, sondern auch und gerade die Unterschiede, wie etwa zwei unterschiedliche Lautenstimmungen, erhellen das musikalische und musiktheoretische Spektrum im Umfeld einer kosmopolitischen Stadt wie Bagdad, in der al-Kindī am Kalifenhof angebunden war.

In der *Risāla fī l-luḥūn wa-n-naġam* wird die Vielfalt der kulturellen Umgebung al-Kindīs vor allem deutlich, wenn er neben anderen modalen Traditionen den Oktōēchos der Byzantiner sowie die Modi der Perser erwähnt. Als frühesten Vertreter des arabischen Kunstgesangs (*ġināʾ*) nennt Abū l-Faraǧ al-Iṣfahānī (gest. 356/967) den Musiker Ibn Misǧaḥ (gest. 90/710) und beschreibt, wie dieser nicht nur den arabischen Kunstgesang pflegte, sondern auch persische, syrische und byzantinische Einflüsse darin verarbeitete.[6] Die *Risāla fī l-luḥūn wa-n-naġam*, deren Inhalt al-Kindī auf drei Kapitel (*funūn*, Sg. *fann*) festlegt, beinhaltet außerdem deutlich mehr. Sie beginnt im ersten Kapitel mit einer ausführlichen Beschreibung über den Bau der arabischen Laute (*al-ʿūd*). Daran schließt sich das zweite Kapitel mit der Nennung der Töne innerhalb des Heptachords sowie deren Entsprechung im höheren Heptachord an. Es folgt darin ein Abschnitt, in welchem al-Kindī die Töne und einzelne Teile der Laute in Relation zu astronomischen und humoralmedizinischen Erscheinungsformen wie Planeten und Körpersäfte stellt.[7] Im dritten Kapitel der Abhandlung beschreibt al-Kindī eine Übung für die Laute, die dem Einstimmen der Saiten und zur Übung von Doppelgriffen dient, in ausgeschriebener Weise und kommt dabei ganz ohne eine Form der Notation aus, indem er jeden Griff auf den Bünden der Laute und Wechsel zwischen diesen in Worten beschreibt.

---

6 Den ausführlichen Bericht, den al-Iṣfahānī in seinem *Kitāb al-Aġānī* ("Buch der Lieder") gibt, hat Neubauer übersetzt. Neubauer, "Die acht 'Wege' der arabischen Musiklehre", S. 2–3.

7 Den Zusammenhang von Musik, Astronomie und Humorallehre hat al-Kindī besonders im *Kitāb al-Muṣawwitāt al-watariyya* sowie in der *Risāla fī aǧzāʾ ḫubriyya fī l-mūsīqī* herausgearbeitet. Vgl. Schewe, *Al-Kindī und die Wirkung der Musik*, S. 259–300.

Zur Terminologie und zum Verständnis des Tons (*naġma*)

Der Titel *Risāla fī l-luḥūn wa-n-naġam*, die ihrem vollständigen Titel zufolge dem Prinzen Aḥmad b. al-Muʿtaṣim gewidmet ist, legt nahe, dass es um die modalen Skalen (*luḥūn*) und den Tonvorrat (*naġam*) der arabischen Musik geht. Der Begriff *laḥn* hat jedoch zwei Pluralformen, die gleichermaßen in den Abhandlungen al-Kindīs zur Anwendung kommen. Allerdings ist eine Unterscheidung der Bedeutungen beider Pluralformen *luḥūn* ("Modi") und *alḥān* ("Melodien") in seinen Schriften nicht immer eindeutig zu treffen.[8] Al-Kindīs Verständnis des Terminus *naġma* mit der Pluralform *naġam* geht vermutlich auf die Definition des Tons in der *Sectio Canonis* zurück, die zu seiner Zeit in arabischer Übersetzung bekannt war. Nach der physikalischen Auffassung des Tons geht diesem das Anschlagen der Saite und die damit verbundene Bewegung voran.[9] Der so entstandene Ton (*naġma*) entspricht dem griechischen φθόγγος, den Ptolemaios als einen Schall (ποόφος) von gleichbleibender Spannung (τόνον) definiert.[10] In dem al-Kindī bislang zugeschriebenen *Muḫtaṣar al-mūsīqī fī taʾlīf an-naġam wa-ṣanʿat al-ʿūd* wird zwischen den Begriffen *ṣawt* und *ṭanīn* unterschieden: "Der Ton (*ṣawt*) bildet den Zwischenraum (*tabāyun*) von der fünften Stufe (*aṭ-ṭabaqa al-ḫāmisa*) [d. h. Quinte] zur vierten (*ar-rābiʿa*) [d. h. Quarte]. Was ist der Unterschied zwischen *ṣawt* und *ṭanīn*? *Ṣawt* haben wir bereits erklärt. Was *ṭanīn* angeht, so besteht es aus Tönen (hier Sg. *ṣawt*), die sich [vom ersten] bis zum letzten Ton (*ṣawt*) in Form einer Melodie (*laḥn*) erstrecken."[11] Mit dem Abstand zwischen Quarte und Quinte ist also der Ganzton gemeint, was hier mit *ṣawt* bezeichnet wird, wobei dieser Begriff sonst in den arabischsprachigen Traktaten eher dem griechischen φωνή ("Stimme") entspricht. Der im *Muḫtaṣar al-mūsīqī* eingeführte Begriff *ṭanīn* stellt die arabische Entlehnung des griechischen τόνος dar. Diesen Begriff gebraucht al-Kindī wiederum in der Bedeutung als Ganzton in der *Risāla fī ḫubr taʾlīf al-alḥān,* wenn er die Übergänge zwischen den Tongeschlechtern (*ǧins*, Pl. *aǧnās*, ein ebenfalls

8 Ein Glossar der musikalischen Terminologie al-Kindīs: Ibid., S. 395–421.

9 So lautet die Definition im *Kitāb Uqlīdis al-musammā Qānūn ǧuzʾ at-taʾlīf min al-mūsīqī*: "Wenn nun etwas gehört wird, so muß vorher ein Schlag/Anschlag (*qarʿ*) und eine Bewegung (*ḥaraka*) gewesen sein." Neubauer, "Die Euklid zugeschriebene 'Teilung des Kanon' in arabischer Übersetzung", S. 335–336.

10 Düring, *Die Harmonielehre des Klaudios Ptolemaios*, S. 28.

11 Deutschland, Berlin, Sammlung Wetzstein 1240/3, cat. Ahlw. 5531, fol.22a. Vgl. *Qawl Uqlīdis ʿalā l-luḥūn wa-ṣanʿat al-maʿāzif wa-maḫāriǧ al-ḥurūf*, Türkei, Manisa, Genel-Bibliothek, Nr.1705/7, fol.94b.

aus dem Griechischen entlehnter Terminus) beschreibt.[12] Im Übrigen der Abhandlung verwendet er diesen Begriff schließlich als Modus, wofür in der arabischsprachigen Musikliteratur sonst eher der Begriff *laḥn* gebräuchlich war.[13]

Der Bau der Laute und die Anzahl der Töne

Das erste Kapitel der Abhandlung über den Bau der Laute wird in dieser Übersetzung vernachlässigt, da es bereits von Neubauer übersetzt und im Vergleich mit anderen Quellen umfassend ausgewertet wurde.[14] Die *Risāla fī l-luḥūn wa-n-naġam* ist, was den Bau der Laute angeht, eine der frühesten überlieferten Belege. Da die Laute nicht nur das Hauptinstrument der höfischen Kunstmusik gewesen ist, sondern auch als Demonstrationsinstrument in der Musiktheorie verwendet wurde, soll in Kürze dargestellt werden, um welchen Lautentyp es sich bei al-Kindī handelt. Neubauer nennt nach seiner Auswertung der Quellen als Merkmale des einheitlichen Lautentyps für das 9. bis 11. Jahrhundert einen bauchförmigen Korpus und einen kurzen vom Korpus abgesetzten Hals, der in einem rechtwinklig abgeknickten Wirbelkasten endet.[15] Schon bei der Beschreibung seiner Form stellt al-Kindī außermusikalische Bezüge her. Ein wesentliches Merkmal des Lautentyps seiner Zeit besteht darin, dass die Laute Bünde hatte. Diese wurden mit einem Begriff persischer Herkunft (*dastān*, Pl. *dasātīn*) bezeichnet. Die Bundeinteilung, die aus der *Risāla fī l-luḥūn wa-n-naġam* hervorgeht, ist bemerkenswert, da sie von derjenigen Stimmung, die al-Kindīs Übertragung des pythagoreischen Tonsystems in der *Risāla fī ḫubr taʾlīf al-alḥān* hergibt, abweicht. Diesen Unterschied hat Neubauer aufgezeigt und er vermutet eine babylonische Vorlage für diese Stimmung.[16] Die Laute wurde üblicherweise mit einem Plektrum "geschlagen" (*ḍuriba*), konnte aber auch mit Daumen und Zeigefinger gezupft werden. Dies wurde mit *ǧass* bezeichnet und vom Spieler beim Stimmen der Laute und zum Einspielen angewandt. Al-Kindī gibt eindeutige Hinweise darauf. Dabei gibt er an, in welche Richtung jeweils der Daumen und der Zeigefinger sich beim Zupfen

12 Lachmann und al-Ḥifnī, *Jaʿqūb Ibn Isḥāq al-Kindī. Risāla fī ḫubr taʾlīf al-alḥān. Über die Komposition der Melodien*, S. 26–27, XV–XVI.

13 Vgl. Schewe, *Al-Kindī und die Wirkung der Musik*, S. 139–142.

14 Neubauer, "Der Bau der Laute und ihre Besaitung nach arabischen, persischen und türkischen Quellen des 9. bis 15. Jahrhunderts", S. 279–378.

15 Ibid., S. 282.

16 Ibid., S. 327.

bewegen sollen, während der kleine Finger und der Ringfinger von den Saiten, somit dem Korpus, abgewandt bleiben.[17] Die Laute hat vier in Quarten gestimmte Saiten, welche ausgehend von der Tiefe *bamm, maṯlaṯ, maṯnā, zīr* heißen. Sowohl die Bezeichnung für die tiefste als auch für die höchste Saite, *bamm* und *zīr*, gehen auf persischen Ursprung zurück, sodass Neubauer einen persischen Lautenvorgänger mit zwei Saiten vermutet.[18] In der *Risāla fī ḫubr taʾlīf al-alḥān* geht al-Kindī bei seiner Übertragung des pythagoreischen Tonsystems sogar so weit, eine fünfte Saite hinzuzufügen, die er *zīr ṯānī* ("zweite *zīr*-Saite") nennt, um den theoretischen Rahmen der Doppeloktave zu realisieren.[19] Al-Kindī gibt in der *Risāla fī l-luḥūn wa-n-naġam* an, dass die Saiten der Laute von der tiefsten Saite, der *bamm*-Saite, aus gestimmt werden. Ihre Töne seien die tiefsten, die an der weitesten Stelle des Kehlkopfes hervorgebracht werden, am Beginn der Luftröhre;[20] als tiefster Ton wird der Ton A angenommen. Die Töne heißen den Fingern entsprechend *sabbāba* (Zeigefinger), *wusṭā* (Mittelfinger), *binṣir* (Ringfinger), *ḫinṣir* (kleiner Finger). Es kommt die Nennung der jeweiligen Saite hinzu, auf welcher die Finger liegen. Neben dem Tonvorrat, den al-Kindī erwähnt, gibt es eine weitere frühe Quelle hierüber von Isḥāq b. Ibrāhīm al-Mawṣilī (gest. 235/850), die durch Ibn al-Munaǧǧim (gest. 300/913) überliefert ist. Sowohl er als auch al-Kindī – in seiner *Risāla fī l-luḥūn wa-n-naġam* – gehen von einer Septime aus, weil sie den Oktavton als Anfangston der oberen Oktave erachten.[21] Zwischen beiden gibt es aber einen wesentlichen Unterschied; er betrifft einerseits die Auffassung, welche bei den Vertretern der arabischen Musik (*aṣḥāb al-ġināʾ al-ʿarabī*) verbreitet ist und nach welcher die Oktave zugleich als Anfangston der oberen Oktavreihe erachtet wird, und andererseits diejenige Auffassung, die auf die Vertreter der Musiklehre nach den alten Philosophen (*aṣḥāb al-mūsīqī min al-falāsifa al-qudamāʾ*) zurückgeht und nach welcher die obere Oktave als Wiederho-

---

17 Yūsuf, *Risāla fī l-luḥūn wa-n-naġam*, S. 27.

18 Neubauer, "Die acht Wege der arabischen Musiklehre und der Oktoechos", S. 13, Anm. 44.

19 Lachmann und al-Ḥifnī, *Jaʿqūb Ibn Isḥāq al-Kindī. Risāla fī ḫubr taʾlīf al-alḥān. Über die Komposition der Melodien*, S. 23, X.

20 Siehe Neubauer, "Der Bau der Laute", S. 322. Diesen tiefsten Ton summend wird die *bamm*-Saite angeschlagen. Dann folgt die Stimmung der *maṯlaṯ*-Saite, indem der kleine Finger auf der *bamm*-Saite positioniert wird. Und in gleicher Weise folgt die Stimmung der übrigen Saiten. Ibid., S. 322–323.

21 Anders als al-Mawṣilī, der von einer großen Septime ausgeht, erreicht al-Kindīs Heptachord nur eine kleine Septime. Neubauer, "Al-Ḫalīl, die 'Töne' und die musikalischen Metren", S. 91.

lungston der unteren Oktave gesehen wird.[22] Letztgenannte Auffassung bildet die Grundlage für al-Kindīs Tonsystem in der *Risāla fī ḫubr taʾlīf al-alḥān*, in welcher er die Einheit der Doppeloktave darlegt. Der Unterschied, den Ibn al-Munağğim zwischen den beiden Schulen wiedergibt, macht zugleich deutlich, dass sich die der Praxis zugewandte arabische Musiktheorie und die der Theorie entnommene griechische Musiklehre gegenüberstehen. In der *Risāla fī l-luḥūn wa-n-naġam* folgt al-Kindī wiederum den Vertretern der arabischen Musik[praxis], sodass sich innerhalb der (kleinen) Septime ein Tonvorrat von neun Tönen ergibt.[23]

Seine Beschreibung der Lautenherstellung liefert überdies bemerkenswerte Einsichten über die Spielweisen zu seiner Zeit. Zum Abschluss seines Kapitels über den Bau der Laute beschreibt er, wie Lautenspieler andere Stimmungen entwickelten, um Schlusstöne "harmonisch" zu unterstützen. Dies taten sie, indem sie die *bamm*-Saite (A), welche die Unteroktave und den Bordunton des Zeigefingerbundes auf der Spielsaite *maṯnā* (a) bildet, für andere Grund- und Schlusstöne entsprechend umstimmten. So wurde für die leere *maṯnā*-Saite (g) die *bamm*-Saite um einen Ton herabgestimmt (G); die *bamm*-Saite war nur Bordunsaite, keine Spielsaite.[24] Diese Art der Skordatur, mit der die Grundtöne der verschiedenen Modi durch einen bordunierenden Ton hervorgehoben werden konnten, sei noch später im muslimischen Spanien geläufig gewesen.[25]

Der Gegensatz von Dur und Moll und al-Kindīs "Terzen"

In der arabischsprachigen Musikliteratur zur Zeit von al-Kindī wird der tonale Verlauf, auf dem eine Komposition basiert, über Mittel- und Ringfingerbund voneinander unterschieden. Die modale Anweisung für die Wiedergabe eines Liedes lautet daher entweder *bi-maǧrā l-wusṭā* ("mit Verlauf über den Mittelfinger") oder *bi-maǧrā l-binṣir* ("mit Verlauf über den

---

22 Neubauer, "Al-Ḫalīl, die 'Töne' und die musikalischen Metren", S. 89.

23 Ibn al-Munağğims Angaben gehen von der leeren *maṯnā*-Saite, (ausgehend von einer auf dem Ton A gestimmten *bamm*-Saite) dem Ton g, aus, sodass sich unter Einbeziehung der beiden Positionen Mittel- und Ringfinger sowie des durch Lagenspiel auf der *zīr*-Saite erreichten Tons fis´ zehn Töne innerhalb der (großen) Septime ergeben. Ibid., S. 57–58.

24 Neubauer, "Der Bau der Laute und ihre Besaitung", S. 342.

25 Ibid., S. 324–325.

Ringfinger").[26] Neubauer nennt dies einen "Entwurf von historischer Dimension, der sich nach dem Untergang der Mawṣilī-Schule erst durch die Reduzierung der Tongeschlechter in unserem Dur-Moll-System verwirklichen sollte".[27] Eine ähnliche Anmerkung machte Neubauer bereits 1976 und sie sollte, was die Frage nach dem Ursprung der Dur-/Moll-Tonalität angeht, unbedingt beachtet werden: "In den gleichen Zusammenhang gehört die Tatsache, dass al-Kindī der erste Theoretiker war, der – unter spätantikem Einfluss – den signifikanten Unterschied zwischen Dur- und Moll-Tonleitern ausführlich beschrieben und die Modi danach eingeteilt hat. So wichtig diese beiden Tongeschlechter für unsere Musik geworden sind – für die spätere Entwicklung der vorderorientalischen Musik insgesamt hat al-Kindīs Lehre keine nennenswerten Auswirkungen gehabt."[28] Unter dieser Perspektive sollte al-Kindīs Beschreibung über die Unterschiedlichkeit des Mittel- und Ringfingerbundes in der *Risāla fī l-luḥūn wa-n-naġam* aufgefasst werden. Ausgehend von der jeweils leeren Lautensaite entsprechen die beiden Fingerpositionen *wusṭā* und *binṣir* der kleinen und der großen Terz, deren musikalisch emotionale Wirkung al-Kindī hier unterscheidet. Allerdings sollte klar sein, dass ein Zusammenhang nicht im Hinblick auf Dreiklangstrukturen, in denen die kleine und die große Terz zu einer akkordbezogenen Unterscheidung von Dur und Moll führen, zu sehen ist, sondern dieser vielmehr zur modalen Tonstruktur, in der die Terzen auf intervallischen Relationen basieren, zu ziehen ist.[29] So betont Benary die modale Herkunft von Dur und Moll aus den acht Kirchentonarten.[30] In dieser Hinsicht stellen auch al-Kindīs unterschiedliche Verläufe Phänomene einer modalen Tonali-

26 In dieser Weise werden auch die Lieder und die vertonten Gedichte im *Kitāb al-Aġānī* von Abū l-Faraǧ al-Iṣfahānī überschrieben, sodass – unter Angabe des *īqāʿ* – der zugrundeliegende modale Rahmen und der Rhythmus bekannt sind. Angaben zur musikalischen Wiedergabe des Textes nach derjenigen modalen Tradition, die al-Kindī in seinen Texten behandelt, finden sich beispielsweise bei Ibn Faḍlallāh al-ʿUmarī (gest. 749/1349): "Ibn Nāqiyā sagte: Ich hörte es von keinem anderen als ihm, d. h. von Isrāʾīl, und von denen, die von ihm tradierten. Es ist sehr gut komponiert, und dazu gibt es eine Melodie, die auf Yaḥyā al-Makkī zurückgeht, nämlich ein *ḫafīf ṯaqīl bi-l-binṣir* aus dem Buch Abū l-Faraǧs." Gökpınar, *Der ṭarab der Sängersklavinnen*, S. 22–23.

27 Neubauer, "Die acht 'Wege' der arabischen Musiklehre", S. 18–19.

28 Neubauer, "Zur Rolle der Araber in der Musikgeschichte des europäischen Mittelalters", S. 118.

29 "Die Assoziationen, die heute mit den Begriffen *Dur* und *Moll* verbunden sind, werden der Musik vor etwa 1650 nicht gerecht. Deren tonale Struktur war modal und die konsonante Terzenschichtung intervallisch und nicht akkordisch begründet." Benary, "Dur und Moll".

30 Ibid.

tät, des Heptachords, dar. Auch im *Micrologus* von Guido von Arezzo (gest. 1050) wird beschrieben, dass b *durum* und b *molle* innerhalb einer Melodie nicht gleichzeitig vorkommen sollen: “Das runde b aber, welches man auch, weil es weniger regelrecht ist, das beigefügte (*adiunctum*) oder weiche (*molle*) nennt, steht in verwandtschaftlicher (harmonischer) Beziehung (*concordiam*) zu F und ist grade deßhalb beigefügt, weil F mit dem von ihm aus gerechneten vierten Tone h, von welchem es um drei Ganztöne absteht, keine harmonische Verbindung finden konnte; beide b aber, das runde (b) und das viereckige (h), soll man in einer und derselben Tonphrase nicht miteinander verbinden (*in eadem neuma non iungas*).”[31] Auch wenn Guido von Arezzo das b *molle* auf das von F ausgehende Hexachord bezieht, hat der Umstand, dass auch er rund zweihundert Jahre später die gleichzeitige Anwendung der beiden Töne innerhalb eines Melodieabschnitts (*neuma*) ausschließt, Beachtung verdient.[32]

Zudem wurde mit b *molle* und b *durum* dem verbundenen (συνημμένον) und dem getrennten (διαζευγμένον) griechischen Tetrachord entsprochen.[33] In ähnlicher Weise erscheinen bei der Übertragung des pythagoreischen Tonsystems auf die Laute, die al-Kindī in der *Risāla fī ḫubr taʾlīf al-alḥān* unternimmt, die beiden Bünde Mittel- (*wusṭā*) und Ringfinger (*binṣir*) auf der *maṯnā* als Entsprechungen zu den Tönen τρίτη συνημμένων und παραμέση διαζευγμένων.[34]

Zwar schließen beide Verläufe in modaltheoretischer Hinsicht einander aus, doch in der musikalischen Praxis wurde die Aufeinanderfolge beider Fingerpositionen durchaus als kompositorisches Mittel eingesetzt. So beschreibt Ibn al-Munaǧǧim die Anwendung beider Bünde innerhalb eines Liedes als durchaus möglich: “Es ist aber möglich, daß ein Lied soweit verfeinert wird (*yulaṭṭaf*), daß es aus neun Tönen ‘komponiert’ wird (*muʾallaf*) oder sogar aus allen zehn Tönen. Das ist dann ein Beispiel für eine geistvolle Komposition (*taʾlīf laṭīf*), für einen erlesenen Kunstgriff (*ḥīla rafīʿa*) und tiefe Kenntnis (*ʿilm*) der Methoden der Komposition und ihrer Anwen-

31 Hermesdorff, *Micrologus Guidonis de disciplina artis musicae*, S. 42–43.

32 Wie al-Kindī bezieht auch Guido von Arezzo sich auf das diatonische Genus.

33 So beschreibt Zarlino (gest. 1590) die Verwendung der beiden Vorzeichen b und h: “Die eine, die den Tönen des tetrachordum meson und des tetrachordum diezeugmenon folgt, nannten sie ‘natürlich und mit h’, und man verwendet in keiner Stimme am Beginn des Musikstücks eines der genannten Vorzeichen. Die zweite nannten sie ‘natürlich und mit b molle’, wenn die Stimmen die Töne des tetrachordum synemmenon und des tetrachordum meson berühren und die des tetrachordum diezeugmenon beiseitelassen. In diesen Musikstücken setzt man am Beginn der Stimmen das b molle [b] als Vorzeichen vor das Mensurzeichen”. Zarlino, *Le istitutioni harmoniche*, S. 43.

34 Vgl. Schewe, *Al-Kindī und die Wirkung der Musik*, S. 146.

dungsformen (*wuǧūh at-taʾlīf wa-maṣārifihī*)."[35] Er führt jedoch weiter aus, dass es sich hierbei um Übergänge – gemeint ist wohl zwischen den Modi – handelt.

Die Eigenschaften, die den Bezeichnungen Dur/Moll zugrunde liegen, scheinen in al-Kindīs Beschreibung über die unterschiedliche Klangcharakteristik der beiden Fingerpositionen *wusṭā* und *binṣir* vorgezeichnet. Während die Bezeichnung Dur auf den lateinischen Begriff *durus* ("hart") zurückgeht, sind die Kennzeichen des Tons, der auf der Ringfingerposition (*binṣir*) liegt, bei al-Kindī trocken (*yābis*), rau (*ḫašin*), fest (*ǧazl*) und männlich (*muḏakkar*).[36] Demgegenüber beschreibt er den Ton der Mittelfingerposition (*wusṭā*) als feucht (*raṭb*), sanft (*layyin*), weich (*raḫīm*) und weiblich (*muʾannaṯ*); in ähnlicher Weise zeigt der Begriff Moll, der auf das lateinische *mollum* ("weich, mild, empfindlich, sanft") zurückgeht, eine Weichheit an. Die Position *wusṭā* bezeichnet al-Kindī als Teilton (*ǧuzʾ min an-naġma*) und meint damit den Halbtonschritt zwischen den beiden Terzen. Diesen Teilton verwenden die Sänger (*muġannūn*) "in den traurigen Liedern (*al-aṣwāt al-muḥzina*), um die Seele in den gleichen Zustand der Schwäche zu versetzen, aus der die Traurigkeit (*ḥuzn*) entsteht."[37] Bereits Boethius' Beschreibung der charakteristischen Gegensätzlichkeit der Modi liest sich wie die Dichotomie hart/weich von Dur/Moll, auch wenn er keine konkreten modalen Angaben macht: "A people finds pleasure in modes because of likeness to its own character, for it is not possible for gentle things to be joined with or find pleasure in rough things, nor rough things in gentle."[38] Al-Kindī assoziiert den Teilton mit Unvollkommenheit, Mangel und Schwäche. Dass diese Eigenschaften sich von den Schwingungen der Saiten auf die Seele übertragen und sie in den gleichen Zustand versetzen können, hängt wiederum mit der musikalischen Ethoslehre zusammen.[39] Noch deut-

35 Neubauer, "Al-Ḫalīl die 'Töne' und die musikalischen Metren", S. 101.

36 Yūsuf, *Risāla fī l-luḥūn wa-n-naġam*, S. 18.

37 Ibid., S. 19.

38 Bower weist zu seiner Übersetzung des Boethius Traktats darauf hin, dass die Bezeichnungen *durum* und *mollis* aus dem Griechischen übernommen sind: "The terms *mollis* and *durus* (translated from μαλακός and σκληπός) are technical terms in ancient theory. At the more general level of discussion, *mollis* describes music that is soft, tender, and effeminate in character, whereas *durus* describes music that is firm, austere, and masculine. At a more technical level, *mollis* denotes intervals, particularly semitones and quarter-tones, that are small and compact, whereas *durus* denotes intervals, particularly tones, that are broader and more expansive." Bower, *Fundamentals of Music. Anicius Manlius Severinus Boethius*, Buch 2, S. 3, Anm. 7.

39 Die antike Ethoslehre beinhaltet die Vorstellung, dass die Musik sich auf das seelische und körperliche Befinden der Hörenden auswirkt. Dieses ἠθοποιεῖν τὴν ψυχήν hat al-Kindī in spätantiker Überlieferung in Folge der Rezeption der Musik als Teil

licheren Anklang an die Charakteristika von Dur und Moll, die mit der Opposition fröhlich-traurig einhergehen, lässt sich al-Kindīs Ausführungen entnehmen, wenn er darlegt, wie beide Fingerpositionen bewusst als kompositorisches und affektives Gestaltungsmittel in der Musik angewandt werden: "Es kommt auch vor, dass man beide Töne *binṣir* und *wusṭā* einander auf der gleichen Saite (*watar wāḥida*) folgen lässt, (...). Doch wendet man das nur in einem traurigen Lied (*ṣawt maḥzūn*) an, nicht in einem fröhlichen (*muṭrib*), weil nämlich der "Teilton" (*ǧuzʾ min an-naǵma*) mangelhaft (*mahīn*) und schwach (*ḍaʿīf*) ist wegen der Schwäche des Teils im Vergleich zum Ganzen. Wenn man ihn hört (*istimāʿuhu*), verursacht er Traurigkeit (*ḥuzn*), (...)."[40] Ibn al-Munaǧǧim verzichtet auf die Zuweisung von Charaktereigenschaften zu beiden Fingerpositionen. Immerhin gibt er zwei Beispiele aus der Musikpraxis, in denen beide Verläufe Verwendung finden. Die Charakteristik beider Töne, die al-Kindī beschreibt, könnte aber auch in den beiden von Ibn al-Munaǧǧim erwähnten Kompositionen eine elementare Rolle spielen, indem sie im Zusammenhang mit der Bedeutung des vertonten Textes zu sehen wäre. Das erste Lied, das er nennt und welches Ibn Misǧaḥ oder Ibn Muḥriz (2./8. Jh.) zugeschrieben ist, hat einen Tonvorrat von acht Tönen, wobei jedoch auf der *maṯnā*-Saite beide Positionen *wusṭā* und *binṣir* vorkommen: "In diesem [Lied] wetteifern [die Positionen] Mittelfinger (=b) und Ringfinger (=h) auf der zweithöchsten Saite miteinander und wirken gemeinsam (...)."[41] Das Incipit des Textes besteht aus den beiden Vershälften "Ach, wer mit entsagendem Herzen / die Wünsche aufgab, die verronnen sind."[42] Möglicherweise könnte der Inhalt dieses Liedes einem solchen traurigen entsprechen, über welches al-Kindī schreibt, dass man in ihm beide Fingerpositionen, *binṣir* und *wusṭā* aufeinander folgen lässt. Ein weiteres Beispiel, das Ibn al-Munaǧǧim erwähnt, ist eine Komposition von ʿUbaydallāh b. Ṭāhir (gest. 300/913) nach einem Gedicht von Kuṯaiyir ʿAzza.[43] Auch dieser Text hat einen traurigen Inhalt, der von den verlassenen Lagern der altarabischen Karawane spricht: "Ich wähnte in Ḫaif eine Spur zu sehen, die hinwies / auf ʿAzza, [die Spur,] an der du die ver-

des mathematischen Fächerkanons als *taʾṯīr* in seine Musiklehre übernommen und teilweise modifiziert. Siehe mehrere Kapitel Schewe, *Al-Kindī und die Wirkung der Musik*.

40 Yūsuf, *Risāla fī l-luḥūn wa-n-naǵam*, S. 19. Al-Kindīs Beschreibung über den Effekt, den der Wechsel von *binṣir* zu *wusṭā* bewirkt, lässt auch ein wenig an den Affekt der musikalischen Seufzermelodik aus abwärts führenden Halbtonschritten denken.

41 Neubauer, "Al-Ḫalīl, die 'Töne' und die musikalischen Metren", S. 102.

42 Ibid.

43 Zu dem Gedicht und Dichter siehe ibid., Anm. 189.

lassenen Lager erkennst, / Die an die Stelle der Lebenden die Stimme des Seelenvogels (*ṣadā*) setzt / und die Totenklage der Taube, die du Gurren nennst."[44] Diesen Text soll ʿUbaydallāh b. Ṭāhir so verfeinert haben, dass er alle zehn Töne darin aufeinander folgen ließ: "Er nahm (*ǧaʿala*) als ersten Ton dieses Liedes die leere Saite der zweithöchsten Saite (*muṭlaq al-maṯnā*) [=g], dann bewegte er sich (*marra*) [von dort] nacheinander (*ʿalā l-wilāʾ*) über [alle] Töne hin, bis er zum 'hohen Ton' (*an-naġma al-ḥādda*) gelangte (*ṣāra*), der oberhalb der Bünde der höchsten Saite hervorgebracht wird, also der zehnte [=fis´], dann kehrte er zurück (*raǧaʿa*) zum Ton der leeren *maṯnā*-Saite [=g] und machte (*ǧaʿala*) ihn zum Schlußton (*maqṭaʿ*) des Liedes."[45] Diese scheinbar so herausragende Kompositionsweise könnte mit dem ihr zugrundeliegenden Text zusammenhängen, dem auf diese Weise, d. h. mit dem auf- und abwärts Durchschreiten aller zehn Töne innerhalb des Heptachords, möglicherweise besonders Ausdruck verliehen wurde.[46] Welche Wirkung dabei den aufeinanderfolgenden beiden Fingerpositionen *wusṭā* und *binṣir* zukommt, wird nicht beschrieben, sondern lässt sich lediglich bezugnehmend auf al-Kindīs Aussage, nach welcher in einem traurigen Lied beide nacheinander folgen und bewusst eingesetzt werden, vermuten.[47]

44 Neubauer, "Al-Ḫalīl, die 'Töne' und die musikalischen Metren", S. 103.

45 Ibid.

46 Das chromatische Durchschreiten aller Töne auf dem zugrundeliegenden Text, wie es in diesem Beispiel Anwendung fand, ließe sich als rhetorische Gesangsweise deuten, um den Sinngehalt des Textes musikalisch wiederzugeben.

47 Im *Kitāb al-Muṣawwitāt al-watariyya* unterteilt al-Kindī den ersten Teil der Komposition in drei Teile. Diese entsprechen den drei Formen des Ethos, die er wiederum in seiner *Risāla fī ḫubr taʾlīf al-alḥān* im Zusammenhang mit den *īqāʿāt* übernimmt: diastaltisch (arab. *basṭī*, "ausdehnend", erheiternd), systaltisch (arab. *qabḍī*, "zusammenziehend", bedrückend) und hesychastisch (arab. *muʿtadil*, "gemäßigt", ausgleichend). Vgl. Schewe, *Al-Kindī und die Wirkung der Musik*, S. 249. Derjenige Modus, dem ein systaltisches Ethos innewohnt, ruft Traurigkeit (*ḥuzn*) und Weinen (*bukāʾ*) hervor, unter anderem wird er auch für die Totenklage gebraucht. Ibid., S. 159. Bei der Vertonung von Gedichten nimmt der *īqāʿ* eine entscheidende Rolle ein. Im *Kitāb al-Muṣawwitāt al-watariyya* bringt die Verbindung der *maṯlaṯ*-Saite, die weder auf einen Modus oder Verlauf schließen lässt, mit dem besonders langsamen musikalischen Metrum *ṯaqīl al-mumtadd* folgende Wirkungen mit sich: "Was der *maṯlaṯ*-Saite von jenen Wirkungen (*afʿāl*) anhaftet (*yalzamu*), sind solche der Zaghaftigkeit (*ǧubniyya*), der Totenklage (*marāṯī*, Sg. *marṯiya*), der Traurigkeit (*ḥuzn*) und dessen, was einen bekümmert (*yušǧī*) wie die Klage (*ka-n-nadb*), die schmerzliche Erinnerung an die (verlassenen) Lagerstätten (der Karawanen) (*ḏikr al-maġānī*) und die Zeichen der Demut (*ašbāh at-taḍarruʿ*)." Der *bamm*-Saite weist al-Kindī Gesänge zu, die den Inhalten der klassischen *qaṣīda* entsprechen: "Und zu ihr passen folgende Gesänge (*aġānī*): die Totenklage (*nawḥ*), das Klagen [über Vergänglichkeit] (*šakwā*), die Thematik (*ḏikr*) von Sehnsucht nach dem Freund (*ḥanīn al-ilf*), von Vögeln (*ṭair*)

Al-Kindīs Teilton geht auf eine andere Stimmung zurück als das heutige Dur-Moll-System, das auf einer gleichtemperierten Stimmung zu tragen kommt und in der das pythagoreische Komma ausgeglichen ist. Aus seiner Anleitung zum Bau der Laute ergibt sich eine natürliche Stimmung mit natürlicher großer Terz 6:5 und natürlicher kleiner Terz 5:4, die seiner Übertragung des pythagoreischen Tonsystems in der *Risāla fī ḫubr taʾlīf al-alḥān* mit den Terzverhältnissen 32:27 und 81:64 entgegensteht.[48] Wie die beiden Terzen, die sich ausgehend von jeder der leeren Lautensaiten jeweils auf dem Mittel- und Ringfingerbund positionieren, gestimmt waren und wie sie in der musikalischen Praxis tatsächlich erklangen, lässt sich nicht rekonstruieren.[49] Unter der Voraussetzung einer natürlichen Stimmung, wie sie aus al-Kindīs Beschreibung über den Bau der Laute resultiert, würde sich ein Teilton, d. h. der Halbton, mit dem Verhältnis 16:15 ergeben. Im Gegensatz dazu stehen die beiden ungleichen Halbtöne, *leîmma* (256:243) und *apotomē* (2187:2048), aus denen sich der Ganzton zusammensetzt, in der pythagoreischen Stimmung, die al-Kindīs Beschreibung in der *Risāla fī ḫubr taʾlīf al-alḥān* zugrunde liegt.[50]

Musik und Astronomie

Neben der an der musikalischen Praxis orientierten Musiklehre stellt al-Kindī in der *Risāla fī l-luḥūn wa-n-naġam* auch die Verbindung von Musik und Astronomie sowie Humorallehre her. Die Verknüpfung von Tönen und Planeten geht auf ein neupythagoreisches Konzept zurück, das sich so auch bei Ptolemaios und Nikomachos findet. Doch scheint al-Kindīs Zuordnung der sieben Töne zu den Planeten auf das *Harmonikon Encheiridion* von Nikomachos zu verweisen.[51] Al-Kindīs Zuordnung beginnt auf der leeren

und Kamelen (*ibil*), oder das Weinen über die Zeichen (*bukāʾ ar-rasūm*), die Spuren (*āṯār*) und die Überreste (*diman*) [der vom Lagerplatz gezogenen Karawane]." Ibid., S. 352–353.

48 Wright merkt an, dass die Iḫwān aṣ-Ṣafāʾ die natürliche große Terz zu den symphonen Intervallen zählen. Wright, *Epistles of the Brethren of Purity. On Music*, S. 34.

49 Zu beachten ist der Umstand, dass die Laute zu dieser Zeit bewegliche Bünde hatte. Neubauer, "Der Bau der Laute", S. 328–332.

50 Darauf weisen Lachmann und al-Ḥifnī hin. Al-Kindī schreibt, dass die Bünde zwischen leerer Saite und Zeigefingerposition weder auf der *maṯlaṯ* noch auf der *maṯnā* verwendet werden. Lachmann und al-Ḥifnī nehmen das auch für die gleiche Position auf der *bamm*-Saite an. Lachmann und al-Ḥifnī, *Jaʿqūb Ibn Isḥāq al-Kindī. Risāla fī ḫubr taʾlīf al-alḥān. Über die Komposition der Melodien*, S. 5, 21–22.

51 Schewe, *Al-Kindī und die Wirkung der Musik*, S. 167–168.

(*muṭlaq*) *bamm*-Saite. Eine Gegenüberstellung der Ton-Planeten-Konstellation zwischen al-Kindī und Nikomachos wurde bereits unternommen.[52] Sie soll zum Zweck der vorgelegten Übersetzung an dieser Stelle erneut gegeben werden.[53] Ausgehend von der leeren *bamm*-Saite folgt der Verlauf der Töne über den Mittelfinger, ohne dass al-Kindī dies begründet. Nikomachos Tonvorrat beginnt hingegen beim griechischen mittleren Tetrachord (*mesōn*), an das sich das über den Halbtonschritt a-b verbundene Tetrachord (*synēmennōn*) anschließt. Die Abfolge der Halbtonschritte zwischen beiden stimmt daher nicht überein.[54] Den arabischen und griechischen Tonbezeichnungen sind die europäischen in der folgenden Gegenüberstellung in eckigen Klammern beigefügt. Es gibt zwei Abweichungen in der Reihenfolge der Planeten bei Nikomachos, die ebenfalls vermerkt sind.[55] Dass sowohl al-Kindī als auch Nikomachos die Planeten einer in Ganz- und Halbtonschritten verlaufenden Skala zuordnen, stellt eine Gemeinsamkeit zwischen beiden her.[56] Die Reihenfolge der Planeten lässt sich damit begründen, dass Nikomachos und al-Kindī den Saturn als am weitesten von der Erde (in Entsprechung zu einer geozentrischen Weltsicht) entfernten Planeten erachten. Somit bewegt sich der Saturn am langsamsten und korrespondiert mit dem tiefsten Ton (*muṭlaq al-bamm* bzw. *hypatē mesōn*).

muṭlaq al-bamm [A]	*hypatē mesōn* [e]	Saturn (*zuḥal*)
sabbābat al-bamm[H]	*parhypatē mesōn* [f]	Jupiter (*muštarī*)
wusṭā l-bamm [c]	*lichanos mesōn* [g]	Mars (*mirrīḫ*)
ḫinṣir al-bamm [d]	*mesē* [a]	Sonne (*šams*)
sabbābat al-maṯlaṯ [e]	*tritē synēmmenōn* [b]	Venus (*zuhara*)/Merkur
wusṭā l-maṯlaṯ [f]	*paranētē synēmmenōn* [c´]	Merkur (*ʿuṭārid*)/Venus
ḫinṣir al-maṯlaṯ [g]	*nētē synēmmenōn* [d´]	Mond (*qamar*)

[52] Schewe, *Al-Kindī und die Wirkung der Musik*, S. 168.

[53] Die Textstellen bei al-Kindī und Nikomachos: Zakariyyā Yūsuf, *Risāla fī l-luḥūn wa-n-naġam*, S. 24. Jan, *Musici scriptores graeci*, S. 241–242.

[54] Schewe, *Al-Kindī und die Wirkung der Musik*, S. 168.

[55] Richter, "Struktur und Rezeption antiker Planetenskalen", S. 297.

[56] Über die Besonderheit der Nikomachischen Ton-Planeten-Konstellation siehe: Schewe, *Al-Kindī und die Wirkung der Musik*, 169. Ptolemaios scheint daher eher die Vorlage für die Iḫwān aṣ-Ṣafāʾ (10. Jahrhundert) gewesen zu sein, die sich auf den Tonumfang einer Doppeloktave beziehen.

Weitere musikalisch-astronomische Äquivalenzen bilden die zwölf Organe (*āla*) der Laute (das sind jeweils die vier Saiten, vier Bünde, vier Wirbel) zu den insgesamt zwölf Tierkreiszeichen (*burūǧ*).[57] Auch die dreißig Fingerbreiten, die al-Kindī als Länge der klingenden Saite annimmt, stellt er in einen astronomischen Kontext und verbindet sie mit den dreißig Graden jedes Tierkreiszeichens.[58] Während sich in der *Risāla fī l-luḥūn wa-n-naġam* die außermusikalischen Zuordnungen auf die sieben Töne im Heptachord und auf einzelne Bauteile der Laute beschränken, entwirft al-Kindī ein umfassenderes System im *Kitāb al-Muṣawwitāt al-watariyya* sowie in der Parallelstelle der *Risāla fī aǧzāʾ ḫubriyya fī l-mūsīqī*.[59] Hier stellt er Bezüge zwischen den vier leeren Lautensaiten und Elementen aus Humorallehre, Astronomie bzw. Astrologie, Meteorologie und Ethos-Lehre her.[60] In diese Verbindung schließt er auch die musikalischen Metren (*īqāʿāt*, Sg. *īqāʿ*) ein. Zudem gibt er praktische Anweisungen für den Musiker, der die Wahl des Modus (bzw. der Saite, von der ein Modus oder Verlauf ausgeht) sowie des *īqāʿ* an den physischen Zustand der Hörenden anzupassen hat.[61]

Saitenstimmung und Einspielübung mit Doppelgriffen auf der Laute. Ein Zeugnis für Mehrstimmigkeit in der arabischen Musikpraxis?

Im letzten Kapitel der *Risāla fī l-luḥūn wa-n-naġam* folgt eine Übung für die Laute, die dem Einstimmen der Saiten und als Doppelgriffübung dient. Al-Kindī gibt sie in wörtlich ausformulierter Weise wieder. Zudem gilt diese Art des Einstimmens und der Einspielübung als die älteste bekannte Niederschrift eines Musikstücks in der arabischsprachigen Musikliteratur. Doch über diese Feststellung hinausgehend besteht sie aus einer Folge von Intervallen. Im Hinblick auf die sich späterhin entwickelnde arabische Musikpraxis ist die Mehrstimmigkeit, die in dieser Einspielübung praktiziert und geübt werden soll, äußerst bemerkenswert. So stellt Neubauer die "vorsichtig formulierte Frage", die unbedingt beachtet werden sollte, "ob nicht die

57 Yūsuf, *Risāla fī l-luḥūn wa-n-naġam*, S. 24–25.

58 Schewe, *Al-Kindī und die Wirkung der Musik*, S. 171.

59 Yūsuf, *Muʾallafāt al-Kindī al-mūsīqiyya*, S. 85–88, 100–102.

60 Schewe, *Al-Kindī und die Wirkung der Musik*, S. 281–300.

61 Diese humoralmedizinische Ausformung der musikalischen Ethos-Lehre wird im weiteren Verlauf der arabischen Musiklehre zu einem elementaren Bestandteil der seit dem 13. Jahrhundert definierten *maqāmāt*. Siehe dazu: Neubauer, "Arabische Anleitungen zur Musiktherapie".

frühe europäische Mehrstimmigkeit, die *organum*-Praxis, auf Anregungen der arabischen Kunstmusik zurückgehen könnte."[62] Der älteste bekannte schriftliche Beleg der *organum*-Praxis ist die *Musica Enchiriadis*, die Hucbald (gest. 930) zugeschrieben ist, sodass seit dieser Zeit Mehrstimmigkeit in Europa belegt ist.[63] Neubauer sieht die Möglichkeit, dass der noch ungeklarte Terminus *organum*[64] auf das gleichnamige Orgelspiel, das wiederum Mehrstimmigkeit nahelegt, verweist.[65] Während Mehrstimmigkeit im byzantinischen Reich gepflegt wurde, schrieb al-Kindī seine Lautenetüde nieder.[66] Auch wenn der Zusammenhang zwischen der Spielweise der Orgel und der *organum*-Praxis möglicherweise byzantinischer Provenienz ist, sollte das Vorkommen von Mehrstimmigkeit in der frühen arabischen Musik, wie sie sich in al-Kindīs Einspielübung für die Laute zeigt, nicht gänzlich aus der Betrachtung der europäischen Musikgeschichte ausgeschlossen werden.[67] Was die spätantike Praxis des Orgelspiels angeht, sind

62 Eine Frage, die er wiederum von Henry George Farmer aufgegriffen hat. Neubauer, "Zur Rolle der Araber in der Musikgeschichte des europäischen Mittelalters", S. 116.

63 Ob als noch früherer Beleg eine Erwähnung des Johannes Scotus Eriugena gelten kann, hat Wiora diskutiert. Wiora, "Das vermeintliche Zeugnis des Johannes Eriugena für die Anfänge der abendländischen Mehrstimmigkeit."

64 Zur Problematik der mit der *organum*-Praxis einhergehenden Mehrstimmigkeit sagt Haas: "Fortwährende Ursache von Schwierigkeiten ist der mit Organum zusammengebrachte Begriff *Mehrstimmigkeit*. Man muß annehmen, daß jede musikalische Kultur Phänomene kennt, die mit Mehrstimmigkeit zu tun haben (wie Heterophonie, Bordunsingen, Parallelsingen usw.). Unklar ist aber, wie eine systematische Beschreibung dieser Phänomene auszusehen hätte, und ebenso ist unklar, welche Stellung der liturgischen Mehrstimmigkeit, auf die der Begriff *Organum* zielt, darin zukommen müßte." Haas, "Organum".

65 Neubauer belegt diesen Gedanken zusätzlich mit einem Hinweis auf einen aus dem 8. Jahrhundert stammenden griechischen Text über Orgelbau, der in arabischer Übersetzung vorliegt. Dieser enthalte Beschreibungen über Dreiklänge und deren Wirkung auf die Seele. Neubauer, "Zur Rolle der Araber in der Musikgeschichte des europäischen Mittelalters", S. 117. Eine (Teil-)Übersetzung des Traktats von Murisṭus gibt Farmer. Farmer, *The Organ of the Ancients*, S. 63–70.

66 Über die Nähe der musikalischen Traditionen, die sich vor allem in der Musikpraxis zeigte, äußert sich Neubauer und erwähnt unter anderem das griechische Viertel in Bagdad. Auch an den Kalifenhöfen gab es byzantinische Sängersklavinnen und es wurde byzantinische Musik praktiziert. Neubauer, "Die 'acht' Wege der arabischen Musiklehre", S. 11–12.

67 Auch Haas gibt zu bedenken, dass die Tradition der lateinisch christlichen Gesänge, welche Mehrstimmigkeit aufweisen und schließlich notiert worden sind, auf einem gleichen Quellenfundus aufbaut, wie zuvor die arabisch-islamische Wissenschaftstradition, innerhalb welcher die Musik behandelt wurde: "(...) ungeklärt bleibt, warum die Musiklehre des lateinischen Christentums Mehrstimmigkeit schriftlich darlegt, wo die Lehre doch in ihren Fundamenten auf die gleichen Quellen zurückreicht wie die gleichzeitige byzantinische, muslimische und jüdische und wo doch zu bedenken ist, daß die muslimische Musiktheorie – wie die jüdische in Spanien bis zum 15. Jh.

die Erwähnungen syrischer Gelehrter gerade im Hinblick auf die kulturhistorischen Verflechtungen zwischen griechisch-byzantinischer und arabischer Musikpraxis relevant.[68]

Al-Kindī nennt seine Übung zum Stimmen der Saiten einen Hinweis auf die Wege (*ṭuruq*), die Saiten zu zupfen (wörtl. "prüfen, erkunden, (be-)tasten, (be-)fühlen", *ǧass al-awtār*).[69] Den Terminus *ǧass* findet Neubauer auch bei Ibn Sīnā (gest. 428/1037) und Ibn Zayla (gest. 440/1048).[70] Letztgenannter beschreibt, dass es sich beim *ǧass* scheinbar um eine Übung zum Einstimmen der Saiten handelt: "Zu den vorrangigen Klassen (*aṣnāf*) der gebräuchlichen Melodien (*al-luḥūn al-mustaʿmila*) auf den Saiteninstrumenten (*al-ālāt ḏawāt al-awtār*) [gehört der] *ǧass*: Er wird verwendet mit den Fingern (*aṣābiʿ*) ohne [die Saiten] zu schlagen zur Erprobung (*imtiḥān*) der Stimmung (*taswiya*)[71] – und das ist sehr angenehm (*mustaṭāb*). Die Meister des Lautenspiels (*bi-ḍ-ḍarb*)[72] pflegen ihn auf vielerlei Weise."[73] Da Ibn Zayla schreibt, dass es sehr angenehm und gebräuchlich ist, kann der *ǧass* für die musikalische Praxis angenommen werden. *Ǧassa* bedeutet also, die Stimmung durch Zupfen der Saiten zu prüfen und, wie Ibn Zayla sagt, "ohne diese [mit dem Plektrum] anzuschlagen" (*dūna muḍrabāt*). Al-Kindī meint das gleiche und präzisiert, dass beim *ǧass* zwei Saiten gleichzeitig mit Daumen und Zeigefinger gezupft werden, während kleiner Finger und Ringfinger abgewandt sind.[74]

---

intensiv vertreten – um 950 aufgrund der gleichen Quellengruppe wie der lateinische Westen ein Reflexionsniveau erreichte, das im Lateinischen um 1320 immer noch nicht ganz vorhanden ist. Zur Frage stünde also, warum nur christliche Gruppierungen begannen, Musik schriftlich zu überliefern, bzw. warum weder Juden noch Mohammedaner – beide Gruppierungen durchaus im Bilde über christliche Usancen der Aufzeichnung von Musik – Bedarf verspürten, ihre musikalische Tradition schriftlich zu fixieren." Haas, "Organum".

68 Farmer bringt fragmentarische Erwähnungen des *Organons* nach syrischen Quellen an. Unter diese zählt der syrische Gelehrte Išōʿ bar ʿAlī (2. Hälfte 9. Jh.), der eine Definition des *Organons* gibt. Farmer, *The Organ of the Ancients*, S. 52.

69 Yūsuf, *Risāla fī l-luḥūn wa-n-naġam*, S. 27.

70 Neubauer, "Zur Rolle der Araber in der Musikgeschichte des europäischen Mittelalters", S. 117.

71 Die Übersetzung von *taswiya* folgt Neubauer, der die Verwendung dieses Terminus (*sawwā*) bei Ibn al-Munaǧǧim als den Vorgang des Stimmens oder die Stimmung eines Musikinstruments deutet. Neubauer, "Al-Ḫalīl, die 'Töne' und die musikalischen Metren", S. 90, 414.

72 *Ḍaraba* bedeutet wörtlich "schlagen" und bezeichnet den Vorgang des (An-)Schlagens der Lautensaiten, sodass dieser Terminus für das Lautenspiel gebräuchlich ist. Ibid., S. 359.

73 Yūsuf, *al-Kāfī fī l-mūsīqī*, S. 66.

74 Diese Spielweise bestätigt auch Farmer, der bei al-Ḫwārazmī (4./10. Jh.) liest: "In the 'Mafātiḥ al-ʿUlūm' (tenth century) this jass is described as 'the beating of the

Auch wenn sich die Mehrstimmigkeit in der arabischen Musikpraxis nicht durchgesetzt hat, so sind mögliche Wechselbeziehungen zwischen der byzantinischen und der arabischen Musikpraxis nicht auszuschließen. Hinzu kommt, dass Schriften wie das *Kitāb aš-Šifāʾ* von Ibn Sīnā auch ins Lateinische übersetzt wurden, sodass die von ihm beschriebenen "Zusammensetzungen" (*tarākīb*, Sg. *tarkīb*), mit denen er Intervalle meint, auch im muslimischen Spanien bekannt gewesen sein dürften.[75] Ibn Sīnā erwähnt sogar, dass neben Oktaven auch Quarten und Quinten gleichzeitig erklingen.[76]

In der Lautenetüde kommen folgende Intervalle vor: Prime, Sekunde, Quarte, Quinte, Sexte, Oktave (und – je nach Lesart des Textes – None). Besonderes Augenmerk liegt auf den als nicht harmonisch geltenden Intervallen, nämlich den sowohl großen als auch kleinen Sekunden, die mehrfach vorkommen, sowie der großen Sexte, die einmal vorkommt. Diese Textstelle weist möglicherweise auf eine kleine Terz hin, jedoch ist sie nicht eindeutig zu lesen: "Dann beeilst du dich (*tubādiru*), den Zeigefinger (*sabbāba*) auf die *maṯnā* [a] hinüberzusetzen (*naql*), dann werden beide [Saiten, d. h. *maṯnā* und *zīr*] gemeinsam [mit] drei Bewegungen bewegt (*yuḥarrakān*)."[77] Sollte die leere *zīr*-Saite gemeint sein, dann würde sich an dieser Stelle eine kleine Terz ergeben, die als Komplementärintervall zur großen Sexte aufzufassen ist und die ihr in der Lautenetüde unmittelbar vorangeht.[78] Unter dieser Voraussetzung erachtet Neubauer al-Kindīs Aussage, die im anschließenden Text folgt und in welcher er diese Intervalle als "einander ähnlich" (*mutašākila*) und "zueinander passend" (*mutanāsiba*) bezeichnet, als "entwicklungsgeschichtlich ziemlich sensationell".[79] Bemerkenswert ist die Anzahl an kleinen und großen Sekunden, die in der Übung

strings with first finger and the thumb." Farmer, *Historical Facts for the Arabian Musical Influence*, S. 104.

75 Neubauer, "Zur Rolle der Araber in der Musikgeschichte des europäischen Mittelalters", S. 118.

76 Die folgende Textstelle von Ibn Sīnā hat Farmer übersetzt: "And there is connected with this chapter the *tarkībāt* (sing., *tarkīb* = compound, organum), and they are produced by means *of one beat which continues upon two strings, the note sought and that which is along with it, upon the Fourth (4/3) or Fifth (3/2), and other than these, as if these two were falling in the one time*. And the *taḍʿīfāt* (sing., *taḍʿīf* = double, octave), and you know them, and they are included under the *tarkībāt*, except that they are in the Octave (2/1)." Farmer, *Historical Facts for the Arabian Musical Influence*, S. 103.

77 Yūsuf, *Risāla fī l-luḥūn wa-n-naġam*, S. 28.

78 In der vorliegenden Notation der Lautenetüde wird von der leeren *zīr* ausgegangen, sodass sich die Terz a-c´ ergibt. In der kommentierten Übersetzung sind die anderen Möglichkeiten vermerkt.

79 Korrespondenz mit Eckhard Neubauer am 18.10.2010.

vorkommen. Al-Kindī dürfte diese Intervalle kaum als harmonisch auffassen. Anders als die übrigen Intervalle sollen die Sekundintervalle immerhin nur einmal gezupft werden, was er mit der Wendung *ḥaraka wāḥida* angibt. Zudem folgt den großen Sekunden stets die Auflösung in eine Prime; lediglich an einer Stelle folgt eine Quarte. Mit dem Wechsel zwischen großen Sekunden und Primen enden auch beide Teile der Lautenetüde. Ob die Sekunden bewusst von al-Kindī eingesetzt wurden oder ob sie fälschlicherweise aus den Übertragungen der Kopisten folgen, kann nicht beantwortet werden. Al-Kindī schreibt aber am Ende seiner Übung, dass die genannten Töne einander ähnlich (*mutašākila*) und passend (*mutanāsiba*) seien und sie miteinander harmonieren (*yataġāwabu*); dass er damit kaum die Sekunden gemeint haben kann, davon ist auszugehen.

Die hier gegebene Notation der Lautenetüde weicht von den Notationen Shiloahs und Yūsufs ab.[80] Das liegt mitunter daran, dass Yūsuf, wie auch im begleitenden Kommentartext vermerkt wird, öfter Fingerpositionen korrigiert, woraus sich andere Intervalle ergeben. Er fügt, um der Lautenetüde eine rhythmische Struktur zu verleihen, mehrfach Pausen hinzu, die in keinem der Mss. genannt sind.[81] Shiloah unterlässt die Wiederholungen der beiden Teile der Lautenübung auf den jeweils anderen Saitenpaaren und verzichtet auf eine Taktgliederung, wie sie Yūsuf angestrebt hat. In den Wiederholungen auf den tieferen Saitenpaaren, die Yūsuf in seiner Notation nur für den ersten Teil der Lautenetüde berücksichtigt hat, fehlt der erste Zusammenklang zwischen den leeren Saiten *zīr* und *maṯnā* (g-c´), den er anfangs noch (als Auftakt) notiert, sodass bei der Wiederholung auf den Saiten *maṯnā* und *maṯlaṯ* (d-g) sowie *maṯlaṯ* und *bamm* (A-d) die Quarte entfällt. In den letzten vier Takten des zweiten Teils (ohne dessen Wiederholung) fügt Yūsuf, wenn auch in eckigen Klammern angezeigt, eine eigene Schlusssequenz ein, die der Text nicht enthält.

In der vorliegenden Notation wird bewusst darauf verzichtet, die Intervallfolgen, wie sie den Mss. zu entnehmen sind, zu verändern oder anzupassen. Es soll ein Blick auf die originale Lautenetüde ermöglicht werden. Beide Mss. sind überwiegend identisch hinsichtlich der Intervallfolgen. Abweichungen im Ms. Berlin gegenüber dem Ms. Manisa werden in der

80 Yūsuf, *Risāla fī l-luḥūn wa-n-naġam*, S. 31. Shiloah, "Un ancien traité sur le *ʿūd*", S. 207. Auch Farmer legt eine Notation der Lautenetüde vor. Jedoch kannte er nur die Berliner Handschrift. Farmer, *Historical Facts for the Arabian Musical Influence*, S. 332.

81 Er scheint eines der musikalischen Metren, die al-Kindī sowohl im *Kitāb al-Muṣawwitāt al-watariyya* als auch in der *Risāla fī aǧzāʾ ḫubriyya* beschreibt, in seiner Notation wiedergeben zu wollen. Jedoch wird die metrische Umsetzung in der hier vorgelegten Notation anders aufgefasst.

Notation gekennzeichnet, indem die zweite Variante der ersten nach einer Zäsur oberhalb der Notenzeile folgt. Ähnlich wie Yūsuf dies umgesetzt hat, soll hier eine rhythmische Gliederung angezeigt werden.[82] Die ersten zwei Intervalleinheiten zeigen, dass es sich möglicherweise um das musikalische Metrum *ḫafīf aṯ-ṯaqīl al-awwal* handelt. Dieses besteht al-Kindīs Beschreibung zufolge aus vier Grundschlägen, deren letzter in seiner vorliegenden Beschreibung jedoch pausiert: "Der *ḫafīf aṯ-ṯaqīl* [*al-awwal*] [besteht aus] drei aufeinanderfolgenden Schlägen (*naqarāt mutawāliyāt*), wobei es nicht möglich ist, dass zwischen einen von ihnen die Dauer (*zamān*) eines weiteren Schlags (*naqra*) [fällt]; zwischen je drei [der aufeinanderfolgenden] Schläge [fällt die Dauer] eines Schlags (*bayna kulli ṯalāṯ naqarāt wa ṯalāṯ naqarāt naqra*)."[83] Es handelt sich also um ein vierzeitiges Metrum, das sich als 4/8 Takt notieren ließe.[84] Beginnend mit einem Auftakt folgt die erste Periode (*dawr*) mit drei Achteln und einer Pause, die zweite wiederum mit drei Achteln und einer Pause. Zwar entspricht al-Kindīs Terminologie in der Einspielübung hier nicht derjenigen, die er im *Kitāb al-Muṣawwitāt al-watariyya* und in der *Risāla fī aǧzāʾ ḫubriyya* für die *īqāʿāt* anwendet, allerdings macht er Angaben zur Schnelligkeit der Handbewegungen sowie beim Wechsel der Fingerposition auf den Saiten, was einen Hinweis auf ein schnelles Grundmetrum darstellt. Der erste Zusammenklang (in der Notation als Auftakt angegeben) soll mit einer einzigen leichten Bewegung (*bi-ḥaraka wāḥida ḫafīfa*) ausgeführt werden. Auch verwendet er das Adjektiv *sarīʿ* ("schnell") und das Verb *bādara* ("sich beeilen"). Gleichermaßen lässt der Ausdruck "leichte Pause" (*waqfa ḫafīfa*) auf ein zügiges Grundtempo schließen. Dreifach zu zupfende Intervalle sollen mit drei schnellen (*sarīʿ*), aufeinanderfolgenden (*mutatābiʿa*) Bewegungen (*ḥarakāt*) ausgeführt werden. Gewissermaßen ließe sich die Wendung "aufeinan-

---

82 Shiloah geht immerhin auf das Kennzeichen "leicht" (*ḫafīf*), mit der die Bewegung (*ḥaraka*) des Zupfens ausgeführt werden soll, ein und versucht daraus ein Grundtempo für seine Niederschrift der Lautenetüde abzuleiten. Er bemerkt jedoch, dass sich keine einheitlichen rhythmischen Angaben aus al-Kindīs Beschreibung entnehmen lassen: "Pourtant, l'auteur emploie tantôt 'mouvement rapide', tantôt 'mouvement léger' et tantôt 'mouvement' sans aucune autre qualification. Dans l'absence des points d'appui sûrs, je préfère fournir ici l'interprétation rythmique la plus simple." Shiloah, "Un ancien traité sur le *ʿūd*", S. 203, Anm. 104.

83 Yūsuf, *Muʾallafāt al-Kindī al-mūsīqiyya*, S. 82. Vgl. Schewe, *Al-Kindī und die Wirkung der Musik*, S. 195.

84 Gegenüber dem schweren Metrum *aṯ-ṯaqīl al-awwal* sind die drei aufeinanderfolgenden Schläge seiner leichten Variante dadurch geprägt, dass zwischen ihnen kein weiterer Schlag möglich ist; hiermit ist das zügigere Grundtempo des *ḫafīf aṯ-ṯaqīl al-awwal* angezeigt.

derfolgende Bewegungen" (*ḥarakāt mutatābiʿāt*) als Entsprechung zu den "aufeinanderfolgenden Schlägen" (*naqarāt mutawāliyāt*) im *ḫafīf aṯ-ṯaqīl al-awwal* auffassen.[85] Sowohl im ersten Teil der Einspielübung als auch im zweiten Teil müssen, um das angenommene Metrum zu erfüllen, Pausen ergänzt werden; im ersten Teil wurden zwei Pausen ergänzt und eine Pause um eine Viertelpause erweitert, im zweiten Teil wurden Pausen hinzugefügt, um die letzte metrische Takteinheit zu vervollständigen.

Der erste Teil der Übung soll wiederholt werden: "Dann machst du mit der *maṯnā*- und der *maṯlaṯ*[-Saite], was du mit der *zīr*- und der *maṯnā*[-Saite] gemacht hast, und ebenso [machst du] das auch mit der *bamm*- [und der *maṯlaṯ*-Saite]."[86] Aus diesem Grund werden die auf den tieferen Saiten zu wiederholenden Griffe in der vorliegenden Notation ebenfalls wiedergegeben. Allerdings besteht am Ende des ersten Teils das Problem, dass, wenn dieser mit den Saiten *bamm* und *maṯlaṯ* wiederholt werden soll, keine tiefere als die *bamm*-Saite auf der Laute vorhanden ist. Dass al-Kindī den ersten Teil der Einspielübung damit zu Ende führt, dass auf die *maṯlaṯ*-Saite zweimal in Folge abwechselnd der Mittelfinger und der kleine Finger zusammen mit der *maṯnā*-Saite gezupft werden sollen, ist auf die tiefsten Saiten übertragen nicht realisierbar.[87] Spielseiten auf der Laute sind in erster Linie *maṯnā* und *zīr*, gelegentlich *maṯlaṯ*, und die *bamm*-Saite findet im Wesentlichen als Bordunsaite Verwendung.

Auch der zweite Teil der Einspielübung soll wiederholt werden. Das Besondere, was es in diesem Teil zu üben gilt, besteht darin, dass zwischen je zwei Saiten eine Saite ausgelassen wird. In diesem Teil verlaufen im ersten Durchgang *zīr* und *maṯlaṯ* in Oktaven (ggf. einmal auch mit einer None) bis über die *maṯnā*-Saite der gemeinsame Schlusston g mit der leeren *maṯlaṯ*-Saite erreicht wird. Dies soll dann auf den Saiten *maṯnā* und *bamm* wiederholt werden. Rhythmisch bildet sich in dem zweiten Teil der Übung das musikalische Metrum *hazaǧ* ab. Auch dies wird in der vorliegenden Notation wiedergegeben; lediglich die Pausen am Ende der gesamten Phrase sind ergänzt. Der *hazaǧ* besteht aus einer Folge von sechs Schlägen, die erst bei

85 Schewe, *Al-Kindī und die Wirkung der Musik*, S. 187–206.

86 Yūsuf, *Risāla fī l-luḥūn wa-n-naġam*, S. 28.

87 Da er nämlich im ersten Durchgang die hohen Saiten *zīr* und *maṯnā* verlassen hat, gelingt die Übertragung nur bei der Wiederholung des ersten Teils mit den Saiten *maṯnā* und *maṯlaṯ*; von dort aus ist ein Fortschreiten zur tieferen Saite *bamm* noch möglich. Um die Wiederholung des ersten Teils schließlich auf die Saiten *bamm* und *maṯlaṯ* zu übertragen, müsste man von einer Quarte unterhalb der *bamm*-Saite ausgehen. Die sich von dort aus ergebenden vier Zusammenklänge sind in der vorliegenden Notation nur angedeutet.

al-Fārābī (gest. 339/950) in einem eindeutigen Verhältnis zu den Temporelationen der anderen musikalischen Metren stehen. Er erscheint bei ihm als viertes leichtes Metrum (*al-ḫafīf ar-rābiʿ*), dessen Grundform so lautet: "Es folgen einander [in] seine[n] Perioden [je] fünf Schläge. Davon sind alle vier ersten 'leichte' Schläge, und der fünfte ist ein 'schwerer' Schlag."[88] Daraus ließe sich ein 6/8 Takt übertragen, dessen letzter Schlag bei al-Fārābī zwar mit einer Pause belegt ist; in der Übung al-Kindīs umfasst eine Periode jedoch sechs Schläge ohne Pause. Die Vorzeichen gelten in der folgenden Notation nur taktweise.

Ğass al-awtār

Teil 1: *zīr* und *maṯnā*

maṯnā und *maṯlaṯ*

maṯlaṯ und *bamm*

88 Neubauer, "Die Theorie vom *īqāʿ*", S. 217.

Teil 2: *zīr* und *maṯlaṯ*

maṯnā und *bamm*

[110b] (9)

"Abhandlung al-Kindīs über die Modi/Melodien und die Töne (*Risālat al-Kindī fī l-luḥūn wa-n-naġam*) – verfasst für Aḥmad b. al-Muʿtaṣim"[89]

Im Namen Gottes des Barmherzigen Erbarmers (*bi-smi llāhi r-raḥmāni r-raḥīm*). Möge Gott dein Verständnis (*fahm*) klären, dein Wissen (*ʿilm*) mehren, dein Vorhaben (*amr*) leiten.[90]

Ich verstehe, wonach du gefragt hast: nach der Niederschrift (*rasm*) einer kurzen Abhandlung (*qawl muḫtaṣar*) über das Instrument der alten Gelehrten (*ālat al-ḥukamāʾ*), das vier Saiten hat (*ḏāt al-arbaʿat al-awtār*) und

89 Die folgende Übersetzung ist eine Überarbeitung und Erweiterung einer älteren Arbeitsübersetzung. Für die Unterstützung bei der Anfertigung dieser ersten Arbeitsübersetzung danke ich Mohamed Chawich, der mir immer wieder wertvolle Einblicke in die Bedeutungen des klassischen arabischen Vokabulars gab, und Eckhard Neubauer, der mit seinem fachkundigen Verständnis musiktheoretischer und -philosophischer Zusammenhänge mich stets in sämtlichen Übersetzungsfragen begleitet hat.

90 Die *basmala* sowie der folgende Wunsch gehen im Ms. Manisa dem Titel der Abhandlung voran.

ʿūd[91] genannt wird, um Aufschluss zu erhalten (*li-tastadilla*) über die Kenntnis seiner Konstruktion (*maʿrifat tarkībihā*), die "Komposition" seiner Töne (*taʾlīf naġamihā*) und alles, was man darüber wissen muss. Ich habe dir dies dargelegt (*rasamtu*) – soweit es mir möglich ist – in der Weise, wie es die alten Gelehrten (*al-ḥukamāʾ*) in den Büchern über Musik (*kutub al-mūsīqī*), das heißt über die Komposition der Melodien (*taʾlīf al-alḥān*)[92], beschrieben haben (*mā allafathu*); [doch] bei Allāh [liegt] das Gelingen.

Wisse, dass die Behandlung dieses Themas (*al-kalām fī ḏālika*) aus drei Disziplinen (*funūn*) besteht:

Die erste Disziplin unter ihnen ist die Kenntnis der Maße (*maqādīr*) seiner [des *ʿūd*] Abstände (*abʿād*) für seine Konstruktion (*tarkībihā*), ich meine seine Länge (*ṭūl*), Breite (*ʿarḍ*), Tiefe (*ʿamq*), einschließlich des Abstandes [wörtl. des Fallens] der Saiten (*wuqūʿ al-awtār*) auf ihm[93], die Konstruktion der Bünde (*tarkīb ad-dasātīn*) auf so korrekte Weise, wie es ihre Positionen

---

91 *ʿŪd* ist die arabische Bezeichnung für die Laute (auch etymologisch geht der Begriff Laute auf das arabische *al-ʿūd* zurück). Al-Kindī geht davon aus, dass die alten Gelehrten, das sind für ihn die Griechen, den *ʿūd* erfunden haben, womit er falsch liegt. Im *Kitāb al-Muṣawwitāt al-watariyya* schreibt er über das viersaitige Instrument: "Was die Byzantiner (*ar-rūm*) angeht, so befestigten sie [auch] vier Saiten, und zwar auf dem Lauteninstrument (*al-āla al-ʿūdiyya*), das am meisten verwendet wird (...). Nach der Aussage gewisser [Quellen] haben die Griechen (*al-yūnāniyyūn*) sie [zuerst] gebaut, aber die Babylonier (*al-bābilliyūn*) schreiben sich [diese Erfindung rechtens] zu." Er erwähnt auch, dass den Persern die Laute bekannt ist. Übers. Schewe, *Al-Kindī und die Wirkung der Musik*, S. 330–331. Die Laute war persischen Ursprungs, auch wenn sie den Byzantinern bekannt war. Über den persischen Musiker Bārbad siehe Farmer, "The Origin of the Arabian Lute and Rebec", S. 106. Neubauer zeichnet den Weg der Laute nach und sieht ihre Vorgänger in vorislamischer Zeit in Zentralasien, Indien und Persien. Die Laute habe schließlich in die arabisch-islamische Kultur Eingang gefunden und sei dort vervollkommnet worden. Für ihre persische Herkunft spricht auch die Bezeichnung, die ihr die Araber gaben, als "persische Laute" (*ʿūd fārisī*). Neubauer, "Der Bau der Laute und ihre Besaitung", S. 279.

92 Mit *taʾlīf al-alḥān* ersetzt al-Kindī den aus dem Griechischen ins Arabische übernommenen Begriff *mūsīqī*, eine Entlehnung des griechischen μουσική. In der terminologischen Umdeutung zeigt sich eine Begriffsverschiebung. Nach dem Niedergang der exakten Wissenschaften in der Spätantike, womit auch die Reduzierung des Musiklebens durch das Christentum in Verbindung gebracht werden kann, erscheinen Übersetzungen der griechischen musiktheoretischen Traktate erst mit dem Beginn der arabischen Übersetzungsbewegung ab dem 8./9. Jahrhundert. Al-Kindī selbst hatte zwar die Einteilung der Wissenschaften, d. h. die Musik innerhalb des mathematischen Fächerkanons, übernommen, so wie auch den Begriff *mūsīqī*, jedoch lagen ihm noch nicht sämtliche Schriften der mathematisch ausgerichteten Musiklehre übersetzt vor. Siehe Schewe, *Al-Kindī und die Wirkung der Musik*, S. 35–44. Zum Begriff *mūsīqī* siehe Wright, "Mūsīḳī, later Mūsīḳā", S. 681–688.

93 Das bedeutet, die Saiten liegen auf Hals und Decke der Laute.

(*mawāḍiʿhā*) erfordern, und die Vollkommenheit seiner Herstellung (*kamāl ṣanʿatihā*).

Die zweite Disziplin besteht in der Kenntnis der Saiten (*maʿrifat al-awtār*), ihrer Proportionen (*nisba*) zueinander, ihrer Abmessungen (*miqdār*) zueinander, der Kenntnis der Anzahl der Töne (*kammiyyat an-naġam*) [auf jeder Saite] und des passenden Verhältnisses (*tanāsub al-mutanāsiba*) untereinander, sei es konsonant (*iʾtilāf*) [wörtl. Eintracht] [oder] dissonant (*iḫtilāf*) [wörtl. Gegensatz], der Kenntnis der männlichen (*muḏakkar*) [Töne] unter ihnen sowie der weiblichen (*muʾannaṯ*) und [der Kenntnis] aller ihrer Grundlagen (*asbāb*) mit allen Voraussetzungen (*ʿilal*), der Kenntnis der Hauptstimmung (*at-taswiya al-ʿuẓmā*) [der Saiten] und der übrigen Stimmungen, die unter [Lauten]Spielern (*ḍurrāb*)[94] bekannt sind.

Was die dritte Disziplin angeht [111a], so [besteht] sie aus der Kenntnis der Bewegungen der Finger (*ḥarakāt al-aṣābiʿ*) auf den Bünden und den Saiten (*ad-dasātīn wa-l-awtār*), damit sich derjenige damit vertraut macht (*li-yaʾlifa*)[95], der auf diesem Instrument noch ungeübt ist (wörtl. nicht zufrieden ist, *lam yartaḍa*). [Außerdem] bereitet er [der Lautenspieler] sich darauf vor (*yaʿtāda*), dass die Finger (*aṣābiʿ*) (10) seiner linken Hand an die für jeden Finger von jedem Bund bestimmten Positionen (*fī l-mawāḍiʿ al-wāǧiba*) fallen (*an taqaʿa*) in Entsprechung (*maʿa muwāfaqa*) mit der rechten Hand und ihrem schnellen [Anschlag] (*ḥaṯṯihā*)[96] der Saiten und der Beherrschung (*iḥkām*) der Bewegungen (*ḥarakāt*) [der Töne] und der Zäsuren (*maqāṭiʿ*) [zwischen ihnen]. Dazu benötigt der Lernende (*mutaʿallim*) dieser Kunst (*ṣināʿa*) drei Dinge:

Erstens, die Kenntnis des musikalischen Metrums (*īqāʿ*)[97], das er spielen möchte (*yurīdu an yaḍriba ʿalayhi*).

Zweitens, die Wahl der Töne (*intiḫāb an-naġam*), die sich dazu eignen (*talīqu*), ihre Komposition (*taʾlīf*) und Anordnung (*naẓm*), wie es korrekterweise beim Spielen (*ḍarb*) [des *ʿūd*] erforderlich ist, ohne etwas hinzuzufügen oder fortzulassen (*bi-lā ziyāda wa-lā nuqṣān*).

---

94 Die Bezeichnung *ḍurrāb* ist der Plural von *ḍārib* ([Lauten-]Schläger).

95 Yūsuf korrigiert zu *li-yaʾlifa*. Im Ms. Manisa steht لنالیف. Ms. Manisa, fol.111a2.

96 Der Begriff *ḥaṯṯ* bezeichnet auch bei al-Mawṣilī die Geschwindigkeit der Töne. Neubauer, “Al-Ḫalīl, die ‘Töne’ und die musikalischen Metren”, S. 76.

97 *Īqāʿ*, Pl. *īqāʿāt* heißen die Rhythmen in der frühen arabischsprachigen Musikliteratur zur Zeit von al-Kindī. Die hier getroffene Übersetzung als musikalische Metren richtet sich nach der von Neubauer vorgeschlagenen, da die musikalischen Metren – zumindest methodisch – in der frühen arabischsprachigen Musiktheorie in Anlehnung an die Verslehre (*ʿarūḍ*) behandelt worden sind. Ibid., S. 75. Für die Auswertung der *īqāʿāt* bei al-Kindī siehe Schewe, *Al-Kindī und die Wirkung der Musik*, S. 178–258.

Drittens, die Anwendung (*istiʿmāl*) [alles] dessen bei der Beschäftigung (*wuqūf*) damit [d. h. beim Lautenspiel] und [bei] dessen Studium (*dars*), damit das, was die Vorstellung (*fikr*) erschafft (*yuntiğuhu*) und der Gesang (*tarannum*) hervorbringt (*yaẓharuhu*), der *ʿūd* aus großer Vertrautheit (*li-kaṯrat al-ulf*) [mit der Materie] und durch gute Übung (*ğūdat ar-riyāḍa*) gestalten kann (*li-yakūna … qad yukawwinuhu l-ʿūd*).

Dabei ist die rechte Hand (*al-yad al-yumnā*) für das musikalische Metrum (*īqāʿ*) zuständig (*awlā*) und die linke Hand ist (*al-yad al-yusrā*) für das Hervorbringen der Töne (*iẓhār an-naġam*)[98] im Einzelnen (*tafṣīl*) sowie in deren Verbindung [Komposition] (*taʾlīf*) zuständig (*awlā*). Wessen Hände dann geübt (*riyāḍa*) und mit den Bewegungen von Ton zu Ton (*tanaqqul ʿalā n-naġam*) vertraut sind (*ulf*), für den gilt das dritte Kapitel (*al-bāb aṯ-ṯāliṯ*), das wir bereits erwähnt haben.[99] Jedenfalls benötigt man […][100] die Kenntnis der musikalischen Metren (*īqāʿāt*) und der Komposition der Töne (*taʾlīf an-naġam*) gemäß dem, was [der Spieler] spielen möchte (*mā yurīdu an yaḍriba ʿalayhi*).

Diese beiden [Metren und Töne] [stellen] Eigenschaften (*muʿayyanān*) [dar], die ohne Grenze sind (*ġāya*) und zu keinem Ende (*nihāya*) führen (*yaṣīrān*), und zwar weil die Metren (*īqāʿāt*) nicht zählbar sind (*lā tuḥṣā*)[101] und zu viel, um sie zu erfassen (*lā yuḥāṭu bihā kaṯra*) – weder im Arabischen (*ʿarabiyya*) noch im Nicht-Arabischen (*ağamiyya*) – in [111b] allen Sprachen und allen Ländern.

Auch bei den Tönen (*naġam*) ist es so, obwohl ihre Anzahl bekannt ist (*maʿlūmat al-kammiyya*), so ist doch ihre Zusammenstellung (*tarkībuhā*) grenzenlos und endlos. Es ist daher erforderlich, dass [der Lernende] mit der Beschäftigung der Übung (*istiʿmāl al-ʿāda*) und [mit der Übung] der Geschicklichkeit (*hiḏq*) der Hände und der Finger in der Fortbewegung von

98 Ein wichtiger Hinweis auf die zum Schluss der Abhandlung folgende Einspielübung, in der es weniger um das rhythmische Anschlagen der Saiten, sondern vielmehr um die Intonation der Doppelgriffe mit der linken Hand geht.

99 Al-Kindī verweist auf seine Einspielübung, die im dritten Abschnitt seiner Abhandlung folgt; sie dient auch dem Einstimmen der Saiten (*ğass al-awtār*).

100 Yūsuf übernimmt das in Ms. Manisa zu lesende حينئذٍ, das in diesem Sinnzusammenhang unverständlich ist und daher in der Übersetzung unberücksichtigt bleibt. Ms. Manisa, fol.111a14.

101 Sowohl im *Kitāb al-Muṣawwitāt al-watariyya* als auch in der *Risāla fī ağzāʾ ḫubriyya* bestimmt er die Grundformen der musikalischen Metren auf acht. In der musikalischen Praxis hat es mehrere Varianten gegeben. Eine Übersicht der *īqāʿāt* bei al-Kindī: Schewe, *Al-Kindī und die Wirkung der Musik*, S. 178–258.

Ton zu Ton (*nuqla ʿalā n-naġam*)[102] beginnt und Ausdauer (*ṯabāt*) [hat] bei den bekannten langsamen Metren (*al-iqāʿāt al-kibār al-maʿlūma*), die bei den geschickten Meistern (*ḥuḏḏāq*) dieses Instruments [angewandt werden]. Wenn er das tut, fällt ihm die Nachahmung (*ḥikāya*) dessen, was er an Metren (*īqāʿāt*), Spiel (*ḍarb*) oder Tönen (*naġam*) [von seinem Lehrer] hört, nicht schwer (*lam yaʿtaṣṣ*), und so auch, wenn in seiner eigenen Vorstellung (*fikr*) [ein Lied] entstanden ist (*wulida*) oder er eine Melodie gesungen hat (*tarannama*), dann kann er sie sofort spielen (*ḍaraba*). Lass uns jetzt mit der ersten der Disziplinen (*al-fann al-awwal min al-funūn*) beginnen, die wir erwähnt haben.[103]

(18) [116a] **Rede (*qawl*) über die Töne (*naġam*)**[104]

Es gibt sieben Töne (*an-naġam sabʿ naġam*) [im Heptachord], nicht mehr und nicht weniger. Deren erster ist die leere *bamm*[-Saite] (*muṭlaq al-bamm*) [A]; der zweite ist *sabbābat al-bamm* [d. h. die Zeigefingerposition auf der *bamm*-Saite] [H]; der dritte ist *wusṭā l-bamm* [d. h. die Mittelfingerposition auf der *bamm*-Saite] [c] und der ist weiblich (*muʾannaṯ*) [d. h. er liegt eine kleine Terz über A]; und sein Ringfingerbund (*binṣir*) [d. h. der *bamm*-Saite] [cis] und der ist männlich (*muḏakkar*) [d. h. er liegt eine große Terz über A]; die letzten beiden Bünde (*dastānān*) gehören hinsichtlich der [Gesamt-]Zahl (*ʿadad*) [der Töne] gemeinsam zu einem Ton (*naġma wāḥida*), nämlich *binṣir*.[105] Jedoch wurden sie nach der Ursache (*ʿilla*), die wir erwähnt haben, von der Existenz (*wuǧūd*) des Fünftels (*ḫums*) und des Sechstels (*suds*) in den dreißig Finger[breiten, *iṣbaʿ*][106] überprüft (*tuǧarrabu*): an der Stelle (*mawḍiʿ*) des Sechstels liegt der Mittelfingerbund

102 Es steht versehentlich *ʿilm* in der Edition, obwohl على im Ms. Manisa steht. Ms. Manisa, fol.111b3.

103 Hier beginnt der erste Abschnitt: "[Die erste Disziplin] Rede (*qawl*) über den Bau (*tarkīb*) der Laute. Die Lauten (*ʿīdān*) sind unterschiedlich (*taḫtalifu*) in ihrer Größe (*kibr*), Kleinheit (*ṣuġr*), Länge (*ṭūl*), Breite (*ʿarḍ*), Tiefe (*ʿamq*), ihren Formen (*aškāl*), ihrer Dünne (*riqqa*), Dicke (*ṯiḫan*) [des Holzes] und der Feinheit einiger ihrer Teile im Vergleich zu anderen. (…) Ich beschreibe (*wāṣifu*) [hier] die Herstellung der Laute (*ṣanʿat al-ʿūd*), wie sie die Gelehrten der alten Griechen (*al-ḥukamāʾ al-awwalūn*) beschrieben haben (*waṣafat*), die sich mit der Kunst der Musik (*ṣināʿat al-mūsīqī*) beschäftigt haben (*ʿunū*)." Übers. des gesamten Abschnitts siehe Neubauer, "Der Bau der Laute und ihre Besaitung", S. 335–342; Ausg. Yūsuf, S. 11–18; Ms. Manisa, fol.111b8–fol.116a6.

104 Diese Unterüberschrift gehört zur zweiten Disziplin über die Kenntnis der Saiten und Töne (*fī maʿrifat al-awtār wa-n-naġam*), die Teil des Lautenbaus ist.

105 Auf den Unterschied der beiden Fingerpositionen, *wusṭā* und *binṣir*, kommt al-Kindī in einem späteren Abschnitt nochmal zu sprechen.

106 Zum Verständnis ergänzt nach Yūsuf. Siehe Anm. 7. 30 Fingerbreiten beträgt die Länge der klingenden Saite, auf welcher die Bünde der Laute eingeteilt werden. Vgl. Neubauer, "Der Bau der Laute", S. 335.

(*wusṭā*) [d. h. die kleine Terz] und an der Stelle des Fünftels der Ringfingerbund (*binṣir*) [d. h. die große Terz]. Zwischen ihnen gibt es nur so viel an Zwischenraum (*min al-masāfa*), dass, wenn eine Bewegung (*ḥaraka wāḥida*) [d. h. der Anschlag der Saite] zwischen ihnen zu einer weiteren Bewegung (*ḥaraka uḫrā*) führt (*balaġat*)[107], daraus kein eigener selbständiger Ton (*naġma mustaqilla bi-nafsihā*) entstehen kann, sondern nur ein Teil eines Tons (*ǧuzʾ min naġma*)[108] [d. h. ein Halbton]. Daraus ergibt sich, dass die Töne auf den beiden Bünden gemeinsam als ein einziger zu zählen sind (*tuʿadda*).[109]

Jedoch gibt es bei diesen beiden den Umstand eines Unterschieds (*ḥālu iḫtilāfin*), wie der Unterschied zwischen Maskulinum (*taḏkīr*) und Femininum (*taʾnīṯ*). So ist *wusṭā* ein feuchter (*raṭb*), sanfter (*layyin*), weicher (*raḫīm*), weiblicher (*muʾannaṯ*) Ton, während *binṣir* ein trockener (*yābis*), rauer (*ḫašin*), fester (*ǧazl*), männlicher (*muḏakkar*) Ton ist.[110] Es kommt manchmal vor, dass man beide Töne *binṣir* mit *wusṭā* [d. h. die große und kleine Terz] auf [116b] einer Saite (*watar wāḥid*) einander folgen lässt (*atbaʿū*), um *binṣir* anstelle von *wusṭā* als ein und denselben Ton (*maqāma*

---

107 In Ms. Manisa heißt es in dem mit *iḏā* eingeleiteten Nebensatz: التقت بلغت. Ms. Manisa, fol.116a12. In Ms. Berlin steht lediglich: التقت. Ms. Berlin, fol.26b4. Möglicherweise ist *iltaqā* synonym zu *balaġa* aufzufassen, indem beide Töne aufeinandertreffen, d. h. sie werden nacheinander angeschlagen.

108 Damit ist der Halbton gemeint, der zwischen den Bünden *wusṭā* und *binṣir* liegt. Shiloahs Kommentar bedarf weiterer Erklärung: "Suivant la théorie mentionnée dans la note précédente, le demi ton dans le genre diatonique est appelé intervalle de reste ou *limma* et il n'est pas considéré comme une partie d'un intervalle de ton composé." Shiloah, "Un ancien traité sur le *ʿūd*", S. 191, Anm. 49. Von diesem Intervall kann man aber nicht ausgehen, da al-Kindī sich in der vorliegenden Abhandlung nicht auf die pythagoreische Stimmung zu beziehen scheint, sondern, wie seiner Anleitung zum Bau der Laute zu entnehmen ist, auf eine natürliche Stimmung. Ptolemaios stellt u. a. die pythagoreische Stimmung des diatonischen Tetrachords nach Eratosthenēs sowie die natürliche nach Didymos vor: "(...) in the fourth that of Eratosthenes, in the ratios 9:8, 9:8 and that of the *leimma* [256:243]; in the fifth that of Didymus, in the ratios 9:8, 10:9 and 16:15 (...)". Barker, *Greek Musical Writings* II, S. 349.

109 Dass die beiden Bünde, *wusṭā* und *binṣir*, insbesondere in der praktischen Anwendung als ein einziger zu zählen sind, erklärt auch Ibn al-Munaǧǧim: "[Diese] beiden Finger[positionen] folgen in der Musikpraxis (*fī l-ġināʾ*) nicht aufeinander (*mā yalat al-iṣbaʿān tataʿāqabān*), und keine der beiden kann an die Stelle der anderen treten (*lā tadḫulu wāḥida minhumā ʿalā l-uḫrā*)." Übers. Neubauer, "Al-Ḫalīl, die 'Töne' und die musikalischen Metren", S. 98–99.

110 Die Unterschiedlichkeit beider Terzen, also der Mittelfinger- und Ringfingerposition, die al-Kindī hier anbringt, zeigt auch den humoralmedizinischen Kontext. Feuchtigkeit und Trockenheit gehören zu den insgesamt vier Qualitäten heiß, feucht, kalt, trocken. In al-Kindīs Zuordnung der vier Lautensaiten zu außermusikalischen Aspekten sind diese berücksichtigt. Vgl. Schewe, *Al-Kindī und die Wirkung der Musik*, S. 294–295.

naǵmatin wāḥidatin) einzusetzen (*yuqīmū*).[111] Doch wendet man das (*yastaʿmilūna*) nur in einem traurigen Lied (*ṣawt maḥzūn*) an, nicht in einem fröhlichen (*muṭrib*)[112], weil der "Teilton" (*al-ǧuzʾ min an-naǵma*) mangelhaft (*mahīn*) und schwach (*ḍaʿīf*) ist wegen der Schwäche des Teils (*li-ḍaʿf al-ǧuzʾ*) im Vergleich zum Ganzen (*bi-qiyās al-kull*). Wenn man ihn hört (*istamaʿuhu*), verursacht (*yuwallidu*) es Traurigkeit (*ḥuzn*), weil der Zustand der Seele (*ḥāl an-nafs*) auf den gleichen Zustand an Schwäche (*miṯl ḥālihi fī ḍ-ḍaʿf*) gebracht wird (*li-nuqlānihi*), denn Traurigkeit und Schwäche stehen beide im Einklang (*mutaffiqān*) und gleichen einander (*mutašākilān*), so ist es auch mit der Freude (*faraḥ*) und der Stärke (*quwwa*), welche jenen beiden [Traurigkeit und Schwäche] entgegengesetzt sind (*ḍiddāhumā*). Siehst du nicht auch, dass ein unmäßiges Unglück (*al-muṣība al-mufriṭa*) Tränen (*dumūʿ*), Verzweiflung (*ḫušūʿ*) und Zusammenbruch (*inkisār*) hervorbringt (*tuẓhira*)? Das liegt nur an der Schwäche gegenüber der Größe (*ʿaẓm*) des eintreffenden Unglücks (*al-muṣība al-wārida*). Die Schwäche in der Seele [kommt] von der Traurigkeit, die Traurigkeit wiederum von der Schwäche, und so kommt die Freude von der Stärke und die Stärke von der Freude.[113]

111 Mit dieser und der folgenden Aussage macht al-Kindī deutlich, dass er sich nicht nur des Unterschieds beider Terzpositionen bewusst war, sondern er beschreibt darüber hinaus, dass dieser Wechsel, der zugleich einen musikalischen Affekt erzeugt, in der Musikpraxis angewandt wurde.

112 Shiloah verweist auf die ursprüngliche zweifache Bedeutung von *ṭarab*; der Begriff wurde später auch zum musikalischen Ausdruck: "Le mot *ṭarab* en soi désignait à l'origine une émotion forte de joie ou de peine, mais dans la suite, il fut appliqué plus spécialement à l'émotion musicale et à la musique elle-même: il comprend toute une gamme des catégories affectives (…)." Shiloah, "Un ancien traité sur le ʿūd", S. 192, Anm. 50. Neben der Bedeutung "Verlangen", gibt al-Ḫalīl b. Aḥmad al-Farāhīdī (gest. 175/791) an: "*ṭarab* [bedeutet] das Gehen (*ḏahāb*) von Traurigkeit (*ḥuzn*) und das Kommen (*ḥulūl*) von Freude (*faraḥ*)." Al-Ḫalīl b. Aḥmad, *Kitāb al-ʿAyn*, S. 41. Wie der Begriff sich allmählich im musikalischen Kontext ausbildete und in die Nähe von Ekstase rückt, zeichnet Lambert nach: "(…) the *ʿIkd al-farīd* describes the caliph Muʿāwiya dancing ecstatically on hearing fine verses chanted (Ibn ʿAbd Rabbih, 18); the prophet Dāwūd is shown to be feverish and emotionally aroused when singing the Psalms (al-Ibs͟hīhī, 176) (…)." Schließlich gelangte der Begriff auch in den religiös motivierten Diskurs über die Zulässigkeit des Hörens von Musik (mit dem Begriff *samāʿ* bezeichnet). Lambert, "Ṭarab".

113 Trauer (*ḥuzn*) und Freude (*faraḥ*) stellen zwei emotionale Oppositionen dar, die innerhalb der musikalischen Ethos-Lehre, die al-Kindī in seiner Musiklehre rezipiert, zu den drei Formen des Ethos gehören. Innerhalb dieser entspräche die Trauer dem systaltischen Ethos, die Freude dem diastaltischen Ethos, das hesychastische Ethos gilt als gemäßigt. Al-Kindī übernimmt diese drei Formen in seiner *Risāla fī ḫubr taʾlīf al-alḥān* sowie im *Kitāb al-Muṣawwitāt al-watariyya*. Siehe Lachmann und al-Ḥifnī, *Jaʿqūb Ibn Isḥāq al-Kindī. Risāla fī ḫubr taʾlīf al-alḥān. Über die Komposition der Melodien*, S. 30, XX. Siehe auch Schewe, *Al-Kindī und die Wirkung der Musik*, S. 158–161, 248–254.

(19) Da nun jener Teilton (*ǧuzʾ min an-naġma*), wie wir erwähnt haben, aus Unvollkommenheit (*nuqṣān*), Mangel (*mahāna*) und Schwäche (*ḍaʿf*) [besteht], und weil die Bewegungen der Saiten (*ḥarakāt al-awtār*) die Seele in einen dem ihren gleichen Zustand (*ḥāl*) versetzen, verwenden die Sänger ihn (*istaʿmalahā l-muġannūn*) in den traurigen Liedern (*al-aṣwāt al-muḥzina*), um die Seele in den gleichen Zustand der Schwäche zu versetzen (*yanqulū*), aus der die Traurigkeit (*ḥuzn*) entsteht (*yaḥdutu*).[114] Manchmal gebrauchen die Sänger (*al-muġannūn*) auch einen Ton, der außerhalb aller Bünde liegt (*naġma ḫāriǧa min ǧamīʿ ad-dasātīn*), den sie [*an-naġma*] *al-maḥṣūra* ["der begrenzte Ton"] nennen. Er liegt außerhalb des Kleinfingerbundes (*ḫinṣir*); sie verlängern (*yamuddūna*) *al-ḫinṣir* zu ihm hin. Diesem folgt außerdem – mit gleichem Abstand (*masāfa*) zu *al-ḫinṣir* – noch ein weiterer Ton (*naġma uḫrā*). Jedoch versetzen sie (*yanqulūna*) die Zeigefinger[position] (*sabbāba*) zur Mittelfinger- oder Ringfinger[position] (*al-wusṭā aw al-binṣir*).[115] So bringen sie ihn hervor (*walladūhu*); es ist ein [117a] vollkommener Ton (*naġma tāmma*) ohne Stummheit (*salīma min al-ḫaras*).[116] Es gelingt (*yatahayyaʾu*) [den Musikern] aber auch, nach der Bedeutung der Melodien (*maʿnā alḥān*) [zu erkennen], was einen Teilton (*ǧuzʾ min naġma*) erfordert (*taḥtāǧu*), einen stummen Ton (*naġma ḫarsāʾ*) [d. h. jenseits der menschlichen Stimme in Höhe oder Tiefe] oder einen anderen, um damit [die Hörenden] traurig (*yuḥzinū*) oder fröhlich (*yuṭribū*) zu stimmen oder die Seele in einen beliebigen Zustand (*ayyu l-ḥālāt kānat*) zu versetzen, wie Platon (*Aflāṭūn*) sagt: die Seele ist im Einklang (*tankafī*) mit der Musik (*mūsīqī*)[117]

[114] Hier beschreibt al-Kindī, dass die Sänger *binṣir* und *wusṭā*, zwischen denen sich der Teilton ergibt, bewusst in traurigen Liedern einsetzen. Was die Gegensätzlichkeit zwischen der großen und der kleinen Terz hinsichtlich ihrer musikalischen Affektivität und ihres emotionalen Ausdrucks anbelangt, so scheint sie derjenigen zwischen der sich später in der europäischen Musik etablierenden Dur-Moll-Tonalität nahezukommen.

[115] Das bedeutet, um diesen weiteren Ton (*naġma uḫrā*) zu erreichen, der außerhalb des Kleinfingerbundes liegt, wird Lagenspiel angewandt, indem die Hand mit dem Zeigefinger anstelle auf der Zeigefingerposition der ersten Lage zu beginnen auf die Mittel- oder Ringfingerposition rutscht.

[116] Neubauer versteht unter den "stummen" Tönen solche, die sich in der Höhe und in der Tiefe nicht mehr singen lassen. In Entsprechung zur Stimme werde dann auch auf der Laute von "stummen" Tönen gesprochen. Korrespondenz mit Eckhard Neubauer am 18.10.2010.

[117] Al-Kindī scheint sich möglicherweise auf eine Aussage Platons in der *Politeia* zu beziehen, in welcher dieser die Erziehung durch Musik (ἐν μουσικῇ) als die vorzüglichste bezeichnet, weil der Rhythmus und die Harmonie am meisten in das Innerste der Seele drängten (εἰς τὸ ἐντὸς τῆς ψυχῆς ὅ τε ῥυθμὸς καὶ ἁρμονία) und diese am stärksten erfassten. Platon, *Politeia*, 401d. Das Zitat Platons, das al-Kindī hier gibt, scheint eher eine zusammenfassende Aussage zu sein, die er möglicherweise über

– das heißt mit der Komposition der Melodien (*taʾlīf al-alḥān*).[118] Wenn die Melodie (*laḥn*)[119] aus schwachen (*ḍaʿīf*), unvollkommenen (*nāqiṣ*) oder weiblichen (*muʾannaṯ*) Tönen besteht, dann macht sie traurig (*aḥzana*), und wenn sie aus starken (*qawiyy*), vollkommenen (*tāmm*)[120], männlichen (*muḏakkar*) [Tönen] besteht, macht sie mutig (*šaǧǧaʿa*); sie bewirkt (*ʿamala*) auch anderes, je nach den Zusammensetzungen der Mischungen der Töne (*tarākīb al-muḫtaliṭat an-naġam*), was ohne Grenze und Ende ist, und deshalb verwenden die Sänger (*muġannūn*) unter den Tönen diese zusätzlichen (*zawāʾid*) [Tonstufen].[121]

Was die vollkommenen (*tāmma*), großen (*kibār*) Töne (*naġam*) angeht, die von den Philosophen (*falāsifa*) und den Meistern in der Kunst der Musik (*ḥuḏḏāq bi-ṣināʿat al-mūsīqī*)[122] erwähnt werden (*maḏkūra*), so sind es sieben[123] Töne:

---

spätantike Quellen, z. Bsp. gnomologische Schriften, vermittelt bekam. Zu einer für die arabische Musikliteratur wichtigen spätantiken Quelle, die eine Sammlung von Weisheitssprüchen und Anekdoten über die Wirkung der Musik enthält, siehe Kazemi, *Die bewegte Seele. Das spätantike Buch über das Wesen der Musik (Kitāb ʿunṣur al-mūsīqī) von Paulos/Būlos in arabischer Übersetzung vor dem Hintergrund der griechischen Ethoslehre.*

118 Al-Kindī deutet den Begriff Musik (*mūsīqī*), der als Entlehnung des griechischen μουσική zu verstehen ist und womit die Musiktheorie gemeint ist – allerdings nicht, wie bei Platon in einer Einheit mit Tanz und Dichtung aufzufassen –, um. Die neue Bezeichnung als "Komposition der Melodien" (*taʾlīf al-alḥān*) zeigt, dass al-Kindī von einem anderen Musikbegriff ausgeht. Ihm lagen noch nicht alle griechischen musiktheoretischen Schriften zur Musik in arabischer Übersetzung vor, somit rezipierte er eine spätantike, wohl byzantinische und neupythagoreisch ausgerichtete Musiklehre. Schon zu Beginn der Abhandlung überträgt al-Kindī den Begriff μουσική zu *taʾlīf al-alḥān*. Zu seinem Musikverständnis siehe Schewe, *Al-Kindī und die Wirkung der Musik*, S. 35–36.

119 In Ms. Berlin ist die Komposition der Melodien gemeint: تاليف اللحن. Ms. Berlin, fol.27a4.

120 Ergänzt nach Ms. Manisa, fol.117a6 sowie Ms. Berlin, fol.27a5.

121 Erneut greift er die Opposition zwischen weiblichen und männlichen Tönen, d. h. beider Terzen, auf, die wiederum auf die musikalische Ethos-Lehre zurückgeht. In seinem *Kitāb al-Muṣawwitāt al-watariyya* schreibt er einleitend über die Wirkung der Musik, die sowohl Menschen als auch Tiere erfasst: "Von ihnen [den Klängen] gibt es solche, bei denen sich bei einem Menschen, der sie hört, die Seele [vom Körper] löst und er stirbt (*yamūtu*). Dann gibt es solche, bei denen er einschläft (*yasbutu*), solche, die zur Begegnung mit dem Feind und zum Krieg ermutigen, und wiederum solche, die die Seele erheitern (*yasurru*), in Emotionen versetzen (*yuṭribu*) oder stärken (*yuqawwī*)." Hier stellt er die drei Formen des Ethos vor. Übers. Schewe, *Al-Kindī und die Wirkung der Musik*, S. 325. Yūsuf, *Muʾallafāt al-Kindī al-mūsīqiyya*, S. 72.

122 Ergänzt nach Ms. Manisa, fol.117a9 sowie Ms. Berlin, fol.27a7–8.

123 Der achte Ton, d. h. die Oktave, wird als Wiederholungston erachtet. Auch die Mawṣilī-Schule bezieht sich auf das Heptachord.

Der erste ist die leere *bamm*-Saite (*muṭlaq al-bamm*)	[A][124]
Der zweite ist die Zeigefingerposition auf der *bamm*-Saite (*sabbābat al-bamm*)	[H]
Der dritte ist die Mittel- oder Ringfingerposition auf der *bamm*-Saite (*wusṭā l-bamm* oder *binṣir al-bamm*)	[c oder cis]
Der vierte ist die Kleinfingerposition auf der *bamm*-Saite (*ḫinṣir al-bamm*) und das ist zugleich die leere *maṯlaṯ*-Saite (*muṭlaq al-maṯlaṯ*)	[d]
Der fünfte ist die Zeigefingerposition auf der *maṯlaṯ*-Saite (*sabbābat al-maṯlaṯ*)	[e]
Der sechste ist die Mittel- oder Ringfingerposition auf der *maṯlaṯ*-Saite (*wusṭā l-maṯlaṯ* oder *binṣir al-maṯlaṯ*)	[f oder fis]
Der siebte ist die Kleinfingerposition auf der *maṯlaṯ*-Saite (*ḫinṣir al-maṯlaṯ*) und das ist zugleich die leere *maṯnā*-Saite (*muṭlaq al-maṯnā*)	[g]

Dies sind die sieben Töne, die wir gemeint haben.[125] Sie haben auch sieben Äquivalente (*mukāfiʾa*)[126] [in der höheren Oktave], (20) die keinen anderen entsprechen, sondern vielmehr ihren Platz einnehmen (*taqūmu maqāmahā*), [ihre Funktion] erfüllen (*tafī*) und diesen äquivalent sind (*taǧrī maǧrāhā*). Der Unterschied (*farq*) zwischen ihnen liegt in der Feinheit (*diqqa*) [der dünneren hohen Saiten] gegenüber der Grobheit (*ġilaẓ*) [der dickeren Saiten mit den tiefen Tönen][127], in der Leichtigkeit (*ḫiffa*) [des hohen Tons] und der Schwere (*ṯiql*) [des tiefen Tons] und in der Vollkommenheit (*kamāl*) und der Unvollkommenheit (*nuqṣān*) [gewisser Töne]. Was die Methodik

124 Zur Festlegung des tiefsten Tons A, von dem das Heptachord ausgeht, siehe Neubauer, "Der Bau der Laute", S. 322.

125 In der Parallelschrift, die bei Yūsuf unter dem Titel *ar-Risāla al-kubrā fī t-taʾlīf* erschienen ist, folgt an dieser Stelle eine Passage, die das Ms. Manisa nicht enthält: انها الاصول الكبار الثامه فاما نغم المثنى و الزير ("Dies sind die vollkommenen großen Grund[töne], was die Töne [auf] der *maṯnā* und der *zīr* angeht."). Die Punktierung ist irreführend, es muss التامه anstelle von الثامه heißen. Hier wird bereits Gesagtes wiederholt. Yūsuf, *Muʾallafāt al-Kindī al-mūsīqiyya*, S. 130. Ms. Berlin, fol.27a11–12.

126 In Ms. Berlin folgt wiederholend: لسبع التي زكرنا ("von den sieben [Tönen], die wir erwähnt haben."). Ms. Berlin, fol.27a12–13.

127 Die beiden hohen Saiten *maṯnā* und *zīr* werden al-Kindī zufolge aus Seide, die beiden tiefen Saiten *bamm* und *maṯlaṯ* aus Darm hergestellt. Die Anzahl der Schnüre, aus denen jede Saite gedreht wird, entspricht der pythagoreischen Vierzahl, d. h. vier für die *bamm*, drei für die *maṯlaṯ* usw. Siehe Neubauer, "Der Bau der Laute", S. 311–312. Zur Klangeigenschaft der hohen Saiten schreibt al-Kindī, dass diese der Klanghelle (*ṣafāʾ ṭanīn*) der Seide bedürfen, da gespannte Seide heller im Klang sei als Darm. Ibid., S. 340.

des Singens (*maḏhab at-tanġīm*) und die Art der Kantillation (*sabīl at-tarannum*) angeht, so gibt es keinen [117b] Unterschied (*laysa yalḥaquhā ḫilāf*) [zwischen der hohen und der tiefen Oktave].

Jeder Ton der sieben letzten (*awāḫir*) [Töne] – ich meine die [hohen] Töne auf der *maṯnā*- und der *zīr*-Saite – vertritt (*tanūb*) den ihnen entsprechenden (*naẓīr*) der sieben ersten – ich meine [die tiefen Töne] auf der *maṯlaṯ*- und der *bamm*-Saite – in allen Bewegungen (*ḥarakāt*) des *ʿūd*, ob [in der Begleitung des] Gesangs (*ġināʾ*) oder [im solistischen] Spiel (*ḍarb*)[128], und so wie jene vertreten (*tanūb*) auch die ersten [Töne] die ihnen entsprechenden (*naẓāʾir*) unter den letzten [Tönen].[129]

Die Eigenschaften (*ṣifa*) der sieben ersten Töne und Nachweis (*tabyīn*) des entsprechenden (*naẓīr*) [Tons] jedes einzelnen von ihnen unter den sieben letzten

Der erste dieser [Töne] ist *muṭlaq al-maṯnā* [g], er ist [zugleich auch] *ḫinṣir al-maṯlaṯ* [g]. Wenn nun jemand sagt, dass dies ein einziger Ton (*naġma wāḥida*) ist ohne Unterschied (*farq*) zwischen den beiden Saiten (*watarān*)[, auf denen er vorkommt], und warum er dann sowohl zu den ersten sieben [Tönen] gezählt wird (*tuʿaddu*) und wir ihn gleichzeitig auch zu den letzten sieben zählen (*naʿuddu*), dann sagen wir, dass das nicht befremdlich ist (*laysa bi-mustankar*), sondern in mehreren Aspekten (*maʿānī*) notwendig[erweise] in Analogie (*qiyās*) zu denen der Wissenschaft (*ḥikma*) steht. Die erste [Wissenschaft] ist die Zahlenkunde (*ṣināʿat al-ʿadad*). Darin ist die Zehn (*ʿašara*) diejenige Zahl, der keine Zahl beigegeben wird, außer ihrer Vervielfachung (*taḍʿīf*) oder deren Vielfachen (*taḍʿīf aḍʿāfahu*) *ad infinitum*. Diese Zahl – ich meine die Zehn – ist beiden Zahlen[gruppen] (*ʿadadayn*) gemeinsam (*muštarik*) – das heißt [den Zahlen] vor ihr und [denen] nach ihr. Diejenigen vor ihr sind ein Vielfaches (*taḍʿīf*) der Einer (*āḥād*), für welche sie [die Zehn] der Abschluss (*tamām*) ist, und für beide Zahlen, die nach ihr kommen, ist sie der Anfang (*ibtidāʾ*).[130] Ein Beispiel dafür ist, wenn du zählst (*ʿaddadta*) eins, zwei, drei ... bis du die Zehn erreichst (*tantahī*), dann ist

[128] Gesang (*ġināʾ*) und Instrumentalspiel (*ḍarb*) sind Begriffe der musikalischen Praxis und sie stehen im Gegensatz zum Terminus *mūsīqī*, der sich auf die Musiktheorie bezieht.

[129] Al-Kindī geht von dem Heptachord auf den Hauptmelodiesaiten *maṯnā* und *zīr* aus. Vgl. Neubauer, "Die acht 'Wege' der arabischen Musiklehre", S. 14.

[130] Mit dieser Analogie zeigt al-Kindī, dass der Ton g – auf *ḫinṣir al-maṯlaṯ* liegend und identisch zum Ton *muṭlaq al-maṯnā* – sowohl den Schlusston des ersten Heptachords als auch den Anfangston des zweiten, höheren Heptachords darstellt.

die Zehn der Abschluss (*tamām*) dieser Zahlen (*ʿadad*).[131] Strebst du (*turīdu*) die Hundert (*miʾa*) an, die ein Vielfaches (*taḍʿīf*) der Zehn ist – so wie du die Eins vervielfacht hast (*aḍʿafta*) bis sie zur Zehn wurde (*fa-ṣāra*) –, beginnst du bei der Zehn, die jetzt [118a][132] die Stellung (*bi-manzila*)[133] der Eins hat, bis du das zehnfache der Zehn (*ʿašarat al-ʿašarāt*) erreicht hast (*tantahī*), was Hundert ist. Du siehst also, dass die Zehn[134] der Abschluss (*tamām*)[135] der ersten Stufe (*al-martaba al-ūlā*) der Zahlen ist und damit ein Vielfaches der Einer (*taḍʿīf al-āḥād*), außerdem der Anfang (*ibtidāʾ*) der zweiten Stufe (*al-martaba aṯ-ṯānīya*), des Vielfachen der Zehner (*taḍʿīf al-ʿašarāt*).

---

131 Shiloah verweist auf die Schrift *Mafātīḥ al-ʿulūm*, nach welcher die Zahl aus Einheiten zusammengesetzt ist. Shiloah, "Un ancien traité sur le *ʿūd*", S. 195, Anm. 65. Ḫwārizmī (gest. ca. 232/850) berichtet über das indische Zahlensystem, in welchem neun Symbole für die Zahlen Eins bis Neun verwendet werden, wobei die Eins die Wurzel jeder Zahl darstellt, da sich alle Zahlen als Vielfache aus ihr ergeben: "Die erste hiervon ist die Stelle der Einer, bei der alles, was zwischen Eins und Neun ist, verdoppelt und verdreifacht wird. Die zweite ist die Stelle der Zehner, bei der alles, was zwischen 10 und 90 ist, verdoppelt und verdreifacht wird. Die dritte ist die Stelle der Hunderter (...)." Allerdings stellt bei ihm nicht die Zehn den Abschluss der Einer dar, sondern sie wird anstelle der Eins gesetzt (mit einem kleinen vorangestellten Kreis nach der Schreibrichtung des Arabischen, d. h. die Null) und aus ihrer Vervielfachung wiederum entstehen die übrigen Zehner. Die Eins rutscht sozusagen von ihrer ersten Position auf die nächste und nimmt die Position der Zehner ein; in dieser Weise geht es weiter zu den Hundertern, Tausendern etc. Folkerts (unter Mitarbeit von Kunitzsch), *Die älteste lateinische Schrift über das indische Rechnen nach al-Ḫwārizmī*, S. 30–37.

132 An dieser Stelle bricht das Ms. Berlin ab und es folgen Seiten des unter dem Titel *Muḫtaṣar al-mūsīqī fī taʾlīf an-naġam wa-ṣanʿat al-ʿūd* bekannten Traktats. Der Textabbruch findet an derselben Stelle statt, wo im Ms. Manisa die Foliennummer wechselt. Ms. Berlin, fol.27b6. Ms. Manisa, fol.118a. Der Text der *Risāla fī l-luḥūn wa-n-naġam* des Berliner Manuskripts setzt fort auf fol.28b22.

133 In der lateinischen Schrift über das indische Rechnen, die von al-Ḫwārizmī überliefert ist, wird der Begriff *mansio* ("Lager, Aufenthalt"), der auf das arabische *manzila* (Pl. *manāzil*) zurückgeht, als Fachausdruck für die (Zahlen)Stelle gebraucht. Allerdings hat sich später der lateinische Begriff *differentia* ("Unterschied") etabliert, dessen arabische Entsprechung möglicherweise *martaba* oder *rutba* ("Stufe, Rang") ist. Folkerts (unter Mitarbeit von Kunitzsch), *Die älteste lateinische Schrift über das indische Rechnen nach al-Ḫwārizmī*, S. 114.

134 Ms. Berlin bricht an dieser Stelle erneut ab. Ms. Berlin, fol.28b, letzte Zeile.

135 Dass al-Kindī anders als al-Ḫwārizmī die Zehn als Abschluss der Einer betrachtet, ist möglicherweise seinem Analogieschluss zuzurechnen. Auch im *Kitāb al-Muṣawwitāt al-watariyya* neigt er dazu numerische Assoziationen zu ziehen, die mitunter nicht stimmen, so wie bei dem Saiteninstrument, das er *kankala* nennt und das nur eine Saite und demzufolge auch nur einen Bund haben soll, was mit Blick auf die Spielpraxis unwahrscheinlich ist. Schewe, *Al-Kindī und die Wirkung der Musik*, S. 304–306.

(21) Dementsprechend ist der Ton *muṭlaq al-maṯnā* [g], welcher [zugleich] *ḫinṣir al-maṯlaṯ* [g] ist, der Abschluss (*tamām*) der ersten sieben Töne und der Beginn (*ibtidā'*) der sieben letzten.[136]

Galen (Ǧālīnūs) erwähnt (*ḏakara*) in seinem Buch [über die Arten] des Fiebers (*Kitāb al-Ḥummayāt*)[137] eine Entsprechung (*naẓīr*) für die Ursache (*ʿilla*) der periodischen Fieber (*ḥummayāt al-adwār*). Man nennt das Fieber, das einen Tag anhält (*ta'ḫuḏu*) und zwei Tage fortbleibt (*tatruku*) Quartanfieber ([*ḥummā*] *ribʿ*), und dasjenige, das einen Tag anhält und einen Tag aussetzt (*tadaʿu*) "Tertianfieber" ([*ḥummā*] *muṯallaṯ*). Da man den Tag, an dem das Fieber in beiden Perioden (*dawrān*) auftritt, beiden zurechnet (*yuḥsabu ǧamīʿan*) – das heißt zur vergangenen (*māḍī*) und zur kommenden (*mustaqbal*) –, ist er der Abschluss (*tamām*) der vergangenen und der Beginn (*ibtidā'*) der zukünftigen [Periode]. Hierfür (*fī hāḏa l-bāb*) gibt es viele wissenschaftliche Begründungen (*ʿilal kaṯīra min al-ḥikma*) und analoge Beispiele (*šawāhid qiyāsiyya*) aus mehreren philosophischen Disziplinen (*min ġayr fann min funūn al-falsafa*), doch was wir erwähnt haben, mag demjenigen reichen (*kifāya*), der hier nach der Ursache sucht (*ṭalaba ʿillat ḏālika*).

- Der erste der sieben letzten [Töne] ist *muṭlaq al-maṯnā* [g]. Er wird "der einzigartige Ton" (*an-naġma al-yatīma*)[138] genannt, weil er kein Äquivalent (*naẓīr*) [im unteren Heptachord] hat, dafür aber zu beiden Tonreihen (*martabatān*) gehört (*muštaraka*), wie wir erläutert haben.
- Der zweite [Ton] ist *sabbābat al-maṯnā* [a] und er entspricht [im unteren Heptachord] *muṭlaq al-bamm* [A].

[136] Anstelle von der Oktave geht al-Kindī, wie die Vertreter der Mawṣilī-Schule, von einem Heptachord aus, da die Oktave als Wiederholungston erachtet wird. Neubauer weist darauf hin, dass die zwei Heptachorde in Analogie zur Stimmung der Saiten (*bamm* [A], *maṯlaṯ* [d], *maṯnā* [g], *zīr* [c´]) gedacht sind. Damit ergeben sich beide Heptachorde von *muṭlaq al-bamm* zu *ḫinṣir al-maṯlaṯ* [A-g] und von *muṭlaq al-maṯnā* bis zu *ḫinṣir az-zīr* [g-f´]. Korrespondenz mit Eckhard Neubauer am 18.10.2010.

[137] Diese zweite Analogie stammt aus der Medizin. Shiloah korrigiert nach Sezgin zu *Kitāb fī adwār al-ḥummayāt wa-tarākībihā*. Shiloah, "Un ancien traité sur le ʿūd", S. 195, Anm. 67. Von Galens Schrift *De differentiis febrium* gab es eine arabische Übersetzung von Ḥunayn b. Isḥāq (gest. 260/873) unter dem Titel *Kitāb Asnāf al-ḥummayāt*. Wernhard, *Galen. Über die Arten der Fieber in der arabischen Version des Ḥunain Ibn Isḥāq*.

[138] Der letzte Ton des unteren Heptachords, der zugleich der Anfangston des oberen Heptachords ist, bekommt einen spezifischen Namen als "einzigartiger Ton" (*naġma yatīma*). Zuvor bezeichnet al-Kindī den Ton g, der sowohl auf der Position *muṭlaq al-maṯnā* als auch auf der Position *ḫinṣir al-maṯlaṯ* liegt, als einen einzigen Ton (*naġma wāḥida*). Al-Mawṣilī nennt diesen Ton "Stütze" (*ʿimād*). Neubauer, "Die acht Wege der arabischen Musiklehre und der Oktoechos", S. 14.

- Der dritte [Ton] ist *binṣir al-maṯnā* [h][139]; er entspricht *sabbābat al-bamm* [H].
- Der vierte [Ton] ist *ḫinṣir al-maṯnā* [c´], er ist zugleich *muṭlaq az-zīr* [c´] und [er entspricht dem Ton], der *wusṭā l-bamm* [c] genannt wird.
- Der fünfte [Ton] ist *sabbābat az-zīr* [d´]; er [entspricht] *muṭlaq al-matlat* [d].
- Der sechste [Ton] ist *binṣir az-zīr* [e´]; [118b] er entspricht *sabbābat al-maṯlaṯ* [e].
- Der siebte [Ton] ist *ḫinṣir az-zīr* [f´] und er entspricht *wusṭā l-maṯlaṯ* [f].

So wäre es auch, wenn zwei weitere Saiten (*watarān āḫarān*) unterhalb (*asfal*) [d. h. von der Spielhaltung der Laute her unterhalb, jedoch den Tonhöhen nach oberhalb] der *zīr*-Saite in der üblichen Stimmung (*taswiya*) aufgezogen wären (*ʿulliqa*), dann wären es diese sieben Töne und keine anderen. Ebenso wäre ihr Verhältnis (*ḥukm*) zu *maṯnā* und *zīr* wie das Verhältnis von *maṯnā* und *zīr* zu *maṯlaṯ* und *bamm*. Sie vertreten diese beiden (*yanūbān*), ihre Töne verlaufen parallel (*yuḥāḏiyān*) und sie können ihre Stelle einnehmen (*yaqūmān maqāmahumā*). Jedoch mag man [sich] dies als [theoretisches] Beispiel (*qiyāsan*) gerne (*yuḥabbu*) [vorstellen], nicht aber in der Realität (*fiʿālan*), weil die Töne durch die äußerste Feinheit (*šiddat ad-diqqa*) [der Saiten in der Höhe] an die Grenze des Verstummens (*ḥadd al-ḫaras*)[140] gelangen (*taṣīru*). Es ist aber möglich, dass nur eine Saite zusätzlich aufgezogen wird (*yuʿallaq*), die einige [der Töne] artikuliert (*yanṭuqu*), die wir erwähnt haben.[141] Dann würde analog dazu (*yadullu*

[139] Da der Ton b (*wusṭā l-maṯnā*) kein Äquivalent im unteren Heptachord hat, folgt der Ton h (*binṣir al-maṯnā*). Auf der *bamm*-Saite würde der Ton B zwischen der leeren *bamm*-Saite und der Zeigefingerposition liegen. Diesem Halbtonbund kommt jedoch in der *Risāla fī ḫubr taʾlīf al-alḥān* keine Verwendung zu und al-Kindī nennt diese Töne auch nicht. Lachmann und al-Ḥifnī zufolge ist das pythagoreische Komma, das als Restintervall besteht, auf seinem "Lautengriffbrett latent, und zwar bei den zwischen dem Zeigefingerbund und der leeren Saite liegenden Tönen." Lachmann und al-Ḥifnī, *Jaʿqūb Ibn Isḥāq al-Kindī. Risāla fī ḫubr taʾlīf al-alḥān. Über die Komposition der Melodien*, S. 6.

[140] Al-Kindī meint damit, dass die Töne unterhalb der *zīr*-Saite dünner oder schwächer klingen.

[141] Diese fünfte Saite fügt al-Kindī in der *Risāla fī ḫubr taʾlīf al-alḥān* zur theoretischen Demonstration der Doppeloktave (im pythagoreischen Tonsystem), die bei ihm von der Position *sabbābat al-bamm* mit dem Ton H ausgeht, tatsächlich hinzu. Die hinzugefügte Saite heißt dort zweite *zīr* (*zīr ṯānī*) und auf ihr liegt das Tetrachord *ḥāddat al-ḥāddāt* (das hohe [Tetrachord] der hohen [Töne]), welches ausgehend von der leeren Saite die Töne f´ bis b´ umfasst. Zur theoretischen Darstellung der Doppeloktave al-Kindīs und ihrer Entsprechung zum griechischen σύστημα ἀμετάβολον siehe Schewe, *Al-Kindī und die Wirkung der Musik*, S. 144-152. Ibn at-Taḥḥān (gest. nach

l-qiyās) die zweite Saite dieser entsprechen (*anna ḥukma l-watar aṯ-ṯānī ka-ḥukmuhu*).[142]

(22) Die Entsprechung (*qiyās*) für dieses [Phänomen] liegt im Kehlkopf (*ḥalaq*) [des Menschen]. Siehst du nicht, dass, wenn du *muṭlaq al-bamm* [A] [auf der Laute] anschlägst (*ḥarrakta*) und dann denselben Ton anstimmst (*tarannamta*), dieser der "raueste"/ "gröbste" [d. h. tiefste] der Töne (*aġlaẓ an-naġam*)[143] im Kehlkopf ist? Setzt du dann (*taḍaʿu*) *sabbāba* [auf die *bamm*-Saite, H] und singst diesen Ton (*tatarannamu*) ebenfalls, setzt dann *wusṭā* [B] darauf und singst den Ton wiederum, steigst noch immer auf den Saiten Ton für Ton hinauf (*lā tazālu tatarāqī*) und steigst genauso Ton für Ton im Kehlkopf höher bis du *ḫinṣir az-zīr* [f′] erreichst, dann erreichen (*yaṣīru*) die Töne im Kehlkopf ihre höchste (*aʿlā*) und "feinste" (*addaq*)[144] [Position].[145]

Und wenn es möglich ist (*in ǧāza*), bis zur dreimaligen Wiederholung (*takrīr*) der sieben Töne [der unteren Oktave] fortzufahren, lässt sich [eine

449/1057) gebraucht den Begriff *ḥādd* (wörtl. "scharf") für die Töne der oberen beiden Lautensaiten *maṯnā* und *zīr*. Neubauer, "Al-Ḫalīl, die 'Töne' und die musikalischen Metren", S. 91–92, Anm. 155. Über den in al-Andalus wirkenden Musiker Ziryāb (gest. 238/852) wird berichtet, dass er eine fünfte Saite – allerdings zwischen *maṯlaṯ* und *maṯnā*-Saite – einfügte. Seine Hinzufügung der fünften Saite beruht vor allem auf der Zuordnung der vier Saiten zu den vier Körpersäften (Blut, gelbe und schwarze Galle, Schleim), die diesen entsprechend eingefärbt wurden; die fünfte Saite entsprach bei ihm der Seele und sie wurde weiß gefärbt. Reynolds, *Medieval Arab Music and Musicians*, S. 127–128.

142 Der Satz ist nicht ganz verständlich. Shiloah übersetzt: "(…) quitte à déduire par analogie quelle pourra être en réalité la disposition de la deuxième corde [supplémentaire]." Shiloah, "Un ancien traité sur le *ʿūd*", S. 196.

143 Ibn al-Munaǧǧim verwendet den Begriff der Rauheit (*ġilaẓ*), um die Tonqualität der beiden tiefen Saiten gegenüber den beiden hohen Saiten zu beschreiben: "(…) wie nach dem Augenschein (*manẓar*) die *bamm*- und die *maṯlaṯ*-Saite an Stärke (*ġilaẓ*) und damit Tontiefe (*līn*, wörtl. "Weichheit") einen Überschuß besitzt gegenüber der *maṯnā*- und der *zīr*-Saite mit ihrer Dünnheit (*laṭāfa*) und damit Tonhöhe (*šidda*, wörtl. "Härte")." Übers. Neubauer, "Al-Ḫalīl, die 'Töne' und die musikalischen Metren", S. 94.

144 Zur Verwendung des von *daqīq* abgeleiteten Elativs für die Tonqualität der auf den hohen Saiten hervorgebrachten Töne siehe die nachfolgende Anm. Ibn al-Munaǧǧim schreibt diesen Tönen Feinheit (*diqqa*) zu.

145 Was al-Kindī als physiologischen Vorgang im Kehlkopf beschreibt, hängt nicht nur mit der Stimmbildung zusammen. Ibn al-Munaǧǧim beschreibt außerdem, dass der Wechsel von den Hauptmelodiesaiten zu den beiden tiefen Saiten der Verschönerung der Musik dient: "Was einen weiterhin zu [den Tönen auf] der *bamm*- und der *maṯlaṯ*-Saite führt, ist das Bedürfnis nach einer Verschönerung (*taḥsīn*) des Lautenspiels (*ḍarb*) und 'Verbindung' der Saiten [durch Oktavwechsel], damit die Ohren eine Abwechslung erhalten und man den Ton einmal auf der *maṯnā*- und *zīr*-Saite fein (*bi-diqqa*) und hoch ([*bi-*]*šidda*) und dann wieder auf der *bamm*- und der *maṯlaṯ*-Saite stark (*bi-ġilaẓ*) und tief ([*bi-*]*līn*) hört, obwohl die einen Töne und die anderen eigentlich identisch sind." Übers. Neubauer, "Al-Ḫalīl, die 'Töne' und die musikalischen Metren", S. 95.

weitere Wiederholung] durch das Verstummen des Tons (*ḫaras an-naġma*) [in der Stimme] wegen der [zunehmenden] Höhe und was man an Feinheit erreicht (*min šiddatin mā yaṣīru ilayhi min ad-diqqa*) nicht mehr verwirklichen (*lam yatahayya*ʾ).[146]

Benötigt man (*iḏā uḥtīǧa*) noch einen Ton oberhalb von *ḫinṣir az-zīr* [f´] – dem Abschluss (*tamām*) der sieben [höchsten] –, kehrt man zurück (*ruǧiʿa*) zu *muṭlaq al-maṯnā* [g], ihrem ersten Ton, der so die Stelle (*maqām*) eines hohen Tons (*naġma daqīqa*) [in der Oberoktave g´] einnimmt, [119a] als ob er anschließend [auf f´] folgen würde.[147]

So sind diese sieben Töne ein dauernder Kreislauf aus sich selbst heraus (*dāʾira ʿalā nafsihā abadan*): der erste von ihnen [kommt] nach dem siebten und ist wie der siebte nach dem sechsten und der sechste nach dem fünften; jeder einzelne der sieben letzten Töne – das heißt der Töne der *maṯnā* und der *zīr* – ist in Zahlen gemessen (*miqdār*) die Hälfte der jeweiligen Äquivalente (*naẓāʾir*) unter den ersten sieben – das heißt den Tönen der *bamm* und der *maṯlaṯ*. Genauso ist es bei den beiden Saiten in ihrem Umfang[148] an Feinheit und Grobheit (*min ad-diqqa wa-l-ġilaẓ*).

---

146 Die dreimalige Wiederholung des tiefen Heptachords in der Höhe scheint al-Kindī zufolge dem maximalen Stimmumfang zu entsprechen. Über den Prinzen Ibrāhīm b. al-Mahdī (gest. 224/839) wird aber berichtet, dass er eine noch umfangreichere Stimme hatte und ein Lied in vier Oktaven singen konnte. Neubauer, "Die acht 'Wege' der arabischen Musiklehre", S. 25.

147 Mit diesem Hinweis auf die Spielpraxis ist eine Form des Registerwechsels gemeint, der pragmatische Gründe hat, da der Ton g´ des oberen Heptachords nicht auf den vorgesehenen Bünden der *zīr*-Saite erreichbar ist. Allerdings wurde später eine fünfte Saite hinzugefügt. Außerdem hat al-Kindī bereits an anderer Stelle auf die Möglichkeit des Lagenspiels hingewiesen, als er den "begrenzten Ton" (*naġma maḥṣūra*) erwähnt, der außerhalb der Bünde liegt, d. h. hinter dem Kleinfingerbund, und der erreicht wird, indem die Zeigefingerposition auf die Mittel- oder Ringfingerposition rutscht.

148 Mit diesem Umfang ist höchstwahrscheinlich die Anzahl der Lagen aus Darm bzw. Seide gemeint, aus denen die Saiten hergestellt werden. Zur Beschaffenheit der Saiten bei al-Kindī siehe Neubauer, "Der Bau der Laute und ihre Besaitung", S. 311–312. In seinem *Kitāb al-Muṣawwitāt al-watariyya* assoziiert er die Anzahl der Saitenlagen mit der pythagoreischen Tetraktys: "Nachdem sie viel über die Entsprechungen und Beziehungen der Zahl Vier [herausgefunden hatten], befestigten sie auf der Laute (*ʿūd*) vier Saiten (*arbaʿa autār*) mit [insgesamt] zehn [Darm]Schnüren (*ṭāqāt*), um damit die Zahl Zehn zu erreichen (…). Man gab also der *zīr*[-Saite] eine Schnur, der *maṯnā*[-Saite] zwei Schnüre (…), wodurch beide Entsprechungen, sowohl diejenige von zehn Strängen [zur Zahl Zehn] als auch diejenige von vier Saiten [zur Zahl Vier] vollzogen wurden." Übers. Schewe, *Al-Kindī und die Wirkung der Musik*, S. 313, 334–335. Die pythagoreische Tetraktys war auch Ausgangspunkt für die musikalischen Proportionen: "Wichtiger Ausgangspunkt ist die aus der Folge 1, 2, 3, 4 bestehende "Vierheit" (τετρακτύς), da sie als Summe von 1 + 2 + 3 + 4 die perfekte Zahl 10 bildet. Aus den vier Zahlen lassen sich durch entsprechende Saitenteilung mit der

Wir haben bereits erklärt (*bayyannā*), dass die [Töne auf der] *maṯnā* und [diejenigen auf der] *zīr* notwendigerweise gleich der Hälfte der[jenigen auf der] *maṯlaṯ* und *bamm* sind, die[jenigen auf der] *maṯnā* [gleich der] Hälfte der[jenigen auf der] *bamm*, und die[jenigen auf der] *zīr* [gleich der] Hälfte der[jenigen auf der] *maṯlaṯ*[149].[150] Demnach ist der Ton *sabbābat al-maṯnā* [a] gleich der Hälfte des Tons *muṭlaq al-bamm* [A] und *binṣir al-maṯnā* [h] gleich der Hälfte von *sabbābat al-bamm*[151] [H]. Gemäß diesen Beispielen [entspricht] bis zum Abschluss der Töne [d. h. der Septime] jeder der [sieben] letzten Töne der Hälfte seines Äquivalents (*naẓīra*) unter den ersten [Tönen].

Das Vorbild (*ʿilla*) dafür liegt in der Konstruktion (*handasa*) des [menschlichen] Kehlkopfes in seiner Beschaffenheit (*ḫilqa*). Der weiteste Ausgangspunkt (*awsaʿ maḫāriǧ*) dieser Töne im Kehlkopf ist der Artikulationspunkt (*maḫraǧ*) des Tons *muṭlaq al-bamm* [A], wobei der Betrag (*miqdār*) in seiner Ausdehnung (*saʿa*) das Doppelte (*ḍiʿf*) vom Betrag (*miqdār*) des Tons *sabbābat al-maṯnā* [a] [beträgt] – aus diesem Grund ist er das "Doppelte" von ihm. Daher ist der Artikulationspunkt (*maḫraǧ*) von *sabbābat al-bamm* [H] das Doppelte des Artikulationspunktes von *binṣir al-maṯnā* [h] an Betrag und Ausdehnung. Aus diesem Grund wird [aus] ein[em] Ton das "Doppelte" eines [anderen] Tons.

(23) Ebenso [entspricht das Verhältnis] von *wusṭā l-bamm* [c] zu *ḫinṣir al-maṯnā* [c´] und aller Positionen (*mawāqiʿ*) der "großen" Töne (*an-naġam al-kibār*) zu ihren Äquivalenten (*naẓāʾir*) unter den "kleinen" (*ṣiġār*) [Tönen im oberen Heptachord].[152]

Aus diesem Grund (*ʿilla*) wurden (*ṣāra*) *maṯnā* und *zīr* in [119b] ihrer [Saiten]Stärke (*ġilaẓ*) zu den Hälften (*anṣāf*) von *bamm* und *maṯlaṯ*, damit

P.-Form n/n+1 die ersten drei Intervalle Oktave (1/2), Quinte (2/3) und Quarte (3/4) sowie (als Differenz zw. Quinte und Quarte) der Ganzton (8/9 = 2/3 : 3/4) ableiten." Höcker, Willers, Haas, "Proportion".

149 Warum Yūsuf zu *maṯnā* korrigiert ist unklar, da der Tonvorrat auf der *zīr*-Saite (c´-f´) eher mit demjenigen auf der *maṯlaṯ*-Saite (d-g) korrespondiert.

150 Damit ist das Verhältnis der Oktave (2:1) gemeint, das die Töne jeweils auf der *bamm*- und *maṯlaṯ*-Saite sowie auf der *maṯnā*- und *zīr*-Saite zueinander haben. Als Erklärung dient die *Katatomē Kanonos*, die in arabischer Übersetzung vorlag und zu al-Kindīs Quellen zählen kann: "Wenn ein vielfaches Intervall (*maddatun ḏātu aḍʿāfin*) zweimal zusammengesetzt wird (*rukkibat marratain*) und [dadurch] ein [weiteres] Intervall erzeugt (*šaġġalat*), so ist auch dieses ein vielfaches (*ḏātu aḍʿāfin*)." Übers. Neubauer, "Die Euklid zugeschriebene 'Teilung des Kanon' in arabischer Übersetzung", S. 344.

151 Im Text steht *sabbābat al-maṯlaṯ* [e]. Da sich aber zu *binṣir al-maṯnā* keine Oktave ergibt, sollte hier *sabbābat al-bamm* gemeint sein.

152 Al-Kindī geht bei diesem Beispiel von Oktavräumen aus.

sie dem [menschlichen] Kehlkopf in seiner Konstruktion (*handasa*) entsprechen (*la-tusāwiya*). Daher entsprechen einander die Töne im Kehlkopf und im Instrument.

Was die sieben Töne angeht, so stehen sie zueinander (*fī anfusihā*) in unterschiedlichen Verhältnissen (*nisaban muḫtalifatan*), worüber man lange reden könnte. Ihre Bedeutung (*maʿnā*) ist dunkel (*yaġmuḍu*) und wird nur demjenigen verständlich (*lā yatahayyaʾu fahmuhu illā li-man*), der das "Buch über die Musik" (*Kitāb al-Mūsīqī*[153])[154] studiert (*naẓara fī*).

Darunter wollen wir nur ein eindeutiges Verhältnis erwähnen (*nisba wāḥida wāḍiḥa*), dasjenige jeden Tons (*kullu naġmatin*) zu seinem Fünften[155]. Auch wenn sich [die beiden Töne] im Gesang (*tarannum*) nicht voll entsprechen (*lā tusāwī*)[156], besteht für sie eine Verwandtschaft (*mušākila*) und Übereinstimmung (*muwāfaqa*) in ihrem Verhältnis (*nisba*) [zueinander], und zwar das Verhältnis[157] eines Ganzen und der Hälfte eines Ganzen (*nisbatu kullin wa-niṣfi kullin*)[158]. Dabei[159] ist die Hälfte (*niṣf*) der größere Teil innerhalb des Verhältnisses, denn er ist ein Teil [d. h. die Hälfte] von zwei (*iṯnān*).[160] Deswegen wurde (*ṣārat*) dieses Verhältnis das Deutlichste

---

153 Ab *mūsīqī* setzt das Ms. Berlin wieder ein, allerdings kommt es im folgenden Abschnitt zu größeren Abweichungen, die auch Yūsuf vermerkt hat. Ms. Berlin, fol.29a.

154 Neubauer nimmt an, dass es sich bei dieser Quelle von al-Kindī um ein "aus dem Griechischen übersetztes, vermutlich spätantikes Buch handelt, das entweder anonym überliefert wurde oder, wie damals recht häufig, einem bekannten Gelehrten, etwa Ptolemaios, zugeschrieben war". Korrespondenz mit Eckhard Neubauer am 18.10.2010.

155 Damit ist die Quinte gemeint. Ms. Berlin hat الرابعه. Ms. Berlin, fol.29a2. Siehe auch Yūsuf, Anm. 10. Al-Kindī gibt im Folgenden die Quinten im Verhältnis zu ihren Grundtönen im Heptachord an.

156 In voller Entsprechung stünde die Oktave mit dem Verhältnis 2:1. Neubauer bemerkt, dass die wichtige Oktave außerhalb der sieben Töne des Heptachords liegt. Daher könne al-Kindī sie hier nicht als erstes und edelstes Verhältnis anführen. Korrespondenz mit Eckhard Neubauer am 18.10.2010.

157 Hier weicht Ms. Berlin ab: النصف الي الكل لان نصف السبعه تقع فى نغمه الرابعه. Der Einschub bringt den Zusammenhang zwischen dem Vorhergehenden und dem nachfolgenden auseinander. Die Textstelle ist vermutlich erklärend zu deuten und lautet: "Die Hälfte zum Ganzen, weil die Hälfte von sieben [Tönen] auf den vierten Ton fällt." Ms. Berlin, fol.29a3–4. Vgl. Yūsuf, Anm. 11.

158 Hieraus ergibt sich das Verhältnis der Quinte 2:3.

159 Ab hier stimmt Ms. Berlin wieder überein. Ms. Berlin, fol.29a4.

160 Zu den perfekten Intervallen innerhalb der pythagoreischen Oktave zählen die Iḫwān aṣ-Ṣafāʾ die Quarte (4:3), die Quinte (3:2) sowie den Ganzton (9:8); dass sie die neutrale Terz (5:4) hinzuzählen, beruht auf ihrem pythagoreischen Verständnis. Wright, *Epistles of the Brethren of Purity. On Music*, S. 116. Al-Kindīs Wahl der Quinte hängt damit zusammen, dass die Oktave (2:1) sich aus der Quinte (3:2) und der Quarte (4:3) zusammensetzt, diese beiden wiederum trennt der Ganzton (9:8). Vgl. Düring, *Ptolemaios und Porphyrios über die Musik*, S. 29–30. Im *Muḫtaṣar al-mūsīqī*

(*awḍaḥ*) der Verhältnisse (*nisab*), die unter den Teilen (*aǧzāʾ*) der sieben Töne bestehen.

Nennung (*ḏikr*) aller Töne, die einander [im Quintverhältnis] entsprechen (*mutanāsiba*)

- Der erste [Ton] der sieben ist *muṭlaq al-bamm* [A]; seine Entsprechung (*nisba*)[161] ist *sabbābat al-maṯlaṯ* [e]; und das ist eine Quinte[162].
- Es folgt *sabbābat al-bamm* [H]; seine Entsprechung ist *binṣir al-maṯlaṯ* [fis].
- Dann kommt *wusṭā l-bamm* [c]; seine Entsprechung ist *ḫinṣir al-maṯlaṯ* [g].
- Dann *muṭlaq al-maṯlaṯ* [d]; seine Entsprechung ist *sabbābat al-maṯnā* [a].
- Dann *sabbābat al-maṯlaṯ* [e]; seine Entsprechung ist *binṣir al-maṯnā* [h].
- (24) Dann *wusṭā l-maṯlaṯ* [f]; seine Entsprechung ist *ḫinṣir al-maṯnā* [c´].
- Dann *muṭlaq al-maṯnā* [g]; seine Entsprechung ist *sabbābat az-zīr* [d´].
- Dann *sabbābat al-maṯnā* [a]; seine Entsprechung ist *binṣir az-zīr* [e´].
- Schließlich *wusṭā l-maṯnā*[163] [b]; seine Entsprechung ist *ḫinṣir az-zīr* [f´].

Die astrologischen Ursachen (*al-ʿilal an-nuǧūmiyya*), [120a] von denen die Philosophen berichten (*ḏakarat*), dass der *ʿūd* nach ihnen konstruiert wurde (*wuḍiʿa*)

Dazu gehört zunächst, dass die [oben erwähnten] sieben Töne (*naġam*) die Äquivalente (*naẓīr*) der sieben Planeten (*al-kawākib al-ǧāriya*)[164],

---

fī taʾlīf an-naġam wa-ṣanʿat al-ʿūd wird der Ganzton mit *ṣawt* bezeichnet: "Der Ton (*ṣawt*) [d. h. der Ganzton] bildet den Zwischenraum (*tabāyun*) von der fünften Stufe (*aṭ-ṭabaqa al-ḫāmisa*) [Quinte] zur vierten (*ar-rābiʿa*) [Quarte]." Ms. Berlin, We. 1240/3, fol.22a; sowie *Qawl Uqlīdis ʿalā l-luḥūn wa-ṣanʿat al-maʿāzif wa-maḫāriǧ al-ḥurūf*, Ms. Manisa 1705/7, fol.94b.

161 Hier und im Folgenden liest Yūsuf aus terminologischen Gründen *nasība*, obwohl in beiden Mss. نسبة steht. Hier wird *nisba* als Entsprechung der Quinte verstanden. Ms. Manisa, fol.119b12ff. sowie Ms. Berlin, fol.29a7ff.

162 Im Ms. Manisa steht ألرّابعة. Ms. Manisa, fol.119b12. Dass es sich bei dem Abstand von *muṭlaq al-bamm* zu *sabbābat al-maṯlaṯ* um eine Quarte handelt, ist aber falsch. Yūsuf korrigiert zu *ḫāmisa*.

163 In beiden Mss. steht الملث bzw. المثلث. Ms. Manisa, fol.19b17; Ms. Berlin, fol.29a12. Hier korrigiert nach Yūsuf. Siehe Anm. 14. Wäre tatsächlich *wusṭā l-maṯlaṯ* gemeint, würde hier das Verhältnis der Oktave (f-f´) entstehen. Jedoch werden hier Quintverhältnisse angeführt, sodass es sich um einen Fehler handeln muss.

164 *Kawkab* bedeutet wörtlich Stern, in diesem Kontext sind aber die Planeten gemeint, die al-Kindī im Folgenden anführt. Der Zusatz *ǧāriya* zeigt den Umlauf der Planeten an. Zu den gebräuchlichen Bezeichnungen für die Planeten (griech. οἱ πλανώμενοι, sc. ἀστέρες) gehören (*al-kawākib*) *al-mutaḥayyira* (das bezieht sich auf die fünf Planeten) und (*al-kawākib*) *as-sayyāra* (das bezieht sich auf die fünf Planeten sowie Sonne und Mond), wie al-Ḫwārizmī und al-Bīrūnī (gest. ca. 440/1048) angeben, daneben auch die Bezeichnungen *al-kawākib al-mutaḥarrika, al-kawākib as-sayyāḥa, al-kawākib*

also Saturn (*zuḥal*), Jupiter (*muštarī*), Mars (*mirrīḫ*), Sonne (*šams*), Venus (*zuhara*), Merkur (*ʿuṭārid*) und Mond (*qamar*), sind.[165]

Im Einzelnen (*ʿalā l-infirād*) entspricht *muṯlaq al-bamm* [A] – der erste und ranghöchste (*afḫam*) der Töne – dem Saturn (*zuḥal*), weil dieser der höchste (*aʿlā*) der sieben ist und ihr langsamster (*abṭaʾ*) an Bewegung (*sayran*).[166]

Diesem [folgt] *sabbābat al-bamm* [H]. Ihm entspricht Jupiter (*muštarī*), denn er folgt (*yatlū*) Saturn (*zuḥal*) an Höhe (*ʿulūw*).

Danach [entspricht] *wusṭā l-bamm* [c] dem Mars (*mirrīḫ*).

Ḫinṣir [*al-bamm*] [d] [entspricht] der Sonne (*šams*), *sabbābat al-maṯlaṯ* [e] der Venus (*zuhara*), *wusṭā* [*l-maṯlaṯ*] [f] dem Merkur (*ʿuṭārid*) und *ḫinṣir* [*al-maṯlaṯ*] [g] dem Mond (*qamar*).[167]

Man bildete (*ṣayyarū*) auch eine Analogie (*qiyās*) der zwölf Tierkreiszeichen (*burǧ*)[168] zu den zwölf "Organen" (*āla*), die darin [d. h. im *ʿūd*] enthalten sind: vier Saiten (*awtār*), vier Bünde (*dasātīn*), vier Wirbel (*malāwī*).

---

aḍ-ḍālla und der von al-Kindī gebrauchte Terminus *al-kawākib al-ǧāriya*. Kunitzsch und Knappert, "al-Nudjūm".

165 Das geozentrische Weltbild haben die arabischen Gelehrten wohl hauptsächlich von Ptolemaios übernommen. Um die Erde herum kreisen die Planeten in sieben Sphären, die in der Reihenfolge zur Erde am nächsten stehend sind: Mond, Merkur, Venus, Sonne, Mars, Jupiter, Saturn. An achter Stelle kam die Fixsternsphäre. Ibid.

166 Der Vorstellung nach ist Saturn am weitesten von der Erde entfernt und bewegt sich daher am langsamsten. Der Klang der tiefsten leeren Saite korrespondiert somit mit dem Saturn. Möglicherweise spielt hier auch die Spielhaltung der Laute eine Rolle, da die *bamm*-Saite an oberster Stelle befestigt ist, was der Vorstellung von dem Saturn als am weitesten entfernten Planeten nahekommt. Vgl. Schewe, *Al-Kindī und die Wirkung der Musik*, S. 168–169. Die bei al-Kindī folgende Anordnung der Planeten und ihre Zuordnung zu den Tönen des Heptachords entspricht derjenigen von Nikomachos, dessen Ton-Planeten-Konstellation sich wiederum von Ptolemaios unterscheidet. Al-Kindī steht daher eher in der "Tradition" von Nikomachos, da ihm weniger Originalquellen vorlagen, sondern eher spätantike Überlieferungen. Ibid., S. 169. Auch Nikomachos beschreibt im *Harmonikon Encheiridion* die Korrespondenz zwischen Saturn als am weitesten entfernten Planeten zum tiefsten Ton innerhalb der Oktave und umgekehrt für den Mond als am nächsten zur Erde entfernten Planeten: "Now from the course of Saturn, which is highest in relation to us, the deepest note in the octave was named 'hypatē' ['uppermost'], for what is highest is uppermost. From that of the Moon, which is furthest down of all and circles the earth most closely, there was taken the name 'neatē' ['lowest']: for what is furthest down is lowest." Übers. Barker, *Greek Musical Writings*, S. 251–252. Jan, *Musici scriptores greaci*, S. 241.

167 Zur Anordnung der Töne im Heptachord und ihrer Übereinstimmung bei Nikomachos siehe Schewe, *Al-Kindī und die Wirkung der Musik*, S. 168.

168 Der Begriff *burǧ* ist eine Lehnübersetzung des griechischen πύργος, das dieselbe Bedeutung hat. Hartner und Kunitzsch, "Minṭaḳat al-Burūdj".

Weiterhin stellten sie fest (*ḏakarū*), dass es unter den zwölf Tierkreiszeichen vier “veränderliche” (*munqaliba*)[169], vier “gleichbleibende” (*ṯābita*) und vier mit “zwei Körpern” (*ḏawāt* [*al-*]*ğasadayn*) gibt.

Sie verglichen (*qāsū*) die vier “veränderlichen” (*munqaliba*)[170] – das sind Widder (*ḥamal*), Krebs (*saraṭān*), Waage (*mīzān*) und Steinbock (*ğady*)[171] – mit den vier Wirbeln (*malāwī*), deren Aufgabe (*šaʾn*) das Aufziehen (*iltiwāʾ*) [der Saiten] und die Veränderung (*inqilāb*) [ihrer Stimmung] ist.

(25) Sie verglichen weiter (*qāsū*) die vier “gleichbleibenden” (*ṯābita*)[172] – das sind Stier (*ṯawr*), Löwe (*asad*), Skorpion (*ʿaqrab*) und Wassermann (*dalw*) – mit den vier Bünden (*dasātīn*), deren Aufgabe die Stabilität ihrer Finger[positionen] (*aṯ-ṯabāt fī mawāqiʿihā*)[173] ist.

Dann verglichen sie die vier mit “zwei Körpern” (*ḏawāt al-ğasadayn*)[174] – das sind Zwillinge (*ğawzāʾ*), Jungfrau (*sunbula*), Schütze (*qaws*), Fische (*ḥūt*) – mit den vier Saiten (*awtār*), auf denen die sieben Töne (*naġam*) in zwei Lagen (*ḥālatān*) [aufeinander folgen], wo jeder Ton (*kullu naġma*) auf jeder Saite (*kullu watar*) [120b] für sich ein Gegenstück (*naẓīr*) auf einer anderen Stufe (*martaba*) der Töne (*naġam*) hat.

Sie verglichen (*qāsū*) auch mit den dreißig Graden (*daraǧa*), die jedes Tierkreiszeichen besitzt (*burğ*), die dreißig Finger[breiten] (*iṣbaʿ*), welche die Länge der [klingenden] Saiten (*ṭūl al-awtār*) [bilden].[175]

---

169 Yūsuf liest *mutaqalliba*, hier nach Ms. Manisa korrigiert. Ms. Manisa, fol.120a11.

170 Erneut liest Yūsuf *mutaqalliba*, hier nach Ms. Manisa korrigiert. Ms. Manisa, fol.120a12.

171 Die unter den veränderlichen Tierkreiszeichen genannten (*burūğ munqaliba*) entsprechen den griechischen ζῴδια τροπικά. Hartner und Kunitzsch, “Minṭaḳat al-Burūdj”.

172 In Entsprechung zu den griechischen ζῴδια στερεά stehen die vier gleichbleibenden Tierkreiszeichen (*burūğ ṯābita*). Ibid.

173 Yūsuf wiederholt aus dem vorhergehenden Satz *al-iltiwāʾ wa l-inqilāb*. In beiden Mss. heißt es jedoch:
الثبات في مواقعها. Ms. Manisa, fol.120a15; Ms. Berlin, fol.29a23-fol.29b1.

174 Die hier genannten Tierkreiszeichen mit zwei Körpern (*burūğ ḏawāt al-ğasadayn*) entsprechen den griechischen ζῴδια δίσωμα. Hartner und Kunitzsch, “Minṭaḳat al-Burūdj”. Jedes dieser vier Tierkreiszeichen ist mit zwei Formen dargestellt: Jungfrau mit einer Ähre, zwei Fische, Zwilling, Schütze in Gestalt eines Kentauren.

175 Al-Kindī berechnet zuvor die Länge der klingenden Saite: “(…), daß ihre Länge (*ṭūl*) 26 ‘geschlossene’ Finger (*aṣābiʿ munḍamma*) betragen soll, [und zwar nach dem Fingermaß] voller (*mumtaliʾa*, ‘gefüllter’, nicht magerer) und gut fleischiger (*ḥasanat al-laḥm*) Finger. (…) Der Abstand von der Breit[seit]e des Steges (*mušṭ*, wörtl. ‘Kamm’) zum ‘Rest’ (*faḍla*) sei 6 Finger. So bleiben für die Strecke der [klingenden] Saiten [d. h. für die Mensur] 30 Fingerbreiten.” Auf dieser Strecke findet die Einteilung der Bünde statt. Übers. Neubauer, “Der Bau der Laute und ihre Besaitung”, S. 335. Die zwölf Tierkreiszeichen, deren 30 Grade er mit der klingenden Saitenlänge assoziiert, bestehen ihrerseits aus jeweils einer Einheit von 30 Grad, die zusammen 360 Grad ergeben: “For exact astronomical and astrological observations and cal-

Sie verglichen ebenfalls (*qāsū*) Konjunktion [von Sonne und Mond] (*iǧtimāʿ*, wörtl. Vereinigung), Opposition [von Planeten] (*muqābala*), Trigon (*taṯlīṯ*), Quadratur (*tarbīʿ*) und Hexagon (*tasdīs*[176])[177] – auf denen die Bestimmungen (*aḥkām*) und die Urteile (*qaḍāyā*) beruhen – mit der Gesamtheit der Abstände (*masāfāt*), die wir beim Bau des Instruments (*ṣanʿat al-āla*) erwähnt haben.

Sie gingen davon aus (*ḏahabū*), dass [d]er [*ʿūd*][178] die Hälfte einer Sache (*niṣf šayʾ*) ist – wie wir erklärt haben. Bevor er er selbst wurde, war er ein runder, kegelförmiger Körper (*ǧism mustadīr maḫrūṭ*), der in zwei Hälften (*niṣfān*) gespalten wurde (*šuqqa*), woraus zwei *ʿūd* hervorgingen (*ḫaraǧa*). Das verglich man (*qāsū*) [mit] der sichtbaren Hälfte des Himmels (*an-niṣf al-marʾīy min al-falak*), da wir ja von der Himmelssphäre (*falak*) in allen Ländern (*buldān*) immer nur eine Hälfte sehen (*narā*), während alles, was die andere Hälfte angeht, [zu einem] gleich[en Teil] (*naẓīrahu*) verborgen bleibt (*ġāba*).

Die Naturphilosophen (*aṣḥāb aṭ-ṭabāʾiʿ*) berichten (*ḏakara*) ihrerseits, dass die vier Saiten (*awtār*) den vier "Naturen" (*ṭabāʾiʿ*)[179] entsprechen (*naẓīra*). Sie verglichen (*qāsū*) die *bamm*[-Saite] – die gröbste (*aġlaẓ*), stärkste (*aǧsam*) und festeste (*arkan*)[180] [Saite] – mit der Erde (*ʿarḍ*). Ihre

culations, the zodiac and the ecliptic are both divided into 12 equal sections of 30° length each, the so-called zodiacal signs (Greek δωδεκατηφόρια), each of which was named in antiquity after the constellation lying next to it." Hartner und Kunitzsch, "Minṭaḳat al-Burūdj."

176 Fehlt in der Ausgabe. In beiden Mss. steht mit nachfolgender abweichender Relativkonstruktion zur Ausgabe: و التسديس الذى عليه. Siehe Ms. Manisa, fol.120b3 sowie Ms. Berlin, fol.29b5–6.

177 Zu den einzelnen Begriffen siehe: Hartner, Rosenthal und Heinrichs, "Muḳābala". Im *Kitāb al-Muṣawwitāt al-watariyya* spielen die astronomischen Konstellationen eine Rolle für die Zuordnung der vier Lautensaiten zu den Mondphasen und Sonnenvierteln sowie zu den Tierkreiszeichen. Siehe Schewe, *Al-Kindī und die Wirkung der Musik*, S. 282-285.

178 Zugabe des Herausgebers. In beiden Mss. steht lediglich انّه. Ms. Manisa, fol.120b5. Ms. Berlin, fol.29b7.

179 Mit *ṭabāʾiʿ* (Sg. *ṭabīʿa*) sind die vier Elemente Wasser, Feuer, Erde, Luft gemeint, die al-Kindī im Folgenden den vier Lautensaiten zuordnet. Im *Kitāb al-Muṣawwitāt al-watariyya* ordnet er die vier Lautensaiten ebenfalls den vier Elementen zu, dort nennt er sie "Grundelemente" (*arkān ʿanāṣir*). Schewe, *Al-Kindī und die Wirkung der Musik*, S. 288.

180 Yūsuf liest ازكن, obwohl beide Mss. اركنها haben. Ms. Manisa, fol.120b11; Ms. Berlin, fol.29b12.

Entsprechung (*qiyās*) unter den "Temperamenten" (*aṭ-ṭabāʾiʿ al-ǧuzʾiyya*)[181] ist die schwarze Galle (*al-mirra as-sawdāʾ*).[182]

Sie verglichen (*qāsū*) die *maṯlaṯ*[-Saite], die weniger als (*dūna*) die *bamm*[-Saite] an Grobheit (*ġilaẓ*), Umfang (*ǧasāma*) und Gewicht (*rakāna*)[183] hat, mit dem Wasser (*māʾ*) und im Hinblick auf die Temperamente (*aṭ-ṭabāʾiʿ al-ǧuzʾiyya*) mit dem Schleim (*balġam*).

Sie verglichen die *maṯnā*[-Saite], die weniger als die *maṯlaṯ*[-Saite] an [allen] diesen Eigenheiten (*ḥālāt*) hat, mit der Luft (*hawāʾ*) und hinsichtlich der Temperamente (*aṭ-ṭabāʾiʿ al-ǧuzʾiyya*) mit dem Blut (*dam*).

Sie verglichen schließlich die *zīr*[-Saite] – sie ist die feinste (*adaqq*), dünnste (*alṭaf*) und schärfste (*aḏkā*) [Saite] unter ihnen – mit dem Feuer (*nār*) und unter den Temperamenten (*aṭ-ṭabāʾiʿ al-ǧuzʾiyya*) mit der gelben Galle (*al-mirra aṣ-ṣafrāʾ*).[184]

(26) **Drittes Kapitel: Über das Training (*riyāḍa*) der beiden Hände für dieses [Ziel]**

Wisse, dass jedes Volk (*qawm*) für dieses Instrument (*āla*) einen eigenen Stil (*maḏhab*) hat, den es nicht [121a] bei anderen gibt.[185] Die Unter-

181 Mit den "Temperamenten" (*aṭ-ṭabāʾiʿ al-ǧuzʾiyya*) sind die vier Körpersäfte gemeint. Im *Kitāb al-Muṣawwitāt al-watariyya* ordnet al-Kindī die vier Lautensaiten ebenfalls den vier Körpersäften zu, dort nennt er sie *arkān al-badan*. Schewe, *Al-Kindī und die Wirkung der Musik*, S. 288.

182 Polybus (ca. 410 v. Chr.) soll das Element Wasser durch die Schwarze Galle ausgetauscht haben. Außerdem erweiterte er die Theorie der vier Temperamente so, dass Blut, Schleim, gelbe und schwarze Galle auch mit den vier Qualitäten, Lebensaltern und Jahreszeiten verbunden wurden. Nutton, "Humoral theory". Im *Kitāb al-Muṣawwitāt al-watariyya* bildet die Zuordnung der vier Lautensaiten zu den vier Elementen, Körpersäften, Lebensaltern und Jahreszeiten den Ausgangspunkt für ein noch größer angelegtes makrokosmisches Spektrum, innerhalb dessen al-Kindī die Lautensaiten und die musikalischen Metren der arabischen Kunstmusik mit weiteren astronomischen, geologischen und anderen Aspekten sowie mit der Ethos-Lehre in Beziehung setzt. Schewe, *Al-Kindī und die Wirkung der Musik*, S. 281–297.

183 Auch hier liest Yūsuf الزكانة, obwohl in beiden Mss. الرگانه bzw. الركانه steht. Ms. Manisa, fol.120b13; Ms. Berlin, fol.29b14.

184 Die Zuordnung der vier Saiten zu den Elementen und den Körpersäften geht konform mit derjenigen, die al-Kindī im *Kitāb al-Muṣawwitāt al-watariyya* trifft. Abweichungen kommen wiederum in der Parallelstelle der *Risāla fī aǧzāʾ ḫubriyya fī l-mūsīqī* vor. Siehe Schewe, *Al-Kindī und die Wirkung der Musik*, S. 288, 291–293. Nach den Zuordnungen der Lautensaiten zu den Körpersäften weist al-Kindī den Saiten auch Farben zu: "Danach entspricht (*yušbihu*) die *zīr*-Saite der gelben Galle (*ṣafrāʾ*), die *maṯnā*-Saite der roten Farbe (*ḥumra*) und dem Blut (*dam*), die *maṯlaṯ* dem Weiß des Schleims (*bayāḍ al-balġam*) und die *bamm* dem Schwarz der schwarzen Galle (*sawād as-saudāʾ*)." Übers. ibid., S. 335.

185 In diesen Zusammenhang passt auch, wie al-Kindī im *Kitāb al-Muṣawwitāt al-watariyya* deutlich macht, dass zwischen den Völkern Unterschiede in Bezug auf ihren Musikgeschmack herrschen: "Nicht alle von ihnen sind berührt von dem Klang des

schiede (*iḫtilāf*) darin gleichen den Unterschieden (*iḫtilāf*) [der Völker] in allen anderen Dingen. Ist es nicht so (*a-lā tarā*), dass es zwischen den Arabern (*ʿarab*), Byzantinern (*rūm*), Persern (*furs*), Chasaren (*ḫazar*), Äthiopiern (*ḥabaša*) und allen [übrigen] Menschen (*ǧamīʿ an-nās*) Unterschiede (*iḫtilāf*) in ihrem Naturell (*ḫulq*), ihrer Intelligenz (*ʿuqūl*), ihren Anschauungen (*ārāʾ*), ihren Sehnsüchten (*šahawāt*) und in allen ihren Glaubensrichtungen (*maḏāhib*) gibt? Das liegt an den Unterschieden (*iḫtilāf*) ihrer Länder (*buldān*), ihres Klimas (*ahwāʾ*), ihrer Gewässer (*miyāh*) und ihrer Nahrungsmittel (*ṯimār*, wörtl. Früchte). Die Astrologen (*munaǧǧimūn*) meinen zudem, dass die Ursache (*ʿilla*) für den Unterschied (*iḫtilāf*) an dem Aufgang der Sterne (*maṭāliʿ an-nuǧūm*) liegt, und daran, dass jeder einzelne Himmelskörper (*infirādu kulli kawkabin*) für ein bestimmtes Volk (*bi-qawmin dūna qawm*) zuständig ist.

Daher (*ʿalā hāḏihī s-sabīl*) haben sie auch ihren eigenen Stil (*maḏhab*)[186] für dieses Instrument (*āla*). Der Stil der Perser (*maḏhab al-furs*) besteht [beispielsweise] in der Anwendung (*istiʿmāl*) von Leichtigkeit (*ḫiffa*) und Geschwindigkeit (*surʿa*) nach dem Studium (*wuqūf*) der bekannten "Wege" (*ṭuruq*)[187] bei ihren Meistern (*ḥuḏḏāq*) – diese ähneln den *uṣūl*[188] [der Ara-

gleichen Instruments, sondern jedes [Menschen]Geschlecht mag andere, denn der Perser wird nicht von der Orgel (*urġīn*) und nicht vom Simandron (*nāqūs*) angerührt, der Inder (*hindī*) und der Byzantiner (*rūmī*) geraten nicht bei der Langhalslaute aus Ḫorasān (*aṭ-ṭunbur al-ḫurasānī*) in Begeisterung." Im Folgenden berücksichtigt er sogar die klanglichen Vorlieben der Tiere. Übers. ibid., S. 324.

186 Der Begriff *maḏhab* (wörtl. "Art und Weise, Weg") wird hier als musikalischer Terminus gebraucht und bezeichnet einen musikalischen Stil bzw. Modus. Vgl. Neubauer, "Die acht 'Wege' der arabischen Musiklehre", S. 3, 16.

187 Die Pluralform *ṭuruq*, die auf die Singularform *ṭarīqa* Bezug nimmt, ist ein geläufiger Modalbegriff in der frühislamischen arabischen Kunstmusik. Neubauer bezieht sich auf Ibn Ḫurradāḏbih (gest. 300/913), der im Zusammenhang mit den persischen Modi die ungewöhnliche Pluralform *ṭurūq* – womöglich, so vermutet Neubauer, in Anlehnung an den arabischen Modalbegriff und dessen Pluralform *luḥūn* – benutzt. Auch äußert er die Vermutung, dass das von der Mawṣilī-Schule übernommene *ṭarīqa*-Konzept persischen Ursprungs sein könnte. Neubauer, "Al-Ḫalīl, die 'Töne' und die musikalischen Metren," S. 64. Im *Kitāb al-Muṣawwitāt al-watariyya* gebraucht al-Kindī die Singularform *ṭarīqa* im Zusammenhang mit dem persischen Musiker Bārbad (*flhūḏ*): "Er hatte in seiner Spielweise (*ṭarīqa*) keinen Vorgänger und in seinem Rang (*ṭabaqa*) keinen Nachfolger, und er erfand viele musikalische Dinge (*ašyāʾ kaṯīra muṭriba*) unabhängig von der Laute (*ʿūd*)." Übers. Schewe, *Al-Kindī und die Wirkung der Musik*, S. 331.

188 Mit den *uṣūl* (Sg. *aṣl*) der Araber sind die Grundformen der musikalischen Metren (*īqāʿāt*) gemeint. Da das modale Konzept der *ṭarīqa* in erster Linie durch das Metrum bestimmt ist, passt der Vergleich zur arabischen Musik, in der der Modus dem musikalischen Metrum untergeordnet ist. Zur metrischen Struktur der *ṭuruq* siehe Neubauer, "Al-Ḫalīl, die 'Töne' und die musikalischen Metren", S. 64.

ber] – wie *an-nasīm, al-ayzan, al-isfirās, as-sindān, an-nīrūzī, al-mihraǧānī*[189] und viele andere, deren Erklärung und Beschreibung zu lange dauern würde. Der Stil der Byzantiner (*maḏhab ar-rūm*) besteht auch aus den acht Modi (*al-alḥān aṯ-ṯamāniya*)[190] des Oktōēchos (*al-usṭūḫusiyya*)[191]. Es gibt nichts, was gesungen wird (*mimmā yutarannamu bihi*), sei es Kunstgesang (*ġināʾ*) oder etwas anderes, das nicht unter einen von diesen fiele (*dāḫil fī aḥadihā*).

---

189 Dies sind die Namen (hier nach Ms. Manisa) von sechs der insgesamt sieben königlichen Modi bzw. Wege (*aṭ-ṭurūq al-mulūkiyya*) der persischen Musik, die Ibn Ḫurradāḏbih erwähnt. Da die Namen unklar sind, sollten die Schreibweisen in beiden Mss. berücksichtig werden:
Ms. Manisa, fol.121a10: كالنسم و البرن و الاسفراس و السندان و النيروزى و المهرحانى.
Ms. Berlin, fol.30a3: كالششم و الابرن و الاسفراس و السبدار و النيروزي و المهرجاني.
Shiloah liest den ersten, zweiten und vierten Modus nach Ms. Berlin, da er diese als deutlicher lesbar erachtet. Während er den ersten, fünften und sechsten Modus als eindeutig erachtet, sieht er bei den anderen Modi Übertragungsfehler, die auf den Kopisten zurückgehen könnten. Auch Shiloah gelingt keine Zuordnung der Modi zu ihren korrekten Namen. Shiloah, "Un ancien traité sur le ʿūd," S. 202, Anm. 97. Beide Mss. zeigen mögliche Übereinstimmungen zu einigen der königlichen Modi sowie zu den dreißig Modi des Bārbad (*al-alḥān al-barbaṭiyya*). Allerdings sind Farmers Zuordnungen zweifelhaft. Farmer, "The Old Persian Musical Modes", S. 94–95.

190 Die Bezeichnung der acht Modi als *alḥān* bzw. *luḥūn ṯamāniyya* ist die arabische Übersetzung des byzantinischen Oktōēchos mit derselben Bedeutung. Neubauer gibt an, dass die arabischen Modi in Entsprechung der griechischen Bezeichnungen benannt wurden (*ēchos prōtos* = *al-laḥn al-awwal* etc.). Diese Bezeichnungen sollen vor der Zeit von Ibrāhīm al-Mawṣilī, also im 2./8. Jahrhundert, in Gebrauch gewesen sein. Neubauer, "Al-Ḫalīl, die 'Töne' und die musikalischen Metren", S. 63. Al-Kalbī (gest. um 204/819) kannte ein Buch mit dem Titel *Kitāb al-Luḥūn aṯ-ṯamāniyya*, welches Ptolemaios zugeschrieben war. Neubauer, "Die acht Wege der arabischen Musiklehre und der Oktoechos", S. 5. Al-Kindī verwendet in der *Risāla fī ḫubr taʾlīf al-alḥān* die Pluralform *luḥūn* und setzt diese mit *ǧawānib*, das dem griechischen πλάγια ("Seiten") entspricht, gleich. Dass er zuvor von *ṭanīnāt* (als Entlehnung des griechischen τόνοι) spricht, macht seinen Modusbegriff deutlich. Lachmann und al-Ḥifnī, *Jaʿqūb Ibn Isḥāq al-Kindī. Risāla fī ḫubr taʾlīf al-alḥān. Über die Komposition der Melodien*, S. XIII. Neubauer hat aufgezeigt, dass al-Kindīs sieben *luḥūn*, die er in der *Risāla fī ḫubr taʾlīf al-alḥān* nennt, tatsächlich acht ergeben und sieht dies als "verkappten Oktōēchos". Neubauer, "Die acht Wege der arabischen Musiklehre und der Oktoechos", S. 28.

191 Den musikalischen Oktōēchos, der auf die gleichnamige liturgische Tradition zurückgeht, gibt es sowohl im byzantinischen als auch im syrisch-aramäischen Ritus. Jedoch scheint sich al-Kindī eher auf den byzantinischen Ritus zu beziehen, da er von einer Zweiteilung der Modi ausgeht. Siehe vorhergehende Anm. Bei den Modi des syrisch-aramäischen Oktōēchos herrscht vor allem ein rhythmisches Prinzip vor, sodass die Hymnen je nach dem im Kirchenjahr stehenden Anlass in einem anderen Modus erscheinen. Siehe Nieten, "Byzantinischer und Syrischer Oktoechos", S. 120–125. Zur Übertragung des Begriffs Oktōēchos ins Arabische merkt Neubauer an, wie er etwa anstelle als *uqṭūḫusī* in verballhornter Weise als *alḥān usṭūḫūsīya* bei al-Iṣfahānī oder eben als *usṭūḫusīya* bei al-Kindī erscheint. Neubauer, "Die acht Wege der arabischen Musiklehre und der Oktoechos", S. 5.

Ebenso ist es mit dem Stil der Araber (*maḏhab al-ʿarab*) in der [Melodie-]Bewegung (*tanaqqul*) beim Schlagen (*ḍarb*) [der Metren], die zum Gesang (*ġināʾ*) passen (*lāʾiq*), wie die acht Grundmetren (*uṣūl*) – ich meine *ṯaqīl, ḫafīf, hazağ* und die anderen[192]: das meiste von dem, was man singt (*mā yataġannūna bihi*), gehört [zu einem] von ihnen (*dāḫil fīhā*).

So haben auch die Sogdier (*suġd*) einen Stil (*maḏhab*) gemäß ihrer Sprache (*luġa*) und ihrer Melodien (*alḥān*), wie auch die Turkstämme (*turk*), die Daylamiten (*daylam*), die Ḫazaren (*al-ḫazar*) und die [Vertreter] aller [übrigen] Sprachen (*alsun*).[193]

Es ist aber so, dass die Gesamtheit aller Stile (*ğamīʿ al-maḏāhib*), die [121b] für alle Völker (*qawm*) gelten, zu den acht byzantinischen Modi (*al-alḥān aṯ-ṯamāniya ar-rūmiyya*) gehören, die wir erwähnt haben. Denn es

192 Die Aussage macht deutlich, dass die rhythmische Komponente in der arabischen Musik eine größere Bedeutung als die melodische hatte, da al-Kindī sie mit den acht Modi des Oktōēchos gleichsetzt. Die musikalischen Metren spielen eine wichtige Rolle bei der Vertonung von poetischen Versen, die man in passende Melodien und Metren "kleiden" solle: "So muß die metrische Rede, d. h. die mit der Melodie bekleidete Dichtung in ihrer Bedeutung dem Charakter der Melodie in diesen drei Richtungen und ihren Verzweigungen und in den Zeitverhältnissen, d. h. dem Rhythmus, dem Ausdruck der Melodie entsprechen." Die Berücksichtigung des Ethos ist innerhalb der Kompositionslehre, um die es hier geht, wesentlich. Übers. Lachmann und al-Ḥifnī, *Jaʿqūb Ibn Isḥāq al-Kindī. Risāla fī ḫubr taʾlīf al-alḥān. Über die Komposition der Melodien*, S. 30, arab. Text S. XX. Die acht Grundformen der musikalischen Metren beschreibt al-Kindī sowohl im *Kitāb al-Muṣawwitāt al-watariyya* als auch in der *Risāla fī ağzāʾ ḫubriyya fī l-mūsīqī*. Die acht Grundformen setzen sich zusammen aus den schweren Metren *aṯ-ṯaqīl al-awwal* und *aṯ-ṯaqīl aṯ-ṯānī* sowie deren leichte Formen *ḫafīf aṯ-ṯaqīl al-awwal* und *ḫafīf aṯ-ṯaqīl aṯ-ṯānī* (bzw. *māḫūrī*), hinzukommen *ramal* sowie *ḫafīf ar-ramal, ḫafīf al-ḫafīf* und *hazağ*. Al-Kindīs *ḫafīf al-ḫafīf* kommt nur bei ihm vor, sodass hier möglicherweise Systemzwänge zur numerischen Analogie mit den acht Modi des Oktōēchos ausschlaggebend waren. Die Grundformen der musikalischen Metren beschreibt al-Kindī nach der Art, wie sie die Praktiker spielten, wofür ihn später al-Fārābī, der am Anfang seiner Beschäftigung mit dieser Thematik noch dasselbe tat, kritisiert. Ein ausführliches Kapitel über die musikalischen Metren bei al-Kindī: Schewe, *Al-Kindī und die Wirkung der Musik*, S. 178-258. Mit der frühen, vermutlich auf al-Ḫalīl b. Aḥmad zurückgehenden musikalischen Metrik hat sich Neubauer intensiv befasst. Neubauer, "Al-Ḫalīl, die 'Töne' und die musikalischen Metren".

193 In ähnlicher Weise beschreiben die Iḫwān aṣ-Ṣafāʾ die Unterschiede in den musikalischen Formen unter den Völkern: "The demonstration of the truth of what we have said and the accuracy of what we have described is that you will find, on reflection, that each people has rhythms and melodies which it enjoys and takes delight in them, such as the songs [*ghināʾ*] of the Daylamī, Turks, Kurds, Armenians, Africans, Persians, Byzantines, and other peoples with different languages, natures, habits, and customs. Similarly, you will also find within any single one of the nations groups of people who enjoy particular rhythms and melodies which delight their souls while others neither enjoy them nor take delight in them." Übers. Wright, *Epistles of the Brethren of Purity. On Music*, S. 97–98, arab. Text S. 43–44.

gibt nichts, was man hören kann (*laysa šayʾun min al-masmūʿāt*), das nicht zu einem von diesen gehört, sei es die Stimme eines Menschen (*ṣawt insān*) oder eines anderen Lebewesens (*ḥayawān*), wie das Wiehern des Pferdes (*ṣahīl al-faras*), das Schreien des Esels (*nahīq al-ḥimār*) oder das Krähen des Hahns (*ṣiyāḥ ad-dīk*). Alles, was an Formen des Schreis (*ṣunūf aṣ-ṣiyāḥ*) (27) einem jeden Lebewesen (*ḥayawān*) zu eigen ist, kann danach erkannt werden, zu welchem der acht Modi es gehört (*bi-ayyi laḥnin min aṯ-ṯamāniya huwa*). Es kann sich unmöglich außerhalb eines von ihnen [bewegen].[194]

Hinweis (*ḏikr*) auf die "Wege" (*ṭuruq*) die Saiten [mit den Fingern] zu zupfen (*ǧass al-awtār*)

Dies ist ein Weg (*sabīl*) und eine Einführung (*mudḫal*) zur Einübung (*taʿlīm*) und zum Gewöhnen (*alf*) der Finger (*aṣābiʿ*) an die Bewegung von Bund zu Bund (*tanaqqul ʿalā d-dasātīn*).[195] Wer das anwenden kann (*istaʿmala*), es beherrscht (*aḥkama*) und geläufig damit umgeht (*asraʿa*) – bevor er sich dem Unterricht zuwendet (*qabla an yaqṣida ilā t-taʿlīm*) –, der wird schneller zugelassen (*asraʿa ilā l-qubūl*) und die Nachahmung (*muḥākāt*) des Meisters (*ustāḏ*) sowie das Erreichen (*mablaġ*) seiner Erwartungen vom Unterricht (*ḥāǧatihi min at-taʿlīm*) wird ihm leichter fallen (*sahulat ʿalayhi*). Außerdem wird auch für den Meister (*ustāḏ*) die Unterweisung (*maṭāriḥ*) äußerst bequem (*aʿẓam ar-rāḥa*) und weniger anstrengend sein (*wa-ʿalayhi aqall al-maʾūna*).[196]

Die erste [Übung] besteht darin, dass du die *zīr*[-Saite] [c´] und die *maṯnā*[-Saite] [g] mit einer einzigen leichten Bewegung (*bi-ḥaraka wāḥida ḫafīfa*) zupfst (*taǧussu*).[197]

Dann setzt du (*taḍaʿu*) den Zeigefinger (*sabbāba*) schnell auf die *zīr*[-Saite] [d´] und zupfst (*taǧussu*) [den Ton zusammen] mit *muṭlaq al-maṯnā* [g] – das Zupfen (*ǧuss*) der *sabbāba*-Position geschieht mit der rechten

194 Neubauer spricht von der Universalität des Oktōēchos, die al-Kindīs Aussage innewohnt, und bringt dasselbe Zitat al-Kindīs an. Neubauer, "Die acht Wege der arabischen Musiklehre und der Oktoechos", S. 3–8. Innerhalb der arabischen klassischen Musikliteratur spielt auch immer wieder die Musikalität der Tiere eine Rolle. Siehe hierzu Neubauer, "Affe, Laute, Nachtigall. Tiere und Musik im Islam".

195 Die Übung, die al-Kindī für das Einstimmen der Saiten auf der Laute mithilfe von Doppelgriffen beschreibt, ist in der frühen arabischsprachigen Musikliteratur singulär. Al-Kindī gebraucht im Folgenden keine Notationsweise, sondern beschreibt jeden Fingergriff auf den Bünden der Laute in Worten.

196 Wer den Bereich des Zupfens bereits beherrscht, ist al-Kindī zufolge für den professionellen Unterricht besser vorbereitet als ein Anfänger.

197 Im Folgenden wird auch Yūsufs Notation der Lautenetüde berücksichtigt. Yūsuf, *Risāla fī l-luḥūn wa-n-naġam*, S. 31.

[Hand] und zwar mit ihrem Daumen (*ibhām*)[198], wobei der kleine Finger (*ḫinṣir*) und der Ringfinger (*binṣir*) beide von der Decke (*baṭn*) des *ʿūd* abgewandt bleiben (*munkabayn*). Dabei zupft der Zeigefinger (*sabbāba*) die *zīr*[-Saite] nach oben [d. h. zum Körper des Spielers] hin (*ilā fawq*) und der Daumen (*ibhām*) zupft die *maṯnā*[-Saite] nach unten [in Richtung zum Boden] (*ilā asfal*).[199] [Generell] kann das Zupfen (*ǧass*) mit drei Fingern der rechten Hand (*mušṭ*, wörtl. Faust) [ausgeführt werden]. Es werden nun diese beiden Saiten [*maṯnā* und *zīr*] – in dieser Lage (*ḥāl*) [wie oben beschrieben] – bewegt (*yuḥarrakān*), [und zwar] mit drei schnellen (*sarīʿ*), aufeinanderfolgenden (*mutatābiʿa*) Bewegungen (*ḥarakāt*).[200]

[122a] Dann nimmst du (*tarfaʿu*) den Zeigefinger (*sabbāba*) von der [*zīr*-]Saite und setzt (*taḍaʿu*) den kleinen Finger (*ḫinṣir*) nach einer "leichten" Pause (*waqfa ḫafīfa*)[201] auf die *maṯnā*[202][-Saite] [c´] und bewegst (*tuḥarriku*) jetzt auch die *maṯnā*- [mit *ḫinṣir*, c´] und die *zīr*[-Saite] [als leere

198 Hier liegt ein Fehler im Text vor, es muss der Zeigefinger der rechten Hand sein, mit welchem *sabbābat az-zīr* gezupft wird, wie es al-Kindī auch im Folgenden schildert.

199 Al-Kindī erklärt, wie das Zupfen korrekt auszuführen ist. Während der Daumen und der Zeigefinger die beiden Saiten zupfen, sollen kleiner Finger und Ringfinger von den Saiten abgespreizt sein. Dass sich Daumen und Zeigefinger gegenläufig bewegen, entspricht auch der heute üblichen Zupftechnik beim Akkordspiel auf der Gitarre. Im Folgenden Satz merkt al-Kindī zudem an, dass drei Finger der rechten Hand genügen, und meint damit wahrscheinlich Daumen und Zeigefinger sowie den Mittelfinger. Möglicherweise käme noch der Ringfinger in Frage, der kleine Finger ist jedoch auszuschließen, da er der schwächste ist, um eine Saite zu zupfen.

200 Mit der Angabe "drei aufeinanderfolgende, schnelle Bewegungen" (*ḥarakāt mutatābiʿāt sarīʿāt*) meint al-Kindī das gemeinsame Anschlagen bzw. Zupfen der Saiten und scheint mit dem Zusatz "schnell" ein zügigeres Spieltempo zu implizieren, was ja auch das Ziel der Übung ist. Zwar lässt sich aus dieser Angabe kein konkretes Tempo bestimmen. Doch seine Etüde könnte in einem der leichten (*ḫafīf*) Formen der Metren, wie z. Bsp. *ḫafīf aṯ-ṯaqīl al-awwal* oder *ḫafīf aṯ-ṯaqīl aṯ-ṯānī* (bzw. *māḫūrī*) stehen. Diese beiden Metren sind nach seinen eigenen Angaben gekennzeichnet durch "drei aufeinanderfolgende Schläge" (*naqarāt mutawāliyāt*). Zwischen diesen sei aber kein weiterer Schlag möglich, was auf ein schnelles Grundtempo verweist, das wiederum den leichten (*ḫafīf*) Metren entspricht. Vgl. Schewe, *Al-Kindī und die Wirkung der Musik*", S. 191–196. Der Zusatz "aufeinanderfolgend", hier mit *mutatābiʿa* bezeichnet, wäre als Synonym zu *mutawāliya* aufzufassen. Auch spricht er hier von Bewegungen (*ḥarakāt*), mit denen die Lautensaiten gezupft werden, anstelle von Schlägen (*naqarāt*), mit denen die musikalischen Metren beschrieben werden. Im weiteren Verlauf der Lautenetüde wechseln die dreifachen Anschläge der vorgegebenen Zusammenklänge mit einfachen Anschlägen, was einen Wechsel des Metrums bedeutet.

201 Die "leichte" Pause (*waqfa ḫafīfa*) muss im Verhältnis zu den Schlägen (*naqarāt*) desjenigen leichten (*ḫafīf*) Metrums gesehen werden, welches der Übung zugrunde liegt.

202 In Ms. Berlin steht zusätzlich: فيوضع علي خنصر المثني ("und man setzt den kleinen Finger auf die *maṯnā*[-Saite]"). Ms. Berlin, fol.30b2.

Saite, c´] mit drei Bewegungen, die den Bewegungen, die wir beschrieben haben, entsprechen (*musāwiyāt*).

Dann nimmst du (*tarfaʿu*) den kleinen Finger (*ḫinṣir*) nach einer Pause [von der *maṯnā*-Saite], setzt (*taḍaʿu*) den Ringfinger (*binṣir*) [h] darauf und bewegst sie (*tuḥarriku*)[203] zusammen mit der leeren (*muṭlaq*) *zīr*[-Saite] [c´] mit einer einzigen Bewegung (*ḥaraka wāḥida*)[204].

Dann setzt du den kleinen Finger (*ḫinṣir*) schnell (*bi-surʿatin*) auf die *maṯnā*[-Saite] [c´] zurück (*taruddu*)[205] und bewegst auch [diese Saite] mit einer einzigen Bewegung.[206]

Dann hebst du den kleinen Finger (*ḫinṣir*) wieder ab, setzt den Ringfinger (*binṣir*) [auf die *maṯnā*-Saite, h] und bewegst sie beide[207] [d. h. *maṯnā* und *muṭlaq az-zīr*] [ebenfalls] mit einer weiteren Bewegung.

(28) Dann hebst du (*tarfaʿu*) den kleinen Finger (*ḫinṣir*) schnell (*sarīʿan*) hoch[208] und es werden beide [leeren Saiten, d. h. *maṯnā* und *zīr*, g und c´] mit einer weiteren Bewegung bewegt (*yuḥarrakān*).[209]

Dann bewegst du (*tanqulu*) den Zeigefinger (*sabbāba*) nach einer Pause (*waqfa*)[210] auf die *zīr*[-Saite] [d´], ihm folgt (*yatlūhā*) schnell (*sarīʿan*) der Ringfinger (*binṣir*) [e´] und du bewegst [jeden von ihnen] je einmal zusammen mit der leeren (*muṭlaq*) *maṯnā*[-Saite] [g].

Dann beeilst du dich (*tubādiru*), den Zeigefinger (*sabbāba*) auf die *maṯnā*[-Saite] [a] hinüberzusetzen (*naql*), dann werden beide [Saiten,

203 Beide Mss. haben den Zusatz "zusammen mit der leeren *zīr*[-Saite]": مع مطلق الزير. Ms. Manisa, fol.122a4; Ms. Berlin, fol.30b4. Yūsuf schließt dies aus, da der Zusammenklang h und c´, eine große Sekunde, seiner Ansicht nach nicht zu passen scheint. Siehe Anm. 2. Zwar zählt die große Sekunde nicht zu den harmonischen Intervallen, in der vorliegenden Übersetzung wird sie jedoch berücksichtigt.

204 Der Zusammenklang wird nur einmal angeschlagen, es folgen dann Wechseltöne.

205 Yūsuf korrigiert die Wortreihenfolge, die im Ms. Manisa abweicht. Siehe Anm. 3.

206 Ob hier der Einklang c´ (*ḫinṣir al-maṯnā*) mit der leeren *zīr*-Saite [c´] gemeint ist, ist unklar.

207 Yūsuf korrigiert zu تحرك, obwohl in beiden Mss. der Dual gebraucht wird: فتُحرّكان bzw. فيحركان. Ms. Manisa, fol.122a6; Ms. Berlin, fol.30b6. Der Dual zeigt an, dass, wie im Vorhergehenden, beide Saiten, also die kleine Sekunde h-c´, zusammen gezupft werden.

208 Das ist unlogisch, da die Position *binṣir* auf der *maṯnā* vorausging, müsste der Ringfinger hochgehoben werden anstelle des kleinen Fingers.

209 Yūsuf ergänzt diesen Satz nach Ms. Berlin, übersieht aber den Ausdruck *ḥaraka*: يحركان حركة اخري. Ms. Berlin, fol.30b6.

210 Dass in beiden Mss. "nach einer Pause" steht, gibt Yūsuf zwar in seiner Anmerkung an, lässt diese Pause aber in seiner Notation aus. Siehe Anm. 5. Ms. Manisa, fol.122a6–7; Ms. Berlin, fol.30b7.

d. h. *maṯnā* und *zīr*[211]] gemeinsam [mit] drei Bewegungen[212] bewegt (*yuḥarrakān*).

Dann setzt du (*taḍaʿu*) den kleinen Finger (*ḫinṣir*) auf die *zīr*[-Saite] [f´] und den Mittelfinger (*wusṭā*) auf die *maṯnā*[-Saite] [b] und sie werden gemeinsam nach einer Pause (*waqfa*) mit drei Bewegungen bewegt (*yuḥarrakān*).

Dann kehrst du nach einer Pause (*waqfa*) zurück (*tarǧiʿu*) zu [den Positionen] *binṣir az-zīr* [e´] und *sabbābat al-maṯnā* [a] und bewegst beide mit drei Bewegungen.

Dann setzt du (*taḍaʿu*) den kleinen Finger (*ḫinṣir*) auf die *maṯnā*[-Saite] [c´] und bewegst ihn mit der leeren (*muṭlaq*) *zīr*[-Saite] [c´] nach einer Pause (*baʿda waqfa*)[213] [mit] drei Bewegungen.

Dann setzt du den Ringfinger (*binṣir*) auf die *maṯnā*[-Saite] [h] und bewegst ihn mit der leeren (*muṭlaq*) *zīr*[-Saite] [c´] einmal.

Dann kehrst du zurück zum Ringfinger (*binṣir*)[214] [h] [auf der *maṯnā*-Saite] und bewegst [diese Saite] einmal.

Dann kehrst du zurück zum kleinen Finger (*ḫinṣir*) [c´] [auf der *maṯnā*-Saite] und bewegst [diese Saite] ein weiteres Mal.[215]

Dann setzt (*taḍaʿu*) du den Mittelfinger (*wusṭā*)[216] auf die *maṯlaṯ*[-Saite] [f] und bewegst ihn einmal zusammen mit der leeren (*muṭlaq*) *maṯnā*[-Saite] [g].[217]

Dann setzt du den kleinen Finger (*ḫinṣir*) auf die *maṯlaṯ*[-Saite] [g] und bewegst [die Saite] einmal zusammen mit [*muṭlaq al-*]*maṯnā* [g].

---

211 Der Dual zeigt an, dass *maṯnā* und *zīr* gemeinsam gezupft werden. Allerdings ist nicht klar, ob die leere *zīr*[-Saite] gemeint ist oder eine der vorhergehenden Positionen auf ihr, nämlich *sabbāba* oder *binṣir*.

212 In seiner Notation berücksichtigt Yūsuf nicht das dreimalige Zupfen der beiden Saiten.

213 Ab hier und der folgende Satz nach Ms. Manisa ergänzt: بعد وقفةٍ ثلث حركاتٍ ىم ىضع البنصر على المثنى فىحركه مع مُطلق الزّير واحدة. Ms. Manisa, fol.122a12–13. In Ms. Berlin wie bei Yūsuf. Siehe Anm. 6.

214 Da der Ringfinger nach dem Vorhergehenden bereits auf der *maṯnā*[-Saite] positioniert ist, macht es keinen Sinn dorthin zurückzukehren. Hier wurde nach Ms. Manisa ergänzt, bei Yūsuf findet sich diese Zeile nicht.

215 Nachdem die Prime c´-c´ dreimal gezupft wurde, werden die folgenden Zusammenklänge (h-c´) und einzeln erklingenden Wechselnoten (h und c´) nur einmal gezupft.

216 Yūsuf korrigiert zu *sabbāba*, obwohl, wie er selbst angibt, in beiden Mss. الوسطى steht. Möglicherweise möchte er erneut den Zusammenklang der großen Sekunde f-g vermeiden. Siehe Anm. 7. Ms. Manisa, fol.122a15; Ms. Berlin, fol.30b21.

217 Yūsuf ergänzt in eigener Sache "nach einer Pause", was in keinem der Mss. steht.

Dann kehrst du zum Mittelfinger (*wusṭā*)[218] auf der *maṯlaṯ*[-Saite][219] [f] zurück (*taruddu*) und bewegst beide [d. h. *wusṭā l-maṯlaṯ* und *muṭlaq al-maṯnā*, g] einmal.[220]

Dann kehrst du zum kleinen Finger (*ḫinṣir*) [auf der *maṯlaṯ*-Saite] [g] zurück und bewegst [diese Saite] einmal [zusammen mit *muṭlaq al-maṯnā*, g].[221]

Dann [122b] machst du (*tafʿalu*) mit der *maṯnā*- und der *maṯlaṯ*[-Saite], was du mit der *zīr*- und der *maṯnā*[-Saite] gemacht hast, und ebenso [machst du] das auch mit der *bamm*- [und der *maṯlaṯ*-Saite][222].[223] Nachdem du das gemacht hast:

Bewege *sabbābat az-zīr* [d′] mit *muṭlaq al-maṯlaṯ* [d] dreimal.[224]

Dann [folgen für] *ḫinṣir az-zīr* [f′] mit *sabbābat/wusṭā*[225] *al-maṯlaṯ* [e/f] drei Bewegungen.[226]

(29) Dann [folgen für] *ḫinṣir az-zīr* [f′] mit *wusṭā l-maṯlaṯ* [f] drei Bewegungen.[227]

Dann [folgen für] *binṣir az-zīr* [e′] mit *sabbābat al-maṯlaṯ* [e] drei Bewegungen.

218 Wieder korrigiert Yūsuf zu *sabbāba*. Vgl. Anm. 7. In beiden Mss. steht wiederum الوسطى. Ms. Manisa, fol.122a17; Ms. Berlin, fol.30b21.

219 Ergänzt nach Ms. Berlin, fol.30b22.

220 Ms. Berlin ist an dieser Stelle genauer und gibt an, dass die leere *maṯnā*-Saite gleichzeitig mit *wusṭā l-maṯlaṯ* gezupft wird: ثم رد الي وسطى المثلث و حركه واحده مع مطلق المثني. Ms. Berlin, fol.30b22–23. Dass beide Saiten zusammen gezupft werden, wird in Ms. Manisa durch den Dual *yuḥarrakān* deutlich.

221 In Ms. Berlin gibt das Personalsuffix *-hu* an, dass wieder der kleine Finger (*ḫinṣir*) auf der *maṯlaṯ*-Saite gemeint ist, außerdem steht dort genauer, dass dieser zusammen mit *muṭlaq al-maṯnā* gezupft wird: ثم رد ايضا الي خنصره و حركه مع مطلق المثني اخري. Ms. Berlin, fol.30b23. An dieser Stelle bricht Ms. Berlin ab, d. h. die im Ms. Manisa folgende Textpassage ist dort nicht enthalten.

222 Ergänzt nach Yūsuf.

223 Hier endet der erste Teil der Einspielübung. Die vorhergehende Übung soll nun, wie zuvor auf den Saiten *maṯnā* und *zīr*, mit der nächsten tieferen Kombination der Saiten *maṯlaṯ* und *maṯnā* und dann auch mit *bamm* und *maṯlaṯ* wiederholt werden.

224 Hier beginnt der zweite Teil der Einspielübung, der, wie am Ende gesagt wird, auf den beiden anderen Saiten wiederholt werden soll.

225 Yūsuf korrigiert stillschweigend zu *wusṭā*. In Ms. Manisa steht سبابه, während in Ms. Berlin وسطى steht. Ms. Manisa, fol.122b3; Ms. Berlin, fol.30b17. Beide Lesarten sind möglich. Da jedoch mehrere Oktaven aufeinanderfolgen, erscheint die Oktave f-f′ hier als passender. Nachfolgend wird wiederum die Oktave f-f′ gezupft, sodass hier vermutlich eine Dopplung vorliegt.

226 Yūsuf ergänzt "nach einer Pause" (*baʿda waqfa*), obwohl es nicht in Ms. Manisa steht. Im Folgenden werden die Pausen, die Yūsuf ergänzt, nicht mehr berücksichtigt.

227 Diese Zeile scheint bei Yūsuf zu fehlen: ثم خنصر الزير مع وسطى المثلث ثلث حركات. Ms. Manisa, fol.122b4; Ms. Berlin, fol.30b17.

Dann dreimal *sabbābat az-zīr* [d´] mit *muṭlaq al-maṯlaṯ* [d].

Dann dreimal *ḫinṣir al-maṯnā* [c´] mit *muṭlaq az-zīr* [c´].

Dann einmal *binṣir*[228] *al-maṯnā* [h] mit *muṭlaq az-zīr* [c´].

Dann wiederholst du schnell (*sarīʿan*) [die Position] *ḫinṣir al-maṯnā* [c´] mit *muṭlaq az-zīr* [c´] [und bewegst sie] einmal.

Dann [folgt] *ḫinṣir/binṣir*[229] *al-maṯnā* [c´/h] mit *muṭlaq az-zīr* [c´] – schnell mit einer [Bewegung].

Dann [folgt] *wusṭā*[230] *l-maṯlaṯ* [f] mit *muṭlaq al-maṯnā* [g] mit einer weiteren [Bewegung].

Dann [folgt] *ḫinṣir al-maṯlaṯ* [g] mit *muṭlaq al-maṯnā* [g] ein weiteres Mal.

Dann kehrst du zurück zu *wusṭā*[231] *l-maṯlaṯ* [f] und [bewegst ihn] mit einer Bewegung zusammen mit *muṭlaq al-maṯnā* [g].

Dann kehrst du wiederum zu *ḫinṣir* [*al-maṯlaṯ*, g] zurück und bewegst ihn mit *muṭlaq al-maṯnā* [g] ein weiteres Mal.

Dann bewegst du *maṯnā* und *bamm* nach der Art (*ʿalā sabīl*) der Bewegung[en][232] von *zīr* und *maṯlaṯ*.

Und höre damit nicht auf (*lā yazālu ḏālika*),[233] bis sich die Finger daran gewöhnt haben (*ḥattā taʾlafuhu l-aṣābiʿ*) und sich schnell darin bewegen (*tasruʿu fīhi*). Die Töne (*naġam*), die wir angeführt haben, sind einander ähnlich (*mutašākila*) und passen zueinander (*mutanāsiba*). Auf diese Weise (*minhāǧ*) wirken [die Töne] zusammen (*yaštariku*), sie harmonieren miteinander (*yataǧāwabu*) und gehören zueinander (*yatbaʿu*) im überwiegenden Gebrauch (*fī akṯar istiʿmāl*) dieses Instruments.[234] Was wir dargelegt

228 Yūsuf korrigiert zu *sabbāba* (siehe Anm. 2), obwohl in beiden Mss. بنصر steht. Ms. Manisa, fol.122b7; Ms. Berlin, fol.30b19.

229 Yūsuf korrigiert zu *sabbāba* (siehe Anm. 3). In Ms. Manisa steht خنصر, in Ms. Berlin jedoch بنصر. Ms. Manisa, fol.122b8; Ms. Berlin, fol.30b20.

230 Yūsuf korrigiert zu *sabbāba* (siehe Anm. 4), obwohl in beiden Mss. وسطى steht. Ms. Manisa, fol.122b9; Ms. Berlin, fol.30b21.

231 Yūsuf korrigiert auch hier zu *sabbāba* (siehe Anm. 4), obwohl in beiden Mss. وسطى steht. Ms. Manisa, fol.122b11; Ms. Berlin, fol.30b22.

232 Yūsuf setzt hier einen Punkt. Die vorhergehenden Übungsschritte sollen nun mit den Saiten *maṯnā* und *bamm* wiederholt werden, obwohl in beiden Mss. "dann *zīr* mit *maṯlaṯ*" steht:
ثم الزّير مع المثلث bzw. بم الزير مع المثلث. Ms. Manisa, fol.122b12–13; Ms. Berlin, fol.30b23-fol.31a1.

233 Yūsuf liest nach Ms. Berlin ليكن ohne dies anzugeben. Ms. Berlin, fol.31a1. Hier nach Ms. Manisa, fol.122b13.

234 Während die Quarten, Quinten und Oktaven sicher zu den harmonischen Intervallverhältnissen zählen, wie auch die Prime, die eher einen Einklang als einen Zusammenklang bildet, sind die Sekunden, die öfter in der Etüde vorkommen und die

haben, ist ausreichend (*kifāya*) für denjenigen, der mit schneller Zustimmung (*surʿat al-qubūl*) als gut geschult (*murtāḍan*) gelten möchte.

[123a] Unterricht (*taʿlīm*) [in diesen Dingen] gibt es auf vielerlei Arten (*funūn kaṯīra*), ob arabisch, persisch, byzantinisch oder anders. Wollten wir es auf uns nehmen, das alles zu erwähnen (*law takallafnā ḏikrahu*) und niederzuschreiben (*aṯbatnāhu*), so würden die Ausführungen zu lang (*la-ṭāla bihi l-kalām*) und [manches darin wäre] schwer verständlich (*ġamuḍa fīhi*). Es ist letztlich unmöglich, diese [Dinge nur] aus einem Buch (*kitāb*) zu verstehen (*fahmuhu*) und danach in die Praxis umzusetzen (*al-ʿamal bihi*), außer für jemanden, der viel mehr als andere versteht (*akṯaru n-nās fahman*) und einen umfassenderen Intellekt (*awsaʿuhum ḏihnan*) besitzt.[235]

(30) Übrigens sind diese Disziplinen – ich meine die Disziplinen der Unterweisung (*funūn at-taʿlīm*) – den Vertretern dieser Kunst (*ahl hāḏihī ṣ-ṣināʿa*) geläufig (*mawǧūda*). Sie von ihnen direkt zu übernehmen (*aḫḏuhā ʿanhum*) und von ihnen zu lernen (*taʿallumuhā minhum*) durch Beobachtung (*naẓar*) und durch [An]Hören (*istimāʿ*)[236] ist nachdrücklicher (*ablaġ*)[237], schneller (*asraʿ*) und leichter verständlich (*aqrab ilā l-fahm*) als aus Büchern (*min al-kitāb*).

None, die (je nach Lesart) an einer Stelle vorkommt, keine harmonischen Intervalle. Eine besondere Rolle kommt auch der Sexte zu.

235 Al-Kindī betont hier und im Folgenden den Vorrang der praktischen Unterweisung im Lautenspiel, auch wenn die Übung, wie er eingangs sagt, zur Vorbereitung des Unterrichts dient. Anders sieht es seiner Ansicht nach mit den musiktheoretischen Kenntnissen aus, sodass die theoretischen den praktischen Kenntnissen vorauszusetzen sind, was er im *Kitāb al-Muṣawwitāt al-watariyya* formuliert: "Und was die betrifft, die die Vorzüge der Theorie (*ʿilm*) gegenüber der Praxis (*ʿamal*) nicht kennen, so wissen diese nicht, dass das theoretische Wissen (*ʿilm*) in jedem Fall vor der Aktion (*fiʿl*) liegt, und das kein Weg zu einer wahrhaften Erkenntnis einer Sache führt, bis dass diese in Gedanken als bekannt vorausgesetzt, auf natürliche Weise verstanden und in der Seele (*nafs*) als vernünftig (*maʿqūl*) empfunden wird, dann [erst] offenbart sie sich vernünftig, sinnlich erfassbar, körperlich und fühlbar." Übers. Schewe, *Al-Kindī und die Wirkung der Musik*, S. 322–323. Diese Ansicht beruht auf dem auf aristotelischer Tradition basierenden Verständnis, dass die Philosophie den übrigen Wissenschaften ihre Prinzipien vermittle. Hierzu Hein, *Definition und Einteilung der Philosophie*, S. 105–106. Vgl. Schewe, *Al-Kindī und die Wirkung der Musik*, S. 42–43.

236 Yūsuf liest stattdessen *intiqāl*. Jedoch ist in beiden Mss. zu lesen: اسماعا bzw. استماعا. Ms. Manisa, fol.123a7; Ms. Berlin, fol.31a8. Das ist ein wichtiger Hinweis, denn al-Kindī bringt damit zum Ausdruck, dass die Vermittlung des Lautenspiels im Unterricht vor allem durch die Praxis, also durch Zuhören und damit verbunden durch Nachspielen geschieht.

237 Diesen Begriff übersieht Yūsuf. In beiden Mss. steht: ابلغ. Ms. Manisa, fol.123a7; Ms. Berlin, fol.31a8.

Hier endet (*tammat*) die Abhandlung von Abū Yūsuf al-Kindī, möge Gott sich seiner und aller Muslime erbarmen. Sie wurde [mit der Vorlage] verglichen (*qūbilat*), Dank sei Gott ohne Ende (*al-ḥamdu li-llāhi bi-lā nihāya*).[238]

Literatur

Manuskripte

Muḫtaṣar al-mūsīqī fī ta'līf an-naġam wa-ṣanʿat al-ʿūd. Deutschland, Berlin, Sammlung Wetzstein 1240/3, Kat. Wilhelm Ahlward 5531, fol.22a–24b.

Qawl Uqlīdis ʿalā l-luḥūn wa-ṣanʿat al-maʿāzif wa-maḫāriǧ al-ḥurūf. Türkei, Manisa, Genel Kütüphanesi Nr.1705/7, fol.93b–109b.

Abū Yūsuf, al-Kindī. *Risāla fī l-luḥūn wa-n-naġam*. Türkei, Manisa, Genel Kütüphanesi Nr.1705/7, fol.110b–123a.

Abū Yūsuf, al-Kindī. *Risāla fī l-luḥūn wa-n-naġam*. Deutschland, Berlin, Sammlung Wetzstein 1240/4, Kat. Wilhelm Ahlward 5530, fol.25a–fol.27b6, fol.28b22–fol.31a.

Textausgaben

Abū l-Faraǧ al-Iṣfahānī, ʿAlī b. al-Ḥusayn. *Kitāb al-Aġānī*. 24 Bde. Al-Qāhira: Dār al-Kutub al-miṣriyya, 1927–74.

al-Ḫalīl b. Aḥmad. *Kitāb al-ʿAyn*. 4 Bde. Hg. von ʿAbd al-Ḥamīd al-Hindāwī. Beirut: Dār al-Kutub al-ʿilmiyya, 2003.

Musici scriptores greaci. Aristoteles, Euclides, Nicomachus, Bacchius, Gaudentius, Alypius et melodiarum veterum quidquid exstat. Hg. von Carolus Janus (Karl von Jan). Repr. Nachdruck der Ausg. Leipzig 1895–1899. Hildesheim: Olms, 1962.

238 Der Traktat endet nach dem Ms. Berlin alternativ:
تمت الرساله بعفى الله تعالى و قوته و احسانه و الحمد لله رب العالم و صل الله على خير خلقه محمد المصطفى و على اله و سلم تسلىما كثيرا
("Diese Abhandlung endet mit der Gnade Gottes, des Erhabenen, mit seiner Stärke und mit seinem Wohltun. Preis sei Gott, dem Herrn der Welt. Gott segne den besten unter seinen Geschöpfen, Muḥammad, den Auserwählten, und seine Familie und grüße ihn mit reichlichem Gruß.").

Sekundärliteratur

Barker, Andrew. *Greek Musical Writings II. Harmonic and Acoustic Theory*. Cambridge: Oxford University Press, 1989.

Benary, Peter. "Dur und Moll". In: Laurenz Lütteken (Hg.). *Die Musik in Geschichte und Gegenwart Online*. Bärenreiter, Metzler, (1995) 2016. https://www.mgg-online.com/mgg/stable/12517 (abgerufen: 21.8.2024).

Bower, Calvin M. *Fundamentals of Music. Anicius Manlius Severinus Boethius*. New Haven, London: Yale University Press, 1989.

Braune, Gabriele. "al-Kindī, Abū Jūsuf Jaʿqūb Ibn Isḥāq." In: Laurenz Lütteken (Hg.). *Die Musik in Geschichte und Gegenwart Online*. Bärenreiter, Metzler, (2003) 2016. https://www.mgg-online.com/mgg/stable/57591 (abgerufen: 20.9.2024).

Düring, Ingemar. *Die Harmonielehre des Klaudios Ptolemaios*. Göteborg: Elanders Boktryckeri Aktiebolag, 1930.

Farmer, Henry George. "Historical Facts for the Arabian Musical Influence". [Reprograf. Nachdr. d. Ausg. London, 1930] Hildesheim u. a.: Olms, 1970.

Farmer, Henry George. "The Old Persian Musical Modes." In: *Journal of the Royal Asiatic Society* (1926), S. 93–95. Nachdruck in: Eckhard Neubauer (Hg.). *Studies in Oriental Music. First Volume: History and Theory*. The Science of Music in Islam 2. Frankfurt am Main: Institute for the History of Arabic-Islamic Science at the Johann Wolfgang Goethe University, 1998, S. 426–428.

Farmer, Henry George. "The Organ of the Ancients. From Eastern Sources (Hebrew, Syriac, and Arabic)." In: London: William Reeves Bookseller Ltd., 1931. Nachdruck in: Eckhard Neubauer (Hg.). *Studies in Oriental Music. Second Volume: Instruments and Military Music*. The Science of Music in Islam 2. Frankfurt am Main: Institute for the History of Arabic-Islamic Science at the Johann Wolfgang Goethe University, 1998, S. 319–534.

Farmer, Henry George. "The Origin of the Arabian Lute and Rebec". In: *The Journal of the Royal Asiatic Society of Great Britain and Ireland*, no. 4 (1930), S. 767–783. Nachdruck in: Eckhard Neubauer (Hg.). *Studies in Oriental Music. Second Volume: Instruments and Military Music*. The Science of Music in Islam 2. Frankfurt am Main: Institute for the History of Arabic-Islamic Science at the Johann Wolfgang Goethe University, 1998, S. 101–119.

Folkerts, Menso (unter Mitarbeit von Paul Kunitzsch). *Die älteste lateinische Schrift über das indische Rechnen nach al-Ḫwārizmī. Edition, Übersetzung und Kommentar.* München: Verlag der Bayerischen Akademie der Wissenschaften, in Kommission bei der C. H. Beck'schen Verlagsbuchhandlung München, 1997.

Gökpınar, Yasemin. *Der* ṭarab *der Sängersklavinnen.* Masālik al-abṣār fī mamālik al-amṣār *von Ibn Faḍlallāh al-ʿUmarī (gest. 749/1349): Textkritische Edition des 10. Kapitels* Ahl ʿilm al-mūsīqī *mit kommentierter Übersetzung.* Baden Baden: Nomos Verlagsgesellschaft, 2021.

Haas, Max. "Organum". In: Laurenz Lütteken (Hg.). *Die Musik in Geschichte und Gegenwart Online.* Bärenreiter, Metzler, (1997) 2016. https://www.mgg-online.com/mgg/stable/51580 (abgerufen: 21.8.2024).

Hartner, Willy und Paul Kunitzsch. "Minṭaḳat al-Burūdj". In: Peri Bearman et al. (Hg.). *Encyclopaedia of Islam. New Edition Online.* Brill (2012). doi: https://doi.org/10.1163/1573-3912_islam_COM_0745 (abgerufen: 1.10.2024).

Hartner, Willy, Franz Rosenthal und Wolfhart Peter Heinrichs. "Muḳābala". In: Peri Bearman et al. (Hg.). *Encyclopaedia of Islam. New Edition Online.* Brill (2012). doi: https://doi.org/10.1163/1573-3912_islam_COM_0786 (abgerufen: 1.10.2024).

Hein, Christel. *Definition und Einteilung der Philosophie. Von der spätantiken Einleitungsliteratur zur arabischen Enzyklopädie.* Frankfurt am Main: Peter Lang, 1985.

Hermesdorff, Michael. *Micrologus Guidonis de disciplina artis musicae d.i. kurze Abhandlung Guido's über die Regeln der musikalischen Kunst.* Trier: Grach, 1876.

Höcker, Christoph, Dietrich Willers und Max Haas. "Proportion". In: *Der Neue Pauly Online.* Brill (2006). doi: https://doi.org/10.1163/1574-9347_dnp_e1010660 (abgerufen: 1.10.2024).

Kazemi, Elke. *Die bewegte Seele. Das spätantike Buch über das Wesen der Musik (Kitāb ʿunṣur al-mūsīqī) von Paulos/Būlos in arabischer Übersetzung vor dem Hintergrund der griechischen Ethoslehre.* The Science of Music in Islam 5. Frankfurt am Main: Institute for the History of Arabic-Islamic Science at the Johann Wolfgang Goethe University, 1999.

Kunitzsch, Paul und Jan Knappert. "al-Nudjūm". In: Peri Bearman et al. (Hg.). *Encyclopaedia of Islam. New Edition Online.* Brill (2012). https://doi.org/10.1163/1573-3912_islam_COM_0871 (abgerufen: 4.10.2024).

Lachmann, Robert und Maḥmūd al-Ḥifnī. *Jaʿqūb Ibn Isḥāq al-Kindī. Risāla fī ḫubr taʾlīf al-alḥān. Über die Komposition der Melodien.* Veröffentlichungen der Gesellschaft zur Erforschung der Musik des Orients. Leipzig: Fr. Kistner & C.F.W. Siegel, 1931.

Lambert, Jean. "Ṭarab". In: Peri Bearman et al. (Hg.). *Encyclopaedia of Islam. New Edition Online.* Brill (2012). doi: https://doi.org/10.1163/1573-3912_islam_COM_1175 (abgerufen: 27.9.2024).

Neubauer, Eckhard. "Affe, Laute, Nachtigall. Tiere und Musik im Islam". In: Arnould Vrolijk und Jan. P. Hogendijk (Hg.). *O ye Gentlemen. Arabic Studies on Science and Literary Culture. In Honour of Remke Kruk.* Leiden und Boston: Brill, 2007, S. 437–452.

Neubauer, Eckhard. "Al-Ḫalīl ibn Aḥmad und die Frühgeschichte der arabischen Lehre von den 'Tönen' und den musikalischen Metren. Mit einer Übersetzung des Kitāb an-Naġam von Yaḥyā ibn ʿAlī al-Munaǧǧim". In: *Zeitschrift für Geschichte der Arabisch-Islamischen Wissenschaften* 10 (1995/96), S. 255–323. Nachdruck in: Fuat Sezgin (Hg.). *Arabische Musiktheorie von den Anfängen bis zum 6./12. Jahrhundert. Studien, Übersetzungen und Texte in Faksimile.* The Science of Music in Islam 3. Frankfurt am Main: Institute for the History of Arabic-Islamic Science at the Johann Wolfgang Goethe University, 1998, S. 43–126.

Neubauer Eckhard. "Arabische Anleitungen zur Musiktherapie". In: *Zeitschrift für Geschichte der Arabisch-Islamischen Wissenschaften* 6 (1990), S. 227–272.

Neubauer, Eckhard. "Der Bau der Laute und ihre Besaitung nach arabischen, persischen und türkischen Quellen des 9. bis 15. Jahrhunderts". In: *Zeitschrift für Geschichte der Arabisch-Islamischen Wissenschaften* 8 (1993), S. 279–378.

Neubauer, Eckhard. "Die acht 'Wege' der arabischen Musiklehre und der Oktoechos". In: *Zeitschrift für Geschichte der Arabisch-Islamischen Wissenschaften* 9 (1994), S. 373–414. Nachdruck in: Fuat Sezgin (Hg.). *Arabische Musiktheorie von den Anfängen bis zum 6./12. Jahrhundert. Studien, Übersetzungen und Texte in Faksimile.* The Science of Music in Islam 3. Frankfurt am Main: Institute for the History of Arabic-Islamic Science at the Johann Wolfgang Goethe University, 1998, S. 1–42.

Neubauer, Eckhard. "Die Euklid zugeschriebene 'Teilung des Kanon' in arabischer Übersetzung." In: *Zeitschrift für Geschichte der Arabisch-Islamischen Wissenschaften* 16 (2004/5), S. 309–385.

Neubauer, Eckhard. "Die Theorie vom *īqāʿ*. II: Übersetzung des *Kitāb iḥṣāʾ al-īqāʿāt* von Abū Naṣr al-Fārābī". In: *Oriens* 34 (1994), S. 103–173.

Nachdruck in: Fuat Sezgin (Hg.). *Arabische Musiktheorie von den Anfängen bis zum 6./12. Jahrhundert. Studien, Übersetzungen und Texte in Faksimile.* The Science of Music in Islam 3. Frankfurt am Main: Institute for the History of Arabic-Islamic Science at the Johann Wolfgang Goethe University, 1998, S. 185–310.

Neubauer, Eckhard. "Zur Rolle der Araber in der Musikgeschichte des europäischen Mittelalters". In: André Mercier (Hg.). *Islam und Abendland. Geschichte und Gegenwart.* Bern und Frankfurt am Main: Verlag Herbert Lang, 1976, S. 111–129.

Nieten, Ulrike-Rebekka. "Byzantinischer und syrischer Oktoechos". In: Dorothea Weltecke (Hg.). *Geschichte, Theologie, Liturgie und Gegenwartslage der syrischen Kirchen: Beiträge zum sechsten deutschen Syrologen-Symposium in Konstanz, Juli 2009.* Wiesbaden: Harrassowitz, 2012, S. 115–125.

Nutton, Vivian. "Humoral theory." In: *Brill's New Pauly Online.* (Brill, 2006) doi: https://doi.org/10.1163/1574-9347_bnp_e1027120 (abgerufen: 1.10.2024).

Platon. *Politeia.* http://data.perseus.org/citations/urn:cts:greekLit:tlg0059.tlg030.perseus-grc1:1.327a (abgerufen: 7.8.2024).

Reynolds, Dwight. *Medieval Arab Music and Musicians. Three Translated Texts.* Leiden und Boston: Brill, 2022.

Richter, Lukas. "Struktur und Rezeption antiker Planetenskalen". In: *Die Musikforschung* 3 (1999), S. 289–306.

Schewe, Stephanie. *Al-Kindī und die Wirkung der Musik. Das 'Buch der Chordophone von den einsaitigen bis zu den zehnsaitigen' (Kitāb al-muṣawwitāt al-watariyya min ḏāt al-watar al-wāḥid ilā ḏāt al-ʿašarat al-autār) in deutscher Übersetzung.* The Science of Music in Islam 9. Frankfurt am Main: Institute for the History of Arabic-Islamic Science at the Johann Wolfgang Goethe University, 2018.

Shiloah, Amnon. *The Theory of Music in Arabic Writings (c. 900–1900). Descriptive Catalogue of Manuscripts in Libraries of Europe and the U.S.A.* Répertoire International des Sources Musicales. München: G. Henle Verlag, 1979.

Shiloah, Amnon. "Un ancien traité sur le ʿūd d'Abū Yūsuf al Kindī". In: Israel Oriental Studies IV. Tel Aviv: 1974. Nachdruck in: Amnon Shiloah (Hg.). *The Dimension of Music in Islamic and Jewish Culture. Variorum.* Aldershot: 1993, S. 179–205.

Wernhard, Matthias. *Galen. Über die Arten der Fieber in der arabischen Version des Ḥunain Ibn Isḥāq. Edition und Übersetzung.* Dissertation, LMU

München, Fakultät für Kulturwissenschaften, 2005. https://edoc.ub.uni-muenchen.de/6399/ (abgerufen: 2.10.2024).

Wiora, Walter. “Das vermeintliche Zeugnis des Johannes Eriugena für die Anfänge der abendländischen Mehrstimmigkeit. Marius Schneider zum 65. Geburtstag”. In: *Acta Musicologica* 43, 1/2 (1971), S. 33–43.

Wright, Owen. *Epistles of the Brethren of Purity. On Music. An Arabic Critical Edition and English Translation of Epistle 5*. New York: Oxford University Press (in association with the Institute of Ismaili Studies), 2010.

Wright, Owen. “Mūsīḳī, later Mūsīḳā”. In: Peri Bearman et al. (Hg.). *Encyclopaedia of Islam. New Edition Online*. Brill (2012). doi: https://doi.org/10.1163/1573-3912_islam_COM_0812 (abgerufen: 4.10.2024).

Yūsuf, Zakariyyā. *al-Kāfī fī l-mūsīqī taʾlīf Abī Manṣūr al-Ḥussayn b. Zayla*. Kairo: Dār al-Qalam, 1964.

Yūsuf, Zakariyyā. *Muʾallafāt al-Kindī al-mūsīqiyya*. Bagdad: Maṭbaʿat Šafīq, 1962.

Yūsuf, Zakariyyā. *Risālat al-Kindī fī l-luḥūn wa-n-naġam* (Mulḥaq ṯānin li-kitāb *Muʾallafāt al-Kindī al-mūsīqiyya*). Bagdad: 1965.

Zarlino, Gioseffo. *Le istitutioni harmoniche*. Übersetzt von Christoph Hohlfeld, revidiert von Daniela v. Aretin. Hg. von Markus Engelhardt und Christoph Hust. Rom und Leipzig: 2022.

Al-Fārābī's Theory of Music

*Rıza Tevfik Kalyoncu**

Al-Fārābī's theory of music has its basis on the translations from the Greek scientific and philosophical works. Euclid's book about music *Harmony*, passages from Aristoxenus's works, several musical texts of Plato, Pythagoras, and many others are translated into Arabic as the bibliographer Ibn Nadīm explains.[1] None of the Arabic translations of the works of these authors, which might be sources for al-Fārābī, has reached today. Nevertheless, the works that analyze al-Fārābī's theory of music in comparison with the ancient roots of the musical ideas of the philosopher conclude that the theory of music changed to a certain extent in al-Fārābī's hands.[2] Even though it is not possible to understand al-Fārābī's theory of music regardless of the ancient sources, this is only one aspect of the issue of understanding the philosopher's original work *Kitāb al-Mūsīqī al-kabīr* (*The Grand Book of Music*).[3] There are three necessary components to understand and interpret this book. First, as mentioned, the Greek heritage as a background is vital. Secondly, the overall philosophical project of the philosopher is crucial because the science and art of music have a place in his classification of sciences, which gains a new meaning in his philosophical project. Thirdly, the performance of musical works and usage of musical instruments in the philosopher's time is a prerequisite to comprehending the structure and content of the work.[4]

Al-Fārābī was aware that there is a philosophical and scientific discipline which is called music, but he was also aware that the heritage, which is translated into the Arabic language, was not so well-explained. Therefore, he clarifies his aim for writing a new book on the theory and practice of music. In the opening pages of his book, he explicitly claims that what he inherited from "ancients" (*qudamāʾ*) consists of the basics of the art and science of music but is not sufficiently well-established.[5] In a nutshell, what

---

* Asst. Prof, Ibn Haldun University, Philosophy Department, Istanbul/Türkiye.

1 Farmer, *Greek Theorists*, pp. 325–333.

2 Laywine, "Al-Fārābī's Conception of Music Theory as the Universal Science of Melody".

3 Al-Fārābī, *Kitāb al-Mūsīqī al-kabīr*.

4 Hafız, *Al-Fārābī's Philosophy of Music*, p. 13.

5 Al-Fārābī, *Kitāb al-Mūsīqī al-kabīr*, pp. 43–44.

he aimed in this book is to give order to the ideas of ancient philosophers and make this science understandable and systematic.

The literature about al-Fārābī's theory of music discusses the philosopher's words in the opening pages of this work about the purpose of writing. However, adding various aspects to the problem regarding the philosopher's overall philosophical project is still relevant. For instance, if an influential logical work written by al-Fārābī, *Alfāẓ al-mustaʿmala fī l-manṭiq* (*The Utterances Used in the Logic*), is considered, it is possible to observe that he endeavors to make the science of logic understandable and concise in a new cultural milieu.[6] This aim presupposes the idea that it is incumbent for the philosopher to explain and systematize the art under scrutiny. The science of logic has passed a period of organization by al-Fārābī. What he aimed in the science and art of music is similar to what he intended in the science of logic. It is the systematization, organization, and rationalization of the science.

There are various issues for the interpretations of al-Fārābī's theory of music. The most important is categorizing the philosopher's musical theory inside the Greek musical theory. There is a latent consensus in the literature that al-Fārābī's music theory aligns with Aristotle's and Aristoxenus's theory, contrasting Pythagorean theory of music.[7] The main argument of this conviction is that al-Fārābī is decisively empirical in his configuration of the philosophy of music. This argument is entirely valid when the philosopher's text is considered, but there is also an alternative and complementary way of interpreting the philosopher's empirical stance.

This alternative way is to understand al-Fārābī's theory of science and epistemology in his philosophical project. Al-Fārābī indeed is a strict Aristotelian, but it is at the same time confirmed that the philosopher has rewritten the whole book (*Kitāb al-Burhān*) (*The Book of Apodeictics*). The texts in his book of music directly show this dependence on his explanations in *The Book of Apodeictics.*[8] However, the *Book of Apodeictics* and his *Iḥṣāʾ al-ʿulūm* (*The Enumeration of Sciences*) are epistemological works that created the basis for the philosopher's theory of music.

For the classification of al-Fārābī, the art and science of music is among the propaedeutic-mathematical sciences and it has two aspects. First, there is a practical science of music, and second, the theoretical sci-

6 Al-Fārābī, *Kitāb al-Mūsīqī al-kabīr,* pp. 41–44.
7 Shehadi, *Philosophies of Music in Medieval Islam,* pp. 50–51.
8 Al-Fārābī, *Alfāẓ al-mustaʿmala fī l-manṭiq,* p. 82.

ence of music follows the practical science of music.[9] The practical science of music answers questions related to the application of instruments and performance and also interests in major topics of music, such as melodies and tunes, in a more practical way. However, the theoretical science of music is more directed to a metaphysical and philosophical understanding of the phenomenon of music. This description in his *Iḥṣāʾ al-ʿulūm* (*The Enumeration of Sciences*) finds a detailed explanation in *Kitāb al-Mūsīqī al-kabīr* (*The Grand Book of Music*).

> Like all other sciences, the theoretical and practical division is applied to the science of music. However, the metaphysical question of what makes a science "science" is evident here. Al-Fārābī answers this question in his classification of sciences:

The rules in all the arts are universal, comprising explanations that become specific for many things that the science comprises in as much as these universal rules cover all the things that the science is about or more than that... Many singular things become sciences or in sciences by being restricted by the rules that happen in the human soul in a known order. Examples are the science of writing, medicine, farming, building, and all the other practical or theoretical sciences.[10] What the philosopher claims here is twofold. Firstly, science is based on a pattern in the realm of existence, which means that the external reality enters the mind permanently and continuously. Then the mind finds the order in this contact with the external reality. Secondly, following the empirical raw material, the human mind creates the rules of science (*qawānīn*). Al-Fārābī is very direct on the issue that this is how all the practical and theoretical arts find their rules in the mind and the external world. The science of music is no exception to this procedure. The science of music has its roots in the human soul and nature. For al-Fārābī, this natural basis of the science of music is discovered over time, and it evolutionarily established its own rules.

In combination with the theory and practice issue of the science and art of music, al-Fārābī puts forward another remarkable side of music. He clearly says that, similar to all the other sciences, the science of music should be understood in its connection to the human rational faculty and

---

9 Al-Fārābī, *Iḥṣāʾ al-ʿulūm*, p. 88.
10 Ibid., p. 88.

its application (*logos-nuṭq*)[11] The logos, for al-Fārābī, is also a unifying concept for all the other sciences. How this concept gains an epistemological stance in the philosophy of al-Fārābī is an important topic. Still, for the sake of brevity, it is possible to refer to his analysis of the concept in *Fuṣūl Muntazaᶜ* (*The Selected Aphorisms*). The rational ability of human beings is perfected through the sciences, and all the sciences find their role in the process of the perfection of the rational ability. This perfection, in line with rational ability, is divided into practical and theoretical perfections.[12] All the sciences, whether practical or theoretical, find meaning inside this idea of perfection. The scientific, philosophical side of this process of perfection is entirely evident in al-Fārābī's other original work, *Taḥṣīl as-saᶜāda* (*The Attainment of Happiness*). In this work, the philosopher explains the origination of music inside the philosophical curriculum, the perfection of the philosopher's or knower's mind.[13] The sciences take their principles from the rational ability to a certain extent. For al-Fārābī, the science of music is no exception. In the case of music, al-Fārābī shows that this science has its source and origin in rational ability and imagination.

The general questions are similar for all the sciences and the science of music. In his *The Book of Apodeictics*, in an Aristotelian fashion, al-Fārābī describes three aspects of a science. All the practical and theoretical sciences comprise three components: the topics (*mawḍūᶜāt*), the problems (*masāʾil*), and the principles (*mabādī*).[14] The philosopher's book on music includes all the three aspects of music. If it is read in the light of this division, the book shows its systematic nature more clearly. For instance, the primary topic of the science of music is melodies (*alḥān* sing. *laḥn*) and notes (*naġam* sing. *naġma*). As a problem, al-Fārābī discusses the Pythagorean theory of celestial sounds, which claims that the cosmological entities have their sounds, which symbolize the perfect form of sounds. This approach of al-Fārābī is one of the reasons that he is considered a follower of Aristoxenus's musical theory [15], who was also a student of Aristotle.

In his book of music, al-Fārābī devotes various chapters to the principles and origination of music and related subjects. Natural or instrumental sounds are among the principles of the art of music. For the philosopher, most of the principles of the art and science of music are derived from prac-

11 Al-Fārābī, *Iḥṣāʾ al-ᶜulūm*, p. 49.
12 Al-Fārābī, *Fuṣūl Muntazaᶜa*, pp. 49–50.
13 Al-Fārābī, *Taḥṣīl as-saᶜāda*, pp. 54–55.
14 Al-Fārābī, *Kitāb al-Burhān*, p. 59.
15 Hafız, *al-Fārābī's Philosophy of Music*, p. 3.

tical musical art and also from mathematics.[16] The practical and theoretical aspects of the science and art of music and the relationship between these two aspects are the overarching themes of the first part of the philosopher's *The Grand Book of Music,* and the second part is mainly about the practical aspects of the science of music.

The Contents of *the Grand Book of Music.*

The First Part of *the Grand Book of Music*. Introduction to the Art of Music. Two articles (*maqāla*) are the content of the first part.

The First Article: This article comprises etymological information, the purpose of writing the book, philosophical issues about music, and human nature, and the rational and empirical aspects of music.

The Second Article: Introduction to the topics of the art of music. This part comprises more specific topics such as tones/notes and sounds.

The second part consists of chapters that mainly cover the practical parts of the art and science of music. Al-Fārābī uses the word *fann* (science, technique) to refer to the titles of the parts.

The First Technique: The Elements of the Art of Music. This part also consists of detailed subchapters.

The Second Technique: the well-known instruments, and tunes emerging from it

The First Article of the Second Technique: is about the emergence of the notes from well-known instruments.

The Second Article of the Second Technique: It is about the different types of musical instruments like *ṭunbūr* such as *ṭunbūr ḫorasānī, ṭunbūr baġdādī.The Third Technique*: Particular Melodies

The First Article of the Third Technique: The Types of Melodies

The Second Article of the Third Technique: The Second Part of the Types of the Melodies, Sounds, Letters and Utterances.

---

16 Al-Fārābī, *Kitāb al-Mūsīqī al-kabīr*, p. 77.

Translations on the Art and Science of Music from Various Texts of al-Fārābī

Text 1. (al-Fārābī, *Iḥṣāʾ al-ʿulūm*, pp. 86–88)

The science of music comprises the explanation of the classes of melodies and from which they are composed, on which they are composed, how they are composed, and in what ways their performance becomes more influential and more artistic.

This name explains two [sub]sciences. The first one is the science of practical music, and the other one is the science of theoretical music. The practical music is to find the classes of melodies as sensual in the instruments created by nature or artifice.

The natural instruments are the throat, the uvula and what is around it, and the nose. The artificial instruments are *mizmār* and *ʿūd*.

The person who knows the practical art of music comprehends the notes and melodies and their concomitants in a way that they are in instruments by which they used to create [the notes and melodies].

The person who knows the theoretical art of music understands [the melodies and tunes] intelligibly (*maʿqūla*) and gives the causes of the things from which the melodies are composed not in a way that is inside the matter but in an unrestricted way. It also provides the causes abstracted from all the instruments and matter and takes them as heard generally and arbitrarily from the instruments and objects.

The science of theoretical music is divided into five major parts.

The first one is to talk about the principles and priors used to derive what is in the science of music, how these principles are used, how this science derives, from which it derives, how many things it is constituted, and how the researcher should research what is inside this science.

The second part of this science is about the origins of this science. It explains the derivation of notes and how many they are and how they are and how many classes they are. It is also about clarification of their relation to each other and proof (*barāhin*) about all these issues. It is also about the classes of positions and the order by which they become preparatory for the person who takes what he wants and composes from them the melodies.

The third part is about the correspondence between what is explained in the [chapter of the] origins through words and proofs about the classes of the instruments of art for which all the instruments are prepared and by which all the creation is aimed, and all the things are put forward in a manner and order that is explained in the [chapter on the] principles.

The fourth part is about the natural rhythms that are the metres of notes.

The fifth part is about the composition of melodies and then the composition of perfect melodies. They are created in a manner of poetical words in order and arrangement and how to make them according to the specific aims of melodies and the explanation of situations in which [all the melodies] become more qualified, more effective for the objective for which they are used.

Text 2. (al-Fārābī, *Kitāb al-Mūsīqī al-kabīr*, pp. 43–44).

Every theoretical art is comprised of either principles or what is after principles. Some of these theoretical sciences have their first principles evident from the beginning, and some have not. When being not self-evident does not coexist only with the first principles of this science [music] that we investigate right now but also with the things by which the knowledge of the principles is reached,[17] then it follows that this science is not inside us from the beginning. And [all the following issues are not self-evident]: the knowledge of its principles and the things that make it possible to reach the knowledge of its principles and the way that is envisaged for the majority of the issues are explained for us from the beginning and what are these ways and the manner for this way and the principles which the ancients adopted in their books and gave its explanation neither them nor the contemporaries that adopted their ways. Therefore, before delving into this science, we aimed to summarize the things (*umūr*) by which the understanding of the principles is possible and the way that is followed. We explain, together with this, the aspect of the method for this science; therefore, the principles became established and known. Following that, we investigated this science because it is not possible for us to know what is after the principles or the knowledge of principles before that [investigation]. We make all our speeches that summarize principles in a way or introduce what makes it possible to investigate this science most nobly and ideally.

17 The gist of this sentence is the idea that the first principles of this science are not self-evident.

Text 3. (al-Fārābī, *Kitāb al-Mūsīqī al-kabīr*, p. 47).

We will start by first summarizing the meaning of the art of music. The word “music” means melodies (*alḥān*). The name melody is sometimes used for the collection of notes composed in a defined manner, and the letters are included in them. The ordered signifying words are composed of these letters according to the usual way of signification for the meaning. Sometimes, [the word melody] refers to the different meanings of these two, and there is no need here to explain them.

Text 4. (al-Fārābī, *Kitāb al-Mūsīqī al-kabīr*, p. 49).

The art of music comprises the suitable melodies and what makes them perfect and the best. The art comprising the melodies are [two sorts]: the first type is that the shape of melodies is completed as being sensual (*maḥsūsa*) for the listeners. The second one is shaping and composing without creating anything sensual. These two are named practical art of music, but the first one deserves that name more than the second one.

The training of hearing is an ability [of the soul] to discern the supreme melodies in excellent and poor quality. It is also used to determine suitable melodies from unsuitable ones. This ability is never named art, and only a few people do not have this ability. It comes either from nature or habitation.

[The third] part of the art of music is the one that is comprised of the art of music and does not resemble the first two. This part of music is theoretical. It is called the theoretical art of music. It is necessary to summarize all three branches of music accordingly, compare them, and scrutinize their situation in relation to each other.

All the arts are abilities, possessions, or capabilities. All of these are not independent of the logos (*nuṭq*). With logos, I mean the intellect (*aql*), which is unique for human beings. However, in which aspect [the art of music] is not independent of logos – or it is logos or part of logos in a manner that resembles the ability to speak, or is it an ability that is not logos but related to logos or is it an ability that is comprised of logos and some other things? The explanation of this here is surplus, but it is an ability of logos.

The abilities that come from logos are explained in different places. It is said that they are active and not active. The abilities that come from logos are two sorts. The first one is active [and made of] representation (*tašawwur*), and correct imagination occurs in the soul. The second one is made of incorrect imagination occurring in the soul. What deserves the name of the practical art of music is the active ability of logos from correct imagination that appears in the soul, creating shaped sensual melodies. The second art that is called with this name is the active ability of logos from proper representation.

Text 5. (al-Fārābī, *Kitāb al-Mūsīqī al-kabīr*, p. 70).

What creates the melodies is the natural disposition of human beings. [There are three sorts of this disposition.] The first is a poetic ability, which is dispositional for human beings and centered in them from the beginning. The second one is animal nature, which creates sounds of pleasure and pain in different situations. The third one is the desire of human beings for comfort after tiredness or [the character of a human being] that he does not become tired in times of occupation because the musical voices save the mind from tiredness in times of occupation and the person does not feel it. Therefore, the person does not feel tired when he is in an occupation.

Text 6. (al-Fārābī, *Kitāb al-Mūsīqī al-kabīr*, p.74).

When the melodies are told with other heard tunes from the objects, and they continue to be so, they become more centered, bigger, nobler, pleasurable, and more suitable to keep their formation and order. [As a result of that] [the musicians] took this formation and order, and after that, they seek their resemblances and equals for the heard [voices] of the other object which gives tunes. They seek where the tunes emerge from the others they find in themselves, the received, known voices. And then they decide their [voices] places, define them, and work on them. Consequently, they search for natural or artificial objects, which gives them these tunes in a perfect manner. Whenever they follow someone and then feel a mistake in this person, they or others who come after them seek the solution until the discovery of oud and other musical instruments. Therefore, the practical art of music is completed, and the melodies are established. Which of these melodies are natural for human beings and which are artificial became evident.

I mean, which one is suitable and which one is not? It became likewise for the instruments. Then, the complete and incomplete became evident.

Text 7. (al-Fārābī, *Kitāb al-Mūsīqī al-kabīr*, p. 82).

When we have sufficiently discussed the practical art of music according to our aim, let's move forward to the summary of the theoretical art of music. The name "knowledge" has different meanings. All of them are counted in other arts, not in this one…

I say that [knowledge] is to occur in us that something exists and its causes exist. [The knowledge] also means that it is not possible for something to be otherwise than as it is inside us. There are other conditions and issues related to this one, summarized in the work *The Book of Apodeictics* of the science of logic. Some specific issues to reach that knowledge which the science of music seeks enter into the enumeration of this meaning. The particular issues for this science are definitions, descriptions, significations, and, more generally, the transition from the conclusions to beginnings and what this book talks about. I mean with "knower," the one who knows this book (*The Book of Apodeictics*).

Text. 8. (al-Fārābī, *Kitāb al-Mūsīqī al-kabīr*, p. 92).

Let's now pass on the first principles of this science. We say firstly that the first certain apodeictic principles in all the sciences are achieved in the soul from the sensual experience of the singularities of the parts. This is explained in *The Second Analytics* (*Kitāb al-Burhān*). Among these principles, what is sufficient with the sensual experience of few singularities, and what needs to be the sensual experience of many singularities? There is a specific act of intellect for all these [sensual experiences] after they are received as sensual and imaginative. This is the separation of these experiences from each other and their synthesis. Moreover, there is a natural ability for the intellect to judge compositions of [empirical experience] and the certainty of certain ones.

Bibliography

al-Fārābī. *Alfāẓ al-mustaʿmala fī l-manṭiq*. Ed. by Maǧīd Faḫrī. Beirut: Dār al-Mašriq, 1968.

—. *Iḥṣāʾ al-ʿulūm*. Ed. by ʿUtmān Amīn. Beirut: Dār al-Fikr al-ʿarabī, 1949.

—. "Kitāb al-Burhān". In: *al-Manṭiq 'inda al-Fārābī*. Ed. by Maǧīd Fahrī. Beirut: Dār al-Mašriq, 1987.

—. *Fuṣūl Muntazaʿa*. Ed. by Fawzī Naǧǧār. Beirut: Dār al-Mašriq, 1971.

—. *Taḥṣīl as-saʿāda*. Ed. by Ǧacfaʿ al-Yāsīn. Beirut: Dār al-Andalus, 1983.

Farmer, Henry George. "Greek Theorists of Music in Arabic Translation". In: *Isis* 13/2 (1930), pp. 325–333.

Hafız, Muharrem. "al-Fārābī's Philosophy of Music". In: *Meshk Journal of Religious Music* 1 (2024), pp. 1–18.

Laywine, Alison. "al-Fārābī's Conception of Music Theory as the Universal Science of Melody". In: *Oriens* 51 (2023), pp. 104–26.

Shehadi, Fadlou. *Philosophies of Music in Medieval Islam*. Leiden, New York, Köln: Brill, 1995.

Debatte / Debate

Music, Faith, and Philosophy
An Analysis of Their Relationships in Terms of the Concepts of Place and Space

*Burhanettin Tatar**

The relationship between music, faith[1], and philosophy presents itself as a problem of understanding the interaction between three distinct dynamic processes. This is primarily due to the transformations that music itself, as well as faith and philosophy, undergo through various interpretations within historical contexts. Attempting to relate music, faith, and philosophy as three separate, unchanging entities would primarily disregard their inherent temporalities and historicity, offering us nothing more than a mental projection. If we are to comprehend and scrutinize the relationship between music, faith, and philosophy as they unfold within historical time and space, we must first acknowledge that our conceptions of these three subjects must evolve in parallel with their historical and temporal dimensions.

This implies that our concepts must be open to revision and semantic transformation as we witness the historical and cultural emergence of music, faith, and philosophy. To put it more explicitly, any effort to understand and question the relationship between music, faith, and philosophy cannot exist independently of the practice itself and their experiences, at least on a historical and cultural level. Therefore, we can observe that all theoretical thinking and discourse in this context are situated on a ground of reality – as they will inevitably be based on practice or experience – and thus possess a limited (open to falsification and revision) horizon of understanding.

While the concepts of 'temporality' and 'historicity' mentioned above inherently imply a dynamic process and, consequently, ultimate unpredict-

* Ondokuz Mayıs University, Faculty of Theology, Department of Islamic Philosophy. [burhantatar@hotmail.com].

1 By this term, we refer to religious faith as held by believers of Judaism, Christianity, and Islam, with particular emphasis on their sacred texts.

ability, they also point to the ontological connection of music, faith, and philosophy, as cultural realities, to 'place' and 'space'. As human endeavors, music, faith, and philosophy gain reality with their connections to a specific place already established. However, they often transcend the boundaries of their birthplace or existence, simultaneously constituting new spaces and spreading to different ones.

The fundamental issue here stems from the fact that our concepts of music, faith, and philosophy generally unveil their connections to the places they inhabit. They often remain silent about the relationship of all three with 'space'. By their very nature, our concepts aim to 'grasp' music, faith, and philosophy, meaning to encircle, delimit, and position them in a specific place. Our concepts always possess the capacity to direct themselves towards a reality they assume can be positioned. However, if these realities consistently extend beyond their assumed places, thereby creating new spaces, what can our concepts tell us about them? Or, in attempting to articulate something about these realities, do they mislead us by presenting a mere mental projection or representation due to the elusiveness of these realities?

This paper will argue that while music, faith, and philosophy, as human endeavors and cultural-historical realities, always manifest in a particular place, they have also become significantly independent from each other due to their orientation towards boundless spaces or their creation of new spaces. In short, we contend that music, faith, and philosophy, possessing distinct and irreducible spaces, cannot be represented within one another. Thus, we will emphasize that none of them can serve as a basis for forming judgments about the others because they cannot be represented within each other.

To elucidate the meaning of our claim, we must first address the distinction between 'place' and 'space'. By analyzing the relationship between music, faith, and philosophy with 'place' and 'space', it may be possible to discern the relationship between music and faith and philosophy. For, as mentioned earlier, these three elements can only establish relationships among themselves through their connections with 'place' and 'space', never in a vacuum or as independent units.

The concept of 'place', as seen in the use of words like 'yerleş(tir)mek' (to settle/place), 'yerli' (native/local), and 'yerde' (on the ground) in Turkish, refers to the positioning of something at a determinable point or the clearly discernible relationship between a determinable point and something. The crucial point here is that it is fundamentally 'place' that renders something visible and perceptible. In other words, the meaning of something that gains visibility by originating from a place takes shape within the semantic boundaries of that place. Thus, the concept of 'place', as a field of vision with a pre-conceived meaning, presents something positioned within it as an attribute belonging to itself.

In contrast, the concept of 'space' emerges as an expansive, homogeneous open area[2], an environment of action unbounded by design and meaning. For instance, a canvas serves as a 'place' for the paints that constitute a painting. However, it constitutes 'space' because it allows for infinite variations in painting design and demands diverse interpretations due to its openness to multiple levels of meaning once the painting is complete. While the canvas, as a 'place', keeps the viewer in front of it, the 'space' unveiled through the painting on the canvas (content, world of meaning) transports the viewer beyond their current position and speaks to them differently. Therefore, Pablo Picasso's Guernica, for example, is always in a 'place' – fundamentally on the canvas and the physical environment the canvas occupies. However, its world of meaning, revealing the brutality and evil of war, possesses its own unique 'space', and this 'space' expands and spreads as the painting is interpreted.

As a composed, performed, and interpreted historical and cultural reality, music always exists in a 'place'. This 'place' generally refers to the surfaces where it is notated (paper, computer screen, etc.) or – if it exists solely in memories – human consciousness. However, as historical and cultural reality, music becomes primarily perceptible through the 'place' where it is performed and listened. In this context, 'place' emerges as musical instruments, concert halls, recording studios, etc. Taking the analysis further, we realize that musical sounds assume a kind of 'place' function for melodies. As an entity revealed through and within sound, music always resides in the 'place' where sounds exist and are created.

In the approaches of philosophers and religious figures to music, from Pythagoras onwards, we witness the concept of 'place' playing a predominantly guiding role. In the analysis of music as a miniature of cosmic harmony[3], the determination of mathematical ratios between sounds that constitute music, the theoretical and practical articulation of musical modal

---

2 Casey delineates the history of the concepts of place and space in great detail. Casey, *The Fate of Place;* see also Malpas, *Place and Experience.*

3 Shehadi presents a substantial amount of knowledge on the relationship between music and cosmology in the Islamic philosophical tradition. Shehadi, *Philosophies of Music in Medieval Islam.*

(*maqām*) structures, or the understanding of music based on existing musical instruments and their performance environments and styles, the relationship between music and place as a sound has been decisive in defining and evaluating music.

The efforts of some thinkers to seek the origin of music in the depths of the human soul do not constitute an exception in this regard. Those who believe that the depths of the human soul or the soul's movements lead to the construction of melodic sounds, and that music is externalized through these sounds, still define music based on a 'place' and envision it attaining its original existence and meaning within that 'place'.

However, the fact that music always emerges through and within sound prompts us to question the connection between music and the 'place' where sounds emerge and are created. Does the relationship between music and sound, like that between a painting and its paints and canvas, not only necessitate the concept of 'place' but also imply that music, like a painting having a dimension separable from paints and canvas, possesses a dimension separable from sounds (place)? If so, what kind of dimension(s) does music possess beyond sounds, and where do these dimensions manifest?

Those who approach and evaluate music not based on its 'origin' but on its effects on human consciousness (soul), physiology, and social environment might believe they are also answering the above question. To understand and define music based on its created effect is, to some extent, to understand it based on its dimension that transcends sounds. In other words, we can consider this approach a legitimate answer to the question above, as it recognizes that music's existence is a reality that cannot be confined within the 'place' of sound.

However, this very approach or answer gives rise to another question. How does music transcend the boundaries of sound to create an effect in human consciousness, physiology, and the social environment? When we focus on the essential difference between musical sound itself and its effect on consciousness, body, and the social environment, we realize that this essential difference cannot be directly caused by sound. In this case, wouldn't musical sounds need additional elements to evoke an effect?

In philosophical terms, music requires an 'intermediary field' to transition from the ontic level to the ontological level. Music exists on the ontic level as sound (vibration, frequency), that is, in a 'place' outside our consciousness. However, what makes music 'music for us' is its cognition, that is, its manifestation in human consciousness and its ability to affect the body and the social environment through consciousness (ontological level). Since it is not only 'sound as frequency' but also 'sound at the conceptual-cognition level' and 'emotion' that emerge within consciousness (soul), the phenomenon of music simultaneously possesses both a sonic and a trans-sonic dimension. The question above, as can be seen, concerns where the relationship between the sonic (place) and trans-sonic (space) dimensions of music takes place. The term 'intermediary field' we have used refers to the space where this relationship occurs.

Since music can only exist in the human mind and emotion in its trans-sonic dimension, it will inevitably be connected to an already existing world of meaning. In other words, the relationship between music as frequency and music in its trans-sonic dimension can only be established within the world of meaning to which humans already belong. This 'world of meaning' is not something that belongs solely to the self as an individual human being. On the contrary, it is a process that binds humans together with other humans in a social environment, making them belong to their history, tradition, and future.[4] In this sense, what we call the world of meaning is, first and foremost, the historical culture and performance tradition of music.

It is through such a culture or world of meaning that a particular musical performance can serve as a function for transporting music from the sonic (frequency) level to the trans-sonic level. Just as a physical acoustic environment is necessary for music to emerge as sound or frequency, a cultural or intellectual acoustic environment is required for music to emerge in its trans-sonic dimension. We hear music at the frequency level but perceive it as a meaningful reality at the trans-sonic level. Music is in a 'place' as sound and where sound exists; through music culture or the world of meaning, it exists in its own unique 'space'. Therefore, music simultaneously exists both in the 'place' where it is performed or a performance is heard and in the 'space' where it is comprehended as a meaningful reality. 'Place' and 'space' are two distinct levels that allow the ontic (frequency) and ontological (a meaningful reality) dimensions of music to manifest.

At these two levels, music can interact with faith and philosophy. Just like music, both faith and philosophy possess ontic and ontological dimensions thanks to their own cultural environments and traditions.

---

4 Here, we consider Gadamer's notion of tradition to explain the role of tradition in the production of shared and binding meaning. For an analysis of Gadamer's concept of tradition, see Warnke, *Gadamer*.

Faith manifests on the ontic level as a way of life within a practical environment. It can project its character onto various social and individual symbols, rituals, and legal, moral, economic, artistic, and political manifestations, thereby connecting to a 'place'. Faith attains the ontic level to the extent that its connection with 'place' is established. For example, mosques and sacred texts, in their oral and written forms, represent the ontic level of faith. However, within the consciousness, emotions, and actions of a believer, faith acquires its own unique 'space' and thus manifests on the ontological level. In short, faith, like music, can manifest as a reality on both physical and spiritual (meaning) levels.

Philosophy, too, as both a life practice and a reflection on beings and Being (a mode of conceptual thinking and questioning about the way Being and beings manifest in human consciousness), possesses ontic and ontological levels. Philosophy reaches its ontic level through human's practical orientation towards the world and beings. Cultural entities, as realities designed and realized by humans, reveal philosophy's relationship with 'place' as human's endeavor to navigate in the world. In this context, houses, cars, everyday objects, and tools used in scientific activities represent the concrete manifestations of humanity's attitude towards the world and life, in other words, their endeavor to find meaning, thus representing philosophy's relationship with 'place'. From this perspective, philosophy resides in the 'place' where humans produce and in everything that is produced.

Furthermore, as a theoretical (reflective) thinking endeavor, philosophy reaches the ontological level when the meaning and truth of beings are investigated and questioned. In this regard, it generally attains a 'space' within the realm of meaning, that is, human's attitude towards life, the world, beings, and Being. Individuals referred to as or deserving of the title 'philosopher' are those in and through whom philosophy attains 'space'.

As we arrive at this point, it becomes evident that music, faith, and philosophy, as realities manifesting on both the 'place' (ontic) and 'space' (ontological) levels, acquire the possibility of interacting with each other. Therefore, it can be anticipated that the relationships established or to be established between music, faith, and philosophy will exhibit distinct characteristics at the levels of 'place' and 'space'.

For instance, in places like mosques, churches, synagogues, cemevi's (house of worship for Alevis) and tekkes (lodges for mystics), music and faith can interact on the ontic level. During the call to prayer *(adhān)*, both faith and music can manifest simultaneously on the ontic level. Conversely, since the meaning of the adhan and the meaning of music are comprehended together, faith and music can engage in a relationship on the ontological level within the individual hearing the *adhān*.

The occasional emergence of negative attitudes towards music in the Islamic world stems from the absence of a philosophical consciousness (philosophy at the ontological level) capable of grasping the interaction between music and faith on the ontological level. Philosophical consciousness, as a mode of reflection on beings as they appear in human consciousness, possesses the capacity to comprehend the relationship between music and faith on the ontic and ontological levels to a certain extent. In the absence of such consciousness, music and faith, primarily addressed in relation to the concept of 'place', might be perceived as ontic realities belonging to different places and therefore excluding each other.

For example, the general perception of music in Türkiye as melodic sounds performed in entertainment venues reveals that the concept of 'place' plays a critical role in positioning music. When music is considered solely on the ontic level in relation to the concept of 'place', its connection to 'space', and consequently, music culture and philosophy, are overlooked. This situation leads to perception of music as a mere 'tool'. Music, when considered to serve a purpose defined by faith[5], becomes a legitimate tool; it is rejected when the idea of its serving such a purpose is not accepted or when it is perceived as contrary to the purpose.[6] As can be seen, the general attitude that determines the relationship between music and faith is essentially the one that reduces music to the ontic level, primarily in relation to the concept of 'place', thereby relegating it to the category of a tool. The reason for the emergence of such an attitude, as explained above, is the insufficient development of a philosophical consciousness that would directly contribute to faith's attainment of the ontological level as a world of meaning.

However, we must immediately point out the fallacy of considering philosophical consciousness or philosophy at the ontological level as the highest authority that can pass judgment on music and faith. For the function of philosophical consciousness is to contemplate and question the manifestations of beings on the ontic and ontological level. In short, philosophy at the ontological level is a reality that can only open up its own

5 This is common to the mystical tradition of Islam.
6 This approach can mostly be observed in conservative or literalist interpretations of Islam's sacred texts.

'space' thanks to such beings, indebted to other ontic and ontological levels it strives to understand and question for its own existence. In an environment where such dependency and, in this sense, belonging are at play, to turn philosophical consciousness into the sole authority on all experiences of being and the world of meaning is, first and foremost, contrary to the nature of philosophical consciousness. Moreover, this would amount to positioning philosophy at the apex, parallel to the classical-metaphysical hierarchical or pyramidal understanding of being, thus addressing it again in relation to the concept of 'place'.

If, as we have argued above, philosophy possesses its own unique 'space', this stems from its inability to be confined to a specific 'place', in short, from keeping philosophy in a constant state of activity without assigning it any fixed position. Thus, as it continues its endeavor to understand and question the realities of music, faith, etc., at the ontic and ontological levels, it can open up its own 'space', and it is precisely through this 'space' that we can access a different world of meaning regarding music and faith.

Therefore, a kind of cyclical – or rather, spiral – relationship emerges between music, faith, and philosophy. While philosophy owes its existence to ontological realities like music, faith, etc. (the experience of being), realities like music and faith can reveal their worlds of meaning on a conceptual level thanks to philosophy. However, it is precisely for this reason that music and faith, as subjects of experience and ontological realities, are more than what philosophical consciousness comprehends from them. Since philosophical consciousness, as an endeavor of conceptual thinking (reflection), depends for its existence on the beings it strives to understand, these beings always transcend the boundaries of philosophical consciousness in some way. Therefore, music and faith continue to exist as subjects of experience that are more hoped to be understood than clearly understood, harboring questions or areas of obscurity. Philosophical consciousness, unable to fully illuminate the experience of music and faith, cannot become a 'place' that represents or encompasses them within itself. Consequently, music, faith, and philosophy remain three distinct ontological realities (spaces) with both points of convergence or intersection and independent dimensions.

Throughout history, while problems have arisen from time to time between music, faith, and philosophy in the context of 'place' (co-existing in the same place on the ontic level), no such problems have emerged in the context of 'space'.[7] This is because the essential difference between the language of music, which cannot be reduced or translated to concepts, the symbolic-practical-theological language of faith, and the conceptual language of philosophy demonstrates that they always possess distinct 'spaces' or create different 'spaces'. This also implies that they cannot engage in conflict or attempt to occupy each other's 'place' (and thereby displace each other) from the perspective of the concept of 'place'. For if each possesses three distinct 'spaces' on the ontological level, then they would only constitute three different dimensions of the same 'place' on the ontic level.

In conclusion, when music, faith, and philosophy encounter a problem of 'place', this does not stem from their inability to be found in the same 'place' but perhaps more from the conception of 'place' as a one-dimensional reference point by some individuals. In other words, this problem seems to arise from the projection of the one-dimensionality in the thinking style of some individuals onto the concept of 'place'.

Bibliography

Casey, Edward. *The Fate of Place. A Philosophical History*. Berkley: University of California Press, 1998.

Malpas, Jeff. *Place and Experience. A Philosophical Topography*. Cambridge: Cambridge University Press, 1999.

Sakata, Hiromi Lorraine. "The Complementary Opposition of Music and Religion in Afghanistan". In: *The World of Music* 28/3 (1986): Islam, pp. 33–41.

Shehadi, Fadlou. *Philosophies of Music in Medieval Islam*. Leiden: E. J. Brill, 1995.

Warnke, Georgia. *Gadamer. Hermeneutics, Tradition, and Reason*. Redwood City: Stanford University Press, 1987.

7 Sakata's paper provides useful information on this subject. Sakata, "The Complementary Opposition of Music and Religion in Afghanistan".

Mystical Islam and "Modern" Culture
Problematizing Polarizing Categories

*Saeed Zarrabi-Zadeh**

The major mystical tradition of Islam, known as Sufism, has enjoyed an increasing presence in the global West over the last two and a half centuries. Initial encounters of Westerners with this tradition—referred to mainly as *taṣawwuf* in Sunni and *ʿirfān* in Shiite discourses—occurred in premodern times. These encounters were the result of (a) Sufism being a part of the religious landscape in Ottoman territories in Europe and in the Muslim-ruled regions of the Iberian Peninsula; (b) European visits or residences in the "Orient," as recorded in the *Trattato de costumi et vita de Turchi* (Treatise on the Customs and Life of the Turks, 1548) by Giovan Antonio Menavino (d. ca. 1550); and (c) occasional travels of Sufi shaykhs to Europe. Despite such early cultural contacts, it was only during the modern age that Sufism became the object of serious Western concern. This interest began in the late eighteenth century when certain Sufi texts were translated into English, German, French, and Russian by Orientalist scholars and colonial administrators who had learned languages such as Arabic, Persian, and Turkish. The Romanticists of the first half of the nineteenth century, especially in German-speaking areas, played a pioneering role in this cultural transfer. The translation of Mahmud Shabistari's (d. 1340) *Gulshan-i Raz* under the title *Rosenflor des Geheimnisses* (1838) and some poems of Rumi (d. 1273) by Friedrich Rückert (d. 1866) are cases in point.

Around the turn of the twentieth century, several spiritual teachers influenced by Eastern mystical traditions emerged from a growing interest in Oriental esotericism in the West. Figures like the Swedish painter Ivan Aguéli (d. 1917), the Greco-Armenian master George Gurdjieff (d. 1949), and the French intellectual René Guénon (d. 1951), along with a few migrant Sufi masters, most notably the Indian Sufi Inayat Khan (d. 1927), propagated a universalistic view of Sufism as a perpetual truth and meditative practice shared by all religions. Later, during the 1960s and 1970s,

* Habilitated lecturer of Islamic Studies at the University of Erfurt and senior researcher at Berlin Institute for Islamic Theology, Humboldt University of Berlin.

younger generations, primarily from the middle classes, showed a vigorous interest in the mystical traditions of the Orient, which they regarded as the home of spirituality compared to the "materialistic" West. During this time, Sufism expanded its domain from elite circles into the public sphere and became part of new forms of syncretic and "New Age" spiritualities. From the 1970s onward, subsequent to the mass migration of Muslims to the West and the advent of the Age of Authenticity,[1] there has been an increasing tendency to re-associate Sufism with its original religious background in the Muslim world and to reaffirm its ties to Islamic "orthodoxy" and "orthopraxy".[2]

Taking into consideration the above major phases of Sufi presence in the West—namely early literary Sufism (ca. 1770–1900), universalistic Sufism (ca. 1900–1960), New Age Sufism (ca. 1960–1975), and orthoprax Sufism (ca. 1975 onwards)—one can suggest that such a presence and the appeal of mystical Islam to Westerners took place chiefly during the periods of intense self-critique of the dominant "modern"[3] culture in the Euro-American environment. The first phase of early literary Sufism (ca. 1770–1900) coincided with the emergence of "counter-Enlightenment" movements such as Romanticism. Although themselves a consequence of modernity, they began questioning the Age of Reason and its cornerstones, including rationality, materialism, and scientism, which, according to them, suppressed human subjectivity, individuality, emotions, and imagination. As part of the spiritual traditions of the "Orient," which these movements regarded as the "mystical other" in contrast to the "modern self," Sufism was associated by these trends with those aspects of their own occidental self that had been forgotten in the course of the Enlightenment. At the same time, others who favored and defended modern discourses juxtaposed the "mystical Orient" against the "modern Occident," thinking of mysticism

1 Taylor, *A Secular Age*, pp. 473–504.

2 This chronological schematization of Sufism in Western contexts has been suggested in Malik and Zarrabi-Zadeh, "Introduction". An earlier version of parts of this essay has been published in Zarrabi-Zadeh, "Sufism in the Modern West".

3 Scholars have proposed various conceptualizations of "modernity," including the idea of alternative or parallel "modernities" (e.g., Eisenstadt, "Multiple Modernities"). Here, modernity is understood as a set of discourses that emerged in the second half of the second millennium CE, emphasizing human autonomy, rationality, individualism, and the empirical sciences, while utilizing the rhetoric of anthropocentrism and liberation from tradition. For the reader's convenience, we mostly avoid using quotation marks for the terms "modern" and "modernity" in this essay.

as a traditional force that impeded the process of modernization and thus needed to be subdued.[4]

In the same way, the second phase of Sufi presence in the West (ca. 1900–1960) occurred during another wave of criticism against modern culture, when "counter-modern" trends, including the Traditionalist School,[5] declared the calamity of modernity and the need for a *Revolt against the Modern World* (title of a book by Julius Evola, 1934). Mystical Islam played a significant role in constructing this alternative discourse, as evidenced by the "conversion to Sufism" common among Traditionalist leaders and followers. Similarly, the third and fourth phases of Sufi presence in the West (ca. 1960 onwards) took place in an era when the principles of modernity became the target of drastic, unprecedented critiques. Whether this era is considered still within the framework of modernity yet with significant modifications in its conceptualization, as scholars such as Anthony Giddens and Zygmunt Bauman believe, or regarded as a distinct age after the modern period, as postmodern scholars argue, Sufism—in both its New Age and orthoprax variants—was an integral part of the Eastern spiritualties that accelerated and intensified the process of resacralization in the West. Accordingly, during its long-standing presence in the West since the late eighteenth century, Sufism has been associated with the critique of modern culture and what is called the "re-enchantment of the World," the opposite of *die Entzauberung der Welt*, which Max Weber regarded as a hallmark of modernity.

Notwithstanding its association with "counter-modern" discourses, Sufism in the West has demonstrated a notable capacity for positively engaging with modern culture, whether through those features of mystical Islam that are harmonious with modern principles or via the flexibility in adopting and adapting modern elements into Sufism. To mention only a few examples of harmonious aspects, the concept of individuality in mystical Islam and the importance of personal spiritual search—which always existed in Sufi tradition yet were partially diminished after the solidification of Sufi orders and their advocacy of the totalitarian authority of Sufi *shaykhs* over disciples—aligned with modern accentuation on

4 For the perception of rational Occident *vis-à-vis* mystical Orient, see King, *Orientalism and Religion*, pp. 24–34.

5 The Traditionalist School is a contemporary esoteric movement that asserts the existence of a perennial philosophy (*philosophia perennis*) within all major religions. Key figures in this school are René Guénon, Frithjof Schuon, and Seyyed Hossein Nasr. See Sedgwick, *Against the Modern World.*

the individual and was well received and reemphasized in the modern West. The experiential mode of religiosity based on intuitive knowledge and vision (*kashf*) found in Sufism resonated with the modern emphasis on experience. Indeed, the same experience-oriented, individualistic religiosity existing in Christian mysticism convinced scholars such as the German theologian Ernst Troeltsch to view mysticism as a phenomenon of modernity and a type of religiosity suitable for the modern educated classes.[6] Also, the significance of self-discovery and self-fulfillment in Sufism was quite congruent with modern anthropocentric views, despite differences between the concept of "self" in Sufism and in modern culture. This significance paved the way for the engagement of mystical Islam with the modern discipline of psychology and its collaboration in the "psychologization of religion," which in turn led to the adoption of practices drawn from psychotherapy by Sufis, as seen in the examples of Vilayat Inayat Khan and Llewellyn Vaughan-Lee. In addition, the religio-theological openness present in Sufism and its pluralistic attitude were attractive to, and underscored by, modern audiences.

On the other hand, those facets of the Sufi tradition that appeared incongruous with modernity have been revised, de-emphasized, or even omitted in Western contexts. The notions of spiritual charisma and the hierarchical master-disciple relationship, for instance, were rectified in favor of new relations of authority that are more compatible with modernity's rationalization and routinization of authority. Gender relations were also reformulated to ensure greater equality between women and men, not only in their affiliation with Sufi orders but also in their participation in mixed-gender rituals and in attaining positions of spiritual leadership. Furthermore, the hagiographical texts about Sufi saints, which generally tend to idolize and idealize Sufi masters, were largely ignored by Euro-American translators and have not been widely translated into Western languages. Therefore, the relationship between Sufism and modern culture is not confined to a single narrative in which the former engages in criticism of the latter. Instead, Sufism has been associated with both counter-modern movements and modernity itself.

The last decades have witnessed a substantial expansion of "Sufi Studies," a growing academic field connected to various disciplines such as Religious Studies, Sociology, Anthropology, History, Philosophy, Theology, and Cultural Studies. As a result of this growth, several scholarly classifi-

6 Troeltsch, *The Social Teaching of the Christian Churches*, vol. 1, p. 381; vol. 2, p. 798.

cations have been developed to systematize the vibrant presence of Sufism in the West. These classifications can be divided into five major, overlapping typologies, namely those based on (a) chronological or generational developments of Sufism in the West; (b) modes of Sufi presence, including living, literary and virtual Sufism; (c) migrant-native or East-West binaries; (d) affiliations with Islamic denominations and Sufi orders; and (e) connections of Sufism to Islam. To mention just one example from each typology, (a) Gritt Klinkhammer and her coauthor suggest three chronological phases for the reception of Sufism in German-speaking Europe: Sufism as mysticism and imagination (19th century); Sufism as spirituality and a way of life (20th century); and the globalization, traditionalization, and Islamization of Sufism (late 20th century onward);[7] (b) Thierry V. Zarcone explores the distinction between "oral" versus "written" types of Sufism,[8] and Robert Rozehnal explains various features of cyber Sufism and the "virtual" expression of Sufi experience;[9] (c) Marcia Hermansen differentiates between the categories of "theirs" and "ours," referring to migrant-based Sufi movements and modes of Sufism primarily centered in the West respectively;[10] (d) Milad Milani portrays the presence of mystical Islam in Oceania on the basis of major Sufi orders active in the region, such as the Inayat Khan movements as well as the Nimatullahi, the Naqshbandi, and the Shahmaghsoudi orders;[11] and (e) Ron Geaves distinguishes, in the British context, between Sufis with a loose allegiance to traditional Sunni Islam; those following both *ṭarīqa* and *sharīʿa*; and universal Sufis departing from *sharīʿa* and transcending Islam.[12]

Although these five typologies provide helpful insights for studying mystical Islam in the global West, none of them refers to, or can be used in the analysis of, the adaptive (positive) versus non-adaptive (negative) engagements of Sufism with modernity—which is our main topic in this essay. Regarding the first and second typologies (chronological and modes of presence), both positive and negative attitudes towards modernity can be found in each historical phase of Sufi presence in the West, as they can be observed among members of Sufi *ṭarīqas* (living Sufism), in Sufi literature (literary Sufism), and in cyberspace (virtual Sufism). As for the third typol-

7 Klinkhammer and Zarrabi-Zadeh, "Sufism in German-Speaking Europe".
8 Zarcone, "Rereadings and Transformations of Sufism in the West".
9 Rozehnal, *Cyber Sufis*.
10 Hermansen, "Global Sufism".
11 Milani, "Sufism in Oceania".
12 Geaves, *The Sufis of Britain*, p. 72.

ogy, again, both affirmative and non-affirmative attitudes exist in migrant-based Sufi movements originally centered in Muslim territories, as well as in the more "native"-based Sufism in the West. Similarly, the fourth and fifth typologies (affiliations with denominations/*ṭarīqas* and connections to Islam) also fall short of pointing out the adaptive versus non-adaptive engagements of Sufism with modern culture. Western Sufi communities affiliated with Shiite or Sunni Islam, and those attached to different Sufi orders, include both types of engagement, and both Islamic and non-Islamic Sufi groups in the West have the potential to engage with modern culture in either positive or non-positive ways. Consequently, in order to explore the entanglement of Sufism with modernity in Western contexts, we require a categorization that more clearly focuses on such involvement.

A classification that seemingly meets this condition is the triad of integrationism, rejectionism (escapism), and isolationism, initially proposed in a broader perspective to cluster various Muslim responses to their Western host countries.[13] Calibrated for our purpose here, integrationist Sufi currents can be defined as those Sufi trends that adapt to modern Western settings; rejectionists as those who refuse the modern condition of their host societies and appeal to Sufi tradition in their resistance against it; and isolationists as the Sufi groups that detach themselves from the Western environment they live in and attach to the culture of their homeland. Following this classification, one might initially place such accommodative Sufi groups as the Haqqaniyya and Budshishiyya in the first category, anti-modern Traditionalists in the second, and those seclusionist Nimatullahi communities who highlight their Persian nationality and the followers of the Albanian Bektashi Baba Rexheb (d. 1995) in the third. Therefore, one might assume that Sufi movements with an adaptive stance towards modernity can be found within the Sufi communities of the first group, while a non-adaptive posture can be detected within those belonging to the second and third types.

While the integrationism-rejectionism-isolationism framework can address the entanglement of Sufism and modernity in the West more precisely than the aforementioned typologies, it still suffers from two major shortcomings. The first deficiency is that the three parts of this framework are demarcated deductively, based on listing possible positions in the form of a positive-negative-neutral split, rather than inductively and in light of concrete cases of Sufi attitudes towards modernity. Since these three com-

13 See, for example, Malik, *Muslims in Europe.*

ponents are mutually exclusive, the framework allows a Sufi community to be clustered solely under one of the integrationist, rejectionist, or isolationist categories—much like the impossibility of mixing positive-negative or negative-neutral in standard logic. However, in reality, Sufi communities have different stances regarding modern culture in various parts of their beliefs, practices, or institutions. For instance, if the Haqqaniyya is adaptive to modernity due to its reformulation of gender relations and the master-disciple relationship, it can also be non-adaptive in its strong critique of modern materialism. Similarly, Guénonian Sufis are opponents of modern rationalism, yet their emphasis on self-experience aligns well with the modern worldview. The second deficiency of this trio is its overemphasis on "conscious" actions. Again, while the intentional attempts of the Traditionalists to render Sufism into a counter-modern system show their rejectionist posture, the unintentional concord of Sufism and modernity in their individualistic spirituality reveals the integrationist character of their system. The same can be said about the Sufi groups labeled isolationists, since complete isolation and remaining untouched by the environment can hardly ever happen. In fact, isolationism is a combination of conscious detachment from the surrounding culture and way of life, which is itself a kind of rejectionism, and unconscious adaptation to some aspects of the environment, which is a form of integrationism.

Consequently, each of the three divisions—integrationism, rejectionism, and isolationism—may encompass both adaptation to and resistance against modern culture, and a more complex and fluid category is required to investigate the entanglement of Sufism and modernity. To address the shortcomings of this trichotomy, we suggest the hybrid category of "integrejectionism"—a blend of integrationist and rejectionist attitudes—for understanding and analyzing the multivocal Sufi stances towards modern culture. Compared with the abovementioned polarized typologies and divisions, this concept more accurately captures a spectrum of mixed Sufi positions while taking into account both intentional and unintentional resonance/dissonance between Sufism and modernity. Accordingly, all individual Sufis and Sufi communities in the West are integrejectionist in different ways and degrees. They can be positioned at different points within the colorful integrejectionist rainbow, with some closer to the integrationist (violet) and others to the rejectionist (red) end, without necessarily being fixed at either extreme. In a broader perspective, this analytical category can be applied beyond the scope of Sufism, helping to scrutinize the complex interrelations between the "mystical" and the "modern" in general.[14]

Bibliography

Eisenstadt, Shmuel N. "Multiple Modernities". In: *Daedalus* 129/1 (2000), pp. 1–29.

Geaves, Ron. *The Sufis of Britain. An Exploration of Muslim Identity*. Cardiff: Cardiff Academic Press, 2000.

Hermansen, Marcia. "Global Sufism. 'Theirs and Ours'". In: Ron Geaves, Markus Dressler and Gritt Klinkhammer (Eds.). *Sufis in Western Society. Global Networking and Locality*. London and New York: Routledge, 2009, pp. 26–47.

King, Richard. *Orientalism and Religion. Postcolonial Theory, India and 'The Mystic East'*. London and New York: Routledge, 1999.

Klinkhammer, Gritt and Saeed Zarrabi-Zadeh. "Sufism in German-Speaking Europe (Germany, Austria, German-Speaking Switzerland)". In: Marcia K. Hermansen and Saeed Zarrabi-Zadeh (Eds.). *Sufism in Western Contexts*. Leiden and Boston: Brill, 2023, pp. 249–284.

Malik, Jamal and Saeed Zarrabi-Zadeh. "Introduction". In: Jamal Malik and Saeed Zarrabi-Zadeh (Eds.). *Sufism East and West. Mystical Islam and Cross-Cultural Exchange in the Modern World*. Leiden and Boston: Brill, 2019, pp. 1–29.

Malik, Jamal (Ed.). *Muslims in Europe. From the Margin to the Centre*. Münster: LIT, 2004.

Milani, Milad. "Sufism in Oceania (Australia and New Zealand)". In: Marcia K. Hermansen and Saeed Zarrabi-Zadeh (Eds.). *Sufism in Western Contexts*. Leiden and Boston: Brill, 2023, pp. 378–393.

Rozehnal, Robert. *Cyber Sufis. Virtual Expressions of the American Muslim Experience*. London: OneWorld Academic, 2019.

Sedgwick, Mark. *Against the Modern World. Traditionalism and the Secret Intellectual History of the Twentieth Century*. Oxford: Oxford University Press, 2004.

Taylor, Charles. *A Secular Age*. Cambridge, MA.: Harvard University Press, 2007.

14 Zarrabi-Zadeh, "The 'Mystical' and the 'Modern'".

Troeltsch, Ernst. *The Social Teaching of the Christian Churches*. Translated by Olive Wyon. New York: Macmillan, 1931.

Zarcone, Thierry V. "Rereadings and Transformations of Sufism in the West". In: *Diogène* 47/187 (1999), pp. 110–111.

Zarrabi-Zadeh, Saeed. "Sufism in the Modern West. A Taxonomy of Typologies and the Category of 'Dynamic Integrejectionism'". In: Jamal Malik and Saeed Zarrabi-Zadeh (Eds.). *Sufism East and West. Mystical Islam and Cross-Cultural Exchange in the Modern World.* Leiden and Boston: Brill, 2019, pp. 180–208.

Zarrabi-Zadeh, Saeed. "The 'Mystical' and the 'Modern'. Mutual Entanglement and Multiple Interactions". In: *Studies in Religion / Sciences Religieuses* 49/4 (2020), pp. 525–545.

Gottlose Theologen, atheistische Islamisten und eine religionsmüde Jugend? Eine Einschätzung zu Religionslosigkeit und Atheismus in der Türkei

*Pierre Hecker**

Im Frühjahr 2022 erschien unter dem Titel *Dip Dalga* (wörtl. "Unterströmung") eine empirische Studie, die behauptete, unter Theolog*innen und Absolvent*innen von İmam-Hatip-Schulen sowie leitenden Personen der Behörde für Religiöse Angelegenheiten und des Nationalen Bildungsministeriums hätten sich deistische und atheistische Weltanschauungen etabliert. Die Untersuchung stellte bisherige Annahmen über die Verbreitung von Atheismus und Religionslosigkeit in der Türkei auf den Kopf. Religionsmüdigkeit war bislang lediglich jungen, psychisch labilen und religiös ungebildeten Menschen zugeschrieben worden, nicht aber Personen, die über ein hohes Maß an religiöser Bildung verfügten und ihre Sozialisation in einem fromm konservativen Umfeld erlebt hatten. Religiöse Bildung galt bis dahin als ultimatives Bollwerk gegen Atheismus und Religionslosigkeit. Entsprechend zog die Debatte um *Dip Dalga* auch rasch die Aufmerksamkeit theologischer Kreise auf sich.

Der vorliegende Beitrag wirft einen kritischen Blick auf die von Hamdi Tayfur herausgegebene Studie, überprüft ihre Methodik und die Relevanz ihrer Ergebnisse. Es geht darum herauszufinden, ob sich auf Basis des erhobenen empirischen Materials tatsächlich Rückschlüsse auf einen Wandel von Religion und Religiosität in der türkischen Gesellschaft ziehen lassen. Daneben sollen auch die Reaktionen islamischer Theolog*innen auf die vermeintliche Verbreitung deistischer, atheistischer und agnostischer Weltanschauungen unter ehemaligen Islamist*innen, Theolog*innen und İmam Hatip-Absolvent*innen beleuchtet und diskutiert werden; als Basis hierfür dienen die Beiträge eines von Fatih Toktaş herausgegebenen Sammelbandes, der als direkte Reaktion auf die *Dip Dalga*-Studie konzipiert wurde. Ein Überblick über den Diskurs um Atheismus und Religionslosigkeit in der Türkei bildet den Ausgangs- und Bezugspunkt der folgenden Evaluation.

* Fachgebiet Islamwissenschaft, Philipps-Universität Marburg.

Religionslosigkeit und Atheismus in der Türkei

Das Thema Religionslosigkeit beschäftigt die türkische Öffentlichkeit bereits seit Jahren in wechselnder Intensität. Von staatlicher Seite wurde es stets als ein unbedeutendes Phänomen am Rande der Gesellschaft behandelt, wenngleich die türkische Verfassung religionslosen Personen einen festen Platz in der Gesellschaft zusichert. Artikel 24 der Verfassung garantiert das Recht auf positive und negative Religionsfreiheit. Geschützt ist neben dem Recht auf freie Religionsausübung das Recht, die eigene Religion zu verlassen und zu wechseln sowie das Recht auf Freiheit *von* Religion. Das bedeutet, niemand darf zur Teilnahme an religiösen Praktiken oder zu einer religiösen Überzeugung gedrängt, gezwungen oder verpflichtet werden. Das Prinzip negativer Religionsfreiheit beinhaltet zudem das Recht, religiöse Weltanschauungen abzulehnen und sich ihnen im Rahmen individueller Freiheitsrechte zu widersetzen. Religionslosigkeit ist somit keine Unbekannte in der Türkei trotz ihrer relativen Unsichtbarkeit.

Aufmerksamkeit erfuhr das Thema Religionslosigkeit in der jüngeren Vergangenheit zunächst mit der Gründung des Vereins für Atheismus (Ateizm Derneği) im Frühjahr 2014.[1] Der Zusammenschluss religionsloser Individuen zu einer politischen Interessenvertretung erfolgte als direkte Reaktion auf die wachsende Dominanz des Religiösen in Politik und Gesellschaft. Diskriminierungserfahrungen im Alltag sowie die unverblümte Stigmatisierung von Atheist*innen und Religionslosen durch Personen des öffentlichen Lebens nährten den Eindruck,[2] sich juristisch zur Wehr setzen zu müssen, um das individuelle Recht auf negative Religionsfreiheit zu verteidigen. Politische Maßnahmen im staatlichen Bildungssystem, die unter anderem eine verpflichtende Teilnahme von Kindern und Jugendlichen am bekenntnisorientierten Religionsunterricht vorsehen, stärkten die Furcht vor Ausgrenzung und erzwungener Assimilation; ebenfalls bedeutsam war die Umdeutung bestehender Rechtsprinzipien durch Staatsanwaltschaft und Gerichte.

Blasphemie, Apostasie und Religionskritik stellen im türkischen Recht keinen Straftatbestand dar. Dennoch wurden in der jüngeren Vergangenheit Verfahren gegen bekennende Atheist*innen wegen des Vorwurfs der Volksverhetzung nach Artikel 216/3 des StGB eingeleitet. Der Paradigmen-

1 Azak, "Secularism and Atheism in the Turkish Public Sphere", S. 58–63; Hecker, "Did Political Islam Fail?", S. 248–250.

2 Vgl. Toprak, *Being Different in Turkey*; Yumul und Kan, *Yazılı Basında Gavur Söylemi;* Hecker, "Did Political Islam Fail?", S. 251–254.

wechsel der Staatsanwaltschaft bestand im Wesentlichen darin, dass Artikel 216/3 geltend gemacht wurde, um die Religion und ihre Institutionen vor Kritik und Spott zu schützen und nicht, wie ursprünglich vom Gesetzgeber intendiert, das religiöse Individuum vor Diskriminierung und Hassrede. In mehreren Fällen wurde bereits die generelle Gottesleugnung bzw. das öffentliche Bekenntnis zu einer atheistischen Weltanschauung als Akt der Respektlosigkeit und Angriff auf den Glauben anderer gewertet.[3]

Trotz einiger spektakulärer, wenngleich erfolgloser Gerichtsprozesse – etwa gegen den prominenten Prediger und Theologen Nihat Hatipoğlu wegen Volksverhetzung, nachdem er Atheist*innen in bildlicher Weise beleidigt und mit dem Satan gleichgesetzt hatte – gelang es dem Verein für Atheismus nicht, das Thema Religionslosigkeit dauerhaft im öffentlichen Diskurs zu verankern, zumal die Mitglieder des Vereins in den Medien häufig als nicht ernstzunehmende Überreste eines vermeintlich religionsfeindlichen Kemalismus oder eines *per se* gottlosen Kommunismus porträtiert wurden. In der öffentlichen Wahrnehmung blieb Religionslosigkeit damit ein Randphänomen.

Dies änderte sich erst als mehrere einem konservativen Umfeld entstammende namhafte Intellektuelle die Debatte um Religionslosigkeit neu befeuerten.[4] Persönliche Erlebnisse und Beobachtungen im eigenen sozialen Umfeld veranlassten sie zu dem Schluss, dass gerade junge Menschen aus religiös konservativen Familien dem Islam in wachsender Zahl den Rücken kehrten. Die Rede war von “Religionsmüdigkeit” (*din yorgunluğu*) und “bedeckten Atheistinnen” (*başörtülü ateistler*), die ihre wahre Identität vor Familie und religiöser Öffentlichkeit verbargen. Die behauptete “Müdigkeit” wurde indes unterschiedlich beobachtet und beschrieben – einerseits als ein Verlust an Spiritualität im Kontext einer sich rasch entwickelnden religiösen Konsumkultur (Mode, Lifestyle, Urlaub etc.), andererseits als die Kritik an religiösen Traditionen, die eine Anpassung religiöser Institutionen und Autoritäten an die Gegebenheiten einer modernen Gesellschaft forderte.

---

3 Vgl. Altuk und Alşahin, “Dini Değerleri Aşağılama Suçu (TCK m. 216/3)”; Şirin, “Freedom from Religion in Turkey”; Hecker, “Satan, Sex, and an Islamist Zombie Apocalypse”.

4 Vgl. Subaşı, “Din Yorgunluğu ya da Gündülük Popüler Kültürünün Tükettiği ‘İslami’Yorumlar”; Böhürler, “Din Yorgunu Gençler”; Miraç Yaman, “Gençlerdeki Din Yorgunluğundan Biz Sorumluyuz”; Fazlıoğlu, “Şeylerin Arasında Yaşamak Hayatın Anlamı Üzerine Dairevi Akıl Yürütmenin İmkanı Var Mı?”, “AmenTU Diyecek Bir Fert Yetiştirmek”.

Symbolisch bedeutsam war auch das öffentliche Aufbegehren junger Frauen gegen patriarchale Machtstrukturen, die sie in einen kausalen Zusammenhang mit religiösen Traditionen stellten. Einen wichtigen Ausgangspunkt der Diskussion bildete die sogenannte *#10YearChallenge*, die sich Anfang 2019 beachtlicher Popularität in sozialen Medien erfreute. Die Challenge bestand darin, zwei im Abstand von zehn Jahren entstandene Fotos von sich zu teilen. Was ursprünglich wohl als narzisstische Selbstinszenierung gedacht war, entwickelte sich im türkischen Kontext zu einer öffentlich ausgetragenen Kontroverse, nachdem junge Frauen begannen, Selfies mit (vorher) und ohne (nachher) Kopftuch zu posten.[5] In Onlineforen, Nachrichtensendungen und privaten Chatforen sprachen Frauen in der Folge nicht nur über die Gründe, die sie zum Ablegen des Kopftuches veranlasst hatten, sondern auch über Themen wie männliche Dominanz, soziale Zwänge und, nicht zuletzt, religiöse Zweifel.[6]

Wenngleich sich schnell zeigte, dass weder der vermeintliche Verlust an Spiritualität noch die Kritik an religiösen Traditionen oder das Ablegen des Kopftuches zwangsläufig mit Religionslosigkeit gleichzusetzen sind, so fanden sich doch hinreichend Beispiele, die darauf hindeuteten, dass eine nicht geringe Zahl an Menschen im Begriff war, den Islam zu verlassen oder bereits verlassen hatte. Die Kritik an religiösen Institutionen schien ferner zu einer Stärkung individueller, sich in einer Konkurrenzsituation zu bekannten Traditionen befindenden Religiosität zu führen.

Sozialwissenschaftliche Studien und Reaktionen aus der islamischen Theologie

Das Thema Religionsmüdigkeit löste auch innerhalb der islamischen Theologie lebhafte Diskussionen aus. Das Interesse manifestierte sich zunächst in Form theologisch-philosophisch geprägter Symposien, auf deren Basis zahlreiche Publikationen entstanden. Der erste umfangreiche Austausch fand vom 12. bis 14.5.2017 unter dem Titel *Zeitgenössische Anti-religiöse Trends und Deismus* (*Din Karşıtı Çağdaş Akımlar ve Deizm*) in Van statt. Noch im

5 Vgl. Çavdar, "Never Walk Alone: The Politics of Unveiling in 'New Turkey'"; Kütük Kuriş, "Moral Ambivalence, Religious Doubt and Non-Belief among Ex-Hijabi Women in Turkey".

6 Z. B. BBC News Türkçe, "Başörtüsünü Çıkaranlar Anlatıyor: Neden Bu Kararı Alıyorlar, Neler Yaşıyorlar?"; Ekmek ve Gül, "#10yearchallenge: Başörtüsünü Çıkaran Kadınlar…"; Sol TV, "#10YearsChallenge Kadınları Anlatıyor: İçimdeki Benle Gördüğüm Ben Bir Değildi"; yalnizyurumeyeceksin.com.

selben Jahr wurde ein gleichnamiger, fast 400 Seiten umfassender Sammelband publiziert,[7] begleitet von einer Sonderausgabe des Monatsmagazins der Behörde für Religiöse Angelegenheiten (Diyanet İsleri Başkanlığı) zum Thema *Die Menschheit in den Fängen von Deismus, Atheismus und Nihilismus* (*Deizm, Ateizm ve Nihilizm Kıskacında İnsanlık*). Im Jahr darauf organsierte die Behörde ein dreitägiges Symposium zum Thema *Zeitgenössische Probleme des Glaubens. Deismus, Atheismus, Agnostizismus und Nihilismus* (*Güncel İnanç Problemleri. Deizm, Ateizm, Agnostisizm ve Nihilizm*) in Ankara. Auch im Anschluss an diese Veranstaltung wurde ein umfassender Sammelband publiziert, den ein Vorwort des Präsidenten der Behörde für Religiöse Angelegenheiten, Ali Erbaş, einleitete.[8] Ein weiteres von theologischen Perspektiven geprägtes Symposium wurde vom 8. bis 11.10.2022 in Denizli unter dem Titel *Jugend und Glaube – Trends im 21. Jahrhundert* (*21. Yüzyılda Gençlik ve İnanç Eğilimleri*) abgehalten. Das Thema Religionslosigkeit stand auch hier im Fokus der Diskussion. Auch hier wurde im Nachgang ein umfangreicher Konferenzband mit den Vorträgen der Teilnehmenden zusammengestellt.[9]

Die Liste der von Theolog*innen verfassten Publikationen zu unterschiedlichen Formen des Unglaubens (Atheismus, Deismus, Nihilismus, Agnostizismus) ist lang und aufgrund ihrer schieren Zahl nur noch schwer zu überblicken. An dieser Stelle seien beispielhaft nur die Werke von İbrahim Coşkun, *Atheismus und Islam. Eine zeitgenössische Kritik des Atheismus aus theologischer Perspektive* (*Ateizm ve İslam. Kelami Açıdan Modern Çağ Ateizminin Eleştirisi*, 2011), Emin Arık, *Das Deismus- und Atheismus-Dilemma. Vom Unglauben zum Glauben* (*Deizm ve Ateizm Çıkmazı. İnançsızlıktan İnanca*, 2019), und Kenan Sevinç, *Die Psychologie des Unglaubens* (*İnançsızlık Psikolojisi*, 2017), genannt. Hinzu kommen zahlreiche sozial- und geisteswissenschaftliche Publikationen, die sich mit Fragen wandelnder Religiosität und Religionsverlust beschäftigen. Diese seien hier nur erwähnt, um das enorme, jüngst entstandene Interesse an der Thematik zu betonen. Ebenfalls beispielhaft lassen sich die von Ayşe Çavdar und Volkan Ertit herausgegebene Sonderausgabe des *Pasajlar* Magazins *Die Zukunft der Religion* (*Dinin Geleceği*, 2021), der von Cengiz Kurtuluş, Önder Küçükural und Hande Gür herausgegebene Sammelband *Spirituelle Suche in der Türkei. Deismus, Yoga, Buddhismus, Meditation, Reiki usw.* (*Türkiye'de Spiritüel Arayışlar. Deizm,*

7 S. Sönmez, Kıyıcı, und Yıldız, *Din Karşıtı Çağdaş Akımlar ve Deism.*
8 Kurt, *Güncel İnanç Problemleri. Deizm, Ateizm, Agnostisizm ve Nihilizm.*
9 Aydınlı et al., *21. Yüzyılda Gençlik ve* İnanç *Eğilimleri.*

Yoga, Budizm, Meditasyon, Reiki vb., 2021) sowie die gemeinsame Arbeit von Mehmet Zeki Duman und Bengül Güngörmez Akosman zu *Religion und Religiosität bei Jugendlichen am Beispiel der Generation Z* (*Gençlerde Din ve Dindarlık. Z Kuşağı Örneği*, 2022) nennen.

Der von Theolog*innen geführte Diskurs fokussiert im Wesentlichen auf Fragen nach den Gründen und Ursprüngen von Atheismus und Religionslosigkeit in der Türkei. Das Phänomen der Religionsmüdigkeit wird dabei nicht generell negiert, was auch an den Untersuchungsergebnissen privater Meinungsforschungsinstitute liegen mag, die frühere, von der Behörde für Religiöse Angelegenheiten in Auftrag gegebene Studien widerlegten und die Existenz nichtreligiöser Personen sichtbar machten. Hatte die Behörde für Religiöse Angelegenheiten in einer großangelegten Studie zu religiösem Leben in der Türkei noch eine absolute Dominanz des Religiösen behauptet – 99,2% der Befragten gaben demnach an Muslime zu sein, 0,4% einer anderen Religion anzugehören und 0,5% blieben eine Antwort schuldig[10] – so kamen die von den Meinungsforschungsinstituten MAK, KONDA und OPTIMAR in den Jahren 2017, 2018 und 2019 veröffentlichten Umfragen zu gänzlich anderen Ergebnissen.

MAK sprach in einer Studie, die auf Religion und religiöse Wertvorstellungen in der türkischen Gesellschaft fokussierte, von einem Anteil von sechs Prozent Deist*innen und vier Prozent Atheist*innen an der Gesamtbevölkerung. KONDA stellte in einer Langzeitstudie fest, dass sich der Anteil der Atheist*innen (*ateist*) im Zeitraum von 2007 bis 2017 von einem auf drei Prozent und der Anteil der nichtgläubigen (*inançsız*) Personen von einem auf zwei Prozent mehr als verdoppelt hatte. OPTIMAR lieferte Zahlen, wonach 4,5 Prozent der Befragten wohl an einen Schöpfer nicht aber an eine Religion glaubten (deistische Position), 2,7 Prozent Zweifel an der Existenz eines Schöpfers äußersten (agnostische Position) und 1,7 Prozent nicht an die Existenz eines Schöpfers glaubten (atheistische Position).[11] Alle der genannten Zahlen sind mit Vorsicht zu behandeln, da die Methoden zur Erhebung der Daten teils signifikante Schwächen hinsichtlich Repräsentativität, Frageformulierung, fehlender oder unklarer Antwortkategorien, sozialer Erwünschtheit oder nicht evidenter Ableitungen von Ergebnissen aufweisen (vgl. Hecker 2024). Eine von Zübeyir Nişancı und Önder Küçükural geleitete sozialwissenschaftliche Umfrage zu Religiosität

10 Diyanet İşleri Başkanlığı, *Türkiye'de Dini Hayat Araştırması*.

11 T24, "Optimar'dan Din-İnanç Anketi: Yüzde 89 Allah'ın Varlığına ve Birliğine İnanıyor".

und Glauben in der Türkei setzt den Anteil der Religionslosen niedriger an. Innerhalb der Untersuchungsgruppe finden sich 1,5% Atheist*innen, 2,5% Agnostiker*innen und 1,7% Deist*innen. Allerdings führen sie in ihrer Befragung noch eine weitere Kategorie ein, die nach religiösen Zweifeln fragt. 8,6% der Befragten geben an, trotz ihres Glaubens an Gott, gewisse religiöse Zweifel zu haben.[12] Hinsichtlich der angewandten Methodik weiß die Studie zu überzeugen, allerdings lässt sich auch hier, ohne die Ergebnisse der Umfrage schmälern zu wollen, die Frage der Repräsentativität kritisch diskutieren.

Diskursive Kontrolle

Die Obsession mit Zahlen, wie sie über weite Strecken der Debatte beobachtet werden kann, repräsentiert ein Moment der diskursiven Kontrolle. Zahlen bieten die Möglichkeit, die Relevanz des Phänomens zu betonen oder aber zu negieren. Dies zeigt sich beispielsweise an der von der Behörde für Religiöse Angelegenheiten in Auftrag gegebenen Studie zu religiösem Leben in der Türkei. Offenbar nach dem Motto "Was-nicht-sein-darf-kann-nicht-sein" war den Teilnehmer*innen der Studie über eine Einschränkung der Antwortkategorie die Möglichkeit genommen worden, sich als "religionslos", "atheistisch", "agnostisch" oder "deistisch" zu positionieren. Die Frage nach der Religionszugehörigkeit ließ sich lediglich mit "Islam" (*İslamiyet*), "andere" (*diğer*) oder "keine Antwort" (*cevap vermeyen*) beantworten.[13] Ferner wurde die Befragung auf Haushaltsebene und nicht, wie bei einem sensiblen Thema wie religiöser Identität zu erwarten, in einem anonymen Umfeld durchgeführt. Die Interviewsituation mag zu einem Moment der sozialen Erwünschtheit beigetragen haben.

In ähnlicher Weise können die Studien von MAK, KONDA und OPTIMAR – sofern die Ergebnisse nicht in relativen, sondern absoluten Zahlen bezogen auf die Gesamtbevölkerung der Türkei ausgedrückt werden – für die Betonung der Relevanz des Phänomens genutzt werden. In diesem Fall könnte die Existenz von mehreren Millionen Atheist*innen, Deist*innen und Agnostiker*innen betont werden. Anhand der relativen Zahlen – nur wenige Prozent der Gesamtbevölkerung – kann Religionslosigkeit aber auch als unbedeutendes, zu vernachlässigendes Phänomen interpretiert werden –

12 Nişancı, *Sayılarla Türkiye'de İnanç ve Dindarlık*, S. 29–33.
13 Diyanet İşleri Başkanlığı, *Türkiye'de Dini Hayat Araştırması*, S. 4.

so geschehen bei Duman und Güngörmez Akosman (2022).[14] Das Moment der diskursiven Kontrolle manifestiert sich darin, wie die Zahlen generiert, dargestellt und interpretiert werden. Dies wiederum bestimmt wie über die Phänomene Atheismus und Religionslosigkeit gedacht und diskutiert wird.

Die in der islamischen Theologie geführten Diskussionen um den Ursprung nichtreligiöser Weltanschauungen und die Ursachen für die Abkehr von der islamischen Religion lassen sich ebenfalls als Momente diskursiver Kontrolle fassen. Der theologische Diskurs deutet das Phänomen der Religionsmüdigkeit in bestimmten Bedeutungszusammenhängen, die darüber entscheiden, wie dieses gedacht und bewertet wird. Dieser Prozess kognitiver Rahmung hat direkte Auswirkungen auf den öffentlichen Diskurs um Atheismus und Religionslosigkeit und das soziale Leben religionsloser Menschen.

Die Gleichsetzung von Religionsmüdigkeit mit dem philosophischen Konzept des Deismus repräsentiert einen solchen Versuch diskursiver Kontrolle. Kaum ein Beitrag, der sich in den oben genannten Publikationen (Sönmez, Kıycı, Yıldız 2017; Diyanet Dergi 2017; Kurt 2020 etc.) mit Atheismus und Religionslosigkeit auseinandersetzt, kommt ohne den Begriff aus. Philosophisch-theologische Abhandlungen beschreiben Deismus als eine weltanschauliche Position, die ihren geistigen Ursprung in der Philosophie der europäischen Aufklärung habe, die Existenz eines Schöpfergottes anerkenne, hierbei aber die Vorstellung göttlicher Intervention in der Welt ablehne. Deismus wird als Kritik an religiösen Institutionen und Reaktion auf den Dogmatismus der christlichen Kirche verstanden.[15] In der dargestellten Form widerspricht eine deistische Weltanschauung den Prinzipien des islamischen Glaubens (*arkān al-īmān*) und damit dem Kern der islamischen Theologie. Da häufig eine Nähe zur Philosophie des Existentialismus unterstellt wird, gilt der Deismus als Vorstufe zu Agnostizismus, Atheismus und Nihilismus.

Die Verortung der Ursprünge nichtreligiöser, deistischer Weltanschauungen im Europa der Aufklärung etabliert Bedeutungszusammenhänge, die gleich mehrere Schlussfolgerungen mit Auswirkungen auf das Denken über Religionslosigkeit in der Türkei zulassen. Eine mögliche Schlussfolgerung wäre, Deismus und Religionslosigkeit als ein dem Islam fremdes, nur dem Christentum eigenes Phänomen zu verstehen, das zugleich die Einzigartig-

---

14 Duman und Güngörmez Akosman, *Gençlerde Din ve Dindarlık. Z Kişağı Örneği.*

15 Coşkun, "Modern Çağ Deizminin Nedenleri ve Sonuçları", S. 56–57; Dorman, "Modern Çağda Deizmin Popülerleşmesi ve Sebepleri", S. 15; Düzgün, "Deizm: Öncü İsimler ve Temel Doktrin", S. 8–9.

keit des Islams betont; auch weil der Islam – im Unterschied zum Christentum – Fragen um Rationalität und Vernunft theologisch gelöst habe. Die aktuelle Präsenz von Weltanschauungen wie Atheismus, Deismus, Agnostizismus oder Nihilismus in der türkischen Gesellschaft wären demnach als ein Phänomen des europäischen Kulturimperialismus zu deuten, welches nichts mit dem islamischen Wesen der türkischen Nation gemein habe. Entsprechend schwer ist es, sich dem Eindruck zu entziehen, die genannten Weltanschauungen und ihre Vertreter*innen würden als etwas Fremdes und vermeintlich Unnatürliches angesehen, dem von Seiten des Staates und religiöser Institutionen entgegengetreten werden müsse.

Das Moment der diskursiven Kontrolle spiegelt sich auch in der Verwendung religiöser Konzepte zur Deutung von Deismus und Religionsmüdigkeit wider. Zahlreiche Autor*innen verwenden Konzepte wie Polytheismus (*şirk*), die Leugnung der Prinzipien des Glaubens (*inkarcılık*) oder Unglaube (*küfür*), um das Phänomen der Religionslosigkeit in einem aktuellen Kontext zu verorten.[16] Interessant ist in diesem Zusammenhang auch die Deutung deistischer Weltanschauungen als eine zeitgenössische Form von *dahriyya* (*dehriyye*).[17] Der auf Q 45/24 basierende Begriff findet in der islamischen Theologie Verwendung, um jene Personen zu bezeichnen, die zur Zeit des Propheten die Idee der Schöpfung *ex nihilo*, ebenso wie andere zentrale Prinzipien des islamischen Glaubens – etwa die Vorstellung eines Lebens nach dem Tod (*ahiret inancı*) oder die Vorstellung eines Jüngsten Gerichts (*kıyamet günü*) – ablehnten, die Existenz eines Schöpfergottes aber nicht leugneten.[18] Heute wird der Begriff oft in einem weiteren Sinne mit Formen des Materialismus und Atheismus assoziiert.

Die Übertragung religiöser Konzepte auf das philosophische Konzept des Deismus erlaubt dessen Einordnung und Deutung innerhalb bereits bestehender Vorstellungen von einer göttlichen Ordnung, die keinen Veränderungen unterliegt. Die Verwendung des Begriffes *dahriyya* suggeriert eine Kontinuität zwischen damals und heute, zwischen der Zeit des Propheten und dem individuell erlebten Jetzt oder, wie es Adnan Bülent Baloğlu in einer der oben genannten Publikationen ausdrückt: "Ungläubige existier-

---

16 Vgl. Baloğlu,"Sanal Dünyanın Seyyar Ateistleri", S. 22; Coşkun, "Modern Çağ Deizminin Nedenleri ve Sonuçları", S. 41, 67f.; Genç, "Eğitim felsefesi açısından deizmin imkanının tartışılması", S. 71.

17 Z. B. Genç, "Eğitim felsefesi açısından deizmin imkanının tartışılması", S. 71, 81; Sönmez, "Nübüvvete Yapılan İtirazlar Bağlamında İbnü'r-Râvendi ve Nübüvveti İnkar Düşüncesi", S. 292f.

18 Vgl. Altıntaş, "Dehriyye"; Crone, "Dahrīs".

ten gestern, sie existieren heute und sie werden auch morgen existieren";[19] weshalb der Kampf von heute lediglich eine Fortsetzung des Kampfes des Propheten gegen die Kräfte des Unglaubens repräsentiert. Die vertrauten Bedeutungszusammenhänge machen das beobachtete Phänomen der Religionsmüdigkeit nicht nur erklär- sondern auch kontrollierbar, befindet sich der heutige Gläubige doch in der sicheren Tradition des Propheten.

Die Deutung der beobachteten Religionsmüdigkeit als Deismus (oder *dahriyya*) stellt eine unzulässige Vereinfachung (nicht)religiöser Diversität in der türkischen Gesellschaft dar. Innerhalb des theologischen Diskurses werden auch Personen als Deist*innen bezeichnet, die sich selbst nicht als solche identifizieren. Tatsächlich handelt es sich weitgehend um eine Außenperspektive, die auch Personen als Deist*innen klassifiziert, die den Islam nicht zum bestimmenden Faktor in ihrem Leben machen, sich aber dennoch als gläubig erachten.[20] Die Deismus-These entbehrt einer gesicherten empirischen Basis und ignoriert die subjektive Perspektive auf die eigene (nicht)religiöse Identität. Der Entscheidung, die eigene Religion zu verlassen, geht in der Regel ein langwieriger von individuellen Erfahrungen und Beweggründen geprägter Aushandlungsprozess voraus. Diese subjektive Ebene des schrittweisen Glaubensverlustes lässt sich nicht mit einem abstrakten philosophischen Konzept erklären, welches der Mehrheit der betroffenen Individuen in seiner inhaltlichen Tiefe nicht bekannt sein dürfte. Es ist kaum anzunehmen, dass die intellektuelle Auseinandersetzung mit den Texten von Voltaire, Immanuel Kant, Thomas Paine oder Auguste Comte die in der Türkei beobachtete Religionsmüdigkeit unter jungen Menschen aus konservativen Familien bewirkt. Das Individuum tritt bei dieser Betrachtungsweise vollständig in den Hintergrund.

Insgesamt basiert der Diskurs um Religionsmüdigkeit und Deismus weitgehend auf Annahmen, die sich nur schwer belegen lassen. Ähnliches gilt für die Suche nach den Gründen für die zunehmende Religionsmüdigkeit unter jungen Menschen. Die Rede ist von einem Zugang zu alternativem Wissen über das Internet, vom Einfluss eines *New Atheism* á la Richard Dawkins, Christopher Hitchens oder Sam Harris sowie von einem Mangel an religiösem Wissen, das die Abkehr vom Islam hätte verhindern können. Einige Autor*innen argumentieren, es sei nicht die Philosophie des Deismus, die eine Bedrohung für die Muslime darstelle, sondern ein falsches, fehlgeleitetes Verständnis des Islam, welches gerade junge Menschen zu

---

19 Baloğlu, "Sanal Dünyanın Seyyar Ateistleri", S. 22.
20 Z. B. Dorman, "Modern Çağda Deizmin Popülerleşmesi ve Sebepleri", S. 14.

einer kritischen Haltung und einer möglichen Abkehr verleite. Diese Argumentation suggeriert, junge Menschen müssten lediglich die "wahre" oder "richtige" Botschaft des Islam erkennen, um nicht Gefahr zu laufen, in die Religionslosigkeit abzugleiten.

Selbstkritisch findet sich in diesem Zusammenhang auch vielfach die Forderung nach einer zeitgemäßen, an die Bedürfnisse und Lebensumstände junger Menschen angepassten Lehre. Die beobachtete Religionsmüdigkeit sei in diesem Sinne nicht als ein Verlust religiöser Identität, sondern als ein Aufbegehren gegen eine nicht mehr zeitgemäße Tradition zu interpretieren. Schließlich argumentieren verschiedene Autor*innen auch damit, dass es sich bei der festgestellten Religionsmüdigkeit lediglich um ein Phänomen unter Jugendlichen und damit nicht um ein gesamtgesellschaftliches Problem handle. Aus einer sozialwissenschaftlichen Perspektive bezeichnen Mehmet Zeki Duman und Bengül Güngörmez Akosman religiöse Zweifel beispielsweise als ein Moment des Übergangs von der Kindheit ins Erwachsenenalter, das in jeder Gesellschaft zu beobachten und in seiner Relevanz deshalb zu vernachlässigen sei.[21] Religionslosigkeit wachse sich quasi aus, sobald sich eine Person in den stabilen Verhältnissen des Erwachsenseins und der Vernunft wiederfinde.

Die gesellschaftliche Relevanz der Debatte um eine religionsmüde Jugend zeigt sich nicht nur an der Intensität, mit der sie geführt wird, sondern auch an der Verunsicherung, die sie offenbar auslöst. Religionslosigkeit ist kein neues Phänomen. Allerdings wurde sie in der Vergangenheit Personen aus einem säkularen – z. B. sozialistisch, alevitisch oder kemalistisch geprägten – Umfeld zugeschrieben, nicht aber jungen Menschen, die ihre Sozialisation in einem religiös konservativen Umfeld erlebt hatten. Religiöses Wissen und Erleben galt als Garant für eine fromme Gesellschaft, die zu schaffen gerade die Vertreter*innen eines politischen Islams in der Türkei angetreten waren. Das säkulare System galt vielen als unterlegen, weshalb es nur eine Frage der Zeit sei, bis die spirituelle Leere des Säkularismus junge Menschen "zurück" zur Religion führen würden – nicht aber umgekehrt. Die Debatte um eine religionsmüde Jugend stellt diese Gewissheit ebenso in Frage wie die ehemals vermeintlich klar verlaufenden Linien zwischen "unserer" frommen Jugend und der weltlich geprägten Jugend des Säkularismus.[22] Religionsmüdigkeit im Sinne eines religiös inspirierten Materialismus (*modest fashion*, *halal hotels*, *halal cosmetics* etc.) gilt als sicht-

21 Duman und Güngörmez Akosman, *Gençlerde Din ve Dindarlık. Z Kişağı Örneği.*

22 Z. B. Böhürler, "Din Yorgunu Gençlik".

barstes Zeichen dieses Verschwimmens ehemals vermeintlich klar unterscheidbarer Identitäten.

Die Debatte um Religionsmüdigkeit und die neue Sichtbarkeit nichtreligiöser Weltanschauungen bzw. die offene Präsenz neuer Formen nichtmuslimischer Spiritualität (Atheismus, Agnostizismus, Pantheismus, Buddhismus etc.) bilden die Ausgangslage, vor der die von Hamdi Tayfur herausgegebene Studie *Dip Dalga. Eski Müslümanlar, Yeni Deistler/Ateistler/Agnostikler…* diskutiert wird. Erst die vorgenannten Bedeutungszusammenhänge lassen die Relevanz der Studien erkennen.

Die Welle

Der türkische Ausdruck *dip dalga* lässt sich wörtlich als "Tiefenströmung" oder "Unterströmung" ins Deutsche übersetzen. Im Türkischen wird er metaphorisch verwendet, um eine soziale Bewegung zu beschreiben, die im Verborgenen wächst und das Potenzial besitzt, die Gesellschaft tiefgreifend und nachhaltig zu verändern. Eine als "*dip dalga*" bezeichnete Bewegung ist gleichzeitig Auslöser und Ausdruck sozialen Wandels.

Die vorliegende Studie *Dip Dalga. Eski Müslümanlar, Yeni Deistler/Ateistler/Agnostikler…* ("Unterströmung. Ehemalige Muslime, Neue Deistinnen/Atheistinnen/Agnostikerinnen…") meint, einen solchen im Verborgenen stattfindenden Trend identifiziert zu haben. Sie untersucht, inwieweit sich unter Personen, die eine fundierte religiöse Bildung genossen haben und eingebettet in ein religiös konservatives Umfeld erzogen wurden, atheistische und nichtreligiöse Weltanschauungen etabliert haben.

Die Ergebnisse von *Dip Dalga* wurde erstmals im Frühjahr 2022 in einer Sonderausgabe des Wissenschaftsmagazins *Bilim ve Gelecek* ("Wissenschaft und Zukunft") veröffentlicht. Die vollständige Studie, inklusive aller Interviews, erschien einige Monate später als Buch, herausgegeben von Hamdi Tayfur. Tayfur, der für seine kritische Auseinandersetzung mit religiösen Themen bekannt ist, bezeichnet sich selbst als eine Person, die sich von der Religion gelöst hat. Die neben Tayfur an der Studie beteiligten Wissenschaftler*innen bleiben unerwähnt, was sich vermutlich mit der politischen Situation in der Türkei erklären lässt. Wissenschaftler*innen, die zu politisch sensiblen Themen arbeiten, sehen sich vermehrt staatlichen Repressionen ausgesetzt.

Dip Dalga untersucht die Behauptung, unter Theolog*innen und Absolvent*innen von İmam-Hatip-Schulen sowie leitenden Personen der

Behörde für Religiöse Angelegenheiten und des Nationalen Bildungsministeriums hätten sich deistische und atheistische Weltanschauungen etabliert.[23] Tayfur behauptet, der Islam befände sich in einer Krise, die auch in anderen muslimischen Ländern (Saudi-Arabien, Iran) sichtbar sei. Er konstatiert einen Trend zur Religionslosigkeit, der sich unbemerkt von der Öffentlichkeit im Verborgenen vollziehe. Der von Seiten der Regierung aufgebaute religiöse Druck verhindere, dass sich die Menschen offen über den Verlust ihrer religiösen Identität äußerten.[24] Ferner impliziert er, der Abfall vom Glauben sei als eine direkte Reaktion auf autoritäre politische Systeme zu sehen, die ihre Herrschaft mit der Etablierung einer, an religiösen Prinzipien ausgerichteten Ordnung legitimierten. Zudem postuliert er das Ende religiöser Autoritäten, wie wir sie kennen. Das digitale Zeitalter ermögliche den Menschen unmittelbaren Zugang zu einer Fülle an Wissen, welches die Autorität und Bedeutung altbekannter religiöser Institutionen zunehmend reduziere.[25] Gleichwohl stellt sich die Frage, ob die von Tayfur aufgestellten Behauptungen in der Empirie der Studie eine Entsprechung finden.

Untersuchungsgruppe und Methodik

Dip Dalga ist eine qualitative, nicht repräsentative Studie. Sie stützt sich auf Interviews, die mit Hilfe eines standardisierten Fragebogens erhoben wurden. Die insgesamt zehn Fragen richteten sich auf die (nicht)religiöse Identität der befragten Personen, die individuellen Prozesse und sozialen Konsequenzen des Glaubensverlustes sowie die persönliche Lebenssituation und die allgemeine Zufriedenheit der Untersuchungsgruppe. Die Befragung verzichtete auf feste Antwortkategorien und eröffnete den beteiligten Personen die Möglichkeit, frei und in selbst gewählter Länge zu antworten. Lediglich die, vermutlich als Filter eingesetzte, Eingangsfrage verwendete feste Kategorien ("In welcher Kategorie sehen Sie sich selbst: Deist*in/Atheist*in/Agnostiker*in?").

Tatsächlich identifizierten sich nicht alle Befragten vorbehaltlos als Deist*in, Atheist*in oder Agnostiker*in. Manche präzisierten ihre weltanschaulichen Positionen oder ergänzten weitere Kategorien (z. B. Pantheist*in, Apatheist*in). Knapp die Hälfte (28 Personen) identifizierte

23 Tayfur, *Dip Dalga*, S. 7.
24 Tayfur, *Dip Dalga*, S. 7.
25 Ibid., S. 8.

sich als Agnostiker*innen, zehn Personen als Atheist*innen und sieben Personen als Deist*innen. Alle übrigen (mit Ausnahme eines "anonymen Christen") lassen sich als religionslos beschreiben (vgl. Tayfur 2022b, 137).

Die Untersuchungsgruppe setzte sich aus 60 Personen im Alter zwischen 25 und 60 Jahren zusammen; davon waren 19 Personen im Alter von 25 bis 39 Jahren, 21 Personen im Alter von 40 bis 49 Jahren und 20 Personen im Alter von 50 bis 60 Jahren.[26] Die Befragten waren somit alle (größtenteils deutlich) älter als die Kohorte der sogenannten Generation Z, die gemeinhin mit dem Phänomen der Religionsmüdigkeit assoziiert wird. Warum aber genau diese Alterskohorten gewählt wurden, bleibt unklar. Befragt wurden ausschließlich Theolog*innen, Absolvent*innen von İmam-Hatip-Schulen und ehemalige Islamist*innen, die sich vom Glauben abgewandt haben und sich einer der drei oben genannten oder einer ähnlichen Kategorie zuordnen. Zwei Drittel der befragten Personen (insgesamt 40) waren ehemalige Imam-Hatip-Absolvent*innen oder ehemalige Studierende der Theologie. Zwölf Personen gaben an, als Religionslehrer*innen an staatlichen Schulen zu arbeiten, sechs Personen waren als Dozent*innen an einer theologischen Fakultät tätig, zwei Personen bezeichneten sich als (ehemalige) Muftis, eine Person als Imam. Die übrigen Personen waren außerhalb des religiösen Bildungssystems in nicht religiösen Institutionen tätig, bezeichneten sich aber als ehemals religiös (*dindar*) oder islamistisch (*islamcı*).[27]

Die Untersuchungsgruppe setzte sich nahezu ausschließlich aus ehemals tiefgläubigen Menschen zusammen, die über ein hohes Maß an religiöser Bildung verfügten. Die Religion war einst wichtig(st)er Bestandteil ihres Lebens. Auf die Befolgung religiöser Pflichten legten sie großen Wert. Noch heute arbeiten und leben die meisten von ihnen in einem religiösen Umfeld, bezeichnen sich selbst aber als Agnostiker*innen, Atheist*innen, Deist*innen oder anderweitig religionslos. Die überwiegende Mehrheit spricht aus Furcht vor sozialen Konsequenzen nicht offen über ihren Glaubensverlust. Es handelt sich überwiegend um Personen mit einem hohen Bildungsabschluss, einem festen Einkommen, einem stabilen sozialen Umfeld (Familie, Kinder, Freunde) und scheinbar erfolgreichen beruflichen Karrieren. Man könnte auch sagen, bei der Untersuchungsgruppe handelt es sich um erwachsene, vollwertige Mitglieder der Gesellschaft. Diese soziodemographischen Aussagen lassen sich aus den vollständig abgedruckten

[26] Vgl. ibid., S. 135.
[27] Vgl. Tayfur, *Dip Dalga*, S. 136.

Interviews zweifelsfrei ableiten,[28] allerdings mit der Einschränkung, dass die teils sehr detaillierten Antworten nur bedingt Verallgemeinerungen erlauben.

Auffällig ist die Zahl jener Personen, die sich vor ihrem Glaubensverlust als Anhänger*innen eines theologischen Historismus (*tarihselcilik*) verorteten – insgesamt elf von 60 Befragten.[29] Befürworter*innen des theologischen Historismus plädieren für die Interpretation religiöser Texte, insbesondere des Koran, in Abhängigkeit vom jeweiligen historischen und kulturellen Kontext. Entsprechend sind Tradition und Lehre sowie die Anwendung religiöser Prinzipien einer kontextuellen Flexibilität und Dynamik unterworfen. Kritisiert wird dieser Ansatz von Theolog*innen, die eine literalistische Auslegung des Koran präferieren und eine zeitlose, universale Gültigkeit religiöser Traditionen und Prinzipien proklamieren. Ob der theologische Historismus einen Schritt des Übergangs im Prozess des Glaubensverlusts markiert, indem er die kritische Reflexion religiöser Traditionen überhaupt erst ermöglicht, lässt sich mit Blick auf die vorliegenden Interviews nicht sagen. Erst eine Vertiefung dieses Aspektes in der Interviewführung könnte hierüber Aufschlüsse geben.

Methodenkritik

Die Studie weist mehrere methodische Schwächen und Unklarheiten auf. Diese zu betonen ist wichtig, um die Aussagekraft des empirischen Materials und die hieraus abgeleiteten Ergebnisse bewerten zu können. Generell enthält die Untersuchung nahezu keine Angaben zur angewandten Methodik – weder mit Blick auf die Methode der Datenerhebung noch mit Blick auf die Methode der Datenanalyse. Der Zugang zum Feld - also der Prozess der Auswahl und Kontaktaufnahme mit den Proband*innen - bleibt völlig im Dunkeln. Die vollständige Anonymisierung dieses Prozesses mag in direktem Zusammenhang mit der ethischen Verpflichtung, den interviewten Personen Schutz vor Repression und Diskriminierung zu garantieren, stehen. Genauere Erläuterungen hierzu finden sich aber nicht.

Ferner finden sich keine Angaben über die konkrete Form der Interviewführung oder die Interviewsituation (online, telefonisch, schriftlich, *face-to-face*). Lediglich in den Antworten einzelner Personen finden

28 Vgl. ibid., S. 11–133.
29 Tayfur, *Dip Dalga*, S. 17, 21, 31, 45, 49, 55, 58, 66, 105, 127, 141.

sich Hinweise auf eine schriftliche Befragung, die nicht im Beisein der Forscher*innen stattfand (z. B. über per Tastenkombination eingefügte Smileys). Die Methode schriftlicher Befragung schließt die Möglichkeit immanenter Nachfragen aus, die wertvolle Zusatzinformationen – etwa über den Prozess des individuellen Glaubensverlustes oder die persönliche Auseinandersetzung mit Fragen der Religiosität – hätten generieren können. Die Antworten mancher Proband*innen fallen äußerst kurz aus und geben kaum Hinweise über die persönlichen Aushandlungsprozesse, die zu einer Loslösung von der Religion geführt haben. Über die "intellektuelle Tiefe" dieses Prozesses erfahren wir meist nur wenig. Der Umfang der einzelnen Interviews variiert stark, was diese nur schwer miteinander vergleichbar macht.

Auch soziodemographische Daten wurden – abgesehen von Alter und Beruf – im Rahmen der Studie nicht abgefragt. Die an der Untersuchung beteiligten Forscher*innen liefern keine Informationen über Wohnort, Geschlecht, Einkommen, Familienstand oder Bildungsabschluss der Befragten; Angaben hierzu lassen sich nur individuell und unvollständig aus den Bemerkungen der Teilnehmer*innen gewinnen.

Einerseits scheint die Studie großen Wert auf eine neutrale Sprache zu legen – wenn es beispielsweise um die individuelle Abkehr von der Religion geht. Hier verwenden die Forscher*innen das Verb *ayrılmak* ("verlassen") anstelle anderer, normativ negativ besetzter Begriffe wie bspw. das einem religiösen Kontext entstammende *inkar etmek* ("abschwören", "widerrufen"). Gleichzeitig gleitet der Fragebogen aber zumindest in einem Fall (Frage 4) in ein Moment polemischer Befangenheit ab, indem das Verlassen des Islams (*"İslam'dan ayrılmak"*) mit einem Prozess des Erwachens und der Aufklärung (*"aydınlanma"*) gleichgesetzt wird. Ist der nichtreligiöse Mensch ein aufgeklärter Mensch, so suggeriert der Umkehrschluss, der religiöse Mensch sei nicht aufgeklärt – was entsprechende Bedeutungsketten wie "ungebildet", "irrational", "rückschrittlich" etc. nach sich zieht.

Reue oder Glück?

Die Abkehr vom Glauben lässt sich auf Basis der vorliegenden Interviews als langwieriger, individueller Aushandlungsprozess beschreiben, der von Selbstzweifeln, persönlichen Erfahrungen und einer geistigen Auseinandersetzung mit den religiösen Quellen und Traditionen des Islam geprägt ist. Der Abschied erfolgt nicht leichtfertig, sondern als bewusste Entscheidung, die zum Zeitpunkt der Interviewführung von keiner der befragten Personen bereut oder in Frage gestellt wird. Tatsächlich äußern mehrere Personen ihr Bedauern darüber, nicht schon früher den Islam verlassen zu haben, um der Enge von Ängsten, Regeln und Lügen zu entfliehen.[30] Die große Mehrheit gibt an, mit ihrer Entscheidung glücklich und zufrieden zu sein. Nur wenige äußern, als Gläubige glücklicher gewesen zu sein, ohne allerdings ihre Entscheidung zu bereuen. Hier beispielhaft einige Auszüge:[31]

> "Der Wahrheit ins Auge zu sehen, löst kein Bedauern [in mir] aus. Früher war ich glücklicher, aber innerlich hatte ich Angst. Heute bin ich mutiger. Ich habe weniger Angst, aber gleichzeitig bin ich weniger glücklich. Ähnlich wie [der Unterschied zwischen] Kindheit und Erwachsenenalter. Ich denke dies ist unvermeidlich."[32]

> "Glaube ist wirklich wie Opium. Er macht die Menschen, die glauben, einerseits mental schwach und verletzbar, andererseits aber glücklicher. Zu den Menschen, in denen ich diese Glücklichkeit gesehen habe, habe ich [früher] aufgeschaut."[33]

> "Ich habe es nie bereut, mit der Religion gebrochen zu haben. ... Religion generiert nur Unglücklichsein. Sie verschiebt alle Freude und Glück auf das Leben nach dem Tod."[34]

Zusammenfassend lässt sich sagen: Nicht alle der interviewten Personen sind glücklich, aber die Abkehr vom Islam löst kein Gefühl der Reue aus. Nur einige wenige geben an, nicht glücklich zu sein, ohne dies aber in einen kausalen Zusammenhang mit dem Verlust des Glaubens zu stellen. Die Autor*innen der Studie scheinen der Frage nach möglicher Reue und dem Gefühlszustand der Proband*innen große Bedeutung zuzumessen ("Empfinden Sie jemals Reue? Sind Sie glücklich?", Frage 10). Jedenfalls werden das persönliche Wohlbefinden und die fehlende Reue der "neuen" Atheist*innen, Agnostiker*innen und Deist*innen am Ende des Buchs nochmals zusammenfassend betont. Warum diesem Aspekt innerhalb der Studie hohe Bedeutung beigemessen wird, wird nicht weiter erläutert. Es bleibt also unklar, welche Überlegungen oder Intention der Formulierung

30 Z. B. Tayfur, *Dip Dalga*, S. 58, 75, 112, 120, 132.
31 Alle Zitate wurden vom Autor aus dem Türkischen ins Deutsche übersetzt.
32 Tayfur, *Dip Dalga*, S. 34.
33 Tayfur, *Dip Dalga*, S. 23.
34 Tayfur, *Dip Dalga*, S. 48.

der Frage nach Reue und Zufriedenheit vorausgingen. Die Relevanz des Ergebnisses liegt meines Erachtens darin, dass es prominente Vorurteile entkräftet, wonach Atheist*innen und Religionslose grundsätzlich unglücklich seien, da sie an nichts glaubten und somit keine Hoffnung hätten. Entsprechend würden sie insgeheim auch ihre Entscheidung, der Religion den Rücken zu kehren, bereuen. Diese Behauptung, die gewöhnlich dazu dient, die Überlegenheit religiöser Weltanschauungen zu demonstrieren, findet sich im öffentlichen Diskurs um Religionslosigkeit und Atheismus relativ häufig. Die Existenz gottlos (bzw. religionslos) glücklicher, zufriedener Menschen mag eine Herausforderung für religiöse Lebenswelten darstellen.

Zweifel und Entfremdung

Die Untersuchung richtet ihr Augenmerk gezielt auf die Prozesse und Ursachen religiösen Zweifels, die unter den Befragten zum Verlust ihres Glaubens führten (Fragen 3 und 4). Die Studie unterscheidet diesbezüglich zwischen externen und internen Faktoren, die unter Rückgriff auf die Antworten der Proband*innen hier kurz zusammenfasst werden sollen.

Externe Faktoren: Der menschliche Zweifel erwächst aus äußeren Einflüssen. Diese müssen nicht in einem unmittelbaren, kausalen Zusammenhang mit der Religion selbst stehen. Genannt werden beispielsweise die politische Instrumentalisierung des Islam durch einzelne Personen oder Gruppen (explizit erwähnt werden die AKP und die Bewegung um Fethullah Gülen),[35] die moralische Korruption und die Rückständigkeit der islamischen Welt,[36] das Ende der islamischen Utopie angesichts der im Namen des Islam begangenen Verbrechen durch islamistische Bewegungen wie ISIS, Boko Haram oder die Taliban,[37] sowie die Änderung des eigenen Weltbildes über den Zugang zu neuem Wissen über andere Religionen oder philosophische Denkströmungen. Auch Reisen ins Ausland und die Begegnung mit anderen Menschen und Gesellschaften wird in den Interviews erwähnt.[38]

Interne Faktoren: Der menschliche Zweifel erwächst aus der Religion selbst. Das Studium der religiösen Quellen liefert für die Proband*innen unzureichende oder widersprüchliche Antworten auf die essenziellen Fragen des Lebens; religiöses Wissen kollidiert mit den Erkenntnissen nichtreli-

---

35 Tayfur, *Dip Dalga*, S. 16, 125.
36 Tayfur, *Dip Dalga*, S. 35, 64, 92, 98.
37 Tayfur, *Dip Dalga*, S. 106.
38 Tayfur, *Dip Dalga*, S. 85.

giösen Wissens. Der Diskurs des Zweifels umfasst klassische philosophische Argumente wie die fehlende Evidenz der Existenz Gottes,[39] die Vorstellung eines allmächtigen, allwissenden Gottes und das Problem des Bösen in der Welt[40] sowie die offenen Widersprüche zwischen der religiösen Heils- und Schöpfungsgeschichte und den evidenzbasierten wissenschaftlichen Erkenntnissen aus Archäologie, Anthropologie und Evolutionsbiologie.[41] Schwerer als die klassischen Argumente der Philosophie wiegen allerdings die moralischen Bedenken, die sich für die Befragten aus dem Studium des Korans und der Tradition des Propheten ergeben.

Die Befragten kritisieren die Legitimität von Sklaverei (*kölelik*), Konkubinat (*cariyelik*) und Kriegsbeute (*ganimet*) im Koran,[42] die rechtliche Benachteiligung der Frau und das männliche Gottesbild des Islam,[43] sowie die zahlreichen Widersprüche in Koran und Sunna.[44] Der Prozess der Entfremdung, der sich an der Existenz besagter Konzepte im koranischen Offenbarungstext entzündet, findet auch im Bild des strafenden, mit ewiger Verdammnis drohenden Gottes Widerhall.[45] Die Rechtfertigung von Gewalt gegenüber Andersdenkenden,[46] die nur bedingte Barmherzigkeit Gottes sowie die Zentriertheit der göttlichen Offenbarung auf das Leben und die Bedürfnisse des Propheten sorgen unter den Befragten für Zweifel und Befremden. Was bleibt, ist ein Gefühl der Ungerechtigkeit und der Widersprüche – zumindest tritt dieses in zahlreichen Interviews offen zu Tage. Hier einige in ihrer Klarheit und Deutlichkeit der Sprache besonders hervorstechende Beispiele:

> “Ich denke, der Hauptgrund, warum ich mich in meinem Leben von der Religion entfernt habe, war die Enttäuschung, die ich verspürte, als ich den Koran und die Hadithe las. Ich sah mich einem Text gegenüber, der auf die Ambitionen und die Vorstellungskraft eines Mannes, von dem gesagt wurde, er sei ein Prophet, zugeschnitten war. (…) Es war eine große Enttäuschung so viele Widersprüche, so viele, nicht mit Gott oder etwas Göttlichem in Einklang zu bringende Aussagen, so viele gegen Nichtgläubige gerichtete unethische Bemerkungen zu finden. Insbeson-

39 Tayfur, *Dip Dalga*, S. 29, 111.
40 Tayfur, *Dip Dalga*, S. 19, 33, 36.
41 Tayfur, *Dip Dalga*, S. 15, 40.
42 Tayfur, *Dip Dalga*, S. 23, 38, 45, 50, 78, 106.
43 Tayfur, *Dip Dalga*, S. 23, 38, 59, 60, 92.
44 Tayfur, *Dip Dalga*, S. 43, 49, 60, 82, 119, 130.
45 Tayfur, *Dip Dalga*, S. 17, 19, 39.
46 Tayfur, *Dip Dalga*, S. 130.

> dere das Privatleben des Propheten (...) war völlig inakzeptabel. (...) Wenn Du einer Person, ohne ihr zu sagen, dass es sich um den Koran handelt, diesen Text zu Lesen gibst und sie bittest, ihn zu kritisieren, wird sie in jedem Absatz Streitpunkte finden. (...) Ich sage lediglich, es ist ausreichend, [die Menschen] die heiligen Bücher lesen und diskutieren zu lassen, um Religionslosigkeit [erfolgreich] zu propagieren."[47]

> "Das größte Dilemma war die Ungewissheit. Nicht das Geringste ist sicher. Es gibt keinerlei Beweis. Es ist alles nur Hörensagen und nicht hinterfragte Gerüchte. In einem dunklen Zeitalter, in einem abgelegenen Winkel der Welt behauptet ein Mann, er habe mit Gott gesprochen und hat keinerlei Beweise dafür. Warum sollten wir ihm glauben?"[48]

> "Als ein Muslim, der modernen Interpretationen zugeneigt ist, verteidigte ich [die Position]: 'Eine Person, die den Islam verlässt, darf nicht getötet werden.' Ich diskutierte die Angelegenheit lang und breit mit einem befreundetet Hodscha, der die Position vertrat, es sei verpflichtend (*vacip*), Apostaten zu töten. Der Freund überzeugte mich, indem er solide Beweise präsentierte. Meine eigentliche Konversion begann an genau diesem Tag!"[49]

Die zitierten Beispiele sind exemplarisch zu verstehen. Sie sind selektiv und basieren auf subjektiven Erfahrungen. Daher sind sie nicht repräsentativ. Dennoch vermitteln sie einen Einblick in das Denken und die Beweggründe, die den Prozess der Entfremdung und Abkehr vom islamischen Glauben im Leben einer Person ausgelöst haben. Der Prozess der Entfremdung wird über das kritische Studium der religiösen Quellen des Islam angestoßen und von der Erkenntnis getragen, dass gewisse Konzepte (Sklaverei, Konkubinat etc.), Vorstellungen (das männliche Gottesbild des Islam, der Zwang der Höllenandrohung etc.) und Erkenntnisse (der Prophet im Zentrum des Offenbarungstextes, bestehende Widersprüche in Koran und Sunna etc.) nicht mit den eigenen Werten und Vorstellungen eines guten Lebens in Einklang zu bringen sind. Die Konsequenz ist schlussendlich die Abkehr von der Religion.

---

47 Tayfur, *Dip Dalga*, S. 97.
48 Tayfur, *Dip Dalga*, S. 111.
49 Tayfur, *Dip Dalga*, S. 130.

Tatsächlich erfahren wir nur wenig über die individuellen Aushandlungsprozesse, die zu Zweifel, Entfremdung und Abkehr führen. Viele der Interviewten antworten nur knapp auf die gestellten Fragen. Entsprechend zeigt sich an dieser Stelle auch eine methodische Schwäche der Untersuchung. Der standardisierte Fragenkatalog und die vermutlich schriftliche Form der Befragung schließen gezielte inhaltliche Nachfragen aus. Dies verhindert, tiefgründigere Erklärungen von den Befragten zu gewinnen – etwa darüber, welche philosophischen Werke und Argumente den Sinneswandel auslösten oder welche konkreten Erlebnisse das subjektive Empfinden moralischen Verfalls prägen.

Unglaube als Monstrosität?

Ebenso zentral wie die Frage nach den Ursachen des Glaubensverlustes ist die Frage nach den Konsequenzen, die der Verlust des Glaubens nach sich zieht, und der Möglichkeit, die eigene Religionslosigkeit in einem fromm konservativen, religionormativen Umfeld, welches den Alltag fast aller Befragten prägt, zu leben.

Die Mehrheit der befragten Personen hält ihre Religionslosigkeit verborgen und spricht nur im engen Familien- und Freundeskreis über ihren Sinneswandel. Nur wenige stoßen in ihrem unmittelbaren sozialen Umfeld auf Verständnis und Akzeptanz. Jene, die offen mit ihrer nichtreligiösen Identität umgehen, berichten von Beziehungsabbrüchen und negativen Folgen für ihre sozialen Beziehungen. Andere sprechen offen über die befürchteten Konsequenzen, sollten sie ihrem Umfeld ihre Abkehr vom Islam offenbaren, und ziehen es deshalb vor, unerkannt zu bleiben. Die Palette der befürchteten Konsequenzen ist groß und reicht von moralischer Verurteilung, sozialer Ausgrenzung, Arbeitsplatzverlust und Scheidung über empfundene Schande und die Stigmatisierung der eigenen Familie bis hin zu körperlicher Gewalt. Die Befragten äußern sich auf die Frage, was passieren würde, wenn sie bloßgestellt werden würden (Frage 8), unter anderem folgendermaßen:

> "Ich bin mit einem religiösen Mann verheiratet. Ich würde mich sicher von ihm scheiden lassen. Denn in seiner Religion gibt es eine Regel, wonach er eine nicht gläubige Frau nicht heiraten darf. Ich würde sogar Probleme mit dem Sorgerecht bekommen. Er würde nicht erlauben, dass sein Kind bei einer nicht gläubigen Frau aufwächst. Natürlich ist es

gut, dass wir ein säkulares Rechtssystem haben. Einige Verwandte und Freunde würden den Kontakt [zu mir] abbrechen. Menschen, die jetzt zu mir aufschauen und mich respektieren, würden mich im Falle einer Bloßstellung mit Hass betrachten. Mein Vater, meine Mutter und meine Geschwister würden traurig sein, mich aber respektieren. Auf der Arbeit würde lediglich getratscht."[50]

"Würde ich bloßgestellt, wäre ich zunächst an meinem Arbeitsplatz ernsthaftem Mobbing ausgesetzt und würde meinen Job verlieren. Wahrscheinlich würden meine Frau und ich uns scheiden lassen. Ich würde mich von meiner Familie entfremden und die meisten Familienangehörigen würden den Kontakt zu mir abbrechen. Mein Vater würde mich enterben."[51]

"Meine Familie hat mich verstoßen und mit dem Tod bedroht. Sie erwarten von mir, dass ich Buße tue und zur Religion zurückkehre. Sie bedrohen mich noch immer."[52]

"Würde ich bloßgestellt, würde ich [von meinem Umfeld] verurteilt und isoliert. Mir ist das egal, aber ich will nicht, dass meine Frau, unsere Familie und meine Kinder wegen mir [sozialem Druck] ausgesetzt sind. (...) ich könnte es nicht ertragen, dass diejenigen, die mir nahestehen, leiden müssen. Diejenigen, die im öffentlichen Dienst arbeiten, werden vom Staat bestraft, diejenigen, die in der Privatwirtschaft tätig sind, von ihren Arbeitgebern und die Selbständigen von den Personen, mit denen sie Geschäfte machen."[53]

"Ich fürchte mich vor niemandem. Es ist nur dieser soziale Druck [*mahalle baskısı*]..."[54]

"Meine Lieben wären traurig darüber, dass ich in die Hölle komme, und mich betrachten, als sei ich ein Gespenst. Ich würde vereinsamen."[55]

50 Tayfur, *Dip Dalga*, S. 27.
51 Tayfur, *Dip Dalga*, S. 30.
52 Tayfur, *Dip Dalga*, S. 42.
53 Tayfur, *Dip Dalga*, S. 47.
54 Tayfur, *Dip Dalga*, S. 59.
55 Tayfur, *Dip Dalga*, S. 75.

"Weil ich ein Apostat bin, würden sie mich töten!"[56]

Die vielfach geäußerte Furcht vor sozialen Konsequenzen unterstreicht die Sensibilität des Themas Religionslosigkeit in der türkischen Gesellschaft. Sie verdeutlicht außerdem, wie schwierig es ist, angesichts des begründeten Unbehagens möglicher Proband*innen Untersuchungen (mit repräsentativem Charakter) durchzuführen.

Reaktionen

Ende 2023 veröffentlichte Fatih Toktaş, Professor für Philosophie und Religionswissenschaft an der Theologischen Fakultät der Dokuz Eylül Universität in Izmir, einen 350 Seiten umfassenden Sammelband mit Beiträgen von 14 Theologen und einer Theologin, die sich zum Ziel gesetzt haben, die von Tayfur herausgegebene Studie zu evaluieren und die Relevanz ihrer Ergebnisse zu überprüfen. Die Bandbreite der versammelten Aufsätze umfasst komplexe philosophische und theologische Abhandlungen ebenso wie Beiträge, die sich mit der Psychologie des Unglaubens oder der sozialwissenschaftlichen Methodik der Studie auseinandersetzen. Daneben finden sich zahlreiche Versuche, den religionskritischen Aussagen der Proband*innen argumentativ entgegenzutreten. Im Folgenden kann nicht auf die Argumente aller Autor*innen einzeln eingegangen werden, stattdessen werden lediglich zentrale Punkte und Besonderheiten der Diskussion herausgearbeitet, um eine Zusammenfassung der theologischen Reaktion auf die Studie zu präsentieren.

Der Sammelband beginnt mit einer umfassenden sozialwissenschaftlichen Methodenkritik von Mehmet Süneyl Ünal. Ünal moniert das Fehlen grundlegender Informationen über die angewandte Methodik der Studie – fehlende Informationen über die Bestimmung der Stichprobe, die Form der Interviewführung oder die Bedeutung der ausgewählten Proband*innen im Untersuchungskontext. Generell stellt er fest, dass anhand einer qualitativen Studie von Einzelfällen keine repräsentativen Rückschlüsse auf die türkische Gesellschaft gezogen werden können – entsprechend seien allge-

56 Tayfur, *Dip Dalga*, S. 116.

meine in der Studie getroffene Aussagen über eine vermeintliche Zunahme der atheistisch/deistisch/agnostischen Bevölkerung nicht zulässig.[57]

Ebenso wie mehrere andere Autoren[58] tadelt Ünal die fehlende Objektivität, die sich in der Gleichsetzung des Glaubensverlustes mit einem Prozess des Erwachens ("*aydınlanma*") ausdrückt.[59] Ferner kritisiert er, dass die Studie keine präzise Auskunft über die fachliche und berufliche Qualifikation der Proband*innen und deren institutionelle Position liefere; diese Informationen sieht er als Voraussetzung, um die individuellen Transformationsprozess der Proband*innen einordnen zu können.[60] Dieser Teil der Kritik mag mit Blick auf die Sensibilität des Themas und den Schutzanspruch der Studienteilnehmer*innen verwundern. Ähnlich verwunderlich ist die Unterstellung, Tayfur habe gezielt nur Personen befragt, die kein Bedauern über ihre Abkehr vom Islam äußern, und jene, die Bedauern zeigten, gezielt ignoriert.[61] Indizien für diese Behauptung bleibt Ünal schuldig. Gleichwohl trägt seine Methodenkritik dazu bei, die Validität der Studie in Zweifel zu ziehen.

Im Zentrum mehrerer Beiträge steht der Versuch, die zahlreichen religionskritischen Aussagen der Proband*innen argumentativ zu entkräften. Die Argumentation der Theolog*innen weist hierbei streckenweise apologetische und zumindest punktuell polemische Züge auf. Mit dem Ziel, die eigene weltanschauliche Position zu verteidigen, wählen die Autor*innen selektiv einzelne Äußerungen aus den 60 Interviews aus, um sie dann systematisch zu entkräften.[62]

Das Problem des Bösen und das Bild des nur bedingt barmherzigen, strafenden Gottes werden gleich von mehreren Autoren angesprochen: Anstatt die Vorstellung des strafenden Gottes zu verneinen, beschreibt Vejdi Bilgin das Moment der Strafe als einen notwendigen Bestandteil der göttlichen Ordnung. Die Androhung göttlicher Strafe gelte als Voraussetzung menschlicher Verantwortung und damit als Garantin des Guten in der Welt. Die heiligen Schriften begrenzen die Freiheit des Menschen, indem sie ihm Regeln und Normen auferlegen. Ihre Funktion sei es, Subjekt und

57 Vgl. Ünal, "Vazgeçenlere Dair Din Sosyolojik bir Bakış", S. 11f.; Yağmur, "Aydınlanma Mı Yoksa Meşrulaştırma Mı?", S. 66f.

58 Yağmur, "Aydınlanma Mı Yoksa Meşrulaştırma Mı?", S. 73f.; Çoban, "Taklidi İman Versus Hakiki İnkar (Mı)?", S. 150f.

59 Ünal, "Vazgeçenlere Dair Din Sosyolojik bir Bakış", S. 12.

60 Ünal, "Vazgeçenlere Dair Din Sosyolojik bir Bakış", S. 13.

61 Ünal, "Vazgeçenlere Dair Din Sosyolojik bir Bakış", S. 25.

62 Vgl. Bilgin, "Tanrı Karşısında İnsan"; Ünal, "Vazgeçenlere Dair Din Sosyolojik bir Bakış"; Yağmur, "Aydınlanma Mı Yoksa Meşrulaştırma Mı?".

Gesellschaft vor Schaden zu schützen. Die menschliche Freiheit sei daher an die von Gott gesetzten Grenzen geknüpft, und Strafe markiere die Überschreitung dieser Grenzen. Die göttliche Offenbarung als Quelle sozialer Normen gelte somit als Voraussetzung friedlicher Koexistenz. Ihre Umsetzung liege im Interesse aller.[63]

Die größte Gefahr für die Menschheit liegt, nach Bilgin, in der (unbegrenzten) Freiheit des Menschen, da sie ihn von jeglicher sozialen Verantwortung entbinde.[64] Bilgins Argumentation lässt sich formelhaft wie folgt zusammenfassen: Ohne göttliche Offenbarung keine sozialen Normen; ohne soziale Normen keine friedliche, am Wohl aller orientierte Koexistenz; ohne göttliche Strafandrohung keine Einhaltung der Normen. Fazit: Ohne Religion keine gerechte oder friedliche Gesellschaft. Hieraus lässt sich folgende Schlussfolgerung ableiten: Nur ein religiöser Mensch ist ein verantwortungsvoller Mensch, da er sich an die von Gott vorgegebenen sozialen Normen hält. Ein Mensch ohne Religion hingegen ist ein verantwortungsloser Mensch, da er sich ohne den Glauben an Gott an keine sozialen Normen hält und sein Streben nur an den eigenen subjektiven Bedürfnissen ausrichtet.

In der Argumentation Bilgins offenbart sich ein von Vorurteilen belastetes, stereotypes Bild *des* Atheisten, der nach unbegrenzter Freiheit und der Erfüllung seiner subjektiven Bedürfnisse ohne Rücksicht auf das Allgemeinwohl strebt. Die Vorstellung vom verantwortungslosen, selbstsüchtigen Atheisten entbehrt nicht nur jeglicher empirischen Basis, sie steht auch in keiner Verbindung zu den philosophischen Grundlagen atheistischer, agnostischer oder deistischer Weltanschauungen. Dem Klischee vom wertbefreiten, selbstsüchtigen Atheisten ließe sich beispielsweise Immanuel Kants (1724–1804) Philosophie entgegenstellen, die dem individuellen Streben nach Glück das Moment der Moral und damit das Streben nach dem Wohl der Gemeinschaft limitierend entgegenstellt. Die Mär vom sittenlosen, wertbefreiten Atheisten ist allerdings nach wie vor eine wirkmächtige Plattitüde, die den Diskurs um Atheismus und Religionslosigkeit noch heute prägt.[65]

Polemik spiegelt sich auch in anderen Argumenten Bilgins wider. Die Ablehnung Gottes mit der Begründung, er lasse Böses zu, bezeichnet er als eine kindliche, "Peter Pan ähnliche" Vorstellung, die sich jeglicher Verant-

63 Vgl. Bilgin, "Tanrı Karşısında İnsan", S. 3942; Memiş, "Kötülük, İnsan ve Tanrı", S. 48f.

64 Vgl. Bilgin, "Tanrı Karşısında İnsan", S. 41.

65 Vgl. auch Memiş, "Kötülük, İnsan ve Tanrı", S. 57f.

wortung entziehe.[66] Die Diskreditierung der Proband*innen als unmündige Dummerchen taucht in ähnlicher Weise auch bei Ünal auf. Dieser bescheinigt einem Probanden, der die religiösen Äußerungen der Gläubigen als "Unsinn" und "dumm" bezeichnet, eine "beleidigende" und "faschistische" Einstellung.[67] In gleichem Atemzug unterstellt er den Teilnehmer*innen der Studie "kognitive Dissonanz" und zweifelt am Niveau ihrer religiösen Bildung.

Neben der punktuell auftauchenden Polemik suchen die Autor*innen des Sammelbandes die Aussagen der Proband*innen zu entkräften, indem sie ihnen Widersprüche, mangelnde Kohärenz oder Inkonsistenzen in der Argumentation nachzuweisen versuchen. Oğuzhan Yağmur, der zu Beginn seines Beitrags das Gebot der Toleranz im Islam gegenüber anderen Glaubenssystemen sowie die Anerkennung der positiven und negativen Religionsfreiheit betont, sieht die Bedeutung von *Dip Dalga* in der Tatsache, dass es sich um Personen mit einem überdurchschnittlich hohen Maß an religiöser Bildung handle, die dem Islam den Rücken kehren. Allerdings kritisiert er Tayfurs Behauptung, die Befragten hätten sich auf Basis der Vernunft, als Resultat einer rationalen Auseinandersetzung mit den religiösen Quellen des Islam für eine Abkehr entschieden.

Tatsächlich spricht er Argumenten, die sich auf das Problem des Bösen und die Gerechtigkeit Gottes sowie die Kritik am Koran, dem Leben des Propheten und dem Handeln der Muslime beziehen, die notwendige rationale Grundlage ab. Er unterstellt den Proband*innen, mit ihren Äußerungen den Islam gezielt verunglimpfen zu wollen. Schließlich gäbe es auch hinreichend positive Beispiele für muslimisches Handeln. Aus diesem Grund handle es sich um eine Form der emotionalen und nicht rationalen Auseinandersetzung.[68] Ferner unterstellt er ihnen, sie seien in marginalisierten, radikalen muslimischen Gruppen, jenseits des religiösen Mainstreams sozialisiert worden, weshalb sie in säkulare Ansätze der Kritik und Skepsis abgedriftet seien. Aus diesem Grund besäßen sie nicht länger die Fähigkeit, das "richtige Wissen" in der Auseinandersetzung mit religiösen Quellen anzuwenden. Da den vorgebrachten Argumenten die rationale Basis fehle, könnten diese auch nicht die wahren Gründe für die Abkehr vom Islam sein. Auch weil andere, bedeutendere Autor*innen mit mehr Wissen und Expertise als die Proband*innen die These von der Menschgemachtheit

66 Ünal, "Vazgeçenlere Dair Din Sosyolojik bir Bakış", S. 38.
67 Ünal, "Vazgeçenlere Dair Din Sosyolojik bir Bakış", S. 18.
68 Vgl. Yağmur, "Aydınlanma Mı Yoksa Meşrulaştırma Mı?", S. 84f.

des Korans längst verworfen hätten.[69] Yağmur beendet seinen Beitrag mit längeren Ausführungen über die Authentizität des Korans und dem (gesellschaftlichen) Wert religiöser Narrative.[70]

Auch Bekir Zakir Çoban bezeichnet die Reaktionen der Befragten als "absolut emotional" und nur schwer nachvollziehbar.[71] Er meint behaupten zu können, die Proband*innen hätten schon im Vorfeld ein problematisches Verhältnis zur Religion gepflegt; ihre (religiöse) Bildung sei nur oberflächlich; und sie würden lediglich altbekannte anti-islamische Propaganda imitieren.[72] Hier konstruiert er eine Verbindung zum Positivismus des französischen Philosophen Auguste Comte (1798–1857) und einem frühen Werk des kontrovers diskutierten Politikwissenschaftlers Gilles Kepel (geb. 1955), ohne hierfür allerdings konkrete Referenzen aus den Interviews als Belege anzuführen.[73] Die Herstellung dieses Bedeutungszusammenhangs wirkt wie der Versuch des Autors, die Studie im Diskurs um eine Kritik der modernen Wissenschaften zu verorten, die den Anspruch erhebt, Erkenntnisse ausschließlich auf empirische Beweise und überprüfbare Daten zu stützen – entsprechend der positivistischen Wissenschaftsphilosophie Comtes.

Ferner kritisiert Çoban das Verhalten der Befragten als "absolut unethisch" in dem Sinne, dass sie ihren Glaubensverlust als Vertreter*innen des religiösen Bildungssystems nicht öffentlich machen.[74] Probleme zu benennen, sei legitim; es sei aber falsch, den Kampf mit der Religion zu suchen. Hieraus könne nur Schlechtes entstehen. Die Sinnsuche jenseits der Religion – in indischen Lehren, Schamanismus und Mystizismus – sei ein weitverbreiteter "Unsinn", der Kritik an religiösen Institutionen forciere und entsprechend abzulehnen sei.[75]

Die positivistische Wissenschaftsphilosophie von Comte als Endgegner des Religiösen findet sich auch in der Kritik der einzigen am vorliegenden Sammelband beteiligten Theologin, Aynur Çınar, wieder. Çınar behauptet, die Menschheit habe aus dem Bruch mit dem Metaphysischen ein Trauma davongetragen, welches sich in einem "metaphysischen Hunger" nach Fantasy Romanen wie *Herr der Ringe* oder *Harry Potter* widerspiegle. Die Negie-

69 Yağmur, "Aydınlanma Mı Yoksa Meşrulaştırma Mı?", S. 93.
70 Yağmur, "Aydınlanma Mı Yoksa Meşrulaştırma Mı?", S. 94–100.
71 Çoban, "Taklidi İman Versus Hakiki İnkar (Mı)?", S. 149, 159.
72 Çoban, "Taklidi İman Versus Hakiki İnkar (Mı)?", S. 159.
73 Çoban, "Taklidi İman Versus Hakiki İnkar (Mı)?", S. 159.
74 Çoban, "Taklidi İman Versus Hakiki İnkar (Mı)?", S. 152.
75 Çoban, "Taklidi İman Versus Hakiki İnkar (Mı)?", S. 161.

rung des Metaphysischen, so ihre implizite Behauptung, widerspreche dem Wesen des Menschen.[76]

Die Hauptursache für die Existenz von Atheist*innen, Deist*innen und Agnostiker*innen in der türkischen Gesellschaft sieht sie allerdings nicht im Positivismus, sondern in der Rigidität der islamischen Tradition. Jedes Zeitalter habe eigene Probleme, die von Seiten der Theologie adressiert werden müssen. Die Tradition würde von theologischer Seite aber häufig als nicht diskutier- und unverhandelbar dargestellt, was die Menschen zu Zweifeln an der Religion und religiösen Institutionen veranlasse. Entsprechend fordert sie mehr Flexibilität im Sinne einer zeitgemäßen islamischen Theologie.[77]

Hasan Ocak schlägt in seinem Beitrag in eine ähnliche Kerbe, indem er auf die Kluft zwischen "epistemischer Moderne" und muslimischer Identität verweist, die es zu überbrücken gelte.[78] Bayramali Nazıroğlu hingegen sieht die Ursachen für den zu beobachtenden rasanten Säkularisierungsprozess in muslimischen Gesellschaften und die Erosion religiöser Werte nicht in der Theologie, sondern in den Einflüssen einer postmodernen Konsumgesellschaft und dem Scheitern einer auf religiösen Prinzipien basierenden Lebensweise.[79]

Fazit

Die Mehrheit der Autor*innen des Sammelbandes tritt dem subjektiven Erleben der Entfremdung, wie es von zahlreichen Befragten geschildert wird, mit Argumenten gegenüber, die offenbar eine Diskreditierung derselben zum Ziel haben. Ihre Kritik am Islam sei emotional nicht rational, inkonsistent und beleidigend und entbehre dem notwendigen religiösen Wissen. Ihr Verhalten sei darüber hinaus unethisch, selbstsüchtig und verantwortungslos, eine Imitation überkommener Weltanschauungen. Die Reaktion ähnelt in weiten Strecken einer Apologetik, die den subjektiven Entfremdungsprozess der beteiligten Personen verkennt. Es ist kaum anzunehmen, dass abstrakte Argumente über die Notwendigkeit eines strafenden Gottes Personen zur Rückkehr in den Schoß der Religion bewegen dürfte; schon allein,

76 Çoban, "Taklidi İman Versus Hakiki İnkar (Mı)?", S. 163.

77 Vgl. Çoban, "Taklidi İman Versus Hakiki İnkar (Mı)?", S. 167, 188.

78 Ocak, "Dip Dalga'nın Tetikleyicisi Olarak Modern Dünyada Geleneksel İsalm", S. 274f.

79 Nazıroğlu, "İlahiyatı Anlamak", S. 345f.

weil sich die postulierte Selbstsucht und Verantwortungslosigkeit nicht im persönlichen Erfahren der Befragten widerspiegeln dürfte. Derartige Argumente mögen lediglich zu einer weiteren Entfremdung der betroffenen Personen führen und sie in ihrer Abkehr bestätigen.

Argumentativ endet die Diskussion in einer Sackgasse. Teile der Debatte wirken wie das ewige "Nein!"– "Doch!" zwischen Ungläubigen und Gläubigen, die sich gegenseitig von der Richtigkeit ihrer Position zu überzeugen suchen. Ebenso wie der Gläubige den Beweis für die Existenz Gottes und die Authentizität der Offenbarung wird schuldig bleiben müssen, wird der Nichtgläubige den Gläubigen nicht vom Gegenteil überzeugen können. Es ist müßig, über die vermeintliche Unfähigkeit des Religionslosen zu moralischem Handeln oder dessen Selbstsucht zu diskutieren. Das Streben nach Glück und Moral im Sinne einer besseren Gesellschaft ist religiösen und nichtreligiösen Menschen zweifellos gleichermaßen inhärent. Vielleicht mit dem Unterschied, dass sich das Streben nach Glück für den nichtreligiösen Menschen ausschließlich auf das "Diesseits" konzentriert und die Frage nach Moral und einer besseren Gesellschaft unterschiedlich beantwortet wird.

Wesentlich wichtiger scheint deshalb ein anderes tieferliegendes Problem, das der Studie implizit ist: Die Frage nach konkurrierenden Konzepten von Gerechtigkeit und die Auseinandersetzung darüber, wie eine gerechte Gesellschaft aussehen soll. Der subjektive Entfremdungsprozess, wie er in zahlreichen Interviews geschildert wird, entzündet sich häufig an einem subjektiven Empfinden der Ungerechtigkeit – sei dies nun bezogen auf die Instrumentalisierung des Religiösen für persönliche Zwecke, die fehlende Gleichstellung von Mann und Frau in der Gesellschaft oder den Umgang mit Andersdenkenden im Koran (und im gelebten Alltag). Manche aus der Tradition abgeleitete Vorstellungen von Gerechtigkeit scheinen nicht länger mit dem Gerechtigkeitsempfinden vieler Menschen in Einklang zu stehen. Geben sich beispielsweise (gläubige) Menschen in der heutigen Gesellschaft nach wie vor mit Konzepten wie Geschlechtergerechtigkeit im Sinne einer Gleichwertigkeit der Geschlechter vor Gott und einer Komplementarität von Mann und Frau zufrieden oder wird dies in einer Gesellschaft, die mit anderen sozialen, ökonomischen und politischen Gegebenheiten und Herausforderungen als zur Zeit der Propheten konfrontiert ist, problematisch?

Im Vordergrund der Studie steht meines Erachtens nicht der Glaubensverlust des Individuums, sondern der individuell erlebte Entfremdungsprozess, der vielleicht nicht zu einem vollständigen Glaubensverlust führen mag, aber die Abkehr von religiösen Institutionen und ihrer Autorität bewirkt. Die Forderung von Aynur Çınar nach mehr Flexibilität in der Tradition und einer kontextuellen Interpretation religiöser Schriften scheint die eigentliche Herausforderung, nicht die vermeintliche Gefahr vor Atheismus oder Deismus.

Die Frage nach Gerechtigkeit könnte auch im Zusammenhang mit einer weiteren Auffälligkeit in der Reaktion islamischer Theolog*innen diskutiert werden. Die Mehrheit der Proband*innen teilt ihre Abkehr vom islamischen Glauben nur mit ihrem engsten sozialen Umfeld. Die Furcht vor ernstzunehmenden Konsequenzen im Falle einer Bloßstellung nimmt innerhalb des Interviewmaterials einen hohen Stellenwert ein. In der Reaktion islamischer Theolog*innen findet dieser Teil der Studie keine Erwähnung. Wohl wird die Anerkennung der positiven und negativen Religionsfreiheit aus islamischer Sicht vereinzelt betont, eine kritische Auseinandersetzung mit der erlebten Diskriminierung und Stigmatisierung religionsloser Personen findet allerdings nicht statt. Die Frage des Umgangs mit religionslosen Personen wird nicht diskutiert. Vielleicht weil dem Phänomen die Bedeutung abgesprochen wird, vielleicht weil die Frage nach dem Umgang mit Apostasie schwierige Diskussionen nach sich ziehen könnte.

Angesichts der Tatsache, dass es sich bei den Autor*innen des Sammelbandes um islamische Theolog*innen handelt, verwundert es, warum niemand eine Einschätzung zum Phänomen der Religionsmüdigkeit im eigenen disziplinären oder sozialen Umfeld abgibt. Spiegeln sich die Ergebnisse aus *Dip Dalga* hier wider? Handelt es sich tatsächlich um eine soziale Bewegung, die so tief im Verborgenen existiert, dass sie nur den an der Studie beteiligten Wissenschaftler*innen auffällt, nicht aber den Theolog*innen im unmittelbaren Umfeld? Oder sind die Studie und die postulierte Religionsmüdigkeit unter ehemals frommen Muslim*innen und Angehörigen des religiösen Bildungssystems lediglich ein Konstrukt der Forschenden? Vor dem Hintergrund der Debatte um Religionsmüdigkeit in der türkischen Gesellschaft (siehe oben) und eigenen zwischen 2017 und 2019 geführten Interviews mit Atheist*innen, die einem fromm konservativen Umfeld (inkl. junger Theologen) entstammen,[80] wirkt die Studie valide, allerdings muss abschließend noch die Frage nach ihrer Relevanz geklärt werden.

Die qualitative Methode der Datenerhebung in Form eines standardisierten Fragebogens mit offenen Fragen sowie gewisse methodische Schwächen, die sich teilweise aus der gesellschaftspolitischen Interviewsituation ergeben (Unmöglichkeit der Bestimmung einer Grundgesamtheit, Anony-

80 Hecker, "İslam'ı Terk Etmek, Ateizmi Tercih Etmek", S. 114–123.

mität und Schutz der Proband*innen etc.), lassen es nicht zu, aus dem erhobenen Material repräsentative, für die Gesellschaft der Türkei allgemeingültige Aussagen abzuleiten. Gesellschaftliche Relevanz besitzt die Studie dennoch. Sie ist Beweis für die Existenz nichtreligiöser Weltanschauungen unter Vertreter*innen des religiösen Bildungssystems sowie Menschen, die einem fromm konservativen Umfeld entstammen. Auf Basis des erhobenen Materials lassen sich Rückschlüsse auf die Ursachen und Konsequenzen individueller Entfremdungsprozesse sowie das Lebensumfeld der Befragten ziehen. Allerdings muss auch hier klar sein, dass wiederkehrende Muster nicht Repräsentativität bedeuten.

Oft tritt das subjektive Erleben der Befragten nur oberflächlich zu Tage. Wir erfahren nur wenig über die intellektuellen Aushandlungsprozesse, die zu religiösem Zweifel und der finalen Abkehr vom Islam führen. Die Methode des qualitativen Leitfadeninterviews mit der Möglichkeit zu immanenten Nachfragen (ethnographisches Interview, Tiefeninterview) wäre mit Blick auf die Untersuchung der sich abzeichnenden individuellen Entfremdungsprozesse sicherlich sinnvoller gewesen – etwa um tiefgründigere Erklärungen von den Befragten über die philosophischen Werke und Argumente zu gewinnen, die ihren Sinneswandel auslösten, oder zu erfahren, welche konkreten Erlebnisse das subjektive Empfinden moralischen Verfalls prägen.

Auch ohne den Anspruch auf Repräsentativität stellen die Ergebnisse der Studie die bisherigen Annahmen über die Verbreitung von Atheismus und Religionslosigkeit in der türkischen Gesellschaft grundlegend in Frage. Das Phänomen der Religionsmüdigkeit war bis dahin lediglich jungen, psychisch labilen, religiös ungebildeten und von sozialen Medien beeinflussten Menschen zugeschrieben worden, nicht aber Personen im Erwachsenenalter mit einem hohen Maß an religiöser Bildung, die darüber hinaus über eine berufliche Karriere, feste soziale Bindungen und eine fromm konservative Sozialisation verfügen. Die Tatsache, dass viele der Befragten ihre Abkehr mit einer geistigen Auseinandersetzung mit den religiösen Quellen des Islam begründen, erschüttert ebenfalls die Grundfesten bisheriger Argumentationsmuster, die Kritik am Islam mit mangelndem religiösem Wissen, der fehlerhaften Auslegung religiöser Quellen oder gelebtem "Aberglauben" gleichsetzten.

Im Anschluss an die Evaluation der Interviews[81] formuliert die Studie mehrere zentrale Ergebnisse:[82] Religionsverlust ist ein Phänomen, dass nicht nur unter jungen Menschen, sondern in allen Altersgruppen beobachtet werden kann. Auch Personen mit einem hohen Maß an religiöser Bildung und einer religiösen Erziehung verlassen den Islam, meist nach einem langen Prozess innerer Aushandlung. Beide Ergebnisse lassen sich auf Basis der in *Dip Dalga* abgedruckten Interviews verifizieren. Auf Basis der Interviews nicht verifizieren lassen sich andere von Tayfur formulierte Behauptungen, wonach sich der Islam in der Türkei, wie auch in anderen Gesellschaften, in der Krise befinde und die Studie ein Indiz für einen um sich greifenden Prozess zunehmender Religionslosigkeit sei.

Literatur

Altıntaş Hayrani. “Dehriyye”. In: TDV İslam Araştırmaları Merkezi (İSAM) (Hg.). *İslam Ansiklopedisi*, Vol. 9 (1994), S. 107–109.

Arık, Emin. *Deizm ve Ateizm Çıkmazı. İnançsızlıktan İnanca.* Istanbul: Hayykitap, 2019.

Artuk, Mehmet Emin und Mehmet Emin Alşahin. “Dini Değerleri Aşağılama Suçu (TCK m. 216/3)”. In: *Marmara* Üniversitesi *Hukuk Fakültesi Hukuk Araştırmaları Dergisi* 20/1 (2014), S. 989–1012.

Aydınlı, Osman et al. (Hg.). *21. Yüzyılda Gençlik ve İnanç Eğilimleri.* Bd. 1. Ankara: İlahiyat Yayıncılık, 2022.

—. *21. Yüzyılda Gençlik ve İnanç Eğilimleri.* Bd. 2. Ankara: İlahiyat Yayın, 2022.

Azak, Umut. “Secularism and Atheism in the Turkish Public Sphere”. In: *Turkish Policy Quarterly* 16/4 (2018), S. 57–73.

Baloğlu, Adnan Bülent. “Sanal Dünyanın Seyyar Ateistleri”. In: *Diyanet Aylık Dergi* 320 (2017), S. 19–22.

BBC News Türkçe. “Başörtüsünü Çıkaranlar Anlatıyor: Neden Bu Kararı Alıyorlar, Neler Yaşıyorlar?”. 4.1. (2019), https://www.youtube.com/watch?v=lzctHZ3GwjA .

Bilgin, Vejdi. “Tanrı Karşısında İnsan”. In: Fatih Toktaş (Hg.). *Dip Dalga’nın Boyu.* Ankara: Ankara Okulu Yayınlari, 2023, S. 29–44.

Böhürler, Ayşe. “Din Yorgunu Gençler”. In: *Yeni Şafak.* 30.9. (2017).

[81] Tayfur, *Dip Dalga*, S. 135–155.
[82] Tayfur, *Dip Dalga*, S. 157–160.

Çavdar, Ayşe. “Never Walk Alone: The Politics of Unveiling in ‘New Turkey’”. In: Pierre Hecker, Ivo Furman und Kaya Akyıldız (Hg.). *The Politics of Culture in Contemporary Turkey*. Edinburgh: Edinburgh University Press, 2021, S. 172–190.

—. und Volkan Ertit (Hg.). *Dinin Geleceği*. Sonderheft, *Pasajlar. Sosyal Bilimler Ergisi* 3/8 (2021).

Cengiz, Kurtuluş, Önder Küçükural und Hande Gür. *Türkiye’de Spiritüel Arayışlar. Deizm, Yoga, Budizm, Meditasyon, Reiki vb*. Istanbul: İletişim Yayınları, 2021.

Çınar, Aynur. “Modernizmin ÇaprazSorgusunda. İslam Geleneğinin İmtihanı”. In: Fatih Toktaş (Hg.). *Dip Dalga’nın Boyu.* Ankara: Ankara Okulu Yayınlari, 2023, S. 163–192.

Çoban, Bekir Zakir. “Taklidi İman Versus Hakiki İnkar (Mı)?”. In: Fatih Toktaş (Hg.). *Dip Dalga’nın Boyu.* Ankara: Ankara Okulu Yayınlari, 2023, S. 149–162.

Coşkun, İbrahim. *Ateizm ve İslam. Kelami Açıdan Modern* Çağ *Ateizminin Elestirisi.* Ankara: Ankara Okulu Yayınları, 2011.

—. “Modern Çağ Deizminin Nedenleri ve Sonuçları”. In: Vecihi Sönmez, Burhaneddin Kıyıcı und Metin Yıldız (Hg.). *Din Karşıtı Çağdaş Akımlar ve Deism.* Van: Ensar Neşriyat, 2017, S. 41–70.

Crone, Patricia. “Dahrīs”. In: Kate Fleet, Gudrun Krämer, Denis Matringe, John Nawas und Devin J. Stewart (Hg.). *Encyclopaedia of Islam Three Online*, 2012.

Diyanet İşleri Başkanlığı. *Türkiye’de Dini Hayat Araştırması.* Ankara: Diyanet İşleri Başkanlığı Yayınları, 2014.

—. “Deizm, Ateizm ve Nihilizm Kıskacında İnsanlık”. In: *Diyanet Aylık Dergi* 320 (2017). Ankara: Dini Yayınlar Genel Müdürlüğü.

Dorman, Emre. “Modern Çağda Deizmin Popülerleşmesi ve Sebepleri”. In: *Diyanet Aylık Dergi* 320 (2017), S. 14–18.

Düzgün, Şaban Ali. “Deizm: Öncü İsimler ve Temel Doktrin”. In: *Diyanet Aylık Dergi* 320 (2017), S. 6–9.

Duman, Mehmet Zeki und Bengül Güngörmez Akosman. *Gençlerde Din ve Dindarlık. Z Kişağı Örneği.* Ankara: Nobel Akademik Yayıncılık, 2022.

Ekmek ve Gül. “#10yearchallenge: Başörtüsünü Çıkaran Kadınlar…”. 24.1 (2019) https://www.youtube.com/watch?v=mZ7LdAu4HAI.

Fazlıoğlu, İhsan. “Şeylerin Arasında Yaşamak Hayatın Anlamı Üzerine Dairevi Akıl Yürütmenin İmkanı Var Mı”? Vortrag. Istanbul: TEKDER, 25.2 (2018).

—. “AmenTU diyecek bir fert yetiştirmek”. Vortrag: *Eğitime Adanmış Hayatlar*. Istanbul: IMH, 16.3 (2018).

Genç, Cafer. “Eğitim felsefesi açısından deizmin imkanının tartışılması”. In: Vecihi Sönmez, Burhaneddin Kıyıcı und Metin Yıldız (Hg.). *Din Karşıtı Çağdaş Akımlar ve Deism*. Van: Ensar Neşriyat, 2017, S. 71–92.

Hecker, Pierre. “Islam’ı Terk Etmek, Ateizmi Tercih Etmek”. In: *Pasajlar. Sosyal Bilimler Dergisi* 8 (2021), S. 101–127.

—. “Satan, Sex, and an Islamist Zombie Apocalypse. Religion-sceptical Publicity and Blasphemy in Turkish Cartoons and Comic Books”. In: Jacob Copeman und Mascha Schulz (Hg.). *Global Sceptical Publics. From Non-religious Print Media to ‘Digital Atheism’*. London: UCL Press, 2022, S. 193–218.

—. “Did Political Islam Fail? The Discursive Construction of Atheism and Nonreligion in Turkey”. In: Jack David Eller und Nathalie Khazaal (Hg.). *Nonbelievers, Apostates, and Atheists in the Muslim World*. London, New York: Routledge, 2024, S. 246–266.

KONDA. *Hayat Tarzları Araştırması 2008–2018*, https://interaktif.konda.com.tr/tr/HayatTarzlari2018/.

Kütük Kuriş, Merve. “Moral Ambivalence, Religious Doubt and Non-Belief among Ex-Hijabi Women in Turkey”. In: *Religions* 12/1 (2021), S. 1–23.

Kurt, Fatih (Hg.). *Güncel İnanç Problemleri. Deizm, Ateizm, Agnostisizm ve Nihilizm*. Ankara: Dini Yayınlar Genel Müdürlüğü, 2020.

MAK Danışmanlık. *Türkiye’de Toplumun Dine ve Dini Değerlere Bakışı*. 2017, https://makdanismanlik.org/.

Memiş, Murat. “Kötülük, İnsan ve Tanrı”. In: Fatih Toktaş (Hg.). *Dip Dalga’nın Boyu*. Ankara: Ankara Okulu Yayınlari, 2023, S. 45–62.

Miraç Yaman, Ömer. 2017. “Gençlerdeki Din Yorgunluğundan Biz Sorumluyuz”. Interview von Salih Yüzgenç. In: *Genç Dergisi* 134 (2017), https://gencdergisi.com/12077-genclerdeki-din-yorgunlugundan-biz-sorumluyuz.html.

Nazıroğlu, Bayramali.“İlahiyatı Anlamak”. In: Fatih Toktaş (Hg.). *Dip Dalga’nın Boyu*. Ankara: Ankara Okulu Yayınlari, 2023, S. 327–348.

Nişancı, Zübeyir. *Sayılarla Türkiye’de* İnanç *ve Dindarlık*. Istanbul: Maha Yayıncılık, 2023.

Seinç, Kenan. *İnançsızlık Psikolojisi*. Istanbul: Çamlıca Yayınları, 2017.

Ocak, Hasan.“Dip Dalga’nın Tetikleyicisi Olarak Modern Dünyada Geleneksel İsalm”. In: Fatih Toktaş (Hg.). *Dip Dalga’nın Boyu*. Ankara: Ankara Okulu Yayınlari, 2023, S. 273–290.

Şirin, Tolga. “Freedom from Religion in Turkey”. In: Özgür Heval Çınar und Mine Yıldırım (Hg.). *Freedom of Religion and Belief in Turkey*. Newcastle upon Tyne: Cambridge Scholars Publishing, 2014, S. 59–88.

Sönmez, Vecihi, Burhaneddin Kıyıcı, und Metin Yıldız (Hg.). *Din Karşıtı Çağdaş Akımlar ve Deism*. Van: Ensar Neşriyat, 2017.

—. “Nübüvvete Yapılan İtirazlar Bağlamında İbnü’r-Râvendi ve Nübüvveti İnkar Düşüncesi”. In: Vecihi Sönmez, Burhaneddin Kıyıcı und Metin Yıldız (Hg.). *Din Karşıtı Çağdaş Akımlar ve Deism*. Van: Ensar Neşriyat, 2017, S. 271–296.

Sol TV. “#10YearsChallenge Kadınları Anlatıyor: İçimdeki Benle Gördüğüm Ben Bir Değildi”. 30.1 (2019), https://www.youtube.com/watch?v=Qkn24foXvZc.

Subaşı, Necdet. 2016. “Din Yorgunluğu ya da Gündülük Popüler Kültürün Tükettiği ‘İslami’ Yorumlar”. Vortrag: *‘Gelenek ve Modernite Arasında İslâmî Yorumlar’ Tartışmalı İlmî Toplantı*, Konya, 6. bis 7. Mai (2016).

T24. “Optimar’dan Din-İnanç Anketi: Yüzde 89 Allah’ın Varlığına ve Birliğine İnanıyor”. 15.5. (2019), https://t24.com.tr/haber/optimar-dan-din-inanc-anketi-yuzde-89-allah-in-varligina-ve-birligine-inani-yor,821459.

Tayfur, Hamdi. “Eski İslamcılar Yeni Dinsizler Araştırması”. In: *Bilim ve Gelecek* 215 (2022), S. 4–13.

Tayfur, Hamdi (Hg.). *Dip Dalga. Eski Müslümanlar/Yeni Deistler/Ateistler/Agnostikler…* Ankara: Ankara Okulu Yayınları, 2022.

Toktaş, Fatih (Hg.). *Dip Dalga’nın Boyu*. Ankara: Ankara Okulu Yayınlari, 2023.

Toprak, Binnaz et al. *Being Different in Turkey. Religion, Conservatism and Otherization*. Istanbul: Boğazici Üniversitesi, 2009.

Ünal, Mehmet Süheyl. “Vazgeçenlere Dair Din Sosyolojik bir Bakış”. In: Fatih Toktaş (Hg.). *Dip Dalga’nın Boyu*. Ankara: Ankara Okulu Yayınlari, 2023, S. 9–28.

Yağmur, Oğuzhan Ş. “Aydınlanma Mı Yoksa Meşrulaştırma Mı?”. In: Fatih Toktaş (Hg.). *Dip Dalga’nın Boyu*. Ankara: Ankara Okulu Yayınlari, 2023, S. 63–104.

Yumul, Arus und Ezgi Kan. *Yazılı Basında Gavur Söylemi*. Istanbul: Hrant Dink Vakfı, 2017.

Ein *maqāṣid*-basierter Ansatz für den Umgang mit sterbenden Menschen

*Hadil Lababidi**

Einleitung

In der islamisch geprägten Bio- und Medizinethik sind Forschungen aus den Bereichen der Naturwissenschaften, der Medizin und der Islamwissenschaften oft eng miteinander verbunden. Diese Verbindungslinien spiegeln sich gewöhnlich in der Diskursfähigkeit der Beteiligten dieser Disziplinen wider, wie die folgende Begriffsdefinition von Padela deutlich macht:

> "*Islamic bioethics* is a discourse that uses the Islamic tradition to address moral questions and ethical issues arising out of the biomedical sciences and allied health practice."[1]

Es handelt sich in der islamisch geprägten Bio- und Medizinethik demnach um einen Diskurs zwischen der muslimischen Ärzteschaft, islamischen Rechts- und Religionsgelehrten (*ʿulamāʾ*, Sg. *ʿālim*), anderen Wissenschaftler:innen aus dem Gesundheitssektor und den Naturwissenschaften, die weitere fachspezifische Informationen liefern, und Akademiker:innen aus der Religionswissenschaft, die verschiedene methodische Analyseinstrumente verwenden.[2] Inhaltlich konzentrierte sich die akademische Debatte zur islamischen Bioethik zunächst vor allem auf die primären Textaussagen im Koran und in der Sunna, ihre Auslegung durch muslimische Rechts- und Religionsgelehrte und ihre Umsetzung in die Gesetzgebung der arabischen Staaten, der Türkei und Südostasiens.

Seit dem ausgehenden 20. Jahrhundert entwickelten Rechts- und Religionsgelehrte, (Bio-)Ethiker sowie auch einige Ärztinnen und Ärzte unterschiedliche Ansätze zur Bewertung medizinethischer Fragen und islamisch begründeter Prinzipien für eine Ethik in der (Bio)-Medizin. Anders als oftmals vermutet, erschöpfen sich die Herangehensweisen innerhalb des medi-

* Theologisches Seminar, Universität Zürich.

1 Padela, "An Introduction to Islamic Bioethics", S. 4.

2 Vgl. ibid.

zinethischen Diskurses nicht in denen, die aus dem Feld des *fiqh* bzw. *uṣūl al-fiqh* bekannt sind. Vielmehr ist der Diskurs von einer methodischen Vielfalt geprägt.

Der vorliegende Beitrag soll die Ansätze in der islamisch geprägten Bio- und Medizinethik vorstellen und auf ihre Anwendbarkeit in die Praxis eingehen. Im Folgenden werden die wesentlichen Grundzüge der vorhandenen Ansätze in der islamisch geprägten Bio- und Medizinethik dargestellt. Hier wird insbesondere ein *maqāṣid*-basierter Ansatz als geeignet erachtet und postuliert, dass dieser insbesondere in der Sterbephase einen würdevolleren Umgang mit dem Leben des Sterbenden ermöglicht.

Bisherige Ansätze in der islamisch geprägten Medizinethik

In seinem Beitrag "Deliberations within the Islamic Tradition on Principle-Based Bioethics: An Enduring Task" zeichnet Ghaly die Ansätze innerhalb der zeitgenössischen islamischen Bioethik nach, die er als instrumentalistischen Ansatz ("instrumentalist approach") und als indigenen Ansatz ("indigenous approach") bezeichnet. Dariusch Atighetchi ergänzt mit dem "konkordanzorientierten Ansatz" die Aufstellung der bisherigen Ansätze.

Als ein Beispiel für einen instrumentalistischen Ansatz, dessen Merkmal die selektive Heranziehung der autoritativen Quellen ist, nennt er die Arbeiten des Arztes Gamal Serour.[3] Dieser zieht eines der von Beauchamp und Childress definierten vier Prinzipien in der Medizinethik[4] heran und zitiert selektiv aus dem Koran und der Sunna, jedoch ohne sich auf exegetische Werke und die Kommentare der prophetischen Tradition zu beziehen.[5] Ein weiteres Beispiel für den instrumentalistischen Ansatz findet sich in der Forschung zweier Forscher der Universität Harran, Sahin Aksoy (Medizinische Fakultät) und Abdurrahman Elmali (Theologische Fakultät).[6] Aksoy und Elmali untersuchen die autoritativen Quellen dahingehend, inwiefern

---

3 Vgl. Ghaly, "Deliberations within the Islamic Tradition on Principle-Based Bioethics", S. 3–39.

4 Die Prinzipienethik ist ein etablierter Ansatz in der biomedizinischen Ethik, der auf einer Reihe von Werten beruht, auf die sich die Forschenden in den Gesundheitsberufen in Fällen von Unklarheiten oder Konflikten berufen können. Dazu gehören (1) die Achtung der Autonomie, (2) Wohltätigkeit, (3) Nicht-Schadensprinzip und (4) Gerechtigkeit, siehe Beauchamp und Childress, *Principles of Biomedical Ethics*.

5 Vgl. Ghaly, "Deliberations within the Islamic Tradition on Principle-Based Bioethics", S. 7–8.

6 Vgl. Aksoy und Elmali, "The Core Concepts of the Four Principles of Bioethics as Found in Islamic Tradition", S. 211–224.

sich die vier Grundsätze in den islamischen Überlieferungen vorfinden. Auch hier werden die herangezogenen Passagen eher oberflächlich einbezogen.[7]

Dagegen ziehen die Vertreter des "indigenen Ansatzes", wie Abdul Sattar Abu Ghuddah, sowohl die islamischen Textquellen als auch die exegetischen Werke heran, um sich ein umfassenderes Bild von einer medizinethischen Fragestellung zu machen. Abu Ghuddah sieht es als Herausforderung für die Ärzteschaft an, dass von ihnen keine tiefgreifenden Kenntnisse der islamischen Tradition in diesem Bereich erwartet werden können und dass allgemeine Erklärungen für Einzelfälle unpraktisch sind. Daher ist ihm zufolge ein prinzipienbasierter Ansatz ratsam, um das medizinische Wissen mit dem islamischen religionsethischen System in Einklang zu bringen, ohne die Ärzteschaft mit der Fülle an islamethischen Auseinandersetzungen zu einer Thematik zu überfordern. Abu Ghuddah schlägt eine vorläufige Liste von 23 Prinzipien vor, die er in fünf Kategorien unterteilt:[8]

> "i) the concept of benefit or interest (*maṣlaḥa*) which included two principles; ii) avoiding harms and removing them, which included eight principles; iii) removing hardship and considering the cases of necessity, which included eight principles; iv) the right of the other and the necessity of obtaining consent, which included three principles; and v) cooperation, usefulness, and altruism, which included two principles."[9]

Die muslimische Ärzteschaft soll sich somit in ihrem Handeln an dem Allgemeinwohl, der Schadensvermeidung, der Vermeidung von schweren (physischen und mentalen) Belastungen, dem Recht auf Einwilligung und der Nützlichkeit orientieren und von Altruismus geleitet werden. In seinem Ansatz verschmelzen erstmals rechtliche Prinzipien mit ethischen Werten zu einem praktisch orientierten Grundstein für die Auseinandersetzung mit einer medizinethischen Fragestellung. Mohammed Ghaly begrüßt diese Herangehensweise und stellt fest:

---

7 Vgl. Ghaly, "Deliberations within the Islamic Tradition on Principle-Based Bioethics", S. 14.

8 Vgl. Ghaly, "Deliberations within the Islamic Tradition on Principle-Based Bioethics", S. 28–29.

9 Ghaly, "Deliberations within the Islamic Tradition on Principle-Based Bioethics", S. 29.

> "The pioneering study of Abu Ghuddah did open important windows for thinking about how to develop a principle-based bioethics rooted in the Islamic tradition."[10]

Obwohl medizintechnische Fragestellungen in den autoritativen Quellen nicht diskutiert wurden, können die von Abu Ghuddah aufgelisteten islamischen Prinzipien flexibel für diese neuen Herausforderungen angewandt werden. Denn im Laufe der Zeit können sich die Bedürfnisse einer Gemeinschaft ändern und andere Prioritäten gesetzt werden, und die Grundsätze können je nach Bedarf angewandt werden.

Die Besonderheit des "konkordanzorientierten Ansatzes" ist nach Atighetchi, dass sich seine Vertreter darum bemühen, religiöse Aussagen aus maßgeblichen Quellen des Islam mit wissenschaftlichen Erkenntnissen in Einklang zu bringen.[11] Der Religionsgelehrte Muḥammad al-Muḫtār as-Salāmī (gest. 2019) zum Beispiel versucht, die koranische Embryonalgenese (Q 23:12-14)[12] an den Erkenntnissen der Naturwissenschaften anzupassen.[13] So folgert er, dass die Beseelung am 120. Tag stattfinde. Dies ließe sich nach Hamza Yusuf (geb. 1958) auch mit den koranischen Grundsätzen vereinbaren, da die diesbezüglichen Passagen im Koran spekulative (*ẓannī*) Aussagekraft haben.[14]

Die Herangehensweise der Autorenschaft der drei dargestellten Ansätze unterscheidet sich vorwiegend darin, welche islamischen Quellen, in welchem Umfang herangezogen und ob andere Bereiche islamischer Wissenschaften beachtet werden. Der instrumentalistische Ansatz neigt dazu, subjektiv zu sein, weil deren Vertreter selektiv vorgehen. Dagegen kann der indigene Ansatz mehr Objektivität beanspruchen, da möglichst viele Quellen und Texte berücksichtigt werden. Problematisch ist jedoch dabei, dass die abgeleiteten Prinzipien häufig zu abstrakt sind und unterschiedlich ausgelegt werden können, was in der Praxis zu Widersprüchen führen kann. Der konkordanzorientierte Ansatz reagiert auf wissenschaftliche Erkennt-

---

10 Ghaly, "Deliberations within the Islamic Tradition on Principle-Based Bioethics", S. 29.

11 Vgl. Atighetchi, *Islamic Bioethics*, S. 345.

12 Die Koranverse 23:12–14 werden für die islamische Embryologie zugrunde gelegt, in denen die Stufen der Entwicklung benannt werden: von einem Samentropfen (*nuṭfa*) zu einem Blutklumpen (*ʿalaqa*) und dann zu einer embryonalen Masse (*muḍġa*), die daraufhin mit Knochen bekleidet wird und später wiederum mit Fleisch umkleidet wird.

13 Vgl. Eich, *Islam und Bioethik*, S. 29.

14 Vgl. Anam, "Zur Positionalität von Islam, Recht und Ethik in der Pränataldiagnostik", S. 191.

nisse und legt diese für die Auslegung der Textquellen zu Grunde. Diese Vorgehensweise kann für Aussagen, für die es unterschiedliche Interpretationen gibt, förderlich sein, jedoch ist sie für neue Fälle, die in den autoritativen Texten keine Erwähnung finden, ungeeignet.

Um die Schwächen der dargestellten Herangehensweisen zu überwinden, schlägt Ghaly einen hybriden Ansatz vor. Einerseits soll die prinzipienbasierte Bioethik breiter diskutiert und auf andere Beiträge als die von Beauchamp und Childress verwiesen werden, und andererseits soll eine islamisch begründete Medizinethik auch andere Bereiche der islamischen Ethik einbeziehen, wie z. B. das Genre der *adab aṭ-ṭabīb* (Ethik des Arztes).[15] Hieran müsste die Forderung nach mehr Einbezug von weiblichen Autoritäten im bioethischen Diskurs anknüpfen. Ingrid Mattson erklärt diese Marginalisierung mit der männlichen Dominanz in der Rechtstradition, obwohl Frauen in vielen anderen Bereichen in den islamischen Wissenschaften aktiv waren.[16] Einerseits kann der feministische Ansatz als eigenständiger Ansatz, andererseits als Teil der *maqāṣid*-basierten Modelle betrachtet werden, die im folgenden Abschnitt skizziert werden.

Ein *maqāṣid*-basierter Ansatz für medizinethische Entscheidungen in der Sterbephase

In der heutigen Zeit sind *maqāṣid*-basierte Modelle insofern geeignet, als dass sie aufgrund ihrer Flexibilität auf neue Herausforderungen besser als *fiqh*-basierte Ansätze angewandt werden können. Dementsprechend gewinnt diese Vorgehensweise gemäß den muslimischen Theologen Serdar Kurnaz und Jameleddine Ben Abdeljelil angesichts medizinischer und medizintechnischer Veränderungen aber auch in der Technologie allgemein und im islamischen Recht in der heutigen Zeit immer mehr an Beliebtheit.[17]

Für eine islamisch geprägte Medizinethik ist eine Orientierung an den Maximen der Scharia (*maqāṣid aš-šarīʿa*) maßgeblich, um die Ziele der Medizin zu verwirklichen. Einer der Ansätze basiert auf den folgenden fünf wesentlichen höheren Zielen (*maqṣid*, Pl. *maqāṣid*) der Scharia: Religion (*dīn*), menschliches Leben (*nafs*), Nachkommenschaft (*nasl*), Eigentum (*māl*) und Intellekt (*ʿaql*) in der vormodernen Literatur, etwa im Werk von

15 Vgl. Ghaly, "Deliberations within the Islamic Tradition on Principle-Based Bioethics", S. 37–38.

16 Vgl. Mattson, "Gender and Sexuality in Islamic Bioethics", S. 60.

17 Vgl. Kurnaz und Ben Abdeljelil, *Maqāṣid aš-šarīʿa*, S. 136f.

Abū Isḥāq aš-Šāṭibī (gest. 1388).[18] Auch in der Medizin sind der Schutz des Lebens, der Nachkommenschaft und des Intellekts schützenswerte Güter.

Die bisherigen Ansätze seien Padela zufolge für die Praxis ungeeignet, weil beispielsweise inhaltliche Auseinandersetzungen, die für eine bioethische Beratung wesentlich sind, weitgehend ungeklärt seien.[19] Auf der Basis von zeitgenössischen Diskursen zur Neuorientierung der islamischen Ethik an den *maqāṣid* rekurriert er auf bereits vorhandene *maqāṣid*-Modelle der Gegenwart und spezifiziert sie auf medizinethische Fragestellungen. Er entwirft dabei drei Ansätze, wovon die feldbasierte Neudefinition ("field-based redefinition")[20] im Folgenden skizziert werden soll, um sie auf ethische Herausforderungen am Lebensende anzuwenden. Bei der feldbasierten Neudefinition dienen die *maqāṣid* als Prinzipien auf einer Metaebene und zielen darauf ab, Gesundheit als das höchste menschliche Interesse zu postulieren. Zum Beispiel wird das Ziel der Scharia, den Intellekt zu schützen, als Bewahrung der psychischen Gesundheit neu formuliert. Auf diese Weise formt er die *maqāṣid* in hierarchische ethische Grundsätze im Dienste der Gesundheit um.[21]

Tendenziell setzen moderne Gelehrte den Erhalt der Gesundheit mit dem Erhalt des Lebens implizit gleich. Doch in aussichtslosen Fällen kann das Leben nicht mehr gerettet werden. Deshalb muss die Sicherung des Wohlbefindens als das höchste Gut erachtet werden, worunter psychische und physische Gesundheit als auch Lebensqualität verstanden wird. In der Sterbephase kann dementsprechend einerseits der Verzicht oder Abbruch von aussichtslosen Maßnahmen und andererseits die Schmerzlinderung gerechtfertigt werden. Es besteht folglich kein Widerspruch zwischen der schariatrechtlichen Maxime des Lebensschutzes und dem Sterbenlassen. Die Pflicht der Inanspruchnahme von lebenserhaltenden Maßnahmen gilt lediglich in Situationen, bei denen von einer Lebensrettung durch therapeutische Verfahren oder medizinische Heilmittel sicher ausgegangen werden kann. Ist die Therapie aussichtslos, darf auf lebenserhaltende Maßnahmen

18 Vgl. Padela, "An Introduction to Islamic Bioethics", S. 77.

19 Vgl. Padela, "An Introduction to Islamic Bioethics", S. 74.

20 Daneben nennt Padela eine konzeptionelle Erweiterung ("conceptual extension") und eine textbasierte Postulierung ("text-based postulation"). Unter der konzeptionellen Erweiterung versteht Padela diejenigen Ansätze, die die menschlichen Interessen neu definieren, indem die Bedürfnisse der heutigen Gesellschaft berücksichtigt werden. Im Gegensatz dazu entwickeln die Vertreter des textbasierten Postulats die *maqāṣid*-Theorie von aš-Šāṭibī weiter, indem sie aufzeigen, wie die Ziele erreicht werden können, siehe Padela, "An Introduction to Islamic Bioethics", S. 82–89.

21 Vgl. Padela, "An Introduction to Islamic Bioethics", S. 79.

verzichtet werden. In diesen Fällen sollte das Sichern des Wohlergehens durch Schadensvermeidung im Vordergrund stehen. Die Schadensvermeidung dient schließlich dem Schutz des Lebens als einem der höchsten Ziele der Scharia, weshalb es gilt, dem Sterbenden Leiden zu nehmen bzw. zu lindern und ihm das Ableben zu erleichtern.

Die Würde des sterbenden Menschen kann durch den Verzicht und die Symptombehandlung in der Sterbephase gewahrt werden. Deshalb sollte das medizinische Personal Betroffene und Angehörige sensibel darüber aufklären, dass zwar keine kurativen Maßnahmen mehr zur Verfügung stehen, jedoch palliative Therapien leidenslindernde Wirkung entfalten und dem Sterbenden ermöglichen, in einem erträglichen Zustand ins Jenseits überzutreten.

Schluss

In diesem Beitrag habe ich postuliert, das Sterben zu würdigen und mittels eines Verzichts für Erleichterung zu sorgen, was aus islamischer Sicht gerechtfertigt werden kann. Häufig wird in den Hintergrund gerückt, weshalb der Mensch überhaupt medizinische Entscheidungen treffen darf. Die Verfügungsgewalt, die Gott dem Menschen über seinen Körper verliehen hat, ist auf eine Lebenserhaltung eingeschränkt, sofern die medizinischen Maßnahmen aussichtsreich sind. In allen anderen Fällen würden Entscheidungen das Leben also nicht mehr retten können, weshalb der Grund für die Verleihung der stellvertretenden Rechte nicht mehr gegeben ist. Folglich entfallen in der Sterbephase die Verfügungsrechte, weswegen von einer überflüssigen Behandlung abzusehen ist.

Schließlich bietet sich in dieser Frage ein *maqāṣid*-basierter Ansatz an, um ein würdevolles Sterben zuzulassen. Auf dieser Grundlage wird beurteilt, wie das Wohlbefinden in der Sterbephase bestmöglich bewirkt werden kann. Der Ansatz verknüpft hierin wissenschaftliche Erkenntnisse mit einer ethischen Ausrichtung. Diesen Ansatz gilt es in medizinethischen Fragen zu verfolgen.

Literatur

Aksoy, Sahin und Abdurrahman Elmali. "The Core Concepts of the Four Principles of Bioethics as Found in Islamic Tradition". In: *Journal of Medicine and Law* 21/2 (2002), S. 211–224.

Anam, Beate. "Zur Positionalität von Islam, Recht und Ethik in der Pränataldiagnostik". In: *Rechtsphilosophie. Zeitschrift für Grundlagen des Rechts* 2 (2023): Special Issue *Islam und Recht,* S. 183–195.

Atighetchi, Dariusch. *Islamic Bioethics. Problems and Perspectives.* Dordrecht: Springer, 2007.

Beauchamp, Tom L. und James F. Childress. *Principles of Biomedical Ethics.* Oxford: Oxford University Press, 2009[6].

Eich, Thomas. *Islam und Bioethik. Eine kritische Analyse der modernen Diskussion im islamischen Recht.* Wiesbaden: Reichert, 2005.

Ghaly, Mohammed. "Deliberations within the Islamic Tradition on Principle-Based Bioethics. An Enduring Task". In: Mohammed Ghaly (Hg.). *Islamic Perspectives on the Principles of Biomedical Ethics. Muslim Religious Scholars and Biomedical Scientists in Face-to-Face Dialogue with Western Bioethicists.* London: World Scientific, 2016, S. 3–39.

Kurnaz, Serdar und Jameleddine Ben Abdeljelil. *Maqāṣid aš-šarīʿa. Die Maximen des islamischen Rechts.* Berlin: EB, 2014.

Mattson, Ingrid. "Gender and Sexuality in Islamic Bioethics". In: Alireza Bagheri und Kalid Alali (Hg.). *Islamic Bioethics. Current Issues and Challenges.* Hackensack: World Scientific, 2018, S. 57–84.

Padela, Aasim I. "An Introduction to Islamic Bioethics" In: Aasim I. Padela (Hg.). *Medicine and Shariah. A Dialogue in Islamic Bioethics.* Notre Dame: University of Notre Dame Press, 2021, S. 1–37.

Rezensionen / Book Reviews

Shoaib Ahmed Malik and Jörg Matthias Determann (Eds.). *Islamic Theology and Extraterrestrial Life. New Frontiers in Science and Religion.* London: IB Tauris, 2024, 256 S., ISBN: 9780755650880 (Hardback), ISBN: 9780755650927 (Paperback).

Die von Shoaib Ahmed Malik und Jörg Matthias Determann herausgegebene Anthologie *Islamic Theology and Extraterrestrial Life* widmet sich einer bislang wenig erschlossenen Fragestellung: der theologischen, ethischen und gesellschaftlichen Implikationen der Existenz außerirdischen Lebens im Kontext des Islam. Dieser interdisziplinäre Sammelband trägt zur aufstrebenden Disziplin der Exotheologie bei – einem Feld, das sich auf die theologischen Implikationen von Leben jenseits der Erde konzentriert, jedoch bisher primär aus christlicher Perspektive betrachtet wurde. Das Thema außerirdisches Leben gewinnt zunehmend an Relevanz, da Fortschritte in der Astrobiologie, Planetenforschung und Raumfahrt die Menschheit näher an die Beantwortung der alten Frage "Sind wir allein im Universum?" bringen. Für religiöse Traditionen wie den Islam bedeutet die Auseinandersetzung mit den Implikationen potenzieller intelligenter außerirdischer Lebewesen (IAL) eine Neubewertung grundlegender Glaubensvorstellungen über Schöpfung, die Einzigartigkeit des Menschen und den göttlichen Zweck. Angesichts prominenter Raumfahrtmissionen wie dem James-Webb-Weltraumteleskop der NASA erkunden Naturwissenschaftler, sowie Theologen und Philosophen gleichermaßen die tiefgreifenden moralischen und theologischen Konsequenzen, die eine solche Entdeckung mit sich bringen würde. In den letzten 30 Jahren wurden über 5000 neue Planeten außerhalb unseres Sonnensystems entdeckt. Die Herausgeber des vorliegenden Bandes heben daher gleich zu Beginn hervor, dass auch muslimische WissenschaftlerInnen sich aktiv an dieser Forschung beteiligen, was schon daraus ersichtlich sei, dass einige dieser neu entdeckten Planeten arabische Namen tragen, wie die zehn "Qatar" benannten Planeten oder "Burçins Galaxie", so benannt nach der türkischen Astrophysikerin Burçin Mutlu-Pakdil (S. 1).

Die Rolle muslimischer Wissenschaftlerinnen und Astronominnen, wie Burçin Mutlu-Pakdil oder Nour Skaf, wird dabei besonders hervorgehoben, die trotz zahlreicher wissenschaftlicher Auszeichnungen und Entdeckungen oft Diskriminierung und Anfeindungen aufgrund ihres Kopftuchs und ihrer religiösen Identität ertragen mussten (S. 3). Doch eben diese Situation mache diese Frauen zu einer Quelle der Inspiration für künftige Generationen muslimischer WissenschaftlerInnen, da sie mit ihrer Arbeit demonstrierten, dass Wissenschaft und Glauben in Einklang stehen können (S. 3). So stünden muslimische WissenschaftlerInnen der Idee des kosmischen Pluralismus grundsätzlich offen gegenüber, da der Koran Gott als den "Herrn der *Welten*" beschreibt – also im Plural. Diese koranische Perspektive deute darauf hin, dass die Existenz von Leben jenseits der Erde durchaus mit dem islamischen Glauben vereinbar sei (S. 2).

Die zentrale Fragestellung dieses Bandes lautet: "Sind Menschen allein im Kosmos? Sind wir einzigartig? Was macht uns einzigartig? Wie gestaltet sich die Ethik im Umgang mit anderen empfindungsfähigen Wesen? Und wie universell ist Erlösung?" (S. 5). Nour Skaf argumentiert, dass es angesichts der enormen Weite des Universums – 400 Milliarden Planeten allein in unserer Galaxie – höchst unwahrscheinlich sei, dass die Menschheit die einzige Lebensform im Kosmos ist (S. 2). So setzen sich die AutorInnen des Bandes mit der Frage der Einzigartigkeit des Menschen auseinander und untersuchen die eschatologischen sowie soteriologischen Implikationen einer möglichen außerirdischen Intelligenz. Dabei wird ausdrücklich kein Anspruch erhoben, eine einheitliche islamische Perspektive auf extraterrestrisches Leben zu etablieren. Vielmehr sollen verschiedene Meinungen und intra-islamische (sunnitische und schiitische) Positionen präsentiert werden, sodass dieser Band als ein Referenzwerk dienen kann, das die Vielfalt der globalen muslimischen Gemeinschaft repräsentiert (S. 5).

Ein Schwerpunkt des Buches liegt auf der Exotheologie, auch Astrotheologie genannt. Diese Disziplin widmet sich der Frage, ob außerirdisches Leben mit religiösen Überzeugungen vereinbar ist (S. 10–11). Ein zentrales Problem ist hierbei die Frage, ob womöglich die Seele als Alleinstellungsmerkmal des Menschen im gesamten Universum angesehen werden kann, sodass außerirdische Wesen möglicherweise eine andere Art von Seele besitzen oder Spiritualität auf eine Weise erleben könnten, die sich von der menschlichen unterscheidet (S. 11). Diese und ähnliche Fragen werden kontrovers diskutiert, gegliedert in vier thematische Schwerpunkte: Theologie und Schrift, Rechtswissenschaft, Islam und Christentum sowie Gesellschaft. Diese Struktur ist jedoch nicht aus dem Inhaltsverzeichnis ersichtlich, sondern wird erst relativ spät in der Einleitung vorgestellt (S. 14–18).

Der erste Teil des Buches "Theologie und Schrift" (S. 25–86) widmet sich zentralen Fragen zum intelligenten außerirdischen Leben (IAL), insbesondere ihrer möglichen Existenz und der Erwähnung in der islamischen Schrifttradition. Hamza Karamali analysiert diese Themen in einem dreistufigen Ansatz, der Metaphysik, Schrift und Wissenschaft umfasst (S. 25–42). Er argumentiert, dass es aus theologischer Sicht durchaus möglich sei, dass Gott IAL erschaffen hat, und verweist auf einen Ḥadīth, der von "anderen Erden" mit Propheten spricht. Obwohl die sunnitische Tradition die epistemische Belastbarkeit dieses Ḥadīth kritisch sieht, bleibt es laut Karamali die einzige explizite Aussage über IAL in der islamischen Schrifttradition. Er schließt, dass der Koran die Existenz von IAL nicht ausschließt, sondern nahelegt, dass die Menschheit dennoch als höchste Schöpfung (*afḍal al-khalq*) gilt. Moamer Khalayleh (S. 43–58) erweitert die Diskussion durch seine Analyse von Koranvers 16:8, der von "anderen Dingen, die ihr nicht kennt" spricht. Ausgehend von zehn exegetischen Werken der sunnitischen Tradition identifiziert er fünf Interpretationen, die von unbekannten Kreaturen auf der Erde bis hin zu Wesen in Himmel und Hölle oder Gott treuen Lebewesen in entlegenen Welten reichen. Khalayleh zeigt, dass keine dieser Deutungen die Möglichkeit von IAL ausschließt und dass die vorherrschende Meinung offen für kosmische Vielfalt ist. Mohammad Mahdi Montasseri beleuchtet schließlich die eschatologischen Implikationen von IAL und greift dabei auf sunnitische und schiitische Quellen zurück (59–86). Er verweist auf Aussagen des Propheten Muhammad und der schiitischen Imame, die extraterrestrisches Leben auf anderen Planeten beschreiben, das durch "Lichtsäulen" miteinander verbunden sei. Diese Wesen, deren körperliche Form nicht der menschlichen entspreche, gelten als juristisch verantwortlich (*mukallaf*) und haben zahlreiche Kolonien. Montasseri argumentiert, dass diese Berichte eine Neuausrichtung der islamischen Sicht auf den Tag des Gerichts (*yawm al-qiyāma*) ermöglichen könnten, indem sie kosmologische Vielfalt und universelle moralische Verantwortung betonen. Die Beiträge im Abschnitt "Theologie und Schrift" (S. 25–86) verdeutlichen, zusammengefasst, dass zentrale Begriffe wie *rabb al-ʿālamīn* ("Herr der Welten") und Hadithe über "andere Erden" Raum für die Annahme bieten, dass intelligentes Leben jenseits der Erde existieren könnte, ohne die Grundsätze islamischer Lehren infrage zu stellen.

Aus dieser Annahme ergibt sich für den islamischen Rechtsdiskurs (S. 87–138) die Frage, wie moralische und rechtliche Konzepte auf außerirdische Intelligenz angewandt werden könnten. David Solomon Jalajel beschäftigt sich in seinem Text "Extraterrestrials and moral acountability" mit der grundsätzlichen Frage, ob außerirdische Wesen mit Intelligenz und freiem Willen überhaupt sinnvoll in den Diskurs islamischer Ethik integriert werden können. Er argumentiert, dass nach der Mehrheitsmeinung sunnitischer Gelehrter, Wesen, die zwischen Gut und Böse unterscheiden können, unter die moralischen Prinzipien des Islam fallen würden, da diese nicht nur für Menschen, sondern universell für alle moralisch verantwortlichen Subjekte gelten (S. 109–111). Ein zentraler Punkt seiner Argumentation ist, dass der Islam bereits Konzepte nicht menschlicher moralischer Akteure kennt, etwa die Dschinn, die sowohl moralische Verantwortung als auch spirituelle Autonomie besitzen. Diese Analogie zeige, dass die islamische Ethik flexibel genug sei, um auch außerirdische Intelligenzen einzubeziehen, sollte deren Existenz nachgewiesen werden: "On the one hand, if we encounter a higher intelligence other than humans and jinn, we cannot negate that they are morally accountable persons like ourselves. Nevertheless, on Ashʿarī principles, we would not be able to establish as binding doctrinal truth that they actually enjoy that status with God." (S. 108) Dieser Faden wird von Faisal Abdullah weitergesponnen, der zeigt, dass klassische muslimische Gelehrte wie al-Māwardī (gest. 1058), al-Subkī (gest 1355) und al-Suyūṭī (gest. 1505) bereits über die Möglichkeit nicht-menschlicher Intelligenzen spekulierten. Diese Diskussionen drehten sich um die Frage, ob die prophetische Botschaft auch nicht-menschliche intelligente Wesen anspricht, und umfassten daher auch kosmologische Fragen. Abdullah liefert umfassende Argumente für die Universalität der Botschaft des Propheten, die auch nicht-menschliche Wesen wie Engel und Dschinn anspricht, und zeigt damit, wie diese universelle Botschaft auch für Nicht-Menschen bindend sein könnte (S. 135).

Der Abschnitt *Christentum und Islam* (S. 139–174) beleuchtet den interreligiösen Dialog zur Exotheologie und die gegenseitigen Lernerfahrungen zwischen Muslimen und Christen. Der Mitherausgeber Shoaib Ahmed Malik analysiert sechs potenzielle Konfliktfelder, die von C. A. McIntosh und Tyler Dalton McNabb für den christlichen Glauben identifiziert wurden, und passt diese auf den Islam an (S. 139–158). Dazu zählen unter anderem die Vereinbarkeit mit dem Theismus, die Interpretation der Schrift und das Problem des Bösen. Malik beschreibt die Spannung innerhalb der islamischen Tradition als eine Herausforderung, die weniger mit der Theologie selbst zu tun hat, als vielmehr mit der historischen Praxis und den hermeneutischen Rahmenbedingungen islamischer Gelehrsamkeit. Er argumentiert, dass die islamischen Gelehrten der Vergangenheit zwar spekulative und kosmologische Diskussionen führten – etwa über Engel, Dschinn oder andere nicht-menschliche Entitäten –, aber selten explizit über IAL nachdachten. Diese historische Zurückhaltung könnte in konservativen

Kreisen als Argument gegen die Integration von IAL in die islamische Tradition gewertet werden. Malik schlägt vor, diese Spannung zu überwinden, indem man auf die historischen Beispiele der islamischen Kosmologie und Metaphysik zurückgreift, die stets offen für neue Erkenntnisse und spekulative Fragestellungen war. Diese Offenheit sieht er als ein besonderes Charakteristikum muslimischen Denkens noch immer präsent, und sie werde insbesondere im Vergleich mit dem Christentum sehr augenscheinlich. Dort stünde man noch immer aufgrund zentraler Glaubenslehren wie der Inkarnation Jesu vor größeren Herausforderungen als muslimische TheologInnen. Die christliche Theologie legt einen starken Fokus auf die Menschwerdung Gottes in Jesus Christus, was zu einer anthropozentrischen Weltanschauung führe. Dies könnte problematisch sein, wenn IAL entdeckt würde, da es die Einzigartigkeit der Menschheit infrage stellen könnte. Diesem Befund schließt sich auch Richard Playford an, der die Parallelen zwischen den islamischen Dschinn und den christlichen Engeln und Dämonen untersucht (S. 159–174). Während Engel und Dämonen im Christentum oft klar definierte Rollen innerhalb eines kosmologisch starren Systems einnehmen, ist die islamische Vorstellung der Dschinn flexibler. Sie gelten als Wesen mit freiem Willen, die sowohl Gutes als auch Böses tun können, was eine anthropologische Nähe zu intelligentem außerirdischem Leben schafft. Als nicht-menschliche Wesen mit moralischer und spiritueller Eigenständigkeit, biete dieses Konzept ein Modell, das leicht auf IAL übertragen werden kann, ohne zentrale islamische Glaubensinhalte infrage zu stellen. Insgesamt zeigt der Abschnitt, wie beide Religionen von einem interreligiösen Austausch profitieren können, während der Islam durch seine kosmologische Offenheit und seine theologischen Ressourcen eine besondere Adaptionsfähigkeit demonstriert.

"Gesellschaft", der letzte Teil des Buches beschäftigt sich mit der Rezeption von IAL in muslimischen Gesellschaften. Ayub und Ilham Ibrahim konzentrieren sich auf Indonesien, wo die Erforschung der islamischen Perspektive auf außerirdisches Leben von etablierten Theologen selten behandelt wird, aber unter Laien weit verbreitet ist (S. 175–203). Besonders hervorgehoben ist die Gruppe *Islamic UFO*, ein Zusammenschluss von UFO-Enthusiasten, die seit 2012 das Thema extraterrestrischer Wesen aus islamischer Sicht diskutieren. Diese Gruppe hat sieben Hypothesen zur Existenz außerirdischer Wesen entwickelt: 1. Banī Adam-Hypothese: Außerirdische gehören zur Kategorie der Kinder Adams; 2. Präadamische Wesen-Hypothese: Außerirdische existierten vor Adam; 3. Intelligente Dābba-Hypothese: Sie könnten mit dem im Koran erwähnten

Wesen (*dābba*) identisch sein; 4. Man (من)-Hypothese: Sie könnten sich auf Wesen beziehen, die in Koranversen vage erwähnt werden; 5. Dschinn-Hypothese: Außerirdische könnten mit Dschinn gleichgesetzt werden; 6. *Iblīs*-Trick-Hypothese: Sie könnten eine Täuschung durch den Teufel darstellen; 7. Permanente Ghayb-Hypothese: Sie könnten unsichtbare Wesen im Bereich des *ghayb* (Verborgenen) sein. Die Diskussionen konzentrieren sich auf die hermeneutische und metaphysische Plausibilität dieser Hypothesen. Obwohl Ufologie oft als Pseudowissenschaft angesehen wird, behandeln die Mitglieder der Gruppe das Thema ernsthaft und versuchen, es mit islamischen Überzeugungen zu verbinden. Darüber hinaus vergleichen die Ibrahims diese Hypothesen mit ähnlichen exotheologischen Ansätzen, die sich außerhalb Indonesiens entwickelt haben. Ihr Beitrag zeigt, dass die Faszination für extraterrestrisches Leben in der muslimischen Gesellschaft nicht nur ein wissenschaftliches, sondern auch ein populäres und spirituelles Phänomen ist.

Emad El-Din Aysha untersucht die Offenheit arabisch-islamischer Science-Fiction für Exotheologie und religiösen Pluralismus und zeigt, dass selbst konservative muslimische Autoren in Ägypten die Suche nach IAL als Bestätigung islamischer Überzeugungen begrüßen (S. 205–230). Der Islam, so Aysha, ist als nicht-anthropozentrische und nicht-anthropomorphe Religion besser darauf vorbereitet, die Entdeckung von Außerirdischen zu integrieren, da er weniger theologische Spannungen erzeugt als das Christentum. In der arabisch-islamischen Science-Fiction spielen Dschinn eine zentrale Rolle: Sie werden nicht als Dämonen, sondern als moralisch verantwortliche Wesen mit eigenen Zivilisationen dargestellt, die Parallelen zu Außerirdischen aufweisen. Aysha betont, dass das Konzept des Bösen im Islam weniger dualistisch ist als im Christentum. Während Engel und Dämonen im Christentum oft absolute Pole des Guten und Bösen repräsentieren, sind Dschinn im Islam ambivalente Wesen mit freiem Willen, die sowohl Gutes als auch Böses tun können. Diese nuancierte Sichtweise wird in der arabischen Science-Fiction auch auf Aliens übertragen, die nicht als inhärent böse oder feindlich dargestellt werden, sondern moralische Entscheidungen treffen können. Im Gegensatz dazu neigt die westliche Science-Fiction laut Aysha zu einer säkularen Haltung, die oft ein antagonisches Verhältnis zwischen Mensch und Alien konstruiert und das Böse als Konflikt zwischen Spezies oder Ideologien verortet. Arabisch-islamische Science-Fiction hingegen versteht das Böse als universelles moralisches Problem, das für alle intelligenten Wesen relevant ist.

Das vorliegende Buch beleuchtet auf innovative Weise die Möglichkeit intelligenten außerirdischen Lebens (IEL) aus islamischer Perspektive und zeigt die bemerkenswerte Flexibilität der islamischen Theologie im Umgang mit modernen kosmologischen Fragen. Ein zentrales Motiv des Buches ist die kosmologische Offenheit des Korans und die Fähigkeit der muslimischen TheologInnen, eine pluralistische Kosmologie aus den religiösen Quellen zu entwickeln. Begriffe wie "Herr der Welten" und Formulierungen wie "Dinge, die ihr nicht kennt" (16:8) bieten Raum für die Annahme, dass intelligentes Leben außerhalb der Erde existieren könnte, ohne dass dies zentrale islamische Glaubensprinzipien infrage stellt. Ein wiederkehrendes Motiv in diesem Zusammenhang ist die Frage, ob IAL moralisch und juristisch verantwortlich sein könnten. Basierend auf Konzepten wie der Verantwortung der Dschinn wird spekuliert, dass außerirdische Wesen, sofern sie Intelligenz und freien Willen besitzen, ebenfalls Rechenschaft vor Gott ablegen müssten. Sie dienen in vielen Beiträgen als theologisches Modell, um die Existenz von IAL zu konzeptualisieren und in den islamischen Diskurs zu integrieren. Das Buch zieht ferner regelmäßig Vergleiche zwischen islamischen und christlichen Perspektiven. Während die christliche Theologie durch die Inkarnation Jesu und anthropozentrische Dogmen potenziell größere Herausforderungen hat, wird betont, dass die islamische Kosmologie flexibler und weniger konfliktbeladen ist.

Der Band verfolgt einen strukturierten, wissenschaftlichen Ansatz, wobei jedes Kapitel eine zentrale Frage im Zusammenhang mit IAL und dem Islam behandelt. Die interdisziplinären Beiträge von bieten eine umfassende und facettenreiche Erkundung, die nicht nur theologische Kompatibilität, sondern auch ethische, kulturelle und soziale Implikationen untersucht. Durch die Integration traditioneller islamischer Lehren mit zeitgenössischer wissenschaftlicher Neugier positionieren die Herausgeber die islamische Theologie als anpassungsfähig und relevant im Kontext fortschreitender Raumforschung. Der Band dient somit als Grundlagentext für die islamische Exotheologie und lädt die Leser dazu ein, die theologischen, moralischen und existenziellen Fragen zu bedenken, die ETI aus einer islamischen Weltanschauung aufwirft.

Hureyre Kam (Zürich)

Mashood A. Baderin. *Islamic Law. A Very Short Introduction.* Oxford: Oxford University Press, 2021, 176 Seiten, ISBN 9780199665594

Das Buch ist Teil einer bekannten Reihe, die zu verschiedenen Themen unterschiedlicher Wissenschaftsbereiche mittels einer inhaltlich komprimierten und sprachlich vereinfachten Form sowohl einer über den akademischen Kreis als auch jeweils spezifischen Forschungsbereich hinausreichenden Leserschaft einen allgemeinem Zugang zum jeweiligen Themenbereich ermöglichen soll. Gegenstand des vorliegenden Buches ist der Themenkomplex “Islamisches Recht”. Das Buch umfasst 10 Kapitel. Ausgehend von der historischen Entstehung (Kap. 1) dessen, was “Islamisches Recht” genannt wird, sollen dessen Charakteristika (Kap. 2) erarbeitet werden, um anschließend mit dem Einblick in Theorie, Anwendungsbereich und Praxis (Kap. 3) eine Grundlage dafür schaffen zu können, in welchem Licht die unterschiedlichen konkreten Rechtsbereiche wie das Familien-,(Kap. 4), Erb- (Kap. 5) und Strafrecht (Kap. 7) zu betrachten sind. Während diese besonders relevant in islambezogenen öffentlichen Diskursen sind, wird ferner in das Finanzrecht (Kap. 8), das Internationale Recht (Kap. 8) und die Konzeption der Verwaltung von Gerechtigkeit (Kap. 9) eingeführt, bevor mit einem Ausblick auf die Zukunftsaussichten zum Islamischen Recht geschlossen wird (Kap. 10). All diese Kapitel werden vom Autor dadurch verbunden, dass bestimmte Leitprinzipien auf die jeweiligen Gebiete angewendet werden, denn dem Autor zufolge gibt es eine gemeinsame und umfassende theoretische Fundierung des “Islamischen Rechts”.

Das Kapitel zum historischen Hergang (Kap. 1) wird von der These bestimmt, dass das Islamische Recht keineswegs in einer frühen Periode eingeführt und seither als statisch-unverändertes Set wirksam sei. Neben dem unverändert gültigen Prinzip, sich auf den Koran und die Sunna als Primärquellen bei der Rechtsfindung und -sprechung zu beziehen, legt das Kapitel ein Bewusstsein der Muslime für die Wandelbarkeit menschlicher Umstände nahe, aus der eine entsprechende Wandelbarkeit von Regulationsmechanismen geschlossen wird. Bereits früh sei das Rechtsbewusstsein dynamisch gewesen. Zur Veranschaulichung wird eine Rekonstruktion und Charakterisierung der unterschiedlichen Zeitabschnitte bis zur Gegenwart gewagt.

Danach umfasst die formative Periode das Stadium der Gründung des Islamischen Rechts in der Offenbarungszeit auf seine wesentlichen Legitimationsquellen Koran und Sunna. Von einem standardisierten oder ausformulierten Rechtssystem könne noch keine Rede sein. Die sog. vorklassische Zeit entwickele das nicht bloß fort, sondern reagiere bereits früh auf die u.a. mit den militärischen Expansionen fortschreitend sich verändernde, gesamtgesellschaftliche Situation der Muslime, z. B. indem die Befugnisrechte hinsichtlich des *iğtihād* vom Kalifen entkoppelt werden.

In der klassischen Periode, der Zeit von den Umayyaden bis zum Ende der Abbasiden 1258, beginne die Formierung und Etablierung von *fiqh* auf der einen und *uṣūl al-fiqh* auf der anderen Seite, wie sie auch heute noch gültig sei. Dazu gehören besonders vier Bereiche: Rechtsmethodologie; Formalisierung der Judikativen und ein Gerichtssystem; ein oberster Richter (*qāḍī al-quḍāt*); eine positivistische Rechtsdoktrin und grundlegende Gesetzbücher (z. B. *kitāb al-ḫarāğ*). Als Legitimationsmittel seien dabei besonders *siyāsa* (Exekutivrecht, bei Baderin insbesondere pragmatische Rechtsprechung) und *maṣlaḥa* (Gemeinwohl) zum Einsatz gekommen.

Die anschließende post-klassische und schließlich moderne Zeit scheint Baderin als unfreiwillig aufeinander bezogen zu betrachten: Erstere sei vom Konservativismus geprägt, d. h. im Verständnis von Baderin dem Rückgang vom produktiven *iğtihād* zugunsten einer intensivierten Betonung eines historischen Rekonstruierens, wohingegen die Moderne sich das Ziel der Überwindung der Post-Klassik gesetzt habe, was er an den verschiedenen islamischen Reformprojekte veranschaulicht.

Die Gegenwart müsse in Form der Postmoderne als eigener Zeitabschnitt aufgefasst werden. Hier ließen sich besonders zwei paradigmatische Bestrebungen ausmachen: Auslegungen der Scharia würden unter den Paradigmen "Globaler Friede" und "Menschliches Wohlergehen" bemüht, unter denen dann Motive wie Menschenwürde normativ in islamischer Rechtstheorie würden. Somit wird auch die Gegenwart als Beispiel dafür angeführt, wie der jeweilige Zeitgeist den Umgang mit "Islamischem Recht" bedingt. Durch den Verweis auf Koranverse, die derartige Motive stützen, legt Baderin nahe, dass diese Bedingtheit nicht kontra-koranisch sei.

Im 2. Kapitel werden wichtige Differenzierungen getroffen und argumentiert, dass verbreitete Festlegungen als Reaktion auf Grundfragen entstanden. Als sich die Frage stellte, ob das Islamische Recht göttlich und somit endgültig oder menschlich und somit kontextuell gesetzt sei, bestand Baderin zufolge die Antwort einflussreicher Denker der vormodernen islamischen Geistesgeschichte darin, das Islamische Recht als die menschliche Interpretation einer göttlicher Quelle zu betrachten. Dies sei als ein Mittelweg zu verstehen: die Kategorie Scharia bezeichne die göttliche Quelle, *fiqh* wiederum die menschliche Interpretation ersterer. Ferner werden spezifisch moderne Herangehensweisen, etwa historische oder evolutionstheoretische, als zur Erfassung des tatsächlichen Sinnes der Scharia als untauglich zurückgewiesen.

Im 3. Kapitel erfährt der Leser, wie dieser Hintergrund sich wissenschaftstheoretisch konkretisiert habe, und bekommt einen Abriss der Islamischen Rechtsgeschichte präsentiert. Das Islamische Recht bestehe grundsätzlich aus drei kategorialen Aspekten: Substantive, theoretische und prozedurale. Allgemeingültige Quellen seien wesentlich Koran und Sunna, wohingegen in der Methodik zwar *iǧmāʿ* (Expertenkonsens) anerkannt sei, allerdings als vierte Kategorie bei den Sunniten *qiyās* (Analogieschlussverfahren) und bei den Schiiten *ʿaql* (Intellekt) stehe. Ihnen gemeinsam ist in dieser Darstellung, dass beide als eine Ausführungsweise des *iǧtihād* gesehen würden, ersteres jedoch textgebundener sei. *Uṣūl al-fiqh,* d.i. Baderin zufolge die Methodologie zum *fiqh,* sei ab dem 9. Jhd. intensiv betrieben worden. Wenngleich nicht explizit, so bietet Baderin doch gewisse rechtsphilosophische Eindrücke, etwa mit der Rekonstruktion des Schuster-Sinnbildes von Ibn Rušd (gest. 595/1198), welches Baderin als repräsentativ für das Rechtsverständnis der Rechtswissenschaftler suggeriert. Ibn Rušd berichtet über einen Fall, in dem ein islamischer Herrscher einen Qāḍī (Richter) absetzte, weil dieser sich strikt an die klassischen Regeln des *fiqh* hielt und dadurch Gerechtigkeit verhinderte. Der Fall dreht sich um einen Schuster, der Schuhe reparierte und verkaufte, sich aber systematisch weigerte, seine Schulden zurückzuzahlen. Der Qāḍī (Richter), der streng nach den klassischen Beweisregeln des islamischen Rechts (*fiqh*) urteilte, verlangte von den Gläubigern, dass sie entweder zwei männliche Zeugen oder einen männlichen und zwei weibliche Zeugen beibrachten, um die Schuld des Schusters zu beweisen. Da sie diese Beweise nicht vorlegen konnten, blieb der Schuster straffrei. Aus der Sicht des Herrschers führte diese enge Auslegung des Rechts dazu, dass der Schuster sein Unrecht ungestraft fortsetzen konnte. Daher setzte er den Qāḍī ab und ließ eine pragmatische Lösung durch *siyāsa* anwenden, die nicht an die klassischen Beweisregeln gebunden war, sondern darauf abzielte, Gerechtigkeit im Sinne des Gemeinwohls (*maṣlaḥa*) zu verwirklichen. Baderin nutzt dieses Beispiel, um erstens zu zeigen, dass *siyāsa šarʿiyya* es politischen Autoritäten ermöglichte, Gesetze flexibler und pragmatischer anzuwenden, wenn die strikte Einhaltung des *fiqh* zu Ungerechtigkeit führt. Zweitens sei der dem zugrundeliegende Begriff eines an reale Bedingungen anpassungsfähigen Rechts unter Rechtsgelehrten selbst weithin anerkannt.

Auch die Frage, wie weit die Regulierungsmacht der fundamentalen Rechtsquellen reicht und inwiefern interpretatorische Schwierigkeiten die Rechtsanwendung beeinflussen, blieb laut Baderin nicht unangetastet. Während der Gefahr von Textfälschungen in Bezug auf die Sunna ab dem 9. Jhd. mit einer umfangreichen Hadith-Wissenschaft begegnet worden sei, seien die Verse des Koran, der maßgebend Anwendung in allen Bereichen verlange, nach Eindeutigkeit des Wortlauts und dem Grad der Interpretierbarkeit kategorisiert. Anleitend seien dabei bestimmte, mit Bezug auf die Hauptquellen gewonnene rechtswissenschaftliche Prinzipien (*qawāʿid*), welche die Theorie und Praxis miteinander harmonisieren sollten.

Mit dem 4. Kapitel zum Eherecht wendet Baderin sich einem konkreten Rechtsgegenstand zu. Die Ehe würde nüchtern als ein juristischer Vertrag mit gegenseitigen Pflichten und Rechten betrachtet, welche in ihrer konkreten Gestaltungsform nicht festgeschrieben seien. Hinsichtlich der finanziellen Pflichten des Mannes bei der Eheschließung und Scheidung heißt es etwa, dass die biologischen und sozialen Grundbedürfnisse der Frau und Kinder immer gewährleistet werden müssten, worauf im Gegenzug die Frau z. B. Loyalität verspreche und auf eigenen Wunsch hin auch eigenständig einen finanziellen Beitrag leisten könne. Baderin beweist hier eine nüchterne Perspektive. Wenn es etwa um die kontroverse Frage der Polygamie geht, rekonstruiert er deskriptiv die historischen Auffassungen und die unterschiedlichen Rechtsprechungen gegenwärtiger muslimisch begründeter Rechtsauffassungen. Auch wird deutlich, dass die Gegenwart sich nicht in reiner Nachahmung des traditionellen Rechts erschöpft. So seien etwa Reformen des klassischen und für Missbrauch anfälligen *ṭalāq*-Rechtes zur Behebung der damit verbundenen Probleme angestoßen worden. Dabei geht er auch auf den Umgang mit islamisch geschlossenen Ehen im Westen ein. So etwa habe das britische Höchste Gericht 1973 mittels Analogie muslimische Eheschließungen unter das allgemeine Eherecht subsumierend für die Folgezeit einen Präzedenzfall geschaffen, bevor dem im Februar 2020 ein Ende gesetzt worden sei.

In den Kapiteln zum Erb- und Finanzrecht führt Baderin noch eindrücklicher vor, wie Rechtstheorie und -praxis in einem logisch strukturierten Komplex zusammenhängen. Grundsätzlich wird hervorgehoben, dass in der vorislamischen Zeit welthistorisch betrachtet üblicherweise ein agnatisches Erbsystem geherrscht habe (z. B. römisches Recht). Der Islam habe durch konkret darauf eingehende Koranverse eine Wende in seinem regionalen Kontext eingeläutet und den Kreis auf Frauen, Kinder beiden Geschlechts und nahe Verwandte ausgeweitet (die Sunniten hätten den Agnaten als einen Teilerben beibehalten, die Schiiten vollständig abgeschafft). Etwa habe der Koran mit dem Vermächtnisvers (2: 180) zunächst den Eigentümer zur testamentarischen Willensbildung und bezeugten Willensformulierung vor dem Tod gedrängt, bevor mit den Versen 11–12 der Sure 4 die Mindestwerte vorgegeben werden und somit vom Testament allenfalls bestärkt, ausdrücklich jedoch nicht unterlaufen werden können. Allerdings gebe es je nach Rechtsschule, Zeit und Raum verschiedene Interpretations- und Andeutungsweisen. Gemeinsam seien die drei essenziellen Bestandteile "Erblasser, Erbe, Erben" (*muwarrit̲, tarika, wārit̲[ūn]*) und die sie betreffenden Bedingungen, etwa dass der Erbe Muslim sein müsse oder das zu Vererbende ein materielles und unbewegliches sein müsse, deren Wert sich beziffern ließe.

Zum Finanzrecht nennt Baderin explizit rechtsphilosophische Motive. Finanzielle Transaktionen etwa würden im Lichte des Primats der Gerechtigkeit und dem der Gleichheit der Voraussetzungen betrachtet, während das Geld schlicht als ein Austauschmittel begriffen würde und somit seinen Wert aus seiner Mittelbarkeit schöpfend keine Ware als solche sei: das Geld – möglicherweise ein Kontrast zu heute – sei wesentlich als Ausgleichsmittel gedacht, d. h. z. B. sie gleicht die Mühe des Arbeiters aus, statt daraus Profit zu schlagen. Umso erstaunlicher ist dann, dass Baderin zufolge Islamische Finanzierungswege in Europa einen Aufschwung erlebten und sogar von großen europäischen Banken eher als eine profitable Möglichkeit begrüßt denn als Bedrohung der bestehenden Geschäftsbeziehungen betrachtet würden, während gleichzeitig eben jenes System gerne von nichtmuslimischen Anlegern aus ethischen Gründen genutzt würde.

Beim vieldiskutierten Strafrecht, das von Baderin als der kontroverseste Teil des Islamischen Rechts vorgestellt wird, bemüht er eine sachliche Aufbereitung der Diskussionsgrundlage durch Rekonstruktion von Hintergrundinformationen. Dazu gehören die theoretischen Grundlagen (z. B. die drei Kategorien des klassischen Islamischen Rechts: *ḥudūd, qiṣāṣ, taʿzīr*) genauso wie Konzeptualisierungsschwierigkeiten, z. B. im Fall der Apostasie aufgrund der Bedingung des vorsätzlichen Verstoßes oder die Standpunktabhängigkeit der Einordnung und Sanktionierung z. B. von Unzucht. Deutlich wird neben dem geforderten Quellenbezug (Koran und besonders Sunna) die Unmöglichkeit eindeutiger Festlegungen eines verhältnismäßigen Urteils als "des islamischen Urteils". Ferner wird klar, dass *ḥudūd*-Strafen, also jene gerne als "drakonisch" charakterisierten, vom Koran ausdrücklich unter eine Bedingung gestellt werden, die Baderin "repentance clause" nennt: die Möglichkeit, mittels einer bezeugten Buße der Strafe zu entkommen. Schließlich folgen Einblicke in unterschiedliche Systematiken, etwa die der Kriterien zur Zulassung von x als Beweis oder gegenwärtige Bemühungen z. B. hinsichtlich der Menschenrechte.

Am 8. Kapitel zum Internationalen Recht ist nennenswert, dass Baderin zufolge Gewalt unter der Bedingung der Notwendigkeit steht, wodurch sowohl während als auch außerhalb von Kampfeshandlungen humanitäre Vorkehrungen getroffen werden müssten. Dabei gelte als Maxime die "sacredness of human dignity". Ferner ist hervorzuheben, dass bei Baderin sich nicht die bei Dietrich Jung und anderen vertretene Ansicht findet, derzufolge mit *ǧihād* im vormodernen Islamischen Recht das allgemeine Kriegsrecht verhandelt wurde. Dadurch ergibt sich ein nicht religiös aufgeladener Begriff, worauf Baderin jedoch nicht eingeht. Es wäre interessant zu untersuchen, wieso er diese Deutung ausklammert.

Wie deutlich wird, liegt in Baderins Einführungswerk ein Schwerpunkt auf anleitende Prinzipien bei der Rechtspraxis. Im 9. Kapitel begegnet uns dies in Form der Gerechtigkeit. Um Willkür zu vermeiden, hätten die muslimischen Rechtswissenschaftler sich intensiv der Frage gewidmet, wie ein möglichst sachlicher Beurteilungsprozess sich gewährleisten ließe, um entsprechend gerechte Urteile fällen zu können. Erneut begegnen dem Leser koranische Mahnungen oder die Sunna, aus welcher sich die Unumgänglichkeit des Themas ergebe. Baderin betont, dass diese zwei Quellen die Gerechtigkeit als Prüfstein unumstößlich aufstellen, während die Rechtswissenschaftler dies in die Rechtspraxis übertragen. Angesichts der großen Bedeutung des Richteramtes und der unbedingten Bedingung der Gerechtigkeit ergäben sich folgerichtig strenge Kriterien hinsichtlich der Eignung zum Richteramt, die, was wieder mit Blick auf die Gegenwart interessant ist, sich nicht auf rein technische Fertigkeiten beschränken, sondern sich auf individuell persönliche Eigenschaften, die man zusammenfassend als Tugendhaftigkeit bezeichnen könnte, erstrecken würden. Ferner seien durch formale Bestimmungen Vorkehrungen getroffen, Verfahren zu objektivieren, sodass die Wahrscheinlichkeit ungerechter Verfahren möglichst gesenkt werde. So sei formal definiert, was als Beweis gelte, verschiedene Beweiskategorien zur Verfügung gestellt, wie auch mittels kategorialer Bestimmungen eingeteilt (z. B. beim Zeugenbeweis durch die Prüfung der Persönlichkeit der Zeugen, die Mindestzahl, etc.). Zuletzt hebt Baderin neuere Forschungsergebnisse hervor, wie z. B. dass anders als bisher angenommen Berufungsverfahren vom islamischen Recht zugelassen würde.

Zum Schluss kehrt das Buch zum Ausgangspunkt zurück, dass sich hinter dem Begriff "Islamisches Recht" ein komplexes System auftut, das den

Geltungsanspruch ihrer Quellen als eine Herausforderung ansieht und eine mit Kategorien, Metatheorien und Praxisbezogenheit durchzogene Systematik pflegt. Baderin meint außerdem bewiesen zu haben, dass dem Islamischen Recht sowohl in seiner theoretischen Fundierung als auch empirischen Entwicklungsgeschichte eine mit der Veränderung gesellschaftlicher Kontexte korrespondierende Wandelbarkeit inhärent sei. Daher müsse jegliches Islamisches Recht – sofern es ein solches sein möchte – auch in Zukunft mit menschlichen Kontexten korrespondenzfähig sein, was für Baderin Wandelbarkeit innerhalb eines paradigmatischen Rahmens der göttlichen Quellen bedeutet. Der Wandel betrifft demnach nicht die Prinzipien für Baderin, sondern ihre Anwendungsform. Das Buch ist trotz seines einführenden Charakters auch für erfahrene Forschende von Bedeutung, da Baderin viele gegenwärtige Fallbeispiele aus verschiedenen muslimischen Ländern anschneidet. Dies erlaubt eine kritische Reflexion über die zeitgenössische Entwicklung des islamischen Rechts. Zusammenfassend ist das Buch nicht nur eine gelungene Einführung, sondern sensibilisiert den Blick der Leser für die Komplexität des Themas an kontroversen und häufig oberflächlich behandelten Gegenständen.

Ammar Aldudak (Frankfurt/Berlin)

Marion Holmes Katz. *Wives and Work. Islamic Law and Ethics Before Modernity*. New York: Columbia University Press, 2022, 320 S. (im Buch 309), ISBN: 9780231206891 (Paperback), ISBN: 9780231206884 (Hardcover).

Marion Holmes Katz untersucht in ihrem Buch die Frage nach dem Verhältnis zwischen Recht und Ethik in vormodernen islamisch-normativen Diskursen am Beispiel der Verpflichtung der Ehefrauen, der häuslichen Arbeit nachzugehen. Katz rekonstruiert eine komplexe Diskussion unter sunnitischen Rechtsgelehrten des 3./9. bis 8./14. Jahrhundert aus den vier bekannten Rechtsschulen und weiteren normativ orientierten Genres wie die Literatur zur Askese und der Ethik. In ihrer Studie treten drei übergeordnete Fragen hervor, wobei die ersten beiden im Vordergrund stehen: 1) diejenige nach dem Verhältnis zwischen unterschiedlichen normativen Diskursen in der muslimischen vormodernen Gelehrsamkeit, 2) diejenige zur Wahrnehmung der sozialen Struktur durch die Gelehrten und die Auswirkung jener auf die Herleitung von Rechtsnormen und 3) diejenige nach dem Verhältnis zwischen Recht und Ethik, wie es in der Moderne wahrgenommen wird.

Das Buch hat eine Einleitung, worauf der Hauptteil in vier Kapiteln folgt: Kapitel 1 befasst sich mit frühen mālikitischen Rechtstexten und der Literatur zur Askese (*zuhd*); Kapitel 2 widmet sich einem philosophisch-ethischen und einem juristischen Werk des šāfiʿitischen Gelehrten al-Māwardī (gest. 450/1058); Kapitel 3 betrachtet die juristischen und religiös-ethischen Argumente für die Verpflichtung der Ehefrau, Hausarbeit zu verrichten, im Rechtswerk *al-Mabsūṭ* des ḥanafitischen Gelehrten as-Saraḫsī (gest. 483/1090); Kapitel 4 befasst sich mit der Neudeutung der Ehe am Beispiel von Ibn Taymiyya (gest. 728/1328) in Abgrenzung zum etablierten ḥanbalitischen Recht am Beispiel des Rechtswerks von Ibn Qudāma (gest. 620/1223). Das Buch endet mit einer Schlussfolgerung, die die Ergebnisse zusammenträgt und einen Exkurs zur modernen Rezeption der Frage nach Recht und Ethik beinhaltet. Dem Schlussteil folgen die Endnoten der einzelnen Kapitel, die Bibliographie und ein Index.

In der Einleitung zeichnet Katz den Forschungsstand nach, ordnet ihre Arbeit darin ein und beschreibt ihre Herangehensweise, wobei sie auf zeitgenössische Auffassungen eingeht, die eine enge Verbindung zwischen islamischem Recht und Ethik sehen, sowie solche, die dem widersprechen. Ein differenzierter Blick in die vormoderne Literatur zeige, dass sich das Verhältnis zwischen Recht und Ethik am Beispiel der Verpflichtung der Ehefrau, Hausarbeit zu leisten, nicht im Sinne der Verbindungs- oder Trennungsthese zwischen den beiden Disziplinen allgemein beantworten lässt. Unterschiedliche normative Diskurse und die soziale Realität, in der die Gelehrten gelebt haben, haben sich, so Katz, auf diese Verhältnisbestimmung ausgewirkt. Dem möchte sie in den vier Kapiteln der Studie nachgehen. Katz behandelt die Terminologie und Logik der untersuchten Texte als "eigenständige Untersuchungsobjekte und nicht als Medien für die Rekonstruktion von Realitäten jenseits des Textes" (S. 9). Sie möchte somit das konzeptionelle Systems der Juristen analysieren.

Katz geht in erster Linie von der islamrechtlichen Konzeption der Eheschließung und Scheidung aus, innerhalb derer die ehelichen Rechte und Pflichten besprochen werden. Eine gesonderte Überschrift zur Verpflichtung der Ehefrau zur Hausarbeit sei in Rechtstexten nicht zu finden. Die Frage der Hausarbeit werde häufig im Abschnitt über den Unterhalt (*nafaqa*), den die Ehemänner für ihre Frauen zu leisten haben, verhandelt. Dementsprechend nimmt die islamrechtliche Konzeption der Ehe einen wichtigen Platz in Katz' Studie ein, weshalb sie hier kurz dargestellt werden soll: Die vormodernen muslimischen Rechtsgelehrten konzipieren die Eheschließung als einen Vertrag (*ʿaqd*). Die ideale Form eines Vertrags orientiert sich am Kaufvertrag oder Tauschgeschäft (*bayʿ*). Tauschgegenstände in diesem Rahmen können real existierende Dinge (*aʿyān*, Sg. *ʿayn*) – einschließlich Zahlungsmittel wie Gold- und Silbermünzen – oder der Nutzen (*manfaʿa*) an Dingen sein. Wird der Nutzen einer Sache verkauft, nicht aber die Sache selbst, handelt es sich um einen Miet- oder Dienstvertrag (*iǧāra*). Man kann etwa die Arbeitskraft einer Person "kaufen" oder z. B. das Recht erwerben, in einer Wohnung zu wohnen. Bezahlt wird somit keine konkrete Ware, sondern der Nutzen einer Ware bzw. eines Gegenstands oder die Arbeitskraft einer Person. Das ist auch der Grund, weshalb Rechtsgelehrte neben den Kapiteln zur Eheschließung häufig im Rahmen von Miet- oder Dienstverträgen auf die Verpflichtung des Ehepartners zur Erbringung häuslicher Arbeit eingehen. Sie stellen hier die Frage, "ob Ehemänner und Ehefrauen (und manchmal auch andere Familienmitglieder) frei miteinander Verträge abschließen können, um Lohn für Dienstleistungen wie Hausarbeit zu erhalten, oder ob ihre Beziehung gegenseitige Pflichten impliziert, die die Möglichkeit eines Vertrags zur Entlohnung ausschließen würden" (S. 10).

Da der Ehevertrag nun auch ein Vertrag ist, stellt sich die Frage nach den Gegenständen, die im Vertrag verhandelt werden. Die Eheschließung im Allgemeinen bezieht sich auf den Erwerb eines Nutzens. Gegenstand des

Ehevertrags ist der Erwerb des sexuellen Nutzungsrechts der Frau durch den Mann. In der Regel werden andere Leistungen wie die Hausarbeit nicht erwartet. Und genau an diesem Punkt setzt die Studie von Katz an: Wie genau wird die Verpflichtung zur Hausarbeit begründet bzw. dagegen argumentiert? Karen Bauers Beobachtung, dass die Hausarbeit für Ehefrauen im Laufe der Geschichte im 6./12. Jahrhundert zu einer Verpflichtung wurde, spezifiziert Katz und sieht diese Entwicklung früher im 4./10. Jahrhunderts (S. 5) und veranschaulicht die angeführten Argumente. Sie beginnt daher ihre Analyse in Kapitel 1 mit frühen mālikitischen Rechtswerken und der Literatur zur Askese (*zuhd*).

Katz zeigt zunächst, dass in frühen Rechtswerken die Haltung vertreten worden sei, dass Frauen durch den Ehevertrag nicht dazu verpflichtet seien, Hausarbeit zu leisten, ja sogar den Wunsch äußern können, dass der Ehemann eine Bedienstete, eine Sklavin, finanziert (S. 46f.). Hiernach leitet Katz zu den Werken der Mālikiten über, von denen sie exemplarisch *al-Mudawwana* des nordafrikanisch-mālikitischen Gelehrten Abū Saʿīd ʿAbd as-Salām b. Saʿīd at-Tanūḫī – bekannt als Saḥnūn (gest. 240/854) – bespricht. Auch hier ändert sich das Bild nicht, dem sich viele mālikitische Gelehrte anschließen: Hausarbeit werde nicht als eine Pflicht der Ehefrau betrachtet; sie könne einfordern, dass ihr eine Bedienstete zur Seite gestellt wird. Jedoch ließen sich Ausnahmen dazu finden: In Abhängigkeit von den Mitteln des Ehemanns und dem sozialen Status der Ehefrau werde die Hausarbeit von einigen Gelehrten als rechtliche Verpflichtung eingeordnet und der Ehemann von der Verpflichtung befreit, eine Bedienstete zur Verfügung zu stellen (S. 56f.). Von dieser juristischen Debatte unterscheide sich die Literatur zur Askese, in der die Hausarbeit als moralische Verpflichtung diskutiert werde. So etwa habe der andalusisch-mālikitische Gelehrte Abū Marwān ʿAbd al-Malik b. Ḥabīb as-Sulamī (gest. 238/853) – kurz: Ibn Ḥabīb – zwar aus rechtlicher Sicht bestimmt, dass Ehefrauen keine Verpflichtung zur Erledigung der Hausarbeit haben, in anderen Genres hingegen – wie der *adab*-Literatur und in diesem Fall Ibn Ḥabībs *Adab an-nisāʾ* (*Gutes Benehmen von Frauen*) – werde die Hausarbeit als eine tugendhafte Arbeit verstanden und als Zeichen der Frömmigkeit eingestuft. Katz erklärt diesen Kontrast einerseits mit den gesellschaftlichen Erwartungen und sozialen Konventionen (*ʿādāt*, Sg. ʿurf, *ʿāda*) gegenüber Frauen, Hausarbeiten zu verrichten, und andererseits mit der Lehre der Rechtsschulen, dass Frauen durch den Ehevertrag rechtlich gesehen keine Verpflichtung dazu haben. Eine besondere Rolle spiele dabei die Rezeption prophetischer Überlieferungen über die Tochter des Propheten Fāṭima (gest. 11/632) des Inhalts, dass sie Hausarbeit verrichtete. Ausgehend von ihrer Beobachtung, dass bei der Herleitung von Normen vermehrt Hadithe des Propheten berücksichtigt worden seien, sei eine solche Entwicklung auszumachen. Wirkmächtig seien dabei auch die soziale und ökonomische Situation der Muslime, die sich nach der anfänglichen Eroberungswelle und dem damit einhergehenden Reichtum später geändert habe.

Auch wenn einige Gelehrte in Rechtswerken in Anlehnung an ethische Überlegungen eine Verpflichtung für die Hausarbeit formulierten, sollte sich rechtsschulübergreifend die Trennung der religiösen und ethischen Verpflichtungen von den rechtlichen durchsetzen, so dass als rechtliche Verpflichtung diejenige zur sexuellen Verfügbarkeit, nicht aber zum Erledigen der Hausarbeit übrigblieb (S. 79–81). Diese Entwicklung verfolgt Katz im zweiten Kapitel im Rechtswerk *al-Ḥāwī al-kabīr* und im ethischen Werk *Adab ad-dunyā wa-d-dīn* des irakisch-šāfiʿitischen Gelehrten Abū l-Ḥasan al-Māwardī (gest. 450/1058), wodurch sie von der mālikitischen zur šāfiʿitischen Rechtsschule übergeht. Katz erkennt in der Art und Weise, wie al-Māwardī die Ehe analysiert, eine Trennung von Recht und Ethik, die sich sowohl in der Argumentation als auch in seiner Wahl der Genres zeige. Al-Māwardī diskutiere im *al-Ḥāwī* nur die rechtlich durchsetzbaren Pflichten und Aufgaben der Ehefrau. Ihre Pflicht sei es, sexuell verfügbar zu sein und nicht, dass sie Hausarbeit leiste. Im *Adab* dagegen betrachte er die Ehe aus einer philosophisch-ethischen Perspektive, wo er das griechische Erbe der Philosophie, speziell der Tugendlehre rezipiere. Hier betrachte er die Reduktion der Ehe auf den Vollzug des Geschlechtsverkehrs und der sexuellen Verfügbarkeit als etwas Verwerfliches. Habe man nur dieses Ziel, solle man auf Sklavinnen zurückgreifen. Vielmehr stehe in der Ehe die Freundschaft (*ulfa*) im Vordergrund. Obwohl al-Māwardī diese Unterscheidung treffe und die rechtliche Verpflichtung auf die sexuelle Verfügbarkeit einschränke, lenke er in seinem Rechtswerk ein und befürworte, dass die Ehefrau keine Bezahlung für die Hausarbeit einfordern könne, obwohl sie nicht zu den Pflichten der Ehefrau gehöre.

Eine ähnliche Haltung, religiös-ethische und rechtliche Verpflichtungen voneinander zu trennen, sieht Katz bei einem zentralasiatisch ḥanafitischen Gelehrten aus demselben Jahrhundert, und zwar bei as-Saraḫsī (gest. 483/1090). In seinem juristischen Werk *al-Mabsūṭ* bespreche er, welche rechtlichen Verpflichtungen die Frau habe und welche weiteren Pflichten ethisch bzw. religiös (*tadayyunan*) begründet werden. In der Entwicklung in Zentralasien sieht Katz den Grund dafür, dass sich as-Saraḫsī in seinem Rechtswerk mit rechtlich nicht durchsetzbaren Aufgaben und Pflichten befasse. So habe der Dienst (*ḫidma*) mit der Zeit eine zentrale Rolle eingenommen, um verschiedene Beziehungsformen zu regeln (S. 122–130). Auch wenn as-Saraḫsī derartige Vorstellungen in seine Überlegungen in einem juristischen Werk aufnahm, trennte er seine juristische Betrachtung der Ehe davon. Der Grund liegt in der Konzeption des Ehevertrags – im Gegensatz zur bisherigen Systematisierung der Ehe bei den Šāfiʿiten gehen die Ḥanafiten laut Katz anders vor. So sehe as-Saraḫsī den im Vertrag erworbenen Nutzen der sexuellen Verfügbarkeit nicht als fortwährend entstehenden Nutzen (*manfaʿa*), sondern als eine einmalig erworbene Substanz (*ʿayn*), für die der Ehemann die Brautgabe (*mahr*) zahle. Als Vorlage für den Ehevertrag diene damit das Tauschgeschäft (*bayʿ*) und nicht der Mietvertrag (*iǧāra*). Daher müsse geklärt werden, wie man die fortwährende Unterhaltszahlung begründe, die nicht mehr die ständige sexuelle Verfügbarkeit kompensiere. Entschädigt werde, so Katz, die Zeit, die die Ehefrau ihrem Mann widme, die sie, wenn sie nicht verheiratet wäre, für andere Aktivitäten nutzen könnte. Das Verrichten der Hausarbeit werde dabei von der Unterhaltszahlung nicht direkt entlohnt und nehme zudem die Zeit der Ehefrau in Anspruch, weshalb sie nicht unmittelbar Gegenstand des Ehevertrags sei und folglich daraus keine vertragliche Verpflichtung resultiere. As-Saraḫsīs Argumente für das Erledigen von Hausarbeit sind für Katz eher religiös und ethisch konnotiert. Obwohl beide Verpflichtungsformen – rechtlich-religiöse und ethische – dem Vertrag entspringen, müssen beide voneinander getrennt betrachtet werden (S. 130–137). Exemplarisch sei an dieser Stelle die religiöse Verpflichtung der Ehefrau genannt, ihr Kind zu stillen, denn wenn sie darauf verzichte, könne sie nicht durch einen gerichtlichen Beschluss dazu verpflichtet werden, weil der Ehevertrag eine solche Verpflichtung rechtlich nicht begründe. Sie sei durch die Idee der Frömmigkeit dazu angehalten, das Kind zu stillen.

Im vierten Kapitel blickt Katz auf die ḥanbalitische Rechtsschule mit Beispielen aus dem 7./13. und 8./14. Jahrhundert. Katz zeichnet nach, wie Ibn Taymiyya (gest. 728/1328) das etablierte Recht kritisiert und einen alternativen Ansatz dazu entwickelt; die Vergleichsgrundlage ist dabei das Rechtswerk des syrisch-ḥanbalitischen Gelehrten Ibn Qudāma (gest. 620/1223). Ibn Qudāma unterscheide der Mehrheitsmeinung der Gelehrten entsprechend die rechtlichen Verpflichtungen von religiösen und moralischen. Dies führe zur Reduzierung der ehelichen Verpflichtungen für die Ehefrau auf sexuelle Verfügbarkeit, was andere Verpflichtungen ausschließe. Überlieferungen aus der Hadithliteratur, die das Gegenteil zeigen und Aufgaben der Ehefrau beschreiben, seien im Sinne guter moralischer und religiöser Taten zu verstehen und zudem Ausdruck der Gewohnheit der Menschen. Für die Ehefrau bedeutet dies Ibn Qudāma zufolge aber nicht, dass sie den Haushalt nicht führen solle oder von der Hausarbeit befreit sei. Laut Ibn Qudāma sollte im Eheleben daher über die durch den Ehevertrag entstehenden Pflichten hinausgegangen werden, ohne dass sich daraus rechtliche Konsequenzen ableiten ließen (S. 161–168). Dieser Auffassung widerspreche Ibn Taymiyya, ein vornehmlich in Damaskus wirkender, ḥanbalitischer Gelehrter, der dafür bekannt ist, einer eigentümlichen Systematik zu folgen. Ibn Taymiyya kennt das ḥanbalitische Recht sehr gut und gehört selbst zu den Kommentatoren des kurzen Übersichtswerks *al-Muqniʿ* von Ibn Qudāma, wo er das ḥanbalitische Recht zusammenfasst. Ibn Taymiyya kritisiert laut Katz die etablierte Rechtsgelehrsamkeit und erarbeite sich einen neuen Zugang mit einem starken Fokus auf Koran und Sunna. Die ehelichen Beziehungen sollen, so Ibn Taymiyya, nach der Gewohnheit, dem bekannten Guten (*maʿrūf*)[1], bestimmt werden, weil sowohl der Koran als auch die Sunna das bekannte Gute betonen. Die Ehefrau sei deswegen dazu verpflichtet, die Hausarbeit zu verrichten. Ibn Taymiyya betone, dass der Ehemann der Herr (*sayyid*) der Ehefrau sei und daher die Ehefrau seinen Schutz genießen dürfe, sie ihm daher aber dienen müsse, was dem bekannten Guten entspreche. Sie solle ihm so dienen, wie es die Gewohnheit verlange, wobei sich Form und Intensität des Diensts je nach Kontext unterscheiden können. Den Ehevertrag im Sinne eines eingeschränkten Tauschs von weiblicher sexueller Verfügbarkeit gegen männlichen finanziellen Ausgleich erweitere Ibn Taymiyya und binde durch die Idee des bekannten Guten Ethisches in die Argumentation ein, wodurch die Ethik eine maßgebliche Rolle für das Recht einnehme. Ibn Taymiyya folgte, so Katz, auch sein Schüler Ibn Qayyim al-Ǧawziyya (gest. 751/1350), der auf eine ähnliche Art und Weise die ehelichen Pflichten begründete.

In der Schlussfolgerung fasst Katz die Ergebnisse der Studie zusammen. Sie unternimmt zudem den Versuch, die weitere Entwicklung der Vorstellung über die Verpflichtung der Ehefrauen, Hausarbeit zu verrichten, bis in das 19. Jahrhundert hinein weiterzuverfolgen und mit ausgewählten Beispielen aus dem 20. Jahrhundert zu bereichern. So zeigt sie etwa, dass

1 Nach A. Kevin Reinhart gibt *maʿrūf* im Koran die konventionelle moralische Auffassung davon wieder, was richtig und falsch ist, die das Offenbarungswissen ergänze. Mit dem Begriff werde impliziert, dass man aufgrund sozialer Konventionen und moralischer Intuitionen außerhalb der Offenbarung wisse, was zu tun sei; vgl. A. Kevin Reinhart. "What We Know about Maʿrūf". In: *Journal of Islamic Ethics* 1 (2017), S. 51–82.

Rašīd Riḍā (gest. 1935) die Verpflichtung der Ehefrau, sich mit dem Haushalt zu befassen, auf ihr Weiblichsein zurückführe, was er mit dem koranischen Begriff der *fiṭra* zusammenbringe. Dieses Argument sei neu, da das vormoderne islamische Recht in seinen diversen Formen die Verpflichtung aus der sozialen Hierarchie bzw. dem sozialen Status der Ehefrau und aus der Vertragslogik heraus begründet (S. 203f.). Auch lassen sich Beispiele aus dem 21. Jahrhundert wiederfinden, indem sich Katz auf die Auffassung von Muḥammad b. Muḥammad al-Muḫtār aš-Šanqīṭī (gest. 2019) und Yūsuf al-Qaraḍāwī (gest. 2022) bezieht, die von der Verpflichtung der Ehefrau, häuslicher Arbeit nachzugehen, ausgehen.

Katz geht zuletzt auf das Verhältnis von islamischem Recht und Ethik ein (S. 208–217) und kritisiert die Auffassung, dass islamisches Recht und Ethik in der Vormoderne eine Einheit darstellten. Die Studie habe gezeigt, dass zumindest die Rechtsgelehrten Recht von Ethik trennten. Betrachte man die unterschiedlichen Texte, die die Grundlage der Studie darstellen, so könne man sagen, dass es in der Vormoderne ein komplexes Gefüge an autonomer, sich jedoch überschneidender normativer islamischer Diskurse gab, die es in dieser Frage zu berücksichtigen gelte: "Nur wenn wir die größere diskursive Landschaft erkennen, in der muslimische Juristen agierten, können wir verstehen, wie ihre Argumente in einer multidimensionalen ethischen und religiösen Welt wirkten." (S. 217) Diese Diskurse werden, so Katz, in der Moderne neu konfiguriert und umverteilt, sodass andere Antworten auf Fragen gegeben werden, die die Gelehrten seit der Vormoderne beschäftigen.

Mit ihrer Studie öffnet Katz den Forscher:innen zum islamischen Recht neue Perspektiven, um auf die Geschichte vormodernen islamischen Rechts und seines Verhältnisses zur Ethik zu blicken. Sie trägt dazu bei, den Blick auf den normativen Diskurs mit Rücksicht auf unterschiedliche Genres zu öffnen. Dabei sticht hervor, dass Katz genaue Kontextualisierungen vornimmt, begrifflich genau arbeitet und das jeweilige Genre geschlossen liest. Sie kann erfolgreich zeigen, wie sich rechtsschulübergreifend eine vertragssystematische Ordnung der Ehe etabliert hat, die in einem Spannungsverhältnis zu ethischen und religiösen Erwägungen stand, das je nach Ort, Zeit und Rechtsschule unterschiedlich gelöst werden konnte. Katz stellt jedoch nicht die Frage, ob Argumente, die sich der Idee des Religiösen oder der Frömmigkeit bedienen, mit ethischer Erwägung gleichgesetzt werden kann. Das Ethische und Religiöse, anders gesagt ethische und religiöse Argumente sowie Motive, ethisch oder aus Gründen der Frömmigkeit zu handeln, können sich unterscheiden. Zu begrüßen ist auf der anderen Seite, dass Katz die

Herangehensweise der Gelehrten je nach Genre und Argumentation nicht gegeneinander ausspielt und auf der Suche nach Inkohärenzen ist, sondern die innere Dynamik des jeweiligen normativen Diskurses in den Vordergrund rückt. Sie kann zudem zeigen, dass zeitgenössische Studien voreilig moderne Auffassungen und Wünsche in Texte der Vormoderne hineinlesen können und bietet Optionen an, dieses Risiko zu minimieren, gar zu unterbinden. Mit dem Fokus auf ein Themenfeld der Genderstudien spricht das Buch nicht nur interessierte Leser:innen der Islamwissenschaft und der islamischen Theologie, sondern auch der Genderstudien und der Religionswissenschaft an. Leser:innen werden in diesem Buch eine differenzierte Studie unterschiedlicher Genres zur islamischen Normativität finden, das Argumente akribisch nachzeichnet und kreativ analysiert und zeigt, dass es viele Wege gibt, Handlungen normativ einzuordnen.

Serdar Kurnaz (Berlin)

EBVERLAG

WWW.EBVERLAG.DE

Dr. Brandt e.K.
Jägerstraße 47
13595 Berlin

Tel.: 030 | 68977233
Fax: 030 | 91607774
E-Mail: post@ebverlag.de